신비주의란
무엇인가?

에두아르 쉬레

지음

진형준

옮김

신비주의란
무엇인가?

초판 1쇄 인쇄	2025년 2월 21일
초판 1쇄 발행	2025년 2월 28일
지은이	에두아르 쉬레
옮긴이	진형준
펴낸이	김진수
펴낸곳	사문난적
출판등록	2008년 2월 29일 제313-2008-00041호
주소	경기도 성남시 분당구 판교로 210번길 14
전화, 팩스	031-707-5344
ISBN	978-89-94122-60-1 03290

신비주의란 무엇인가?

Les Grands Initiés
Édouard Schuré

에두아르 쉬레
지음

진형준
옮김

사문난적

옮긴이 서문

신비주의란 무엇인가? 과학문명이 놀라울 만큼 발전을 이룩한, 21세기에 접어든 오늘날에도, 그처럼 비과학적인 인식처럼 보이는 신비주의를 향한 뜨거운 질문이 정말로 신비스럽게 우리들 모두의 가슴 속에 여전히 자리잡고 있다. 우리는 흔히들 말한다. 과학문명의 발달이 가져온 우리 미래 삶의 불확실성, 그 역설적이고 부정적인 결과 앞에서 설명이 불가능한 초자연적이고 신비스러운 현상들과 힘들에 대한 인간의 의뢰가 증가하고 있는 것이라고. 그 설명은 부분적으로는 옳다. 그러나 그 설명을 그대로 따르면, 신비주의는 인간의 구체적인 삶과는 유리된, 그야말로 신비스러운 현상과 존재에 대한 믿음에 불과하게 여겨질 뿐이다. 하지만 우리는 이 책을 읽고 나서, 아니 이 책을 읽기 시작하면서부터 금방 알게 될 것이다. 신비주의란 인간이 설명할 수 없는 신비스러운 존재, 신비스러운 힘에 대한 믿음을 의미하는 것이 아니라, 인간 누구에게나 엄연히 존재하고 있는 인간의 영혼에 대한, 영혼의 숭고함에 대한 깊은 믿음에 바탕을 두고 있다는 것을.

우리는 우리 영혼의 존재를 믿는가? 우리가 스스로를 신비주의자라고 부를 수 있는가 없는가는, 우리가 우리 영혼의 존재를 믿는가 혹은 믿지 않는가라는 질문에 어떻게 대답을 하는가에 달려 있다. 신비주의는 과학적이고 합리적인 사고의 반대편에 있는 것도 아니고, 종교적인 신앙심의 반대편에 있는 것도 아니다. 신비주의는 영혼의 존재를 믿는 모든 인간의 가슴 한복판에 있다. 이 책의 저자인 에두아르 쉬레 Edouard Schuré의 입을 빌려 얘기해 보자.

동방이나 그리스 현인들과 신지학자神知學者들은 진리가 그 무엇보다도 우리들 내부에, 우리의 지성, 우리의 삶 내부에 존재한다는 것을 알고 있었다. 그들에게 있어서는 영혼만이 유일한 것이었고 이 우주의 열쇠였다. 자신들이 지니고 있는 의지를 바로 이 영혼에 비추임으로써, 그리고 그 영혼을 개화시킴으로써, 그들은 신神이라고 하는 하나의 중심점에 도달할 수 있었으며, 바로 그 신이 내뿜는 빛에 의하여 인간 및 지상의 존재 자체를 이해할 수 있게 되었다. 그들에게 있어서 이 세상과 인간의 역사라는 것은 이 최초의 원인이며 궁극적 목표인 초월적 존재가 시간과 공간 속에서 어떻게 변화하느냐 하는 것을 의미했다. (⋯) 초월을 경험한 사람들은 이 세상과 등을 진 사람들이 아니라, 인류의 역사에서 가장 깊고 높게 실제로 활동하면서 살았던 사람들이다. 그들은 가장 큰 별들로서 우리의 영혼이라는 하늘 속에서 빛을 발하고 있다. 그들이란 라마 · 크리슈나 · 부처 · 조로아스터 · 헤르메스 · 모세 · 피타고라스 · 예수 들로서, 그들은 강력한 정신적 모형이었고 우리의 영혼을 놀라울 만큼 일깨운 사람들이었으며 우리들의 사회를 훌륭하게 조직해 낸 사람들이었다.

초월을 경험한 사람들. 그렇다, 인간 영혼이 가장 드높은 상태로까지 고양된 사람들이 바로 신의 아들로서 이 땅에 위대한 종교를 세운 선지자들이었다. 그들은 인간으로서 신과 만난 존재들이었다. 우리는 여기서 놀라운 사실을 하나 목도하게 된다. 인간이라는 낮은 존재가 신이라는 드높은 존재와 하나로 맺어지고, 이 낮은 현상계와 저 드높은 천상계가 하나로 맺어지는 현상을. 저 세상이, 이 세상과 분리되어 있는 것이 아니라 긴밀하게 맺어져 있게 되는 그런 현상을. 그것을 맺어주는 것이 바로 영혼의 존재이다.

신비주의는 접신술接神術이다. 영혼의 고양을 통한 신과의 만남이라는 핵심적 진리에 의해, 이번에는 제각기 다른 종교들이 신비주의의 품안에서 하나가 된다. 유일신을 향한 믿음을 갖고 있는 종교건, 다신교의 진리를 갖고 있는 종교건, 영혼의 고양을 통한 신과의 만남이라는 공통분모하에서 그 종교들은 상호 소통할 수 있게 된다. 신비주의란 위대한 종교들의 반대편에 있는 것이 아니라, 위대한 종교들의 핵심 속에 자리잡고 그것들을 맺어준다. 적어도 이 책에서는 그렇게 말하고 있다. 각 종교 속에 내밀하게 감추어져 있으면서 그 종교들을 맺어주는 하나의 핵심에 대한 믿음, 그 때문에 신비주의는 비교주의秘敎主義라는 또 다른 이름을 갖고 있게 되는 것이다. 접신론接神論에 입각한 신비주의, 혹은 비교주의의 원칙을 에두아르 쉬레는 다음과 같이 요약한다.

- 정신이 유일한 실재實在이다. 물질은 정신의 낮은 표현일 뿐으로, 가변적이고 일시적이다. 물질은 정신이 시간과 공간 속에서 그 역동성을 드러낸 것일 뿐이다.
- 창조는 영원하며, 생명과 같이 지속된다.
- 인간이라는 소우주는 정신·영혼·육체의 세 부분으로 이루어져 있어, 신선세계·인간·자연으로 이루어진 이 대우주의 형상과 일치하는 거울이다. 또한 이 대우주는 그 자체 성부·성모·성자(본질·물질·생명)로 된 절대성령의 조직 기관이다.
- 바로 그 때문에, 신의 형상을 한 인간은, 신의 살아 있는 말씀이 될 수 있다. 그노시스주의자나 신비론자들이란, 바로 자신의 내부에 감추어진 심

오한 기능들을 발견하고 발전시켜서, 내면 속의 신을 발견하고자 애쓰는 사람들이다(초월은 인간 속에 내재한다).

• 인간의 영혼·개성은, 본질의 측면에서는 불멸이다. 인간의 영혼은, 정신적 실존과 육체적 실존 속에 교대로 머물게 되며, 그에 따라 상승과 하강을 번갈아 행하면서 전개된다.

• 그러한 전개·진화의 과정에서 인간이 만나게 되는 지상地上의 명령은, 재림·재탄생의 명령이다. 그러나 절대완성에 도달하게 되면, 그 영혼은 그 명령에서도 벗어나 순수 성령, 의식이 충만한 상태에서의 신에게로 되돌아간다. 인류에 대한 충만된 의식에 사로잡히게 되면 자신의 생명을 지키기 위한 싸움의 법칙에서 벗어날 수 있을 정도로 영혼이 고양되듯이, 신성에 대한 의식에 사로잡히는 순간 재림의 법칙을 넘어서는 지점까지 영혼은 고양된다.

그렇다면 이 책은 초월적 존재와 만난 위대한 영혼의 모습을 우리에게 생생하게 그려보이고 있을 뿐인가? 혹은 신비주의가 무엇인지 알고 싶어하는 우리의 지적 호기심만을 채워주고 있을 뿐인가?

그렇지 않다. 이 책은, 신비주의에서 가장 중요한 개념 중의 하나가 바로 영혼의 구체적 경험이라는 사실을 우리에게 일깨워주고 느끼게 해준다. 이 책은 영혼의 관점에서 본 인간의 삶이란 마치 알에서 애벌레로, 애벌레에서 번데기로, 번데기에서 나비로 변화하는 과정과 같다는 것을 가르쳐준다. 그리고 매번 새로운 존재로 변화할 때마다 그것은 단순한 변화가 아니라 하나의 새로운 탄생임을 우리에게 일깨워준다. 그리고 그 새로운 탄생을 가능케 하는 것이 우리의 영혼을 순결하게 지켜내고 고양시키려는 구체적인 노력, 바로 인간을 향한, 이웃을 향한 사랑이다.

우리는 이 책을 읽으면서, 인류의 위대한 선지자들이 그 드높은 초월의 상태에 이를 수 있게 만든 힘이, 그들을 여러 번 다시 태어나 드디어 신과 만나게 될 수 있게 만든 힘이 바로 이웃을 향한 사랑이었다는 것을 가슴 떨리며 느낄 수 있다. 또한 그 사랑의 실천이 그 얼마나 어려우며, 그 사랑의 힘이 그 얼마나 위대한가를 동시에 체험한다. 그 체험을 통해 저 아득한 고대의 인도·이집트·그리스의 위대한 선지자들 그리고 예수가 바로 우리 가까이, 아니 바로 우리의 가슴 속에서 생생하게 되살아난다. 신비주의에 대한 지적 호기심을 가진 사람들뿐만이 아니라, 그 어느 종교건 종교적 신앙심을 가진 사람들, 아니 그보다는 자신 내부의 영혼의 존재를 믿고 영혼을 갈망하는 모든 사람에게 이 책을 권하고 싶은 것은 그래서이다.

'신비주의의 바이블'이라 일컬어지는 이 책을 쓴 에두아르 쉬레는 1841년 프랑스 스트라스부르Strasbourg에서 태어난 역사학자이자 비평가로서 바그너 음악 이론의 열렬한 옹호자이기도 했다. 1889년에 출간된 이 책은 출간 직후 대학과 교회에서 이단 취급을 받았으나 곧 대중들에게 은밀히 전파되어 폭발적인 인기를 얻었고 특히 1차대전 중에는 전장에 임한 병사들에게서 경전처럼 읽혔다. 이후 이 책은 신비주의에 관한 전범으로 자리잡았으며 기독교인들에게조차 경건한 신앙심을 일깨우고 북돋우는 책으로 은밀하게, 그러나 폭넓게 읽혔다. 이 책이 우리에게 이제야 소개된다는 것이 역자 자신에게도 의아할 따름이다. 그 이유가 여러 가지 있겠지만 여기서 그것을 늘어놓을 필요는 없을 것이다. 한 가지 밝혀둘 것은, 이 책의 앞부분에 20여 페이지에 달하는 저자 자신의 서문이 있었으나 역자가 그 부분을 임의로 삭제했다는 것이다. 저자의 열정과 날카로운 시대정신이 들어가 있는 그 서문은, 100여 년 전에 쓰여진 것인만큼 그 시대정신 때문에 오히려 오늘날 우리에게 보편적으로 다가오지 않는다고 느꼈기 때문이다. 보잘것없는 역자의 서문으로 그 갈증을 대신할 수 있기를 기대해 본다.

2009년 6월
진형준

차례

신
비주의의
위대한
선각
자들

신
비주의의
위대한
선각자들

신
비주의의
위대한
선각자들

•일러두기
옮긴이 주는 본문 해당 부분에 작은 글씨로 달았습니다.

제1장

라마
아리안 주기

조로아스터가 위대한 창조주인 오르무즈드에게 물었다. "그대는 어느 인간과 최초로 이야기를 나누었는가?" 오르무즈드가 대답했다. "용사들의 우두머리인 호남아 이마Yima라오. 내게 속한 이 세상을 감시하라고 일렀고, 그에게 황금의 검과 승리의 검을 주었다오. 그러자 이마가 황도 위를 달려나가, 용사들을 아이라나 바에자에 불러모았소."

—젠드 아베스타

오, 아그니, 신선한 불이여! 정화의 불이여! 숲에서 잠자다 빛나는 불꽃이 되어 제단에 오르는 그대여, 그대는 희생의 심장이며 우리 기도의 담대한 도약이며, 만물 속에 숨겨진 신성의 불꽃, 태양의 영광스런 영혼일지니.

—베다의 찬가

1. 인종, 그리고 종교의 기원들

하늘은 나의 아버지이시니 나를 낳았도다. 하늘을 둘러싸고 있는 모든 것이 나의 가족. 나의 어머니, 그것은 위대한 대지, 대지 위 가장 드높은 곳이 그 자궁. 아버지가 그의 아내와 딸의 가슴을 풍요로이 하시도다.

4,000~5,000년 전, 마른 풀잎에 붙은 불꽃이 타오르는 대지의 제단 앞에서 베다의 시인은 이렇게 노래했다. 이 짧은 노래 속에, 심오한 정신, 장엄한 의식이 살아 숨쉬고 있다. 그 속에는 인류 탄생의 이중의 기원에 대한 비밀이 함축되어 있다. 우선 대지에 앞서, 또 대지보다 높은 곳에 신성한 인간의 형상이 자리잡고 있다. 즉 인간 영혼의 기원은 천상으로부터인 것이다. 그러나 인간의 육체는 우주의 본질로부터 자양분을 공급받은, 지상 요소의 산물이다. 신비론에서의 하늘의 신인 우라노스와 대모大母의 결합은 영혼의 비, 혹은 정신의 비가 대지의 씨앗에 수태시키는 행위를 의미한다. 그 만물 형성의 원칙이 없다면, 물질은 단지 생명 없이 흩어져 있는 하나의 덩어리에 불과할 뿐, 베다의 시인이 '대지의 자궁'이라 일컫은, 대지 표면에서 가장 높은 곳은, 인간 종족의 요람인 대륙과 산을 가리킨다. 하늘, 즉 바루나그리스에서는 우라노스는, 눈에 보이지 않는, 초물리적이고 영원하며 정신적인 절대명령을 나타내며, 그것이 이 무한한 시간과 공간 전체를 감싸안는다.

이번 장에서 우리는, 신비주의의 전통에 따라 인류의 지상에서의 기원 문제만 살펴볼 예정이다(한편 오늘날의 인류학과 인종학에 의해, 그것은 사실로 입증되었다).

우선 마지막 대홍수에 의해 침몰된 남반구의 대륙이 원시 홍인종의 요람이었으며, 아메리카 인디언들은 대륙이 침몰되었을 때 산정으로 올라가 살아남은 홍인종의 얼마 안 남은 후손들이다. 한편 아프리카는, 그리스인들이 에티오피아인이라 부른 흑인종의 요람이며, 아시아는 황인종을 낳았다. 가장 뒤늦게 출현한 백인종은 대서양의 폭풍우와 지중해의 미소 사이에 위치한 유럽의 숲의 산물이다. 오늘날의 온갖 다양한 인종들은 이 커다란 네 종족 간의 뒤섞임, 변질, 도태의 결과이다. 오늘날보다 앞서 있던 주기週期에서는 홍인종과 흑인종이 강력한 문명을 이루어 지구를 지배했으며, 키클로페스 건축 양식(큰 돌을 쌓아 만든 거대한 건축물로, 로마에도 남아 있으며 키클로페스족이 만든 것으로 전해진다)과 멕시코의 건축물들에 그 자취가 남아 있다. 이어서 오늘날의 주기에서는 백인종이 주도하고 있으며, 고대 인도와 이집트까지를 염두에 둔다면 7,000~8,000년 동안 그 지배가 이어져 오고 있다고 볼 수 있다.

브라만의 전통에 의하면 지구상의 문명은 5만 년 전에 홍인종에 의해 남반구 대륙에서 시작되었고, 유럽 전체와 아시아의 일부는 그 당시 아직 물에 잠겨 있었다. 또한 브라만의 신화는 그에 앞서 거인족이 존재했음을 알려주고 있다. 실제로 티베트의 몇몇 동굴에서 거인의 화석이 발견되었는데, 그 뼈대는 인간보다 원숭이에 가깝다고 판명되었다. 그들은 원초적, 혹은 중간적 인류에 가까운 것으로서, 아직 언어와 사회 조직, 그리고 종교를 가지고 있지 않다는 면에서 동물에 가깝다고 보아야 할 것이다. 그렇다, 우리가 인간이라 이름붙일 수 있는 종족에게는 언어 · 사회 · 종교가 동시에 출현했으며 켈트족의 음유시에는 그것이 이렇게 표현되고 있다.

'세 가지가 원초적으로 동시에 존재하니, 신과 빛과 자유로다.'

최초로 말을 더듬거리기 시작하면서 사회가 생기고 신성한 것에 대한 희미한 경외와 두려움이 생겨난 것이다. 바로 그것이, 아담의 입 속의 여호와의 숨결, 헤르메스의 말, 프로메테우스의 불인 것이다. 인간이라는 동물 집단 속에서 신이 몸을 떨고 있는 것!

홍인종은 앞서 말했듯이 오늘날은 물에 잠긴 지구 남반구를 점하고 있었고, 플라톤은 그 대륙을 이집트의 신화 전통에 따라 아틀란티스라고 불렀다. 거대한 재앙이 그 문명을 조각냈고, 모두 흩어버렸다. 폴리네시아의 몇몇 인종, 북아메리카와 아즈텍의 인디언들이 고대 홍인종의 살아남은 후예들이며, 그들의 영혼 속에는 희망 없이 죽어간 옛 종족의 번영에 대한 치유할 수 없는 우수가 깃들어 있다.

홍인종 이후에는 흑인종이 지구를 지배했다. 그 흑인종의 전형은, 그들이 절정에 달했을 때의 형型을 간직하고 있는 아비시니아인에티오피아의 옛 이름이나 누비아인들에게서 찾아야 한다. 흑인들은 선사시대에 백인종의 남유럽을 침입했다. 백인의 민간 전통에서 그 침입에 대한 기억은 말끔히 사라졌지만 지워지지 않는 두 가지 각인을 새겨놓았다. 즉, 흑인 왕들의 상징이었던 용을 향한 두려움과, 악마는 검은색이라는 생각이 그것이다. 흑인들은 악마를 흰색으로 만들어 그들과 적대적인 종족에게 일종의 앙갚음을 했다. 흑인종들은 그들이 최고의 지배력을 획득했을 때, 북이집트와 인도를 그 종교의 중심지로 삼았다. 그들의 키클로페스식의 건축물들은 아프리카와 코카서스, 그리고 중앙 아시아의 산들에서 그 위용을 자랑했다. 그들의 사회 조직은 절대적 신정神政으로 이루어져 있었다. 사회 조직의 꼭대기에는 승려들이 있어 신들처럼 경외의 대상이 되었으며, 낮은 위치에는 가족도 없이 우글거리는 종족들이 있었고 여자 노예들이 있었다. 승려들은 심오한 지식을 소유하고 있었고 이 우주를 지배하는 신성의 원칙에 정통했으며 별자리를 숭배했다. 그리고 그 신앙은 시바교라는 이름으로 백인 대중 속에 스며들었다.

하지만 승려들의 드높은 지식·인식과 일반 대중집단의 물신 숭배 사이에는, 이상주의적 예술이나 신화 같은 매개자가 없었다. 그리고 한편으로는 큰 돌을 발사하는 무기, 금속을 주조하는 용광로와 같은 높은 산업 문명을 소유하고 있었다. 그러니, 이 물리적으로 강력한 힘을 소유한 종족에게 있어서 종교적 지배는 공포와 힘에 의존하는 형태로 될 수밖에 없었다. 대자연과 신의 이미지는 이 순진한 백성들의 의식 속에 용이나 태고적 동물의 모습으로 나타날 수밖에 없었기에, 왕들은 그 모습을 자신의 옷에 그리게 했고 승려들은 사원의 입구에 그모습들을 새겨놓게 했다.

아프리카의 태양이 흑인종을 품어냈다면, 북극의 얼음이 백인종을 탄생시켰다고 말해도 좋을 것이다. 그들이 바로 그리스 신화에 나오는 히페르보레아누스아폴론의 보호를 받는 북방 낙토의 백성이다. 다갈색의 머리털과 푸른 눈을 한 그들은 무모한 우두머리의 명령에 따라, 또한 여예언자의 부추김을 받아, 개들과 사슴들을 대동하고 북극의 태양을 받아 빛나는 숲을 가로질러, 남쪽으로 내려왔다. 금빛 털과 새파란 눈! 그들의 숙명적 색이었다. 그 종족은 태양과 신성한 불에 대한 숭배 사상을 낳았고, 이 세상에 천상을 향한 향수를 불러왔다. 그들은 때로는 하늘에 스스로 오르려는 듯 하늘에 거역하기도 했으며, 때로는 하늘을 향한 절대적 경배감에서, 그 찬란함에 무릎을 꿇기도 했다.

다른 종족들과 마찬가지로, 백인종들 역시 스스로에 대한 자각적

인식을 갖기 전에 야만적 상태에서 빠져나왔을 것이다. 그들이 지닌 특징의 하나는, 개인의 자유와 감수성을 선호했다는 것이다. 그것이 타인을 향한 공감에의 길을 열어놓았고, 정신의 힘에 중요성을 부여해 이상적이고 상징적인 상상력을 낳았다. 또한 영혼을 향한 감성의 발달은 한 사내가 한 여인에 집착하는 경향, 한 여인을 선호하는 경향을 낳아, 가족 제도의 근간인 일부일처제의 원인이 되었다. 그리고 사회성과 결부된 자유를 향한 욕구는 선거제에 입각한 당파 제도를 낳았으며, 이상주의적인 상상력은 조상 숭배 전통을 낳아 백인 종족 종교의 뿌리이며 중심이 되었다.

종족 내의 사회·정치적 원칙은, 반야만 상태에 있는 일정수의 인간들이 적대적인 부족의 압력을 받아, 본능적으로 한데 뭉치게 되고, 그들 중 가장 강력하고 지혜로운 자를 뽑아 그들과 대항하려 하는 순간에 세워지게 된다. 바로 그때 사회가 탄생하는 것이다. 그 우두머리는 장차 왕이 될 것이고, 그의 측근 동료들이 귀족이 될 것이다. 걸을 능력은 없으나 지혜로운 노인들은, 그들의 말을 무기 삼아 벌써 일종의 원로원을 구성하게 된다.

그러면 종교는 어떻게 해서 태어나는 것일까? 흔히, 자연 앞에서 원시인들이 갖는 두려움에서 종교가 생겼다고들 말한다. 하지만 두려움이란 것은 존경이나 사랑과는 아무런 관련이 없다. 두려움은 천상을 이상과, 보이는 것을 보이지 않는 것과, 인간을 신과 연결시키지 못한다. 인간이 자연 앞에서 두려움에 떨고만 있는 한 그는 아직 인간이 아니다. 그가 인간이 되는 것은, 그를 과거 그리고 미래와 연결시켜 주는 끈을 발견하는 순간, 그 자신을 자신보다 우월하고 자비로운 존재와 연결시키는 끈을 발견하는 순간이며, 그가 그 미지의 신비스러움을 찬양하는 순간이다. 그런데, 처음에는 어떤 식으로 찬양을 했던 것일까?

파브르 돌리베는, 그 점에 있어서 아주 뛰어난 지적을 하고 있다.

어떤 호전적인 부족 내에서 두 전사 간에 논쟁이 벌어졌다. 화가 난 그들은 서로 달려들어 싸우기 시작했다. 바로 그 순간 머리가 헝클어진 한 여인이 그들 사이에 뛰어들어 그들을 뜯어말렸다. 그녀는 한 사내의 누이였고 다른 사내의 아내였다. 그녀의 눈에서는 불꽃이 이글거리고 있었으며 목소리는 거의 명령하는 투였다. 그녀는 숨넘어가는 목소리로 더듬더듬, 옛날 위대한 전사였던 그들 종족의 조상을 숲 속에서 보았으며 그가 자신 앞에 나타났다고 말했다. 그리고, 형제 전사끼리의 싸움을 멈추고 공동의 적에 대항해 합심하라고 말했다는 것이었다.

"그는 우리 위대한 선조의 그림자였어요. 그가 바로 내게 말했어요! 내게 말을 건넸단 말예요. 똑똑히 보았어요"라고 그녀는 외쳤다. 그녀가 본 것을 그녀는 믿었다. 확신에 찬 그녀는 남들을 확신시켰다. 놀라고 감동한 두 사내는 마치 어찌할 수 없는 힘에 굴복하듯 서로 손을 내밀어 화해하며, 일종의 신성함에 사로잡힌 듯한 그녀를 바라보았다.

그렇게 갑작스런 반전에 뒤이어 영감을 받게 되는 현상은, 백인종들의 선사시대 삶 속에서 아주 다양한 형태로 수도 없이 여러 번 경험되었을 것이다. 미개 민족에게 있어, 감추어져 있는 것을 예감하고, 눈에 보이지 않는 것을 확신한 것은 감수성이 예민한 여자였다. 그러면 우리가 여기서 인용한 사건에 뒤이어 벌어질 예기치 않은 굉장한 결과를 한번 유추해 보기로 하자.

우선 부족들 사이에서, 그 놀라울 만한 일에 대한 이야기가 사람들 사이에 떠돈다. 영감에 사로잡힌 여인이 조상의 출현을 목도했던 바로 그 장소의 나무는 성목聖木이 된다. 사람들은 그녀를 데리고 그곳으로 가본다. 바로 그곳, 자성磁性을 띤 달빛에 잠겨 신비스러운 모습을 하고 있는 그 나무 아래에서 그녀는 여전히 영감에 사로잡혀 조상의 이름으로 예언을 한다. 연이어 그런 여인들의 수가 증가한다. 얼마 안 있어 그 여인, 그리고 비슷한 다른 여인들이, 바위 위에 서서 혹은 숲 속의 빈 터 한복판에서, 먼 곳으로부터 들려오는 대양의 파도 소리를 배경 삼아 심장을 두근거리고 있는 대중들 앞에서 조상들의 그 투명한 영적 존재에 대해 이야기한다. 대중들은 투명한 달빛을 받아 신비스런 안개가 감도는 분위기에서 신령스런 주술에 이끌려 그들 자신도 그 영혼을 보게 되고, 혹은 보게 될 것이라고 믿게 된다. 바로 이런 식으로, 백인종들이 사회 생활을 시작하게 되자마자 조상들을 향한 숭배가 시작된 것이다. 그리고 위대한 조상은 그 부족의 신이 된다. 이것이 바로 종교의 시작인 것이다.

그러나 그것만으로 모든 것이 끝난 것은 아니다. 여예언자 주변에, 이번엔 노인들이 모인다. 그들은 예언자적 황홀경에 빠져 있는 그녀를 관찰한다. 그리고 그 황홀경 중의 각기 다른 여러 상태들을 연구하여, 계시 자체를 통제하고 신탁을 해석한다. 그들은 그녀가 견자의 상태에 이르러 예언을 할 때면 그녀의 얼굴이 변화하고 그녀의 말에 리듬이 실리며, 그녀의 고양된 목소리가 장중하고 의미 깊은 노랫가락을 빌려 신탁을 전하는 모양에 주목한다. 바로 그로부터 운율·가락, 시와 음악이 존재하게 되며, 많은 사람들에게 숭고하게 여겨지게 되는 것이다.

백인종이 다양한 색의 다른 종족과 뒤섞이면서 최초의 아리안 문명을 세운 아시아의 이란과 인도에서는 종교적 계시의 역할을 사내들이 맡았다. 그곳에는 현자, 예언자의 이야기만 전해질 뿐, 여예언자의 이야기는 전해지지 않는다. 여자들은 억압당해, 부족 전체의 예언자가 아니라 집안 내의 무녀巫女가 될 뿐이다. 하지만 유럽에서는 여인이 지니고 있던 지배적 역할의 흔적이, 여러 민족에게서 쉽게 발견된다. 스칸디나비아의 여예언자, 켈트족의 드루이드교 여승려, 게르만족의 군대와 동행하며 전투 날짜를 정하는 여자 점쟁이 등이 바로 그 흔적이며, 오르페우스 전설 속에 살아남아 있는 여사제 바캉트도 그에 속한다.

백인종의 여예언자들은 드루이드교의 여승려들처럼 하나의 단체가 되었으며, 그 단체는 교양 있는 원로들이나 승려들의 감시하에 있었다. 그녀들은 처음에는 아주 유익한 존재들이었다. 그들의 직관과 점술과 열정으로, 수백 년간에 걸친 흑인종들과의 싸움 초기에 접어들어 있는 종족에게 커다란 도약이 가능토록 해주었다. 하지만 급속히 부패가 뒤따르게 되었고 그 직관이 크게 남용되는 일이 벌어졌다. 스스로 백성의 운명의 조종자가 되었다고 느끼게 되면서, 드루이드교의 여승려들은 어떤 값을 치르더라도 백성들을 지배하려 들게 되었다. 그런 타락은 영감靈感의 저하를 가져오는 법, 그녀들은 영감이 부족하게 되자 공포에 의한 지배 방법을 택하게 되었다. 종국에 그녀들은 사람을 제사의 제물로 바치도록 강요하게 되었고 그 행사를 신앙의 기본 요소인 양 내세웠다. 그녀들은, 그들 종족의 영웅적 용맹성을 바로 공포적 통치에 이용했다. 백인종들은 용감했으며, 죽음을 가볍게 알았다. 그들은 일단 제사의 제물로 지정당하면 아무런 주저 없이 허세를 부리며 기꺼이 여사제의 칼 아래 목을 내밀었다. 인간을 대량으로 제물로 바치면 그들이 사자使者로서 죽은 자들에게 보내지고 그렇게 해서 조상들의 믿음을 얻을 수 있다고 생각했던 것이다. 여사제들의 입을 통해 언제고 내려질지 모르는, 이 목숨에 대한 위협이 바로 종족을 지배하는 가공할 도구가 되었다.

인간이 지니고 있는 고결한 본성이 현자의 권위에 의해 지배되지 않고, 드높은 의식에 의해 선으로 이끌리지 않을 때 필연적으로 겪게 되는 타락의 예를 우리는 거기서 본다. 개인적 야망과 정열에 무턱대고 내맡겨진 채 고귀한 영감은 미신으로, 용기는 사나움으로, 희생의 고결한 생각은 잔인한 압제의 도구로 변질되는 것이다.

하지만 그 정도는 백인종들에게 고통의 시작에 불과했다. 그들은 피비린내 나는 다른 수많은 위기를 겪어야만 했던 것이다. 우선 그들은 유럽 남쪽을 침입하기 시작한 흑인들의 공격을 받기 시작하는 중이었다. 처음에는 상대도 안 되는 싸움이었다. 이제 겨우 숲과 호수로부터 나온 반야만 상태의 그들이 가진 무기라야 돌촉이 달린 화살과 창뿐이었다. 흑인들은 쇠로 된 무기, 청동 갑옷을 갖추고 있었으며, 그 외에도 산업 문명의 산물들을 소유하고 있었다. 싸움에 진 백인들은 포로가 되어 끌려갔고 흑인들의 노예가 되어 돌을 가다듬고 쇠를 제련하는 일을 강제로 하게 되었다. 그런데 도망쳐온 포로들을 통해 승리자들의 과학, 기술의 편린들이 전해지게 되었다. 그들은 흑인들에게서 두 가지 중요한 것을 배운다. 그것은 금속 용해술과 신성을 기록하는 법이다. 즉, 어떤 생각들을 신비스런 기호나 상형문자로 짐승 가죽이나 돌 위, 혹은 나무 껍질에 새겨놓는 기술로서, 그로부터 켈트족의 룬 문자가 유래하게 된 것이다. 녹여서 제련된 금속은 전쟁의 도구가 되었고, 신성의 기록술은 학문과 종교적 전통의 원천이 되었다.

백인 종족과 흑인 종족 간의 싸움은 피레네로부터 코카서스로, 다시 코카서스에서 히말라야로 그 무대를 옮기면서 오랜 세기 동안 지속되었다. 그런데 백인들이 축복을 받은 것은 바로 그들의 숲 때문이었다. 그들은 마치 야생 동물처럼 숲에 몸을 숨겼다가 적당한 시기에 급습을 가하는 데 능했다. 대담해지고 전쟁에 능숙해진 데다 세월이 흐를수록 점점 더 좋은 무기를 갖추게 된 그들은 마침내 흑인들의 도시를 점령하고 그들을 유럽 해안으로부터 몰아내게 되었다. 백인들은 거기서 그친 것이 아니라, 이번엔 그들이 거꾸로 아프리카 북쪽까지 침범해 들어갔고, 이전에 흑인이 점령했던 아시아 지역에까지 진출했다.

두 민족의 섞임은 두 가지 상이한 방향으로 진행되었는데, 그 중 하나는 평화적인 식민화를 통해서였고 다른 하나는 호전적인 정복을 통해서였다. 인류의 선사시대에 대해 경탄할 만한 탁견을 가지고 있는 파브르 돌리베는, 그런 관점으로부터 출발해서 이른바 셈족_{유태인을 포함해 중동 지방의 여러 민족을 총칭함}과 아리안족의 기원에 대해 빛나는 전망을 제시해 준다. 그의 견해에 의하면, 백인 종족이 흑인 종족에게 식민화되어 그들의 지배를 받아들이고 그들의 종교적 의식을 수용한 곳, 바로 그곳에서 셈족이 형성되며, 메네스 왕조 이전의 이집트인·아랍인·페니키아인·칼데아인, 그리고 유태인이 그에 속한다. 반대로 아리안족 문명은 전쟁과 정복에 의해서 백인이 흑인을 지배하게 되는 초기에 형성되며 이란·인도·그리스·에트루리아 문명이 그에 속한다.

　　한편 그에 덧붙여, 고대에 여전히 야만의 상태 혹은 떠돌이 상태에 있던 백인 종족들, 예컨대 스키타이족·게타이족·사르마티아족_{지금의 동유럽 지역}·켈트족·게르만족들도 아리안족 문화 지배권에 포함시키기로 하자.

　　바로 그 구분에 근거해서, 종교의 근본적 다양성 및 그 기술記述의 다양성을 커다란 두 범주로 나누어 이해하는 일이 가능해진다. 흑인 종족의 정신이 근본적으로 지배적인 셈족 문화권에서는 유일신 사상으로 흐르는 경향이 있는데, 숨겨진, 절대적이고 형태 없는 신의 통일성으로 규정지을 수 있는 그 사상은 흑인 종족의 승려들이 오랫동안 지녀왔던 기본적 도그마였다. 반대로 백인에 의해 정복당한 지역에서는 다신교적 경향이 두드러지는바, 신화가 발달하고 신성성의 인격화가 나타나게 되는 그 경향은 그들의 자연에 대한 사랑 및 조상들에 대한 열정적인 숭배에서 비롯된 것이다.

　　한편 셈족과 아리안족의 글쓰는 방식의 차이도 마찬가지로 설명할 수 있다. 왜 셈족에 속하는 민족들은 모두 오른쪽에서 왼쪽으로 글을 쓰고, 아리안족 문화권 내의 민족들은 왼쪽에서 오른쪽으로 글을 쓰게 되었을까? 그에 대해 돌리베가 내세우고 있는 이유는 흥미로운 데다가 독창적이기까지 하다. 그의 견해를 들으면 마치 우리의 잃어버린 과거가 눈앞에 되살아나는 듯이 느껴진다.

선사시대에 일반적으로 통용되는 문자가 존재하지 않았다는 사실은 누구나 알고 있다. 하지만 그 대신 상형문자가 있었고, 사물을 그와 비슷한 기호로 표시하는 법은 인류 역사만큼이나 오래된 것이 사실이다. 그리고 원시시대에는 성직자들이 특권적으로 그 문자를 사용했고, 그 문자는 신성한 의미를 지녔으며 종교적 기능을 갖는 것으로 간주되었다. 남반구에서 흑인종의 승려들이 짐승 가죽이나 석판 위에 신비스러운 글을 쓸 때는, 남극 쪽으로 몸을 향하는 습관이 있었다. 아울러 그들의 손은 빛의 원천인 동쪽을 지향했고, 그 경우 동쪽은 왼쪽이된다. 따라서 그들은 오른쪽으로부터 왼쪽으로 글을 쓰게 된 것이다. 백인 종족 혹은 북반구의 종족들은 흑인 승려들로부터 글을 배웠으며, 처음에는 그들과 똑같은 방식으로 글을 썼다. 하지만 국가에 대한 인식, 민족에 대한 자존심과 함께, 자신들의 근본에 대한 각성이 일자 그들은 자신들 나름대로의 기호를 창안해서는, 글을 쓸 때 남쪽을 향하는 대신 북쪽을 향했다. 바로 그들 조상들의 고장인 북쪽을 향한 채 그들은 동쪽으로 글을 썼던 것이다. 그래서 그들은 왼쪽에서 오른쪽으로 글을 쓰게 되었다. 켈트족의 룬 문자, 고대 페르시아어인 젠드어·산스크리트어, 그리스·라틴어 및 모든 아리안 문명의 글쓰기가 그렇게 된 이유가 바로 그것이다. 그 글들이 지상의 삶의 원천인 태양 쪽을 향해 나아가게 된 것은 셈 문화의 언어와 다를 바 없지만, 그 글들은 조상들의 조국이며, 천상의 오로라 빛의 신비스런 원천인 북쪽을 바라보고 있는 것이다.

셈 문화의 흐름과 아리안 문화의 흐름, 바로 이 두 흐름이 우리의 온갖 사상, 신화·종교·예술·과학, 그리고 철학을 낳은 두 원천이라고 할 수 있다. 그 두 흐름은 각각 삶에 대한 대립되는 개념을 품고 있었으며, 그 둘 사이에 조화와 균형을 이루는 것이 바로 최고의 진리 자체가 되는 것이다.

셈 문화의 흐름은 절대적인 지상至上의 원칙을 갖고 있었다. 최고 권위의 원칙으로서 단일성과 보편성을 신뢰하고 있었으며, 그것이 인간이라는 종족을 통합할 수 있다는 것이었다. 한편 아리안 문화의 흐름은 지상, 초지상의 온갖 영역 속에서 단계적 진화와 상승에 대한 믿음을 갖고 있었고, 그로 인해 자연의 풍요로움 혹은 인간 영혼의 열망의 무한한 복수성複數性과 다양함을 인정하고 있었다. 달리 표현하자면, 셈 문화의 정령精靈이 신으로부터 인간으로 내려온다면 아리안의 정령은 인간으로부터 신으로 다시 올라간다. 셈의 정령이 검과 벼락으로 무장한 채 지상으로 내려오는 심판관으로서 천사장이라면 아리안의 정령은 천상의 권위에 혹해서 천상의 불을 훔쳐 손에 든 프로메테우스이며, 신들이 사는 올림포스 산정을 부러운 듯 올려다보는 인간의 시선이다.

이 두 정령을 우리는 모두 우리들 안에 지니고 있다. 우리 같은 신비주의자, 비교주의자는 각자의 존재 안에 그 두 정령이 존재하고 있음을 믿는 자이며, 그 눈에 보이지 않는 정령의 발현과 조화가 우리 각각의 존재에게 모두 가능하다는 것을 믿는 자이다. 따라서 이 책에서 펼쳐보이는 광활한 인류의 역사는, 우주의 역사는, 우리 각자가 겪을 수 있는 내면의 역사이기도 하며, 이 책의 진정한 의미는 거기에 있다. 그런 면에서 이 책의 위대한 선각자들은 바로 우리들 자신이기도 하다.

우리 자신은 우리 안에 지니고 있는 그 두 정령의 명령에 따라, 또한 두 정령의 지배를 번갈아 받으며 사고하고 행동한다. 그런데 대개는 그 두 정령이 우리의 정신 속에 녹아 있는 것이 아니라 뒤엉켜 있다. 그 두 정령은, 우리 내면의 감정, 우리의 섬세한 사고 속에서뿐만이 아니라 우리의 사회 생활, 우리의 제도 속에서도 서로 반박하며 싸우고 있다. 수없이 다양한 형태로 변모되어 나타나면서 끊임없이 이어지는 그 싸움이, 그 극단에서는 정신주의 혹은 관념론과 유물론의 싸움으로 요약되어 나타나기도 한다. 화해시킬 수도 없고 어찌 해볼 도리도 없는 그 싸움! 누가 그것들을 결합시킬 수 있을 것인가?

그러나 우리가 간과해서는 안 될 중요한 사실이 있다. 인간의 진보와 축복은 전적으로 그 둘의 조화와 종합에 달려 있다는 사실이다. 바로 그 때문에 우리는 이 책에서, 두 흐름의 원천, 두 정령이 태어나는 바로 그 순간까지 거슬러 올라가게 될 것이다. 역사의 부침浮沈, 종교 간의 싸움, 복음서들 간의 대립을 넘어서서, 우리는, 애초에 종교라는 것에 시동을 걸었던 창건자들·예언자들의 의식 속으로 들어간다. 그들은 한없이 깊은 직관을 가지고 있었으며 저 높은 곳을 향한 열망을 가지고 있었고, 지상의 풍요로운 활동을 가능케 할 시원始原의 빛을 지니고 있었다. 그렇다, 그들 안에는 이미 종합이 이루어지고 있었다. 그 후계자들에게서는 그 종합의 빛이 파리해지고 흐려지곤 했지만 그들은 언제고 다시 나타나 빛을 발했고, 예언자로서, 영웅으로서, 견자로서 그 핵심에 위치하곤 했다.

셈 문화의 흐름을 거슬러 올라가보면, 우리는 모세를 통해 이집트에 다다르게 된다. 3,000년이라는 긴 역사를 가진 그 이집트! 한편 아리안 문화의 흐름을 거슬러 올라가게 되면, 백인 종족의 정복에 의해 세워진 최초의 위대한 문명인 인도에 이르게 된다. 인도와 이집트는 종교의 커다란 두 젖줄이다. 그 두 문명은 위대한 통과 제의의 비밀을 간직하고 있다. 우리는 그 성소聖所로 들어가게 될 것이다.

하지만 그보다 앞선 시대, 우리가 대립시켰던 두 정령이 최초의 순결성, 놀라운 조화 속에서 결합되어 있던, 이집트나 인도보다 더 먼 고대古代의 전통을 우리는 간과할 수 없다. 지상의 모든 문명의 태동기라고 할 수 있는 그 시기의 모습은 아마 이집트나 인도 이전에 존재했던 그 어떤 문명을 대상으로 해도 나타날 수 있을 것이다. 그러나 지금 우리의 손에 그 모습을 비교적 희미하게나마 드러내고 있는 것은 원시 아리안 시대의 인도의 모습뿐이다. 문헌학 · 신화학 · 비교인종학 등 최근 학문의 놀라울 만한 발전 덕분에, 그 시대를 흘낏 엿볼 수 있게 된 것이다. 또한 그 시대의 모습은 베다의 시구 속에 비록 간접적이나마 놀랍도록 단순하고 명료하게 표현되어 있다. 그 시대는 시인들이 꿈꾸었던 유년기의 황금 시대와 아주 흡사하다. 고통과 싸움이 존재하지 않았던 것은 아니지만, 인간들 속에는 신뢰, 기氣, 경건함이 있었고, 우리 인류는 그 시대 이후 그것들을 되찾지 못하고 있다.

인도에서는, 사고는 더욱 깊어지고 감정은 더욱 섬세해진다. 그리스에서는 정열과 사상은 예술의 위엄에 감싸이며, 미美라는 마법의 옷을 입는다. 하지만 그 어떤 그리스의 시詩도, 정신의 고양, 영혼의 높이와 넓이에 있어 베다의 노래를 넘어서지는 못한다. 베다는, 자연 속에서 깃들 신선함을, 보이는 것 너머에서 그것을 감싸고 있는 보이지 않는 것을, 천지 만물에 스며들어 있는 통일성을 노래하고 있다.

그 문명은 어떻게 하여 태어난 것일까? 종족들 간의 전쟁, 자연과의 싸움의 와중에서 그렇게 드높은 정신성이 어떻게 전개될 수 있었던 것일까? 오늘날의 학문과 과학은 그 질문 앞에서 발걸음을 멈춘다. 그러나 비교적秘教的인 의미에서 종교사의 내부를 추적해 들어가면, 애초에 이란에 세워진 아리안 문명이, 자신의 백성에게 알맞는 종교와 법령을 부여한 한 지도자의 행동에 의한 것이라는 점을 알 수 있게 된다.

실제로 페르시아의 젠드교 경전인 젠드 아베스타는 '이마Yima'라는 이름의 이 옛 지도자에 대해 전하고 있으며, 새로운 종교의 창시자인 '조로아스터차라투스트라'는 창조의 신인 오르무즈드가 최초로 말을 건넸던 인간으로, (마치 예수가 모세를 필요로 했듯이)그를 끌어들이고 있다. 한편 인도의 서사시 『라마야나』에서는 그가 '라마'라는 이름으로 등장하는데, 그는 인도식 복장과 그 당시의 선진 문명사회의 치장물들로 장식을 하고 있지만, 정복자·개혁자와 비전 전수자로서의 중요한 두 가지 면모는 어김없이 드러나 있다.

한편 그리스 신화에서는 반인반신半人半神의 라마에 해당하는 인물이 바로 디오니소스술과 음악의 신. 바커스와 동일 인물라는 이름을 하고 있는데, '데바 나후샤'라는 산스크리트어에 뿌리를 둔 디오니소스라는 이름은 개혁의 신이라는 뜻으로 노누스라는 시인은, 그리스에 전해 오던 구전口傳을 따라 디오니소스의 인도 정복에 대한 노래를 짓기까지 했다.

그러니 이제 우리는, 인도의 베다, 이란의 조로아스터 저편에서, 아리안 문명이 이제 움트기 시작한 여명기에 한 위대한 최초의 종교 창시자를 마주하게 되는 셈인데, 전 종족을 밝혀줄 신비의 뿔을 손에 쥔, 정복자인 동시에 견자인 그의 이름은 바로 라마이다.

2. 라마의 과업

　우리의 시대가 오기 4,000~5,000년 전에, 대서양으로부터 북극해까지 펼쳐져 있던 고대 스키타이 문명은 빽빽한 숲에 뒤덮여 있었다. 흑인들은 이 대륙을 '물결을 따라 솟아나는 땅'이라 불렀는데, 마치 섬들로 이어진 것처럼 보였기 때문이었다.

　태양빛에 하얗게 반짝이는 대지와 숲은 그 얼마나 아름다운 대조를 이루고 있었는지! 대초원처럼 드넓게 펼쳐진 야생의 평원에서는, 물소와 같은 동물들의 울부짖는 소리, 바람에 갈기를 휘날리며 달려가는 야생마들의 질주 소리 외에는 아무 소리도 들리지 않았다.

　그 숲에 살고 있는 인간들은 이제 동굴인의 상태에서는 벗어나 있었다. 그들은 이미 자신들이 대지의 주인이라고 생각하고 있었다. 그들은 짧은 칼을 만들었고 돌도끼도 만들었으며, 활과 화살, 석궁과 덫을 가지고 있었다. 이윽고 그들은 아주 뛰어난 두 친구, 죽을 때까지 헌신적인 더할 나위 없이 훌륭한 두 친구를 사귀게 되었다. 바로 개와 말이었다.

　숲 속의 집을 지키는 충실한 친구가 된 개는, 인간에게 가정의 안정을 가져다주었다. 또한 그들은 말을 길들임으로써 땅을 정복했고 다른 동물들을 굴복시켰다. 그들은 이 공간의 왕이 된 것이다.

　이 갈색의 머리카락을 한 종족들은 야생마 위에 올라타고는 마치 섬광처럼 여기저기 헤집고 다녔다. 그들은 곰을, 늑대를, 들소를 습격했고, 그때 그 숲 속에 살고 있던 표범과 사자를 위협했다.

문명이 시작되었다. 초보 단계의 가족이, 씨족이, 부족이 존재하게 되었다. 그리고 스키타이족들은 여기저기에 조상을 숭배하는 선돌을 세웠다.

그들 중의 우두머리가 죽으면 그와 함께 무기와 말을 함께 묻었다. 사자死者가 말을 타고 먹구름을 헤쳐나가 저세상에 살고 있는 용을 물리치게 하기 위해서였다. 바로 그로부터 베다 및 스칸디나비아 신화에서 아주 큰 역할을 담당하는, 말을 제물로 바치는 의식이 있게 된 것이다.

셈족들은 사막 한복판에서, 산 꼭대기에서, 광활하게 펼쳐진 하늘의 별자리에서, 유일신, 우주 전체를 지배하는 영靈들을 발견했다. 그 숲 속에서 그들은 신들의 목소리를 들었고 눈에 보이지 않는 존재 앞에서의 최초의 전율을 경험했으며, 저세상의 환영을 보았다. 나뭇잎이 내는 음악 소리와 달빛이 발하는 마력에 이끌려, 마치 청춘의 샘으로 되돌아오듯 숲으로 돌아갔고, 그곳에 위대한 모신母神인 헤르타의 사원을 세웠다. 매력적이면서도 두려운 존재로서 숲은 그렇게 항상 그들 곁에 있었다. 그곳에는 그들의 신들, 그들의 연인들, 그들이 잃어버린 신비들이 잠들어 있었다.

아주아주 오랜 옛적부터, 여승려들이 나무 아래에서 예언을 했다. 부족마다 위대한 여예언자가 있었으며, 여예언자는 드루이드 단을 거느리고 있었다. 그런데 애초에는 드높은 영감에 차 있던 이 여예언자들에게 야심이 생기면서 점차 그들은 잔인해졌다. 선량한 예언자가 사악한 마술사로 변해 버렸다. 그들은 인간을 제물로 바치는 제단을 만들었으며, 승려들의 음산한 노래가 흐르는 가운데, 사나운 스키타이족들의 함성이 들리는 가운데, 사내들의 피가 고인돌을 적셨다.

그 승려들 중에 '람'이라는 이름의 한창 때의 젊은이가 있었다. 그의 고요한 영혼과 심오한 정신은 이 피비린내 나는 예배 의식을 참아낼 수 없었다. 그는 그에 거역했다.

그 젊은 드루이드교 승려는 성격이 온순했으며 침착했다. 그는 아주 일찍부터, 식물들에 대하여 정통했는데, 식물이 가져다주는 놀랄 만한 효과, 식물의 즙을 구별해서 뽑아내는 방법들을 꿰뚫고 있었다. 그뿐만 아니라 그는 별자리의 변화와 그 변화가 미치게 될 영향에 대해서도 잘 알고 있었다. 그리고 멀리 떨어진 사물들을 보고 감지해 내는 능력이 있었다. 그가 하는 말, 그의 존재로부터는 은혜로운 위대함이 뿜어져 나왔다. 그의 지혜는, 여승려들의 광기, 불길한 신탁에 귀기울이며 저주의 울부짖음을 내뿜는 그들의 광기와 곧 대비가 되었다. 드루이드교의 승려들은 그를 '전지자全知者'라 불렀고 백성들은 그에게 '평화의 화신'이라는 별명을 붙였다.

하지만 신성의 지혜에 목말라 있던 람은 스키타이 전역을 여행했고 남쪽으로까지도 여행을 했다. 그의 학식과 겸손함에 탄복한 흑인족 승려들은 그를 그들만의 비법 수련 단체에 가입시켰고 그때 그의 배움은 한결 깊어지고 넓어졌다. 다시 고향 북쪽으로 되돌아온 람은, 자기 부족 내에서 점점 인신 제물의 예배 의식이 성행하는 것을 보고 말할 수 없는 고통을 느꼈다. 하지만 드루이드 여승려들의 오만함에다 남자 승려들의 야망이 한쪽을 거들고 있고 게다가 일반 백성들의 맹목적 믿음까지 가세하여 불길처럼 번지고 있는 그 악습에 어떻게 대항해 싸울 것인가?

그때 또 다른 재앙이 백인족들에게 닥쳐왔고 람은 그것이, 그들이 저지르고 있는 죄에 대해 하늘이 내린 징벌이라고 생각했다. 남쪽을 침입해 흑인 종족들과 접촉을 하면서 일종의 페스트라 할 수 있는 무시무시한 병이 그들에게 엄습해 온 것이다. 그 병으로 사람들의 피는 썩어 들어갔다. 사람들의 몸은 온통 검은 반점으로 뒤덮였으며, 숨결은 오염되었고, 팔다리는 부풀어오르고 뒤틀렸으며, 병자들은 극심한 고통 가운데 숨을 거두었다. 산 사람들의 오염된 숨결과 시체에서 풍기는 악취들이 온 지역을 뒤덮었고 괴질은 더욱 확산되었다. 백인들은 도저히 어떻게 해볼 도리도 없이 수천 명씩 죽어갔다. 람은 비탄에 빠진 채 구원의 방법을 찾았지만 출구는 없었다.

그에게는 숲 속의 빈 터 물푸레나무 아래에 앉아 명상을 하는 습관이 있었다. 어느날 저녁, 그는 동족들이 겪고 있는 비참함과 불행에 대해 깊은 명상을 하다가 나무 아래에서 잠이 들었다. 잠결에 그는 누군가 큰 목소리로 자신을 부르는 것을 느꼈고 그는 자신이 잠에서 깨어났다고 생각했다. 그러자 그의 눈앞에 그와 똑같은 드루이드 승려복을 입은 엄청나게 키 큰 사내가 서 있는 것이 보였다. 그 사내는 지팡이를 하나 들고 있었는데 그 지팡이 둘레를 뱀들이 휘감고 있었다. 놀란 람은 그에게 누구이며, 왜 여기에 왔느냐고 물었다. 그러자 그는 말 없이 람의 손을 잡아 일으키더니, 바로 그가 누워 있던 나무 위를 손가락으로 가리켰다. 그곳에는 아주 아름다운 사철나무의 가지가 드리워져 있었다. 그는 람에게 말했다.

"람이여, 그대가 구하던 약은 바로 저기에 있노라."

그런 후 그는 품에서 황금으로 된 작은 낫을 꺼내더니 나뭇가지를 잘라서 람에게 주었다. 그리고 그는 약을 조제하는 방법을 중얼거리듯 가르쳐주고는 사라졌다.

그가 사라지자 람은 잠에서 완전히 깨어났다. 왠지 모르게 원기가 넘쳤다. 그의 내부에서, 이제 구원을 얻었다는 신념에 찬 소리가 들려왔다. 그는 서둘러, 꿈 속에서 본 그 사내가 가르쳐준 대로 '사철나무 가지'에서 약을 뽑아냈다. 그는 그 약물을 환자들에게 먹였고 병은 치유되었다. 람이 행한 이 기적 같은 치료 행위 때문에 람의 이름은 스키타이 전역에서 그 위세를 떨쳤다. 도처에서 그를 불러갔다. 한편 드루이드교의 승려들이 그에게 그 약의 비밀에 대해 묻자 그는 그들에게 그 비법을 가르쳐주었다. 단지, 성직 계급의 권위를 지키기 위해 그 비법은 그들만이 알고 있도록 하라고 주의를 덧붙였을 뿐이었다. 람에게서 비법을 전수받은 승려들은 그의 제자들이 되어 스키타이 전역으로 퍼져나갔고, 그들은 백성들에게 신의 사자로 여겨졌다. 그들의 스승인 람은 반신半神으로 간주되었다.

바로 이 사건이 새로운 숭배의 기원이 되었다. 그때부터 사철나무는 신목神木이 되었던 것이다. 람은 그 사건을 기념해 성스러운 날을 하나 정했는데 그것이 크리스마스였으며, 그들에게 주어진 새로운 축복을 기념한다는 뜻에서 한 해의 시작을 그날로 삼았다. 람은 그날을 '잉태의 밤'이라 불렀다(새로운 태양을 잉태해 낳게 한 날). 한편, 꿈에 그에게 나타나 신비의 비법을 전수해 준 사람은, 백인 신비주의 전통에 따르면, '에스켈로파'로서 그 뜻은 '축복의 희망은 나무로부터'라는 뜻이다. 그리스 신화에서 아스클레피오스라는 이름으로 등장하는 그 인물은 바로 의학의 신으로서, 요술 지팡이를 들고 있다.

하지만 '평화의 화신'인 람은 보다 드넓은 목표를 가지고 있었다. 그는 페스트보다 더 나쁜, 자기 민족의 정신의 병을 치유하고 싶었다. 부족의 우두머리 승려가 된 그는, 모든 드루이드교의 승려들과 여승려들에게, 인신 제물의 예배 의식을 중지하라는 명령을 내렸다. 대서양까지, 스키타이 전 구석구석을 온통 기쁨과 환희에 들끓게 한 명령이었다. 하지만 자신들의 권위를 위협받은 여승려들은 대담한 그를 향해 저주를 퍼부었고, 그에게 사형의 판결을 내렸다. 한편, 인신 희생 의식을 통해서만 자신의 지배력을 유지할 수 있다고 생각했던 남자 승려들은 그녀들의 편이 되었다. 고립무원이 된 람은 여기서 추방당하고 저기서 저주받는 신세가 되었다. 하지만 람은 그 어려운 싸움에서 물러서기는커녕 그 스스로 하나의 새로운 상징을 내세우며 그들에게 대항했다.

그 당시 백인 부족들은, 자신들이 선호하는 성격에 따라 그 성격을 상징하는 동물을 자기 부족의 연대의 표지로 삼고 있었다. 예컨대 어떤 부족은 학을, 또 다른 부족은 독수리를 부족의 상징으로 삼았으며, 매나 들소의 머리를 상징으로 삼는 부족도 있었다. 그리고 각각의 부족 우두머리들은 그들의 모조 건물 뼈대 위에 그 짐승의 모양을 새겨놓았다. 바로 그것이 가문家紋의 효시인 것이다.

그런데 스키타이족들이 선호한 동물 모양은 들소였으며 그것은 야만적인 힘과 폭력의 상징이었다. 그 들소에 대해 람이 내세운 동물은 숫양이었는데, 용기와 평화를 상징하는 것이었고, 분열된 여러 파벌들간의 단합을 의미했다. 새로운 깃발의 출현은 스키타이족 내부에서 커다란 동요를 불러일으켰으며 사람들의 정신에 진정한 혁명을 유발했다. 백인 종족들은 급기야 두 진영으로 나뉘어졌다. 한쪽 진영에서는 '산양에게 죽음을'이라고 외쳤고, 람의 진영에서는 '들소와 싸움을'이라고 외쳤다. 무시무시한 전쟁이 터질 일촉즉발의 순간이었다.

그 일촉즉발의 상황에서 람은 망설였다. 이 전쟁을 시작하는 것, 그것은 사태를 더 악화시키는 것이 아닐까? 동족을 스스로 파멸에 이르게 하는 것은 아닐까? 그때 그는 다시 꿈을 꾼다.

폭풍우가 휘몰아치는 하늘에 검은 구름이 덮여 있고, 그 검은 구름이 산들과 나무 꼭대기까지 혀를 낼름거리고 있다. 머리를 풀어헤친 한 여인이 바위 위에 우뚝 선 채 포승에 묶인 건장한 전사를 막 내리치려 하고 있다.

"멈추어라! 우리 선조들의 이름으로."

람이 소리를 지르며 여인에게 달려들었다. 여승려는 그에게 칼날같이 날카로운 눈길을 보냈다. 그때 두터운 구름 사이에서 천둥이 울리더니, 번개 속에서 빛나는 모습이 나타났다. 숲이 파랗게 질린 듯했고 여승려는 벼락에 맞은 듯 고꾸라졌으며 전사를 묶고 있던 줄이 풀어졌다. 람은 두려움 없이 그 존재를 바라보았다. 바로 그 모습에서, 그가 물푸레나무 아래에서 이미 보았던 신성의 기운을 다시 느꼈던 것이다. 이번의 존재는 온통 빛에 휩싸여 있어서 더욱 아름다워 보였다. 람의 눈에는, 그가 거대한 기둥들로 이루어진 열려진 사원 앞에 서 있는 것으로 보였다. 인신 제물의 제단이 있던 자리를 성단聖壇이 벌써 대신하고 있었다. 그 찬란한 자태 앞에 엎드려 있는 여승려는 이미 숨이 끊어진 듯했다.

그 하늘의 정령은 오른손에는 횃불을 왼손에는 잔을 들고 있었다. 그는 자애롭게 웃으며 말했다.

"람, 그대가 자랑스럽도다. 이 횃불이 보이는가? 성령의 신성한 불이로다. 이 잔이 보이는가? 생명과 사랑의 잔이로다."

람은 정령이 지시하는 대로 했다. 횃불이 남자의 손으로 건네지는 순간 불은 성단 위에 저절로 타오를 것이며, 남자와 여자는 하늘의 신성한 남편과 아내로 새로이 변모할 것이니! 동시에 사원이 확장되어 그 기둥은 하늘까지 치솟았고 그 천장은 창공이 되었다. 그때 람은, 꿈에 실려, 별이 반짝이는 하늘 아래 높은 산의 꼭대기까지 옮겨갔다. 람의 옆에 선 채로 그의 정령은 그에게 별자리들의 뜻을 설명했고, 타오르는 황도 12궁宮에서 인류의 운명을 읽는 법을 가르쳤다.

"경이로운 존재여, 그대는 누구십니까?"

람이 정령에게 물었다.

"나는 '데바 나후샤', 즉 신성의 지혜라 불리운다"라고 정령이 대답
했다. 그리고 이어서 말했다.

"그대는 나의 빛을 지상에 전파하라. 내, 너의 부름에 언제고 응할
것이니. 자, 이제 너의 길을 가라!"

그런 후, 정령은, 손으로 동쪽을 가리켰다.

맹목적이고 잔인스런 동물성에서 벗어나, 인류가 신성함에 대한 인
식 속에서 다시 태어나게 되는 엄숙한 순간이었다.

3. 집단 이동과 정복

그 꿈에서, 람은 마치 번갯불처럼, 자신의 과업과 자기 민족의 운명을 보았다. 그때부터 그는 더이상 망설이지 않았다. 유럽 민족들 간의 전쟁의 불을 지피는 대신 그는 자기 민족의 정예들을 이끌고 아시아의 중심부로 가려고 작정했다. 그는 인류에게 행복을 가져다줄 '신성의 불'에 대한 숭배 의식을 새로 세우리라고 동족들에게 선언했다. 불에 대한 숭배와 함께, 인신 제물 의식은 영구히 폐지되리라는 것, 그들의 조상신들은, 인간의 피를 맛보고 즐거워하는 저 피비린내 나는 여승려들을 통해서가 아니라, 정화의 불 옆에서 함께 기도하는 부부를 통해, 그들이 사는 가정 속에 깃들게 되리라는 것을 함께 알렸다.

그렇다! 성단聖檀의 저 불, 보이지 않는 천상의 불의 상징이며 인도자인 저 불이 가족을, 씨족을, 부족을, 민족을 한데 결합시킬 것이었다.

그러나 수확을 제대로 거두기 위해서는 알곡과 가라지를 구분해야 했다. 그와 뜻을 같이 하는 용감한 자들은 유럽을 떠나 새로운 땅, 신천지를 개척해야만 했다. 거기에 그는 법령을 세우고 혁신의 불에 대한 신앙을 건립하리라!

그의 그런 제안은 젊은이들과 모험에 목말라하는 사람들에게 열렬히 받아들여졌다. 여러 달 동안 높은 산 위에, 그 집단 이주를 원하는 사람들을 위한 표지로서의 불이 타올랐다. 민족의 인도자인 이 위대한 목자에 의해 인도된 거대한 이주의 물결이 천천히 아시아의 중심을 향해 나아갔다. 코카서스를 지나는 동안 그들은 흑인들에 의해 세워진 키클로페스 섬을 여러 번에 걸쳐 접수했다. 그 승리들을 기념하기 위해 훗날 그들은 코카서스의 바위 위에 거대한 숫양의 머리를 조각해 놓았다.

람에게는 그의 그 지대한 임무를 수행할 능력이 있었다. 그는 온갖 어려움들을 제거했고 남들의 생각을 깊이 꿰뚫었으며 미래를 예견했고 병자를 치료했으며 반란을 평정했고 용기를 북돋웠다. 그리하여, 우리가 섭리라고 부르는 천상의 힘에 의하여 그 북방족은 지상을 지배하게 되었고, 지상에 천상의 빛을 던지게 되었다.

라마는, 황인종과 백인종의 혼혈족인 투란족과 화친을 맺었다. 그들은 북아시아 지역을 점령하고 있었는데 라마는 그들을 이끌고 이란을 정복했다. 이란에서 흑인 종족을 몰아내어 중앙 아시아 전체에 새 빛을 내리쬐게 하기 위해서였다. 그들은 그곳에 베르라는 새로운 도시를 세웠는데 후에 조로아스터가 감탄한 도시였다.

라마는 그 도시에서 경작법을 가르쳤고 씨를 심는 법을 가르침으로써 밀과 포도의 아버지가 되었다. 또한 그는 각자 맡은 일에 따라 카스트 제도를 만들고 사람들을 성직자·전사·농부·장인의 네 그룹으로 나누었다. 애초에 그들 사이에는 오늘날 보는 것과 같은 적대 관계가 없었다. 증오와 질투의 원인이 된 세습적 특권이 도입된 것은 훨씬 훗날의 일이다. 그들은 한 사회 내에서 평등하게 각기 다른 기능을 담당했을 뿐이었으며 라마의 지도하에 화해로운 관계를 유지했다.

그는 살인과 함께 노예 제도를 금했다. 인간에 의해 인간이 예속 상태에 놓이는 것은 모든 악의 원천이라고 그는 가르쳤다. 한편 북방 민족이 여전히 유지하고 있던 씨족적 풍습을 그는 그대로 유지하고 그들 나름대로 우두머리와 판관을 뽑게 했다.

라마가 남긴 업적 가운데 가장 뛰어난 것 중의 하나는, 그가 여인들에게 새로운 역할을 부여했다는 것이다. 그때까지 남자들은 여자에 대해 두 가지 개념밖에는 갖고 있지 않았다. 우선 여자란 집 안에 가두어놓는 노예에 불과했다. 그런 여자들을 사내들은 억누르고 학대했다. 또 다른 여자의 이미지는 바로 바위 위에서, 나무 밑에서 저주의 예언을 내뱉는 여승려였다. 그들은 그녀들의 발 밑에 무릎을 꿇었으며, 나약한 미신에 사로잡혀 그녀들의 신탁과 저주에 몸을 떨었다. 여자는 학대의 대상이 아니면 공포의 대상이었던 것이다. 남성을 제물로 바치는 인신 제물 의식은, 그 사나운 압제자들의 가슴에 칼을 꽂는 여인들의 복수 행위이기도 했다. 그 무시무시한 예배 의식을 금하고, 여인의 지위를 아내와 어머니로서의 신성한 위치까지 끌어올림으로써, 람은 여성에게 가정의 사제, 신성한 불의 수호자 역할을 부여했다. 아내의 지위는 남편과 동등해졌으며, 둘이 함께 조상신의 영혼과 소통하게 된 것이다.

모든 위대한 통치자가 다 그러하듯이, 람은 단지 그들 종족들이 지니고 있던 우수한 본능을 체계화해서 발전시킬 뿐이었지 독단적인 강요는 하지 않았다.

람은, 삶을 아름답게 장식하기 위하여 1년에 네 번 큰 축제를 마련했다. 첫 번째는 불의 축제로서 생산과 관련한 것이었다. 그 축제는 신랑과 신부의 사랑 행위에 바쳐졌다. 여름의 축제는 수확의 축제였는데, 부모에게 수많은 일거리를 유발한 아들과 딸들의 축제였다. 가을 축제는 어머니와 아버지에게 바쳐졌다. 그때 부모들은 기쁨의 표시로 아이들에게 과일을 주었다. 그러나 가장 성스럽고 신비스러운 축제는 크리스마스 축제였다. 람은 그 축제를 봄의 사랑의 열매인 새로 태어난 아이들과 죽은 자의 영혼 모두에게 바쳤다. 눈에 보이는 것과 보이지 않는 것이 결합하는 지점으로서의 이 종교적 의식은, 멀리 날아가는 영혼에 대한 이별 의식인 동시에, 어머니들 속으로 육화되었다가 아이로 다시 태어난 영혼에게 환영의 인사를 하는 신비의 의식이기도 했다. 그 성스러운 밤이 되면, 이 아리안족들은 성소에 모여, 그들이 옛 숲 속에서 그러했던 것처럼 사랑의 결합 의식을 행했다. 불빛과 노래에 휩싸여 그들은 한 해의 새로운 시작을 축복했고, 겨울 한복판에서의 자연의 싹틈을 기원했으며, 죽음 깊은 곳에 깃들어 있는 생명의 존재에 대해 기쁨으로 몸을 떨었다. 그들은 하늘과 땅의 우주적 입맞춤을 노래했으며, 잉태의 밤, 위대한 어머니인 밤에 의한 새로운 태양의 찬란한 분만을 노래했다.

람은 그런 식으로 사람들의 삶을 계절의 순환, 천문의 변화와 연결시켰다. 그와 동시에 그는 사람들의 삶에서 신성의 뜻을 드러내려고 했다. 그런 찬란하고 풍요로운 업적을 세웠기에 조로아스터는 람을 '민족의 우두머리요, 행복한 군주'라고 불렀다. 또한 고대 영웅들의 신비에 대해 노래한 인도의 시인 발미키가 라마를 이상적인 영웅으로 묘사하고 있는 것도 그 때문이다. 그는 이렇게 읊었다.

푸른 백련의 눈의 라마여, 그는 이 세상의 지배자였으니, 자기 영혼의 주인이었으며 사내들의 연인이었고 신하들의 아버지이며 어머니였도다. 그는 모든 존재들을 사랑의 고리로 이었던 것이니.

그러나 히말라야 입구인 이란에 세운 도시가 세계의 중심이 될 수는 없었다. 람은 부족을 이끌고 인도로, 옛날에 홍인종과 황인종을 격퇴하고 중심지로 삼은 그 인도로 향했다. 페르시아의 성서인 젠드 아베스타에도 라마의 인도로 향한 행로에 대한 묘사가 나오며 인도의 서

인도의 서사시 『라마야나』에서 라마가 라바나를 무찌르는 모습.

사시에도 자주 등장한다. 라마는, 코끼리와 사자와 가젤 영양의 땅을
정복했다. 이 세상의 패권을 쥐기 위한 라마와 흑인 종족과의 그 치열
한 싸움이, 인도의 전통적인 시에서는 흰 마술요술과 검은 마술 사이의

싸움으로 묘사되고 있는데, 인도의 전통시는 사원 내부의 신비적 전통보다도 한술 더 뜨는 경향이 있기 때문이다.

이제부터 라마로 불리우게 될 우리의 위대한 지도자는 그 전투에서 거의 기적에 가까운 방법으로 승리를 쟁취하게 되는데, 그가 취한 방법은 상식적인 인간의 한계를 초월하는, 자연의 감추어진 힘을 이용하는 방법이었다. 위대한 선각자란 바로 그 자연의 감추어진 힘을 알고 다룰 줄 아는 자에 다름아닌 것이다. 전통에 의하면 라마는 사막에서 샘물을 솟게 한 인물로 표현되고 있는데 일종의 만나(하늘의 선물이라는 뜻)를 찾아 그 사용법을 전했고 한편 '홈'이라는 식물에서 즙을 뽑아 전염병을 퇴치하기도 했다. 그때부터 그의 신도들에게 그 나무가 신성목이 되어, 사철나무를 대신하게 되었다(사철나무의 신성화 전통은 유럽의 켈트족에게 남았다).

라마는 적들에 대항해서 온갖 종류의 위엄과 명성을 모두 사용했다. 흑인 승려들은 이미 높은 숭배의 대상으로서의 지위가 약해진 상태였으며, 그들은 자연스런 위엄, 존엄으로 백성을 지배하지 못하자 다른 방법을 썼다. 그들은 그들의 사원에서 거대한 뱀들을 키웠으며, 고대 생물 중에 희귀하게 살아남은 익수룡도 키우면서 그들을 신으로 섬기게 하는 한편 대중들을 위협하는 수단으로도 삼았다. 그들은 전쟁에서 사로잡은 자들을 그 뱀과 괴물의 먹이로 삼았다. 라마는 이따금씩, 그 사원에 불현듯 나타나곤 했다. 그는 한 손에 횃불을 들고 뱀과 승려들을 뒤쫓고 위협하고 굴복시키곤 했다. 때로는 적들의 진영에 아무런 방비 없이 나타나곤 했으나 그의 목숨을 노리는 적들 사이에서 자그마한 해도 입지 않은 채 그곳에서 벗어날 수 있었다. 그 누구도 감히 그에게 손을 댈 엄두를 못 냈던 것이다. 현장에 있다가 그를 무사히 떠나보낸 자들을 심문하면, 그의 시선과 마주치는 순간 몸이 화석처럼 굳어졌다는 대답을 들을 수 있을 뿐이었다. 또한 그가 말을 할 때면 견고한 산과 같은 것이 그와 그들 사이에 가로놓여 그의 모습을 볼 수 없게 된다는 것이었다. 인도 서사시에 의하면, 라마는 마침내 인도 남쪽의 섬인 실론까지 정복한다. 그는 그곳에서 최후의 검은 마술사인 라바나의 머리 위에 불줄기 세례를 퍼붓는 것으로 인도의 정복을 마무리한다.

4. 위대한 선조의 유언

동양의 성서들에 의하면, 그의 힘과 재능과 선에 의해 라마는 인도의 주인이 되었고 정신적 왕이 되었다. 승려들, 왕들, 백성들이 천상으로부터 내려온 인류의 은인 앞에서인 듯 그의 앞에 무릎을 꿇었다. 숫양이 새겨진 깃발을 들고 그가 파견한 사제들이 멀리까지 그가 공표한 법을 전파했다. 승리자와 패자의 평등함, 노예 제도와 인신 제물의 폐지, 가정 내의 여인의 존중, 조상에 대한 숭배, 이름 붙여지지 않은 신의 상징인 성화의 숭배 등이 그 내용이었다.

라마는 나이를 먹었다. 턱수염이 하얗게 변했지만 아직 기력은 정정했으며 진실의 대주교로서의 위엄이 그 얼굴에 깃들어 있었다. 왕들과 백성 대표들이 그에게 절대적 권력을 주려고 했다. 그는 명상을 위해 1년간 휴식해야겠다며 다시 꿈을 꾸었다. 그에게 영감을 주었던 그 정령이 그의 꿈 속에서 다시 그에게 계시를 내렸던 것이다.

꿈 속에서 그는 청년기의 숲 속에 다시 살고 있었다. 그 자신도 다시 청년이 되어 드루이드교의 승려복을 입고 있었다. 달빛이 흐르고 있었다. 백성들이 태양과 새 날의 재생을 기다리는 '잉태의 밤', 바로 그 거룩한 밤이었다. 라마는 물푸레나무 아래로 걸으면서 옛날처럼, 숲에서 들려오는 영감靈感의 소리에 귀를 기울였다. 그때 한 아름다운 여인이 그에게 다가왔다. 그녀는 휘황찬란한 왕관을 쓰고 있었다. 머리카락은 황금빛이었으며 피부는 백설처럼 하얗고 눈은 폭풍우가 가신 후의 창공처럼 그윽한 빛을 발하고 있었다. 그녀가 그에게 말했다.

"나는 이전에 야만적인 드루이드 승려였어요. 그대 덕분에 이제 나는 찬란한 여인이 되었고 '시타'라고 이름지었지요. 나는 당신에 의해 영광을 입은 여인이요, 당신의 아내랍니다. 오, 나의 주인이시며 나의 왕이시여! 당신이 수많은 강들을 건너고 백성들에게 기쁨을 베풀고 적국의 왕들을 쳐부신 것은 모두 나를 위해서가 아니었나요? 이제 그 보상을 해드리겠어요. 자 이 왕관을 받아 머리에 쓰세요. 그리고 나와 함께 이 세상을 다스려요!"

그녀는 겸손하게 복종하는 자세로 무릎을 꿇으며 그에게 지상의 왕관을 건네주었다. 왕관에서는 수천의 보석이 빛을 발하고 있었다. 백성들의 목자인 위대한 라마의 영혼은 감동을 받았다.

그런데 그때, 그의 정령인 데바 나후샤가 나타나 그에게 말했다.

"그대가 만일 그 왕관을 머리에 쓴다면 신성의 지혜는 그대로부터 떠날 것이며 그대는 더이상 나를 보지 못하게 되리라. 만일 그대가 저 여인을 그대 품에 안는다면 그녀는 그 행복의 대가로 죽어가게 되리라. 하지만 만일 그대가 그녀를 포기한다면 그녀는 이 땅 위에서 행복하고 자유롭게 살아갈 것이고, 그대의 보이지 않는 정신이 그녀를 지배하게 되리니, 선택하거라. 그녀의 말을 들을 것인지 내 말을 따를 것인지."

시타는 여전히 무릎을 꿇은 채 사랑에 들뜬 눈으로 자신의 주인을 바라보고 있었다. 그녀는 애원하면서 그의 대답을 기다렸다.

라마는 한순간 침묵을 지켰다. 시타의 두 눈을 깊이 응시하고 있는 그의 시선은 완전한 소유와 영원한 이별 사이를 가르고 있는 깊디 깊은 심연을 헤아리고 있는 듯했다. 그러나, 절대적 사랑이란 절대적 포기에 다름아님을 느끼고는 자신의 그 해방의 손을 여인의 이마에 얹은 채 축성祝聖하며 말했다.

"가시오! 자유를 누리며 나를 잊지 않도록 하시오."

그러자 여인은 마치 달의 요정처럼 순식간에 사라졌고, 라마는 다시 노인의 몸으로 돌아왔다. 이슬 같은 눈물 방울 한 점이 그의 수염을 적셨고, 깊은 숲 속으로부터 "라마, 라마"라고 애닯게 부르는 소리가 들려왔다.

그때 빛에 휩싸인 정령 데바 나후샤가 "내게로!"라고 소리치더니 라마를 히마바트 북쪽의 산으로 데려갔다.

그의 과업이 완수되었음을 알리는 그 꿈을 꾼 후에 라마는 왕들과 백성의 대표자들을 불러 모은 후 그들에게 말했다.

"나는 그대들이 내게 주려고 하는 절대권력을 원치 않는다오. 왕관은 당신들이 쓰고, 나의 법을 지키시오. 내 임무는 끝났소. 나는 나의 형제 사제들과 함께 아이리아나 바에이아 산으로 영원히 들어가겠소. 그곳에서 내 그대들을 지켜보리라. 성화를 잘 지키시오. 그 불이 꺼지는 순간 나는 심판을 하러 다시 나타날 것이며, 그대들에게 무서운 징벌을 가할 것이니."

그 말을 하고 난 후 그는 은자들에게만 알려진 말보리 산의 은신처로 제자들과 함께 가서 칩거했다. 거기서 그는 제자들에게 지상의 위대한 존재의 비밀에 대해 그가 알고 있는 바를 가르쳤다. 그 제자들은 멀리 이집트와 오크 지방까지, 삼라만상의 통일의 상징인 성화와, 아리안족 종교의 문양인 숫염소의 뿔을 전파했다. 그 뿔은 통과 제의의 표장이 되었고 이어서 교권과 왕권의 상징이 되었다.

그렇게 멀리서 라마는 계속 백성들의 모습을 감시했다. 그리고 생애의 마지막 몇 년은 아리안 달력을 만드는 데 몰두했다. 오늘날의 황도 12궁은 바로 그가 창안한 것이며, 그것이 이 위대한 스승의 유언이기도 했다. 별들과 함께 하늘의 상형문자로 쓰여진, 아주 신비스러운 책이었다. 황도 12궁을 정하면서 그는 거기에 삼중의 뜻을 부여했다. 첫째는 1년 열두 달 동안 태양이 지상에 미치는 영향과 관련이 있다. 둘째는, 그 자신의 생애의 역사를 암시하고 있다. 마지막으로 그것은 그가 자신의 목표에 이르기 위해 사용했던 신비스러운 방법을 전하고 있다. 바로 그 이유 때문에 황도 12궁을 역순으로 해석한 것이, 훗날 통과 제의의 여러 단계의 비밀을 풀어주는 상징이 된 것이다.

그는 그의 제자들에게 그의 죽음을 숨기고, 영원히 우의를 이어나가면서 과업을 수행하라고 지시했다. 백성들은, 수세기 동안, 그가 아직 숫염소의 모양이 새겨진 관을 쓴 채 성산聖山에 살아 있다고 믿었다. 베다의 시대에 이르러 그 위대한 선조는, 사자의 심판관이며 망령 인도자인 야마Yama가 되었다.

5. 베다의 종교

천부적인 조직력으로 이 아리안계의 위대한 선각자는 아시아 중심에, 이란에 한 위대한 사회를 건설했고 그 빛이 사방으로 번져나갔다. 아리안 부족들은 아시아로 유럽으로 퍼져나가 그들의 풍습, 신앙과 그들이 숭배하는 신들을 전파했다. 그들이 세운 여러 국가 중에 인도가 원시 아리안 사회의 원형에 가장 가까웠다.

인도의 성경인 베다는 우리에게 세 가지 가치를 지니고 있다.

우선 베다 경전은 우리에게 아리안족의 순수 고대 종교의 핵심이 무엇인가를 알려준다. 경전에 나오는 찬가들이 그것을 노래하고 있는 것이다. 이어서 그 경전은 우리에게 인도 사회 자체를 이해하는 열쇠가 된다. 끝으로 베다 경전은 신비주의 교리의 모태가 되는 관념들이 최초로, 명확한 형태로 결집된 모습을 우리에게 보여준다. 브라만교는 베다 경전을 자신들의 교과서로 삼으며, 거기서 학문 중의 학문을 발견하는데, 베다라는 단어 자체가 '지식'을 의미하기도 한다.

여기서 아주 간단하게 베다교의 핵심에 대해 접근해 보기로 하자.

베다교만큼 단순하게, 그러면서도 위대하게, 심오한 자연주의와 초월적 관념주의가 결합되어 있는 경우는 거의 없다. 동이 트기 전에 한 집안의 가장인 한 사나이가, 두 개의 나무 조각으로 피워 올린 불빛이 타오르고 있는 지상의 제단 앞에 서 있다. 그 가장은 아버지이며 사제인 동시에 희생의 왕이기도 하다. 베다 시인의 표현대로 '목욕을 하고 나와 가장 아름다운 옷감을 짜는 여인처럼' 동이 터오르기 시작하면 가장은 우샤새벽빛와 사비트리태양와 아수라스생명의 정령에게 바치는 기도문을 낭송한다. 어머니와 아이들은 아스클레피아스를 발효시킨 음료인 소마Soma를 아그니, 즉 불 속에 붓는다. 그러면 높이 치솟은 불꽃이, 가장이며 제사장인 사내의 입, 그 가족의 심장으로부터 나온 정화된 기도를 보이지 않는 신들에게로까지 전달해 준다.

이런 노래를 읊은 베다 시인의 영혼은 우주의 신들의 모습을 아름다운 인간의 육체로 표현한 그리스의 헬레니즘적 감각주의와도 거리가 멀며, 형태 없이 어디에고 존재하는 절대자를 숭배하는 유태적 유일신 사상과도 거리가 멀다. 베다 시인에게 자연이란 그 뒤에서 이루 헤아릴 수 없는 신성의 기운이 움직이고 있는 투명한 장막과 같은 것이다. 그들이 찬양하고 찬미하는 것은, 그리고 그들이 인격화하는 것은 바로 이 기운들이다. 그는 태양 자체보다는 만물에 생명을 주고 태양계를 영속시키는 생명 창조의 안 보이는 힘에 대해 예배한다.

전사의 신인 인드라는 금빛 마차를 타고 하늘을 돌아다니면서 벼락을 내리고 구름을 돌파하는데, 그가 바로 태양 자체의 힘을 인격화한 것이다. 그런데, 거대하게 빛나며 만물을 감싸안는 하늘의 신인 바루나그리스에서는 우라노스를 경배할 때면 베다 시인은 인드라를 찬양할 때보다 더 높이 올라간다. 한 시인의 바루나 예찬은 그 좋은 예이다.

인드라가 하늘의 능동적이며 전투적인 생명을 나타낸다면 바루나는 하늘의 부동不動의 위엄을 나타낸다. 베다의 찬가들 중에 바루나를 묘사할 때만큼 장엄한 묘사가 동원된 경우는 없다. 태양은 바루나의 눈이며 하늘은 그의 옷이다. 요지부동의 토대 위에 하늘과 땅을 건설한 것도 그이며 그것들을 둘로 가른 것도 그이다. 그는 모든 것을 행했고 모든 것을 간직하고 있다. 그 누구도 바루나가 행한 바에 흠집을 낼 수 없다. 그 누구도 그에게 침투할 수 없다. 단지, 그, 그만이 모든 것을 알고 있고, 지금 존재하는 것, 앞으로 되어 갈 것을 모두 보고 있다. 하늘 꼭대기 수천 개의 문으로 된 궁전 안에서, 그는 대기 속에서의 새들이 날아간 흔적과, 바다 위에 남긴 배들의 항적까지 보고 있다. 황금으로 된 그 높은 곳 옥좌에 앉아 그는 인간들의 행동을 주시하고 심판한다. 그는 이 우주 속의 질서를 유지시키는 자이며, 사회의 질서를 유지시키는 자이다. 그는 범죄자를 벌한다. 그는 회개하는 자에게는 자비롭다. 또한 자책에서 나온 번뇌의 울부짖음이 가닿는 곳도 바로 그이며, 죄인이 과오의 짐을 덜러 오는 것도 바로 그 앞이다. 한편 베다교는 철저한 의식을 지키며 때로는 명상적이다. 베다 종교는 바루나와 함께 의식의 가장 깊은 곳까지 내려가며 또한 그와 함께 신성神聖의 개념을 실현한다.

하지만 베다의 찬가에서 물결처럼 넘실거리는 장엄한 이미지들은 우리에게 베다교의 외관만 보여줄 뿐이다. 우리가 베다교의 신비적이고 초월적인 근본, 그 교리의 핵심에 접근할 수 있는 것은 성화聖火인 '아그니'라는 개념을 통해서이다. 사실상 아그니는 아주 전형적인 우주의 정령이요, 우주의 원칙이다. 앞 시인의 말을 계속 인용하자.

그것은 번개와 태양으로부터 나온 지상의 불만이 아니다. 그것의 본래 고향은 영원한 빛, 삼라만상의 최초의 원칙들이 깃든 곳, 눈에 보이지 않는 신비의 하늘이다. 그것이 마치 어머니 자궁 속에 잠들어 있던 태아처럼 나무 조각으로부터 튀어나오는, 천상의 기사들이 황금의 검 속에 숨겨놓았다 천둥 소리와 함께 토해 놓은, 불의 탄생은 영원하다. 아그니는 신들 중 가장 연장자이며 땅 위에서도 하늘에서도 군림하고 있다. 그는 비바스바하늘

혹은 태양의 거소에 군림하고 있다가 번개의 신이 인간에게 보내면 이 땅에서 인간들의 수호자, 손님, 친구가 된다. 희생 제의를 집전하면서 그는 모든 신비적 명상의 전령이 된다. 그는 신들을 잉태하고 세상을 정비하며 우주적 삶을 만들어내고 보존한다. 한마디로 그는 우주 발생의 동력이다.

소마는 아그니의 짝이다. 실제로 그것은 식물을 발효시킨 음료로서 희생의식 중에 신들에게 헌주獻酒로서 바쳐진다. 하지만 소마 역시 아그니와 마찬가지로 신비스런 존재이다. 그것의 궁극적인 거처는, 제3의 하늘 저 깊은 곳으로서, 그곳에서는 태양의 딸인 수리야가 소마를 거르고 양육의 신인 푸산이 그것을 얻는다. 신들이 그 소마를 가져다 마시면 영생을 얻는다. 인간들 또한 야마에게서 그것을 받아 마시면 영생을 얻는다. 그 전에 우선 소마는 지상에 활기와 풍요로움을 준다. 그것은 신들의 양식이며 청춘의 샘이다. 그것은 만물을 양육하고 식물 속으로 들어가며 동물의 정충에 생명을 부여하고 시인에게 영감을 주며 기도에 정열을 부여한다. 하늘과 땅의 영혼으로서 그것은 아그니와 불가분의 한 쌍을 이룬다. 이 한 쌍이 태양과 별들을 불밝힌다.

아그니와 소마의 개념은 신비주의 교리에 의하면 우주의 기본적인 두 원칙을 포함하고 있다. 아그니는 영원한 남성, 창조의 지성, 순수한 영혼이다. 소마는 영원한 여성이며 이 세상의 영혼으로서, 보이고 보이지 않는 모든 세계의 모태이며 결국은 무한히 변모하는 자연, 미세한 물질 자체이다. 그리고 이 절대 불변의 것과 끊임없이 변화하는 것인 이 두 존재의 완벽한 결합이 '지상의 존재'를 이루며 '신의 정수'를 이룬다.

바로 이 중요한 두 개념으로부터, 또 하나의 아주 중요한 세 번째 개념이 나온다. 베다교에서는 우주 발생의 행위를 영속적인 희생과 동일 시한다. 존재하는 모든 것을 만들어내기 위하여 지상의 존재는 스스로 를 희생하는 것이다. 그는 스스로 나뉘어 그의 통일성에서 벗어난다. 따라서 이 희생은, 자연의 모든 기능이 살아 움직이게 하는 순간과 일 치한다. 얼핏 보기에 매우 놀랍고, 곰곰이 생각해 보면 심오하기 그지 없는 이 개념은, 이 세상에서의 신의 존재와 출현, 사라짐의 과정, 신과 의 만남과 헤어짐, 신적인 존재에 스스로 도달했을 때의 돌연스런 자 기 포기 등 모든 신비주의적 정신 원리의 근본을 이루고 있으며, 다신 교와 일신교의 신비주의적 종합의 원칙을 보여주고 있다. 바로 그 개 념으로부터 디오니소스의 추락의 원리가, 헤르메스와 오르페에서의 속죄의 원리가 나오며, 크리슈나에 의해 천명된 신성의 '말씀'의 원리 가 나온다.

베다 신앙의 부동의 핵심인 불의 희생 제의는, 따라서 우주 창조의 위대한 행위를 보여주는 하나의 그림이 된다. 베다교는 희생 의식에 동반되는 기도, 예배 의식에 대단히 큰 중요성을 부여한다. 그 때문에 기도 자체에 '브라마나스파티'라는 여신의 이름을 부여하기도 한다. 인 간의 말이, 영혼의 집중과 강력하게 농축된 의지가 동반되었을 때 정 령을 불러내는 힘과 창조적인 힘을 지닐 수 있다는 믿음에서, 이집트 와 칼데아 문명에서의 마법, 마술 숭배의 전통이 유래했다. 베다교와 브라만교의 승려들은 예배 의식이 거행되는 동안 보이지 않는 조상의 영혼들, 성령들이 잔디에 앉아 있다고 간주했으며, 그들이 그곳에 온 것은 불과 노래와 기도 때문이라고 믿었다.

영혼의 불멸성에 관한 한, 베다의 교리는 가능한 한 분명하게 그리 고 단호하게 그 사실을 인정하고 있다.

'그것은 인간 중 불멸의 부분이니, 오, 아그니여 당신의 빛으로, 당신의 불로 그를 덮혀주오! 오 야타베다여, 당신이 만든 영광된 몸에 실어 그 불멸의 영혼을 경건한 자들의 세상으로 데려다주오!'라고 그들은 노래한다.

한편 베다 시인들은 영혼의 운명에 대해서만 말하고 있는 것이 아니라, 영혼이 어디에서 왔는가에 대해서도 초조하게 묻고 있다.

'영혼은 어디로부터 태어났는가? 우리에게 왔다가 되돌아가고 되돌아갔다가 다시 돌아오는 그 영혼은!'

이 간단한 표현에, 브라만교와 불교, 그리고 이집트인들에게서, 더 나아가 피타고라스와 플라톤의 철학에서 아주 중요한 개념인, 비법들 중의 비법인, 부활·재생의 원리가 나타나고 있는 것이다.

자, 이 정도이니 어떻게 베다교가 체계적인 종교의 원칙들, 우주에 대한 철학적 개념들의 원천적 토대임을 인정하지 않을 수 있겠는가? 거기에는 우리의 관찰 너머에 존재하는 그리고 그에 앞서 존재하는 절대진리에 대한 심오한 직관만이 존재하는 것이 아니라, 자연에 대한 이해, 자연 현상의 변화와 배열, 조화에 관한 통일성과 드넓은 통찰력이 함께 들어 있는 것이다. 바위 속의 수정처럼 베다 시인들의 의식은 영원한 진리의 태양을 반사해 내며 그 빛나는 프리즘을 통해 우주적 접신接神의 빛줄기들을 내뿜고 있는 것이다. 베다 시인들의 단순성과 솔직성, 베다교라는 원초적 종교의 투명성으로 인해, 영원한 교리의 원칙들이, 인도의 다른 경전들이나 셈 문화 혹은 아리안 문화의 다른 종교들에서보다 훨씬 우리에게 뚜렷하게 전달되는 것이다.

그 시대에는 높은 신비와 세속적 믿음 사이에 단절이 존재하지 않았다. 하지만 베다를 유심히 살펴보면, 제사장과 시인 사이에, 즉 신비의 집전자와 일반 신자 사이에 아주 중요한 한 인물이 개입되어 있음을 우리는 알아챌 수 있다. 바로, 그들에게 진리를 전하는 현자, 선각자가 그이며, 그가 바로 라마였다.

자, 이것이, 아리안족이 인더스 강과 갠지스 강을 따라 인도를 정복하고 문명을 세운 전말이다. 라마의 보이지 않는 정령인 데바 나후샤가 그들을 지배했다. 성화인 아그니가 그들의 혈관 속을 흘렀다. 찬란한 이슬이 맺힌 여명이, 젊음으로, 기氣로 충만한 그 시대를 감쌌다. 가족이 형성되었고 아내는 존중받았다. 여인들은 한 가정의 사제로서 그들 스스로 찬가를 짓기도 했고 부르기도 했다. '그런 아내의 남편이여, 만수하리라'고 시인은 읊었다. 사람들은 삶을 사랑했다. 그런 한편 저세상의 존재도 믿었다. 왕은 마을을 굽어보는 언덕 위의 성에 기거했다. 전쟁이 나면 왕은 갑옷을 입고 관을 쓴 채 번쩍이는 마차에 올랐다. 그의 위세는 전사의 신 인드라처럼 번쩍였다.

훗날 브라만교가 권위를 잡게 되었을 때, 위대한 왕의 궁전 주위로 석탑이 세워지게 되는데, 그로부터 예술과 시와 신들의 드라마가 나왔다. 그때도 카스트 제도는 존재했지만 계급들 사이에 엄격한 구분도 장벽도 없었다. 전사가 승려였으며 승려가 사제였고, 그들은 언제나 왕이나 정신적 지도자를 구분 없이 섬겼다.

그런데, 거기에 한 인물이 나타난다. 다듬지 않은 머리털과 턱수염에, 거의 반 벌거숭이에 붉은 넝마를 걸친 인물이었다. 신성의 호수 근처에 홀로, 야생을 벗해 살면서 명상과 고행에 빠지는 존재. 그는 이따금씩 제사장과 왕을 힐책한다. 그때마다 쫓겨나거나 무시당하기 일쑤였다. 하지만 그들은 내심 그를 존경했고, 그를 두려워했다. 그는 이미 가공할 만한 힘을 행사하기 시작했다.

왕과 전사들에 둘러싸여 황금 마차에 올라탄 왕과, 거의 헐벗은 탁발승인 이 사내, 가진 무기라야 자신의 생각, 자신의 말, 자신의 시선밖에 없는 이 사내 사이에 장차 큰 싸움이 있게 된다. 그리고 그 싸움의

승리자는 왕이 아니라, 홀로이며 헐벗은 거지 승려인 그였다. 그에게
는 의식과 의지가 있었기 때문이었다.

이 싸움의 역사가 바로 브라만교의 역사이며, 훗날 불교의 역사가
된다. 그리고 바로 그 역사에 인도의 전 역사가 거의 다 함축되어 있다.

제2장

크리슈나
인도, 그리고 브라만의 통과 제의

끊임없이 이 세계를 창조하고 있는 존재는 셋이다. 그 것은 아버지인 브라만이며 어머니인 마야이며 아들인 비슈누이다. 본질과, 물질과, 생명. 그 각자는 다른 둘 을 품고 있으며, 그 셋은 '말로 표현할 수 없는 것' 속에 서 하나이다.

— 우파니샤드

너는 네 안에 네가 알지 못하는 숭고한 친구를 지니고 있다. 신이 전 인간의 안에 살고 있기 때문이다. 그러나 그것을 찾는 자는 드물다. 만물의 원칙들이 그로부터 나오며, 그에 의해 우주가 형성된 절대존재에게 자신의 욕망, 자신의 일들을 모두 희생한 자는 그 희생을 통해 완성을 얻을 수 있다. 자기 안에서 행복과 기쁨을, 그리 고 자기 자신 스스로에게서 자신의 방을 찾은 자는 신 과 한몸이 되기 때문이다. 그런데, 명심할지니, 신을 발 견한 영혼은, 재탄생과 죽음, 늙음과 고통에서 벗어나 게 되느니 그는 불멸의 물을 마시게 되리라.

— 바가바드-기타

1. 영웅 시대의 인도
태양의 아들들과 달의 아들들

아리안족이 인도를 정복하자 지상에서 가장 찬란한 문명이 탄생했다. 갠지스 강과 그 지류 주변에는 거대한 왕국들과 도시들이 건립되었다. 서사시인 「마하바라타」와 천지 개벽에 관한 민중 전래 이야기인 「푸라나스」에는, 인도의 옛 전통에 관한 이야기들이 가득 담겨 있는데, 이 오래된 시절의 왕조들의 호사스러움, 위대한 영웅들에 관한 이야기가 현란하게 묘사되어 있다. 인도의 이 왕국들 중 한 나라의 왕이 되어, 전투 마차 위에 우뚝 서서 코끼리와 말을 탄 병사들과 보병들을 지휘하는 일보다 더 자랑스럽고 고귀한 일은 없었다. 한 베다의 승려는 모여 있는 군중 앞에서 그의 왕에게 이런 찬사를 바쳤다.

내 그대를 우리들 사이로 이끌었고 모든 백성이 그대를 원하노라. 하늘도 흔들리지 않고, 땅도 흔들리지 않으며, 저 산들도 끄떡 없도다. 그대, 우리 부족의 왕 역시 그들만큼 탄탄하리니….

또한 훗날의 한 법전에는 이런 구절이 있다.

세상의 이 지배자들은 전투에서 상대방과 마주하면 그를 격퇴시키는 데만 열중할 뿐 고개를 뒤로 돌리는 일이 없다. 그들은 죽으면 곧바로 하늘로 올라갔다.

사실상 그들은 자신들이 신들의 후예라고 믿었고 신들과 경쟁자라고 생각했으며 스스로 신이 될 채비가 되어 있다고 믿었다. 자식으로서 아비에게 복종하는 것, 고결한 품성과 함께 용사로서의 용기를 갖추는 것, 그것이 사내로서의 이상이었다.

　　한편 인도의 서사시에서 여인들은 오로지 가정에 충실한 아내의 모습으로만 등장하고 있다. 그리스인이나 북구의 다른 어느 종족들도 그토록 섬세하고 그토록 고결하며 그토록 고양된 여인들의 모습을 그들의 시 속에서 결코 만들어내지 못했다.

　　그러나 인도의 서사시가 우리에게 전해 주지 않는 것이 한 가지 있다. 그것은 인종들이 어떻게 서로 뒤섞이게 되며 종교적 관념들이 어떻게 서서히 변해 갔는지, 또한 그 결과 베다 시대 인도의 사회 조직은 어떠한 변천을 겪게 되었는지에 대한, 숨어 있는 신비로운 움직임에 대해서이다.

　　인도를 정복한 아리안족은, 흑인종을 바탕으로 하여 홍인종과 황인종이 뒤섞인 여러 종족들과 마주하게 된다. 따라서 인도의 최초의 문명은 우리에게 매우 복잡한 인종이 뒤섞인 모습으로 나타나게 된다. 세월이 흐름에 따라 정복자 민족의 혈통도 다른 종족들과 섞이면서 변질되어 갔다. 하지만 오늘날까지도 아리안 계통의 인종들이 상류층에서 지배력을 행사하고 있고 유색 인종은 하류 계층에 속하고 있는 것 또한 사실이다. 어쨌든 마치 정글 속에는 동물 시체의 악취가 존재하고, 건강한 사회에도 악의 발흥은 있게 마련이듯, 아리안계가 정복한 인도에서도, 그 복잡한 인종 분포로 인한 분란이 그치지 않았다. 그것은 단순한 인종 간의 싸움이라기보다는 인간의 드높은 정신성을 수호하고 널리 전파하려는 세력들과 인간의 야수성, 동물성에 호소하고 그 야만성을 신격화하려는 세력들 간의 싸움이라고 할 수 있는데, 인도

서사시에는 그 야만적인 세력 속을 검은 피가 흐르고 있다고 묘사되어 있다. 이제 그 서사시를 바탕으로 인도 종족의 토대를 간단히 정리해 보자.

한쪽에는 자기 나름대로의 도덕적 의미와 숭고한 형이상학적 열망을 간직한 아리안계의 정령이 있다. 다른 쪽에는 정열적인 에너지와 질서 파괴적인 흑인 종족의 정령이 있다. 이 두 정령은 인도의 고대 종교사에서 어떤 모습으로 나타날까? 가장 고대의 전통은 그 두 정령을 간단하게 태양의 왕조와 달의 왕조로 구분한다.

태양 왕조의 왕들은 그들이 태양의 후손이라고 주장하고 반대편은 그들이 달의 아들이라고 생각한다. 그런데 이 상징적인 표현은 종교적으로 대립되는 두 개념을 품고 있으며, 절대자에 대한 이 각기 다른 개념은 서로 상이한 두 가지 숭배 사상과 연결된다. 태양 숭배의 전통은 이 우주의 신에게 남성성을 부여한다. 가장 순수한 베다교의 전통은 바로 그 태양 숭배에 뿌리를 두고 있는 것으로서, 성화聖火와 기도의 의식, 지상至上의 신에 대한 비교적秘敎的 개념, 여인의 존중, 조상 숭배 등이 그 결과이다. 반면에 달을 숭배하는 신앙은 여성에게 신성성을 부여하며, 우리가 앞서 살펴보았듯이 아리안 주기 때의 자연 숭배, 풍요로움을 향한 기도 등을 낳으며, 일부다처제도 낳는다. 그러나 종교적으로 또 하나의 중요한 흐름인 달 숭배 사상이 그 당시 인도에서는, 자연의 은혜로움을 예찬하는 방향으로, 자연 만물 속에서 은혜로운 신성의 뜻을 발견하는 방향으로 흐른 것이 아니라, 우리가 드루이드 여승려에게서 보았듯이 맹목적인 자연의 저주, 광폭함 앞에서의 공포심을 유발하는 쪽으로 흐르고 있었다. 달 숭배 사상이 우상과 마술 숭배로, 대중들의 맹목적 정열에 의지한 독재로 변모한 것이다.

태양의 아들과 달의 아들인 '판다바스'와 '쿠라바스' 간의 싸움이, 브라만 사회가 정착되기 이전의 인도 사회를 압축해 보여주는 대서사시 「마하바라타」의 주제 자체라고 해도 과언이 아니다. 그 싸움은, 격렬하기 그지없는 전투, 끝없이 이어지는 이상야릇한 모험들로 가득차 있다. 그 거대한 서사시의 중간 부분에서 승리를 거두는 것은 달의 신인 '쿠라바스'이다. 태양의 자식인 '판다바스'는 패배하여 추방당한다. 그는 유배지를 떠돌고, 숲에 몸을 숨기며, 누더기 옷을 입고 은자의 지팡이를 든 채, 다른 은자들의 집에 기거하게 된다.

인간의 저열한 본능에 기대는 그 사악한 종교, 아니 종교의 이름을 한 야만이 결국 승리하는가? 인도 서사시에서 검은 '라크샤사스'라는 이름으로 대표되는 어둠의 권능이, 빛나는 신들을 물리치게 되는가? 압제자의 전투 마차 아래 선한 자들이 짓밟히고 사악한 정념의 태풍이 베다의 성단을 휩쓸어, 조상들의 성화를 꺼버리게 되는가? 아니다, 인도 종교의 완성을 브라만교로 간주할 때 인도의 종교는 아직 초기 단계에 있다고 보아야 옳으며 그 시련은 완성을 앞둔 시련이라고 보아야 옳다. 그 당시의 종교 사제들은 아직 왕권 위에 군림하고 있지 않았으며, 가장 심오하고 원초적인 인도 정신의 구현자들은 따로 있었다. 그들이 바로 은자승들이었다.

아주 오래 전부터 이 고행자들은 숲 속의 오두막집이나, 강가 혹은 산 속의 외딴 곳에 살고 있었다. 그들은 때로는 홀로였으며 때로는 동지들과 함께였다. 사람들은 그들에게서 정신적인 왕들, 인도의 진정한 지배자들의 모습을 보았다. 고대의 현자들, 예언자들의 후예로서 그들만이 베다의 내밀한 의미를 해독할 줄 알았다. 그들 사이에 고행주의, 신비의 과학, 초월의 힘이 함께 하고 있었다. 그 비밀과 그 초월에 이르기 위해 그들은 배고픔, 추위, 타오르는 햇빛, 밀림 속의 온갖 위험들에 용감하게 맞섰다. 나무로 된 오두막에서 아무런 방비도 없이 그들은 기도를 하고 명상을 했다. 목소리와 시선만으로 그들은 뱀을 부르고 물리쳤으며 사자와 호랑이들을 온순하게 만들었다. '그들의 축복을 받은 자여 복이 있을지니, 그는 신들을 그의 친구로 삼을 수가 있으리. 그들을 학대하거나 죽이는 자여, 화가 미칠 것이니 그들의 저주가 그들이 세 번의 윤회를 겪을 때까지 따라다닐 것이니!'라고 시인들은 읊었다. 왕들도 그들의 위협을 두려워했으며, 시에 의하면, 이 고행자들을 신들도 두려워했다.

라마야나에는 이런 이야기가 전해진다. 고행자가 된 왕인 '비스바이트라'가 고행과 명상을 통해서 신들도 그 존재를 두려워할 만한 권능을 획득했다. 그러자 인드라는 가장 아름다운 요정 한 명을 그 고행자에게 보내 그를 유혹하게 한다. 그 요정은 성자의 오두막 아래 있는 호수에서 목욕을 한다. 그 은자승은 하늘의 요정에게 반해 버린다. 그 둘의 결합에서 한 영웅이 탄생하고, 이 우주는 수천 년 동안 그 안녕이 보장된다. 시적으로 과장된 이 이야기에서 우리는 그 당시 은둔승들이 실제 지니고 있었던 최고의 권위를 알아볼 수 있는바, 그들은 숲 속에 앉아 명상을 하며 격동에 휩싸인 인도의 영혼을 지배하고 있었던 것이다.

인도를 가장 놀라운 신정神政 사회로 만들 성직 혁명이 일어나게 되는 것은 바로 이 은둔승들의 품으로부터이다. 일시적인 힘에 대한 정신적 힘의 승리, 왕에 대한 성직자들의 승리, 그로부터 브라만교의 강력한 힘이 탄생하게 될 그 승리는 그 제1계급의 한 개혁자에 의해서 오게 된다. 싸움중에 있는 태양 숭배와 달 숭배의 두 정령을 화해시킴으로써 그 성스러운 인물은 인도 국가 종교의 진정한 창조자가 된다. 게다가 이 강력한 정신적 지도자는 그가 선포한 교리에 의해, 거대한 영향력을 가진 새로운 개념을 이 세상에 가져오게 되는데 그것은 '신성의 말씀'이라는 개념과 '인간으로 육화된 혹은 인간에 의해 천명된 신성성'이라는 개념이다. 이 최초의 메시아, 신의 아들들 중의 장자가 바로 크리슈나이다.

크리슈나의 전설은, 브라만교의 교리 전체를 압축하고 극화해 보여준다는 뜻에서 아주 흥미가 있다. 단지 그 전설이 민간 전통 속에 너무 흩어져 떠돌고 있어 하나의 전형을 만들기가 어려운 점이 있다. 그래도 다행스러운 것이 『비슈누-푸라라』라는 꽤 혼동스런 신비의 책 속에는 눈에 두드러지는 크리슈나의 개인적인 특질들과 그를 둘러싸고 있던 역사적 상황에 대해 많은 정보가 들어 있다. 또한 브라만교도들이 가장 신성한 책으로 간주하는 위대한 서사시 『바가바드-기타』에서 우리는 그가 주창한 교리들을 훼손되지 않은 상태로 접할 수 있다. 그 두 권의 책을 읽으면서 인도의 이 위대한 종교적 지도자의 현상이 마치 살아 있는 존재처럼 내게 생생하게 떠올랐다. 나는 이제부터 그 두 권의 책에 의존하여 크리슈나에 대한 이야기를 하려고 한다. 민간에 전승되어 온 그의 모습과 선각자들 사이에 전승되어 온 그의 모습을 복합하여…

2. 마두라의 왕

　우리의 시대가 오기 3,000년경 전 칼리 유크 시대가 시작되었을 무렵, 황금과 권력을 향한 탐욕의 물결이 세상을 휩쓸고 있었다.

　선신善神들의 영광스런 몸을 형성하고 있으며 인간들의 영혼을 정화시키는 천상의 불 아그니가, 수세기에 걸쳐 전 세상에 그 신비의 향기를 퍼뜨렸다. 그런데 욕망과 죽음의 여신인 칼리의 숨결이, 지하 깊은 곳에서 뿜어져나온 새빨간 불꽃 같은 그 숨결이 모든 사람들의 마음 속을 훑고 지나갔다. 그때는 정의가 이 세상을 지배하고 있었고 태양의 왕들은 현자의 목소리에 귀를 기울였다. 그들은 승자가 되어서도 패자들을 용서했으며 패자들을 동등하게 취급했다. 그러나 태양의 아들들이 하나 둘 쓰러져 모두 왕관을 빼앗기게 된 이래, 그리고 몇 안 되는 그 후손들이 은자들의 오두막에 몸을 숨기게 된 이래, 불의와 야망과 증오가 대신 세상을 휩쓸었다. 세상을 장악한 달의 왕들은 마치 달처럼 변덕을 부리며 욕망에 들떠, 자기네들끼리 인정 사정 없는 싸움을 벌였다. 그 중의 한 명이 드디어, 공포와 야릇한 위세로 다른 왕들을 지배하는 데 성공했다.

　인도 북쪽 커다란 강가에, 찬란하고 강력한 도시가 있었다. 탑이 열두 개나 되었으며 궁전이 열 개나 되었고 도시 주변 성곽엔 100개의 출입문이 있었다. 높은 성벽 위로는 울긋불긋한 깃발이 마치 날개 달린 뱀처럼 펄럭였다. 그것이 바로 하늘의 전사 인드라의 성벽만큼 난공불락인 마두라의 성벽이었다. 그 마두라를 잔인하며 탐욕스러운 '칸사'가 다스리고 있었다. 그는 자기 곁에 노예 외에는 아무도 가까이 두지 않았고 상대방을 완전히 무너뜨려야만 직성이 풀렸으며, 자기가 이미 제 손에 넣은 것은 그가 아직 정복하지 못한 것에 비하면 아무것도 아닌 것처럼 여겨졌다. 달을 숭배하는 모든 왕들이 그에게 와서 그를 칭송했다.

칸사는 랑카부터 히마바까지 전 인도를 정복하겠다는 야욕에 불타고 있었다. 그 계획을 실현하기 위해 그는 야바나스의 또 다른 강력한 왕인 칼라예니와 동맹을 맺었다. 칼리 여신 숭배자인 칼라예니는 검은 마술에 온통 빠져 있었다. 사람들은 그를 어둠을 몰고 오는 악마의 친구로 여겼으며 뱀들의 왕이라 불렀다. 그는 백성들과 적들을 위협하는 데 뱀들을 이용했던 것이다. 그가 다스리는 도시의 깊은 숲 속에 칼리 여신의 사원이 있었는데, 산에 구멍을 뚫어서 만든 것이었다. 하도 거대한 동굴이라서 깊이가 어느 정도인지 알 수 없을 지경이었고 동굴 입구에는 바위에 짐승의 머리 모양을 한 괴물을 조각해 세워놓았다.

사람들은 바로 그곳으로 와서 칼라예니를 칭송하고는 그에게서 신비스런 능력을 얻어갔다. 그럴 때면 칼라예니가 몸에 뱀을 칭칭 휘어감은 괴물 같은 모습에 왕홀을 들고 사원 입구에 나타났다. 그는 조공을 바치는 자들에게, 그의 머리 꼭대기 위에서 혀를 날름거리는 뱀 앞에 경배할 것을 명령했다. 그와 동시에 그는 신비스러운 주문을 외워댔다. 그 의식을 마치고 뱀을 경배하게 된 사람은 커다란 명성과 그가 원하는 모든 것을 얻게 된다고 전해졌다. 하지만 그 대신 그는 영원히 칼라예니의 지배하에 놓이게 되었다. 멀리 떨어져 있건 가까이 있건 그는 칼라예니의 노예가 되어버리는 것이다. 그에게 거역하거나 그로부터 도망가려고 하면, 그의 눈 앞에는 파충류에 둘러싸인 무시무시한 마술사가 나타났으며, 파충류들이 혀를 날름거리며 그를 에워싸고는 단번에 마비시켜 버렸다. 칸사가 그런 칼라예니에게 동맹을 요구한 것이다. 야바나스의 왕은 그에게 이 지상의 제국의 왕이 되게 해주겠다고 약속했다. 그 대신 그는 칸사가 자신의 딸과 결혼할 것을 조건으로 내세웠다.

영양처럼 오만하면서 뱀처럼 유연한 여인, 그녀가 바로 마술사의 딸인 니숨바였다. 눈부시게 아름다운 그녀는 황금 귀걸이에 흑단처럼 검은 옷을 입고 있었다. 그녀의 얼굴은 아름다웠지만 창백한 달빛을 받은 검은 구름과 비슷했고, 눈은 번개처럼 번쩍였으며 그 입술은 언제라도 붉은 빛이 도는 과일을 탐욕스럽게 씹고 있는 듯한 느낌을 주었다. 마치 욕망의 여신인 칼리가 현신한 것 같았다.

그녀는 금방 칸사의 마음을 사로잡아버렸으며, 온갖 욕망에 휩싸인 숨결로 그에게 열정을 쏟아부었다. 칸사의 궁전은 온갖 색깔의 피부를 한 여인들이 수도 없이 많았지만 그는 니숨바의 이야기만을 귀담아 들었다. 그가 그녀에게 말했다.

"당신과의 사이에 아들을 하나 두고 싶소. 그 아이를 내 후계자로 삼으리다. 그렇게 되면 나는 이 땅의 완전한 주인이 될 것이고, 아무것도 겁내지 않게 될 것이오."

하지만 그녀에게는 아들이 생기지 않았고 그녀는 그 때문에 화가 났다. 그녀는 칸사와의 사이에서 많은 자식들을 낳은 다른 여인들을 시샘했다. 그녀는 아버지에게 부탁해서 칼리 여신에게 희생 예배를 더 많이 열어달라고 했지만 여전히 그녀의 가슴은 열대 지방의 사막처럼 메마른 채 있을 뿐이었다.

그러자 마두라의 왕은 도시 앞에서 거대한 희생 예배를 드려 선신인 데바들의 힘을 빌려야겠다고 생각했다. 칸사의 여인들과 백성들이 화려하게 차려입고 그 예배에 참관했다. 승려들은 불 앞에 무릎꿇고 노래를 부르며 그들의 신 바루나와 인드라와 마루츠 등에게 소원을 빌었다. 니숨바가 다가와서 도전적인 몸짓으로 한줌의 향수를 불에 뿌리면서 알아들을 수 없는 언어로 마술 주문을 외웠다. 연기가 짙어지고 불꽃이 회오리쳤으며, 겁에 질린 승려들이 소리를 외쳐댔다.

"오, 여왕이시여, 그들은 데바들이 아니옵니다. 불 위를 지나간 것은 검은 신들이옵니다. 여왕의 가슴은 메마른 채 남아 있을 것입니다."

이번엔 칸사가 다가와 승려에게 말했다.

"그렇다면, 나의 여인들 중 누구에게서 이 세상의 주인이 태어날 것인지 내게 말해 주게나."

그 순간 왕의 누이인 데바키가 불 쪽으로 접근했다. 젊은 시절, 물레짜기와 옷감짜기밖에 몰랐고 마치 꿈을 꾸는 듯이 살아가고 있는 순결하고 순진한 처녀였다. 그녀의 몸은 땅을 딛고 있었으나 그 영혼은 언제나 하늘에 있는 듯했다.

데바키는 공손하게 무릎을 꿇더니, 자신의 오라비와 아름다운 니숨바에게 아들을 내려줄 것을 데바들에게 기원했다. 승려가 성화와 처녀를 번갈아 바라보더니 놀라서 소리쳤다.

"오, 마두라의 왕이시여. 그대의 그 어느 아들도 이 땅의 주인이 되지 못할 것이니, 그는 바로 여기, 그대의 누이의 가슴에서 태어나리라."

그 소리에 칸사는 경악했고 니숨바는 크게 화가 났다. 니숨바는 왕과 단둘이 있게 되자 왕에게 말했다.

"당장에 데바키를 없애버려야 해요."

"내 어떻게 내 손으로 내 누이를 없애겠소. 더욱이 데바들이 그 애를 보호하고 있다면 그들의 복수가 바로 나에게로 가해질 텐데."

"그렇다면 그녀를 나 대신 내 자리에 앉히세요. 그리고 당신을 멸망시킬 아이를 이 세상에 태어나게 하시죠. 나는 데바들 따위를 두려워하는 사람과는 이제 더이상 함께 살기 싫으니 아버지 칼라예니에게로 돌아가겠어요"라고 니숨바가 격분해서 소리쳤다.

니숨바의 눈에서 불꽃이 튀었고 그녀의 검게 빛나는 목 위에서 귀걸이가 흔들리고 있었다. 그녀가 땅 위에서 몸을 굴리자 그녀의 몸이 마치 성난 뱀처럼 뒤틀렸다. 그녀를 잃을까봐 겁이 남과 동시에 그녀를 향한 새로운 관능적 욕구에 사로잡힌 칸사는 이렇게 말했다.

"좋소. 데바키를 없애겠소. 그러니 내 곁을 떠나지 마오."

니숨바의 두 눈에 승리에 취한 빛이 번쩍였으며 검은 얼굴이 붉게 물들었다. 그녀는 단숨에 몸을 일으키더니 나긋한 두 팔로, 얌전하게 길들인 폭군을 부드럽게 안았다. 그리고 사람들을 홀리는 향기가 뿜어 나오는 가슴으로 그를 누르면서 타오르는 입술로 그에게 입맞추더니 낮은 목소리로 속삭였다.

"욕망과 죽음의 여신인 칼리에게 제사를 지내요, 우리. 그러면 이 세상의 주인이 될 아들을 우리에게 주실 거예요."

그런데, 바로 그날 밤, 낮의 제사를 집전했던 제사장이 꿈 속에서, 자기 누이의 가슴에 칼을 겨누는 칸사의 모습을 보았다. 그는 즉시 데바키에게 달려가 그녀의 목숨이 위태롭다는 것을 알리고는 빨리 은자 승들의 집으로 피신하라고 지시했다. 데바키는 불의 사제가 일러준 대로 고행자처럼 변장을 하고는 칸사의 궁을 빠져나가, 그 누구의 눈에도 띄지 않은 채 도시를 떠났다.

아침이 되어 병사들이 왕의 누이를 살해하려고 그녀를 찾았으나 그녀의 방은 비어 있었다. 왕은 도시의 성곽 경비병들을 불러 심문을 했다. 그들은, 성문은 밤새 닫혀 있었다고 대답했다. 그러나 그들은 꿈 속에서, 성곽의 어두운 한 부분이 빛줄기 아래서 무너지더니 한 여인이 그 빛줄기를 따라 도시 밖으로 나가는 것을 보았다고 말했다. 칸사는 어쩔 수 없는 힘이 데바키를 보호하고 있음을 깨달았다. 그때부터 공포가 그의 영혼을 사로잡았으며, 그는 그의 누이를 저주하고 증오하기 시작했다.

3. 처녀 데바키

데바키가 그녀의 아름다움을 누더기 옷으로 숨긴 채 거대한 나무들이 들어찬 그곳, 고독의 숲으로 들어섰을 때, 그녀는 피곤한 데다 허기가 져 비틀거리고 있었다. 그러나 그 경탄에 가득찬 숲의 향기를 들이마시고, 열매를 따 먹으며 샘물을 마시자 마치 꽃봉오리가 피어오르듯 생기가 돌았다.

숲에는 거대한 나무들이 드높은 천정을 이루고 있었으며, 땅 가까이로는 수많은 가지들이 아케이드를 만들고 있었다. 그녀는 햇빛조차 들어오지 않는 그곳을 마치 출구 없는 어두운 탑 속을 헤매듯이 오랫동안 걸었다. 벌들이 웅웅거리는 소리, 공작새들이 사랑을 나누는 소리, 이름을 알 수 없는 수없이 많은 새들의 지저귀는 소리가 그녀를 안으로, 안으로 인도했다. 안으로 들어갈수록 나무들은 점점 더 우람해졌으며 숲은 더욱 깊어졌고 무성해졌다.

데바키는 가끔 햇빛이 갑자기 무더기로 쏟아지는 모습에, 혹은 벼락을 맞아 넘어져 있는 나무 줄기에 걸려 비틀거리다가 넘어지곤 했다. 혹은 망고나무 밑에 앉아 가끔 쉬기도 했는데 그럴 때면 온갖 꽃들이 꽃비가 되어 그녀의 머리 위로 쏟아졌다. 그리고 저 안쪽 숲 속에서는 사슴들과 표범들이 뛰어다녔다. 나뭇가지에 머리를 박는 들소의 모습도 보였고 한무리의 원숭이들이 소리를 지르며 나뭇가지 사이를 뛰어다니기도 했다.

그녀는 그렇게 하루 온종일 걸었다. 저녁 무렵 대나무 숲 저 위로 그녀는 현자처럼 생긴 코끼리 한 마리가 꼼짝 않고 서 있는 것을 발견했다. 코끼리는 그녀를 지혜로운 수호자 같은 눈길로 바라보더니 인사하듯이 긴 코를 들었다. 그러자 갑자기 숲이 밝아지더니 그윽한 평화가 넘치는, 천국과 같은 매력을 지닌 그런 풍경이 데바키의 눈에 들어왔다.

그녀의 눈 앞에 청련과 수련이 청아한 자태를 드러내고 있는 연못이 나타났으며 그 뒤로 마치 또 하나의 다른 하늘처럼 빽빽한 숲이 펼쳐져 있었다. 정숙한 참새들이 연못가에서 꿈 속에 잠겨 있었고 영양들이 한가롭게 물을 마시고 있었다. 연못 저쪽, 야자나무 아래에 은자승들의 오두막이 있었다. 장밋빛의 평화로운 햇살이 연못과 숲의 나무들과 성스러운 은자들의 집을 부드럽게 감싸고 있었다. 멀리 수평선으로는 대양 같은 그 숲을 메두 산의 흰 봉우리가 굽어보고 있었다. 보이지 않는 강의 숨결이 식물들에 생기를 부여했고 멀리서 들려오는 폭포 소리가 미풍 속을 떠돌며 마치 음악처럼 그 모든 것을 어루만지고 있었다.

데바키는 연못가에서 작은 배를 하나 발견했다. 그 곁에 나이 지긋한 한 사내가 누군가를 기다리는 듯 서 있었다. 그는 말없이 데바키에게 배에 오르라고 손짓하면서 노를 잡았다. 배가 연꽃을 헤치고 나아가는 동안 데바키의 눈에 한 마리 암컷 백조가 연못을 헤엄치고 있는 것이 보였다. 그때 수컷 백조 한 마리가 힘차게 공중으로부터 날아오더니 암컷 주변을 원을 그리며 날기 시작했다. 잠시 후 수컷은 백설같이 하얀 깃털을 살랑거리며 암컷 곁 물 위로 달려들었다. 그 광경을 보고 데바키는 이유도 모르는 채 몸이 떨려왔다. 이윽고 배가 연못 반대편 둑에 닿았고, 처녀 데바키는 은자승들의 왕 앞으로 인도되었다. 그의 이름은 바시슈타였다.

영양 가죽옷을 입은 채 역시 영양 가죽 위에 정좌하고 앉은 노인의 모습은, 인간이라기보다는 차라리 신에 가까운 자애로운 얼굴을 하고 있었다. 그는 60년 동안 야생 과일만을 먹고 살아왔다. 머리카락과 수염은 마치 히마바 산 꼭대기처럼 새하얗고 피부는 투명했으며 그 시선은 마치 명상에라도 잠겨 안을 떠도는 듯 그윽하고 모호했다. 그는 데바키를 보자 자리에서 일어나더니 이렇게 인사했다.

"저 유명한 칸사의 누이, 데바키여. 우리들에게로 잘 왔노라. 그대가 비참의 세상을 떠나 이 감미로운 세상으로 온 것은 신의 뜻, 이제 그대는, 자기 자신의 지배자이며, 자신의 운명을 기꺼이 여기며, 하늘의 길에 가까이 하길 열망하는 사람들과 함께 하게 되었노라. 우리는 마치 밤이 새벽을 기다리듯이 그대를 기다렸도다. 우리는 데바의 신들이 이 세상에 박아놓은 눈과 같은 존재들, 우리는 세상 그 어느 깊숙한 곳일지라도 볼 수 있노라. 사람들은 우리를 볼 수 없지만 우리는 그들을 볼 수 있으며 그들의 행동을 뒤쫓는 사람. 욕망과, 피와 범죄의 어두운 시기가 이 세상을 덮쳤도다. 우리는 그대에게서 이 예속의 땅에 대한 해방의 약속을 보았고, 데바 신들은 그대를 택했노라. 신성의 장엄한 광채가 인간의 형상을 얻어 태어나게 되는 것은 바로 여인의 가슴으로부터이니."

그때, 은자승들이 저녁 기도를 위해 그들의 집으로부터 나와 장로 바시슈타 앞에 모였다. 그는 그들에게 데바키 앞에 머리를 조아리라고 명했다. 그들이 무릎을 꿇자 바시슈타가 말했다.

"이 여인은 이제 우리 모두의 어머니가 될지니, 우리를 다시 태어나게 할 위대한 영혼을 낳을 것이니라."

그런 후 그는 데바키 쪽으로 몸을 돌리고 말했다.

"가거라 내 딸아. 저들이 그대를 정숙한 여인들이 살고 있는 이웃

연못으로 데려갈테니. 그들과 함께 살면 신비가 이루어지리니."

데바키는 꽃들로 둘러싸인 여인들의 은거지로 갔다. 그 경건한 여인들은 길들인 영양을 키우면서 목욕 재계와 기도만을 하며 살았다. 데바키는 그녀들의 예배에 함께 참여했으며 한 나이 든 여인이 비밀 교리를 가르쳤다. 그녀들은 명령대로 그녀를 여왕처럼 차리게 했으니, 우아하고 향기로운 옷을 입혔으며 그녀가 홀로 숲 속을 거닐게 내버려 두었다.

향기와 온갖 소리들과 신비로 가득찬 숲은 처녀를 유혹했다. 그녀는 이따금 멀리 강 쪽으로 갔다가 되돌아오는 은자승들의 행렬과 맞닥뜨리곤 했다. 그들은 그녀를 보게 되면 무릎을 꿇어 인사한 뒤 다시 길을 갔다.

어느날 장밋빛 백련으로 뒤덮인 샘가에서 그녀는 한 젊은 은자승이 기도를 하고 있는 것을 보았다. 그녀가 다가가자 그는 일어섰으며, 그윽하고도 슬픈 눈길을 그녀에게 보내고는 말없이 멀리 사라졌다. 나이 든 은자승들의 진중한 모습들, 두 마리 백조가 어울리던 모습, 그리고 젊은 은자승의 그 슬픈 눈길이 처녀 데바키의 꿈 속에 자주 겹쳐서 나타났다.

샘 근처에는 까마득하게 오래된 거대한 나무가 한 그루 있었으며, 은자승들은 그 나무를 '생명의 나무'라고 불렀다. 데바키는 즐겨 그곳에 가서 그 그늘에 앉곤 했다. 그럴 때면 이상한 환영들이 나타나 그녀의 마음을 가라앉혔다.

"데바키여, 그대에게 영광을! 그는 빛의 왕관을 쓰고 오리니. 위대한 영혼으로부터 나온 그 순수한 영기靈氣의 찬란함에 별들도 그 빛을 잃을 것이니."

"그가 오리라. 생명이 죽음에 맞설 것이며, 그가 전 생명의 피를 젊게 하리니."

"그는 꿀보다도 달콤하게, 한 점 얼룩 없는 양보다도 순결하게 올지니, 한 처녀의 입술과 모든 사람들의 마음이 사랑에 사로잡히리라. 영광, 영광, 그대 데바키에게 영광을!"

그녀는 이따금 어디 멀리서 전해 오는 영향력이 혹은 그 어떤 신비스러운 존재가, 마치 보이지 않는 손을 뻗쳐 그녀를 잠재우려는 듯이 다가오는 기운을 느끼기도 했다. 그러면 그녀는 이루 설명할 수 없는 달콤하고도 깊은 잠에 빠졌다가 어리둥절한 채 깨어나곤 했다. 그녀는 그 누군가를 찾는 듯이 주위를 둘러보았지만 아무도 보이지 않았다. 단지 그녀가 침대 삼아 누웠던 나뭇잎들 위에 장미꽃이 흩뿌려져 있거나 그녀의 손에 백련꽃이 들려 있을 뿐이었다.

어느날 데바키는 그 어느때보다도 깊은 황홀경에 빠졌다. 잠든 그녀의 귓전에, 마치 하프 소리와 신의 목소리 같은 울림이 물결처럼 들려왔다. 천상의 음악 소리였다. 그리고 갑자기 하늘이 열리고 빛이 쏟아졌다. 수천의 빛나는 존재들이 그녀를 바라보고 있었으며, 번쩍이는 섬광 한가운데서 태양들 중의 태양인 마하데바가 인간의 모습으로 나타났다. 이 세상의 영, 성령에 감싸인 채 그녀는 의식을 잃었고, 가없는 축복 속에서 그녀는 신의 아이를 잉태했다.

달이 일곱 번 그 신비스런 순환을 되풀이하며 신성의 숲 주위를 돌았을 때, 장로 은자승이 데바키를 불러오게 했다. 그리고 그녀에게 말했다.

"데바의 의지가 이제 실행되었다. 그대는 절대순수 속에서, 그리고 신의 사랑에 의해서 잉태를 했도다. 성처녀이며 성모여, 우리는 그대를 축복하노라. 그대로부터 한 아들이 태어나리니 그가 이 세상의 구원자가 될 것이다. 하지만 그대의 오빠인 칸사가, 그대의 몸 속에 든 그 열매를 없애려 들 것인즉, 그를 피해야 한다. 내 형제들이 그대를, 메루 산턱에 살고 있는 목자牧者들의 집으로 데려갈 것이니, 거기서 신성한 그대의 아들을 분만하거라. 그리고 그의 이름은 크리슈나, 즉 성스러움이라고 지어라. 그러나 그에게는 그대와 자신, 그 모두의 근원을 알리지 말도록 하라. 자, 겁내지 말고 가거라. 우리 모두가 그대를 지켜줄 것이니."

그런 후 데바키는 메루 산의 목자들의 집으로 갔다.

4. 크리슈나의 청년기

메루 산턱에는 광활한 골짜기가 있었고 울창한 삼나무 숲이 그 골짜기를 굽어보고 있었다. 그 골짜기 위쪽에, 은자승들의 친구인 '난다'가 이끌고 있는 목자 부족들이 살고 있었다. 데바키가 압제자 마두라의 박해를 피해 거처를 정한 곳이 바로 그곳이었다. 그곳 족장 난다의 집에서 그녀는 아들 크리슈나를 세상에 내어보냈다. 난다를 제외하고는 그녀가 누구인지 그 아이가 누구와의 사이에서 생긴 아이인지 아무도 몰랐다. 단지 마을 여인들은 "간다르바사랑과 결혼의 신의 아들일 거야. 천사처럼 아름다운 그녀를 신들일지라도 사랑 않곤 못 배길 걸" 하고 수군거릴 뿐이었다.

미지의 여인의 비범한 아이는 양떼들과 목동들 사이에서 어머니의 보살핌을 받으며 컸다. 목자들은 그를 '빛나는 아이'라고 불렀는데, 그의 얼굴, 그의 미소, 그리고 그의 큰 눈이 나타나기만 해도 사람들에게 환한 기쁨을 선사했기 때문이었다. 동물들, 아이들, 사내들, 여인들 모두 그를 좋아했다. 그는 어머니에게 미소짓고 양들과 어울리며 또래의 아이들과 뛰어놀고 노인들과도 이야기를 나누었다. 그는 진정으로 이 세상 모두를 사랑하는 것 같았다. 또한 크리슈나는 두려움이 없었으며 대담하고 용기에 찬 행동으로 사람들을 놀라게 했다. 들판에 누워 어린 표범들과 뒹굴며 놀고 있는 모습이 자주 눈에 띄곤 했는데 표범들은 그 무슨 위엄에라도 사로잡힌 듯 감히 그를 물 생각도 하지 못했다.

크리슈나의 탄생.

그런가 하면 그는 홀연 부동의 자세를 취하기도 했는데 그럴 때면 그 무언가 깊은 생각에 잠겨 있는 듯도 했고 야릇한 슬픔의 분위기 같은 것도 자아냈다. 남들과 떨어져 그 무언가에 침잠해서 말 없이 무엇인가를 응시하는 것이었다.

하지만 그 무엇보다도, 그 누구보다도 크리슈나는 그토록 아름다우며 눈부신 젊은 어머니를 사랑했다. 그녀는 그에게 데바 신들이 살고 있는 하늘의 이야기를, 영웅들의 전투 이야기를, 신비스럽고 경이로운 일들에 대한 이야기를 들려주었다. 모두 그녀가 은자승들에게서 듣고 배운 것들이었다. 목자들은 메루 산 삼나무 밑에서 양떼들에게 풀을 뜯어 먹이면서 이렇게 말하곤 했다.

"저 어머니와 저 아들은 도대체 누구지? 우리 집의 여자들과 같이 허름한 옷을 입고 있지만 어딘가 여왕 같아. 우리 아이들 곁에서 함께

목동들과 춤을 추는 크리슈나.

뛰어노는 저 아이, 하지만 저 비범한 아이는 다른 아이들하고는 너무
나 달라. 정령인가? 신인가? 어쨌건 저들은 우리에게 행복을 가져다주
고 있어."

　크리슈나가 열다섯 살이 되었을 때 그의 어머니 데바키가 은자승의
왕에게 불려갔다. 어느날 그녀가 크리슈나에게 작별 인사도 없이 사라

진 것이다. 그녀의 모습이 보이지 않자 크리슈나는 난다에게로 가서 물었다.

"우리 어머니 어디 가셨어요?"

난다가 고개를 숙이며 대답했다.

"애야, 묻지 말아라. 네 어머니는 아주 먼 곳으로 여행을 떠났단다. 어머니가 본래 있던 곳으로 되돌아간 거지. 나도, 언제 돌아올지는 모른단다."

크리슈나는 말이 없었다. 그때부터 그는 깊은 몽상에 잠겼는데, 전에 그와 함께 뛰어놀던 아이들이 무언가 알 수 없는 두려움에 사로잡혀 그로부터 멀어졌다. 크리슈나는 그 이후 친구들을 포기하고 그들과의 놀이를 그만두었으며 홀로 생각에 잠겨 메루 산으로 올라갔다. 몇 주일 동안을 그는 그렇게 메루 산을 헤맸다.

어느날 아침, 그는 나무가 울창한 산꼭대기에 올랐다. 그곳에서는 히마바트 산맥을 한눈에 볼 수 있었다. 그때 그는 그의 옆쪽 거대한 삼나무 아래에서 한 나이 든 은자승이 아침 햇빛을 받으며 서 있는 것을 발견했다. 100살도 더 되어보이는 듯했다. 백설처럼 하얀 수염과 벗겨진 이마로부터는 알 수 없는 위엄이 뿜어져 나오고 있었다. 한창 삶에 충만해 있는 소년과 100세가 넘은 노인은 서로 오랫동안 눈길을 교환했다. 노인의 눈길은 자애롭게 크리슈나에게 머물러 있었으며, 크리슈나는 그를 갑자기 만나게 된 것이 놀라워 감탄스레 말 없이 노인을 바라보고 있었다. 비록 처음 만나는 사람이었지만 옛부터 알고 있는 사람처럼 여겨졌다. 이윽고 노인이 말했다.

"애야, 무얼 찾고 있느냐?"

"어머니요."

"이제 여기엔 없느니라."

"어디 가면 만날 수 있나요?"

"영원히 변치 않는 분의 집에서."

"그분은 어떻게 찾을 수 있나요?"

"찾아보아라."

"그러면 당신은? 당신은 제가 다시 만날 수 있나요?"

"그렇단다. 뱀의 딸이 들소의 아들을 범죄로 몰아넣을 때 그때 너는 붉은 새벽빛 속에서 나를 다시 보게 될 것이니라. 그때 그 들소를 죽이고 뱀의 머리를 잘라버려라. 마하데바의 아들이여, 그대와 나는 그분 안에서만 하나임을 알지니라. 그분을 찾아라. 언제고!"

그런 후 노인은 축성의 표시로 두 손을 내민 다음 몸을 돌려 히마바트 방향으로 삼나무 밑에서 몇 발자국 움직였다. 크리슈나의 눈에 노인의 위엄에 서린 몸이 투명해지는 듯하더니 몸을 가볍게 떨면서, 반짝이며 떨리고 있는 나뭇가지 위로 사라졌다.

메루 산에서 내려온 크리슈나는 전혀 딴 사람이 되어 있었다. 새로운 에너지가 그의 존재를 더욱 빛나게 했다. 그는 친구들을 모아놓고 말했다.

"들소들과 뱀들을 죽이러 가자. 악을 궤멸하고 선을 수호하자."

활을 손에 들고 칼을 옆에 찬 채, 크리슈나와, 목자에서 이제 전사로 바뀐 그의 친구들은 야생의 동물들과 싸우면서 숲을 헤쳐나가기 시작했다. 깊은 숲 속에서 하이에나와 자칼과 호랑이의 울부짖는 소리와, 거꾸러진 짐승들 앞에서 환호하는 청년들의 소리가 함께 울려나왔다. 크리슈나는 사자를 죽이고 길들였다. 그는 왕들과 전쟁을 벌이고 핍박받는 백성들을 해방시켰다.

그러나 그의 저 마음 속 깊은 곳에는 슬픔이 남아 있었다. 그의 마음 속에는, 깊고, 신비스러운, 은밀한 욕구만이 있을 뿐이었다. 바로, 어머니와 그 숭고한, 이상한 노인을 다시 만나고 싶다는 욕구였다. 그는 노인이 했던 말을 머리에 떠올렸다.

"내가 뱀의 머리를 베어버리면 그를 다시 볼 수 있다고 약속하셨잖은가? '결코 변치 않는 그분'의 곁에서 어머니를 다시 만날 수 있다고 하지 않았는가?"

하지만 그가 싸우고, 이기고, 죽이고 해도 아무 소용이 없었다. 그 숭고한 노인도 눈부신 어머니도 만날 수 없었던 것이다.

그런 싸움을 계속하던 어느날 그는 뱀들의 왕인 칼라예니에 대한 이야기를 들었다. 그는 짐승들 중 가장 무서운 그 뱀과 싸우기로 결심하고 칼라예니에게 갔다. 칼라예니가 조종하는 그 무서운 짐승은 이미 100명이 넘는 사람들을 삼켜버렸고, 그 시선은 제 아무리 용감한 사람도 얼어붙게 만든다고 전해지고 있었다. 칼리 여신의 그 음산한 사원 앞에서, 크리슈나는 청록색의 뱀이 칼라예니의 부름을 받아 밖으로 나오는 것을 보았다. 뱀은 천천히 몸을 빳빳하게 세우더니 혀를 날름거렸다. 번쩍이는 비늘로 덮인 그 머리에는 두 눈이 날카롭고도 음산한 빛을 발하고 있었다. 칼라예니가 말했다.

"이 뱀은 전지하도다. 그는 또한 전능한 마왕이로다. 그는 자기를 죽이는 자에게만 전지함을 드러낼 것이며 그에게 굴복하는 자는 죽일 것이다. 그가 그대를 바라보고 응시하고 있다. 그대는 그의 권능 안에 든 것이다. 그를 찬양하거나 무모한 싸움 끝에 죽거나, 두 길 중 하나밖에 없도다."

그 말에 크리슈나는 분개했다. 그는 뱀을 바라보더니 뱀에게 달려들어 머리 밑을 움켜쥐었다. 사람과 뱀은 사원의 계단 위를 함께 뒤엉켜 굴렀다. 하지만 뱀이 크리슈나의 몸통을 조이기 전에 그가 칼로 뱀의 머리를 베어버렸고, 아직도 꿈틀거리고 있는 뱀의 몸에서 빠져나오더니 의기양양하게 뱀의 머리를 왼손에 들고 하늘로 치켜올렸다. 그러나 그 머리는 아직도 살아 있었고 크리슈나에게 말했다.

"마하데바의 아들이여, 그대는 왜 나를 죽였는가? 살아 있는 것들을 죽임으로써 진리를 찾을 수 있으리라고 생각하는가? 어리석은 짓! 그대는 그대 스스로를 죽임으로써만 진리를 찾을 수 있는 것. 죽음은 삶속에 있고 삶은 죽음 속에 있도다. 뱀의 딸, 그 피의 범람을 두려워하라! 조심하라! 조심하라!"

말을 마치고 뱀은 죽었다. 크리슈나는 놀라서 뱀의 머리를 떨어뜨리더니 공포에 사로잡힌 채 물러서 버렸다. 그가 가버린 후 칼라예니는 생각했다.

"내 힘으로는 어쩔 수가 없구나. 칼리 여신만이 그녀의 매력으로 그를 길들일 수 있으리."

크리슈나는 갠지스 강에서 한 달 동안 목욕 재계하고 기도를 했다. 태양빛과 마하데바에 의해 정화된 후에 크리슈나는 고향인 메루 산의 목자들 집으로 돌아갔다.

그곳 삼나무 밑에 앉아 명상을 하면서, 지상의 헛된 싸움에 지친 크리슈나는 천상의 싸움과 하늘의 무한함에 대해 꿈꾸었다. 그가 눈부신 어머니와 숭고한 노인에 대해 생각을 하면 할수록 그 유치했던 싸움들이 하찮게 여겨졌고 천상의 존재들이 그의 앞에 생생하게 되살아났다. 그리고 그를 한없이 위안해 주는 신성의 매혹, 신성에 대한 기억들이 그에게 넘쳐흐르기 시작했다. 그리고 마하데바에 대한 감사의 찬가가 그의 가슴에 울렸고 그 찬가는 감미롭고 신성한 노래가 되어 그의 입술 위로 흘러나왔다.

그 경이로운 노래 소리에 이끌려 목자들의 딸이며 부인들인 고피들이 그들의 집으로부터 나왔다. 그 중 몇몇은 자기 집 어른들을 길에서

만나자 꽃을 따러 나왔을 뿐이라고 변명하며 집으로 돌아갔다. 나머지
는 "크리슈나! 크리슈나!" 하고 이름을 부르며 계속 앞으로 나아가다가
갑자기 부끄러움에 사로잡혀 다시 집으로 도망갔다. 그러나 그녀들은
차츰차츰 대담해졌다. 그리고는 음악에 홀린 길들여진 영양처럼 크리
슈나를 둘러쌌다. 하지만 신들에 대한 꿈 속을 헤매고 있는 크리슈나
에게는 그녀들이 보이지 않았다. 점점 더 그의 노래 소리에 고양된 고
피들은 자기네들이 크리슈나에게 주목받지 못한다는 사실에 안달을
내기 시작했다. 난다의 딸인 니슈달리는 일종의 황홀경에 빠져 쓰러졌
다. 하지만 보다 대담한 그녀의 동생 사바스바티는 데바키의 아들 옆
으로 가까이 다가가서는 다정하게 속삭였다.

  "오, 크리슈나. 우리가 그대의 목소리를 듣고 있는 것을 모르나요?
우리가 집에 붙어 있을 수 없다는 걸 모르나요? 오, 우리의 영웅이여,
그대의 멜로디는 우리를 홀리게 한다오. 당신에게 이끌려 여기까지 온
우리, 우리는 이제 당신 없이는 살 수 없다오…."

  "오! 계속 노래해요. 우리에게 목소리 가다듬는 법을 가르쳐주오"라
고 한 처녀가 말했다.

  "우리에게 춤을 가르쳐줘요."

  다른 한 여자가 말했다.

  잠에서 깨어난 크리슈나는 고피들에게 자애로운 시선을 던졌다. 그
는 그녀들에게 부드럽게 말을 건네며 그들의 손을 잡고, 밝은 달빛 아
래, 커다란 삼나무 그늘 밑에 앉게 했다. 그리고는 그가 꿈 속에서 본
것들을 그녀들에게 이야기해 주었다. 신들과 영웅들의 이야기, 인드라
의 전투 및 라마의 모험 이야기였다. 부인들과 처녀들은 넋을 잃고 이
야기에 귀를 기울였다. 이야기는 동이 틀 무렵까지 계속되었다. 새벽
빛이 메루 산 뒷편으로부터 밝아오고 방울새들이 삼나무 밑에서 지저

귀기 시작하자 부인들과 처녀들은 황급히 제 집으로 돌아갔다. 하지만 다음날 신비의 달이 그 모습을 드러내자 그녀들은 또 다시, 알 수 없는 욕망에 이끌려 그곳으로 되돌아왔다. 크리슈나는 자신의 이야기에 취해 있는 그녀들에게 노래하는 법을 가르쳤고, 신들과 영웅들의 숭고한 몸짓을 흉내내는 법을 가르쳤다. 어떤 이들에게는 영혼처럼 떨리는 비나인도의 현악기의 음을 조율하는 법을 가르쳤고, 다른 이들에게는 전사들의 심장처럼 울리는 심벌즈 소리를, 나머지에게는 천둥 소리와 같은 북소리를 가르쳤다. 그리고 가장 아름다운 여인들을 골라서 자신의 생각을 불어넣어 주었다. 그녀들은 그렇게 어울려, 신성한 꿈에 잠긴 채, 팔을 늘어뜨리고 바루나의 지엄함, 용을 격퇴하는 인드라의 분노와 용기, 버림받은 마야의 절망을 나타내는 성무聖舞를 추었다. 크리슈나가 자신의 내부에서 응시한 신들의 영원한 전투와 영광이 이 행복에 젖은, 존재의 변모를 겪은 여인들을 통해 그렇게 생생하게 재현되었다.

어느날 아침, 크리슈나는 고피들을 해산시켰다. 그녀들이 연주하는 각종 악기 소리와 해맑은 노래 소리들이 멀리에까지 퍼져나갔다.

크리슈나는 커다란 삼나무 밑에 홀로 앉아 있었다. 그때 난다의 두 딸인 사라스바티와 니슈달리가 오는 것이 보였다. 그녀들은 그의 곁에 앉았다. 사라스바티가 크리슈나의 목에 팔을 두르고 속삭이듯 말했다.

"우리에게 성가와 성무를 가르쳐줘 우리는 여인들 중 가장 행복한 여인들이 되었답니다. 하지만 당신이 우리의 곁을 떠나면 우리는 그만큼 더 불행해질 거예요. 아, 당신을 더이상 볼 수 없게 된다면 우리는 어떻게 될까? 오, 크리슈나 우리와 결혼해 줘요. 우리 자매와 우리는 그대에게 충실할 것이니, 우리들의 눈에서 당신을 잃을지 모른다는 두려움의 빛이 사라지도록 해줘요."

사라스바티가 그렇게 말하는 동안 니슈달리는 황홀경에 빠진 듯 두 눈을 감았다.

"니슈달리여, 그대는 왜 두 눈을 감고 있는가?" 크리슈나가 물었다.

"질투가 나나보지. 내가 당신 목에 팔을 두르고 있는 모습이 보기 싫은가봐요"라고 사라스바티가 말했다.

"아니에요. 나는 내 속에 깊이 새겨진 당신의 모습을 응시하느라 눈을 감고 있었어요. 크리슈나, 당신은 떠나셔도 돼요. 그래도 결코 당신을 잃지 않을 거예요."

크리슈나는 생각에 잠겼다. 그는 웃으며 자신의 목을 휘감고 있는 사라스바티의 팔을 풀었다. 그리고는 자신의 입술을 처음에는 사라스바티의 입술로, 이어서 니슈달리의 눈 위로 가져갔다. 그 두 번의 긴 입맞춤을 통해 크리슈나는 이 지상의 온갖 관능적 쾌락을 깊이 깊이 측량하고 그것을 맛보는 것 같았다. 갑자기 그가 몸을 떨면서 말했다.

"오, 사라스바티여. 그대는 아름답도다. 그대의 입술에서는 용연향의 향기와 온갖 꽃들의 향기가 배어나오는구나. 오, 니슈달리여, 그대는 존경받을지어다. 그대의 눈꺼풀은 당신 자신의 속을 바라볼 수 있는 깊은 눈을 덮고 있도다. 나는 그 둘을 모두 사랑하노라… 하지만 내 어찌 그대들과 결혼할 수 있으리오. 나의 마음이 당신들 사이에서 찢어질 것을…."

"아! 당신의 마음은 사랑을 할 수 없게 될 거예요"라고 사라스바티가 원통한 듯 말했다.

"나는 영원한 사랑만을 사랑할 것이오."

"그대가 그런 사랑을 하려면 어떻게 하셔야 하나요?" 하고 니슈달리가 공손히 물었다.

크리슈나가 일어섰다. 그의 눈은 불타고 있었다.

"영원한 사랑을 하려면? 낮의 빛이 꺼지고, 벼락이 내 가슴에 떨어져 내 영혼이 나의 밖, 저 하늘까지 날아가야 한다오."

그런 말을 하는 동안 그의 키가 부쩍 커진 것처럼 보였다. 갑자기 그가 두려워진 그녀들은 울면서 집으로 돌아갔다. 크리슈나는 홀로 메루 산으로 향하는 길을 잡았다. 다음날 밤, 고피들은 다시 모여 연주하고, 노래하고 춤추며 스승을 기다렸지만 그는 나타나지 않았다. 그는 그녀들에게 그의 존재의 본질, 그의 존재의 향기만을 남긴 채 사라진 것이다. 즉 성가와 성무만을 남긴 채.

5. 통과 제의

한편 자신의 누이 데바키가 은자승들의 집들 중 어딘가에 살고 있다는 사실만 알 뿐 그녀를 찾아내지 못한 칸사는 은자승들을 핍박했고 마치 야생 동물을 사냥하듯 그들을 쫓았다. 그래서 은자승들은 점점 더 안으로 쫓겨갈 수밖에 없었다. 그러자 그들의 우두머리인 바시슈타 노인은 100살이 넘은 나이에도 불구하고 마두라의 왕을 만나기 위해 길을 떠났다.

마두라 성의 초병들은, 한 눈 먼 노인이 줄로 묶은 영양의 안내를 받으며 홀로 성문 앞에 나타나자 무척이나 놀랐다. 그리고 그 노인을 보고 경외심이 저절로 일어 순순히 성을 통과시켰다. 바시슈타는, 칸사와 니숨바가 나란히 앉아 있는 왕좌王座 앞으로 나아가 그들에게 말했다.

"마두라의 왕 칸사여, 성스러운 숲의 고독한 은자들을 박해하는 들소의 아들 그대에게 화가 있을진저! 그에게 증오의 입김을 불어넣는 뱀의 딸이여, 그대에게 화가 있을진저! 그대들의 징벌의 날이 가까이 오고 있도다. 데바키의 아들이 살아 있는 것을 아는가! 그는 도저히 깨뜨릴 수 없는 비늘 갑옷을 입고 올 것인즉, 그는 그대들을, 치욕 속에서, 그 왕좌로부터 물러나게 할 것이니라. 그대들은 이제 공포 속에서 떨며 살아가게 될 것이니, 데바 신들이 내리는 징벌이 바로 거기에 있도다!"

말을 마친 그가 유유히 영양에 이끌려 그곳을 떠났지만, 전사들, 호위병들, 신하들 모두 노인을 향한 경배심에 무릎을 꿇었을 뿐 아무도 그에게 감히 손끝 하나 대지 못했다.

그날 이후로 칸사와 니숨바는 어떻게 하면 그 은자승들의 우두머리를 은밀히 없앨 수 있을까를 궁리했다. 데바키는 이미 죽었으며 바시슈타 노인을 제외하고는 그 누구도 크리슈나가 그녀의 아들이란 사실을 알지 못했다. 그런데, 그가 세운 혁혁한 무공에 대한 소문은 칸사도 이미 듣고 있었다. 그는 생각했다.

"나를 보호하기 위해서는 강한 자가 필요해. 칼라예니의 큰 뱀을 죽였을 정도라면 그 늙은 중 따위야 두렵지 않겠지."

그렇게 생각한 칸사는 난다에게로 부하를 보내 이렇게 전했다.

"내게 크리슈나라는 젊은 영웅을 보내도록 하라. 내 그를 내 마차 몰이로 삼고 수석 비서로 임명할 것이니라."

그 당시 인도에서 왕의 마차 몰이꾼은 제일 중요한 직책 중의 하나였고 재상 노릇도 겸하고 있었다.

난다는 크리슈나에게 왕의 명령을 전했고 크리슈나는 가겠다고 선선히 응락했다. 그는 속으로 '마두라의 왕이 혹시 영원히 변치 않는 분이 아닐까? 그렇다면 어머니가 어디 계신지 알 수 있을 것이다'라고 생각했다.

크리슈나의 기개와 지혜와 재주를 직접 본 칸사는 그가 너무 마음에 들어 그에게 왕국 수호의 임무를 맡겼다. 그런데 메루 산의 영웅과 마주한 니숨바는 그를 향한 불순한 욕정의 불길에 휩싸여 아무도 모르는 은밀한 계획을 세웠다. 그녀의 용의주도한 계획에 의해 그녀는 칸사가 모르게 그를 자신의 규방으로 오게 하는 데 성공했다. 마술사이기도 한 그녀는 강력한 마약의 힘으로 순간적으로 다시 젊어지는 법을 알고 있었다.

데바키의 아들이 그녀의 규방으로 갔을 때 그녀는 거의 다 벗은 몸으로 침대에 누워 있었다. 황금 고리가 발목과 팔에 둘러져 있었고 화려한 왕관이 머리 위에서 빛나고 있었다. 그리고 그녀의 발치에는 구리 향로가 하나 놓여 있어, 그로부터 향이 구름처럼 피어올랐다. 뱀들의 왕의 딸이 말했다.

"크리슈나여, 그대의 이마는 히마바 산의 눈보다도 맑으며, 그대의 가슴은 벼락의 끝만큼 날카롭구나. 그대의 그 순수함으로 그대는 이 지상의 왕들 위에서 빛을 발하고 있도다. 이곳 그 누구도 그대가 누구인지 모르고, 그대 자신도 그대가 누구인지 모르고 있도다. 오로지 나, 나만이 그대가 누구인지 알고 있노라. 그대여, 데바 신들은 그대를 인간들의 주인으로 만들었도다. 하지만 오로지 나만이 그대를 이 세상의 주인으로 만들 수 있노라. 그대, 원하는가?"

"그대가 지금 마하데바의 말씀을 내게 전하고 있는 것이라면, 내 어머니가 어디 계신지 말해 주오. 메루 산 삼나무 아래서 내게 말을 해주던 그 위대한 분을 어디서 만날 수 있는지 말해 주오"라고 크리슈나가 심각하게 말했다.

니슘바가 무시하는 듯한 웃음을 흘리며 대답했다.

"그대의 어머니? 그건 내가 가르쳐줄 수 있는 일이 아니라네. 그 노인? 난 그가 누군지도 모른다네. 어리석은 짓! 그따위 어리석은 꿈을 좇아 내가 제공하는 이 지상의 보물이 눈에 들어오지 않다니! 그대, 그대는 강하고 젊으며 훤칠하도다. 자, 이제 천하는 그대의 것이니라. 왕이 잠든 사이에 그를 죽여라. 내 그대 머리 위에 왕관을 씌워줄테니 그대는 이 세상의 주인이 되는 것이다. 나는 그대를 사랑하고, 그대는 나와 운명적으로 맺어져 있다. 자, 내 원하노니, 내 명을 따르라."

그렇게 말하면서 여왕은, 교만하면서도 매혹적인, 그러면서도 마치 아름다운 뱀처럼 공포심을 불러일으키는 자태로 침대에서 몸을 일으켰다. 침대 위에서 몸을 세운 채 니숨바는, 그 검은 눈으로부터 나오는 어두운 빛을 놀라서 떨고 있는 크리슈나의 맑은 눈을 향해 쏘아보냈다. 그 시선 속에서 크리슈나는 지옥이 떠오르는 것을 보았다. 그 눈빛에서 그는 욕망과 죽음의 여신인 칼리 사원의 동굴 속을, 그리고 영원한 번뇌 속에서 몸을 뒤틀고 있는 뱀의 모습을 보았다. 그러자 갑자기 크리슈나의 두 눈이 두 개의 검처럼 변했다. 그 눈빛은 여왕을 뚫고 들어갔으며, 그와 함께 메루 산의 영웅이 소리높여 외쳤다.

"나는 나를 왕국의 수호자로 임명해 준 왕에게 신의를 지킬 것이오. 그대, 그대는 죽임을 당하리라."

니숨바는 날카로운 비명을 질렀으며 그와 동시에 옷을 물어뜯으며 침대 위를 굴렀다. 젊은 그녀의 모습은 이미 사라지고 없었다. 그녀는 다시 늙고 쭈글쭈글한 모습으로 돌아왔다. 크리슈나는 성난 그녀를 버려두고 방을 나왔다.

밤낮으로 은자승의 저주 때문에 괴로워하던 왕은, 어느날 크리슈나에게 말했다.

"적이 나의 궁전에 발걸음을 한 이래로 내 편히 잠을 이룬 적이 없도다. 바시슈타라고 하는 숲에 사는 지옥의 마술사가 나를 향해 저주를 퍼부었던 것. 그때부터 나는 숨조차 제대로 쉴 수가 없다. 그 늙은이가 나의 삶에 독을 타버린 것. 그러나 그대와 함께라면 나는 두려울 것이 없다. 그도 두렵지 않다. 자, 나와 함께 그 저주받은 숲으로 가자. 길을 잘 아는 밀정이 우리를 그곳까지 안내할 것이다. 그를 보자마자 그가 한마디 말도 하기 전에, 그가 한 번의 눈길도 주기 전에 달려들어 내리쳐 버려라. 그가 치명상을 입거든 나의 누이 데바키의 아들이 어디 있는지, 그의 이름이 무엇인지 물어보아라. 내 왕국의 평화는 바로 그 비밀에 달려 있다.

"염려 놓으십시오. 저는 칼라예니도, 칼리의 뱀도 두렵지 않습니다. 누가 나를 떨게 만들 수 있겠나이까? 그가 제 아무리 강한 자라 하더라도 내 반드시 그가 숨기고 있는 것을 밝혀내겠습니다."

사냥꾼으로 변장을 하고 왕과 크리슈나는 숲을 향해 성난 듯이 마차를 몰았다. 미리 숲을 정찰해 놓은 밀정이 그들 뒤에서 길을 안내했다. 때는 우기였다. 강물이 넘쳤으며 무성한 식물들의 덤불이 길을 덮었다.

그들이 신성의 숲에 도달했을 때, 지평선이 어둑어둑해졌으며 태양이 몸을 감추었고, 주위로는 구리빛 안개가 자욱했다. 크리슈나가 왕에게 물었다.

"왜 갑자기 하늘이 캄캄해지나요? 왜 숲은 갑자기 어두워지나요?"

"그 사악한 바시슈타가 하늘을 흐리게 하고, 나를 향해 저주받은 숲을 가시처럼 곤두세운 것이다. 크리슈나여, 겁이 나는가?"

"하늘이 그 얼굴을 달리하고 땅의 색이 변하더라도 나는 겁내지 않으리오."

"자, 그렇다면 전진!"

크리슈나가 말에 채찍질을 가했고, 마차는 바오밥 나무가 빽빽히 들어찬 숲으로 들어갔다. 그들은 한동안 굉장한 속도로 달렸다. 하지만 숲은 점점 더 깊어지고 으스스해질 뿐이었다. 번개가 번쩍이고 천둥이 울렸다. 크리슈나가 말했다.

"이렇게 검은 하늘은 처음 보는군. 이렇게 배배 꼬인 나무도. 폐하의 적인 그 마술사는 정말 강하군요."

"뱀을 죽인 크리슈나, 메루 산의 영웅 크리슈나여. 그대는 겁이 나는가?"

"땅이 갈라지고 하늘이 무너져도 내 겁내지 않으리다."

"그렇다면, 계속 앞으로!"

용맹한 크리슈나는 다시 말에 채찍을 가했고 마차가 다시 전진했다. 그러자 무시무시한 폭풍이 일어 거대한 나무들이 휘어졌다. 폭풍우에 흔들리는 숲 속 전체가, 수천의 악마들이 울부짖는 듯한 소리를 냈다. 벼락이 그들 바로 옆에 떨어졌고 뿌리 뽑혀 넘어진 바오밥 나무가 길을 막았다. 말들이 놀라서 멈추었고 그 순간 땅이 흔들렸다.

크리슈나가 말했다.

"폐하의 적은 신인가 보옵니다. 하늘의 신 인드라가 보호해 주고 있으니."

그러자 왕의 밀정이 말했다.

"이제 목적지에 다 왔는뎁쇼. 저 풀이 난 오솔길을 보십시오. 저 끝에 형편없는 오두막이 있습지요. 저기가 바로 바시슈타가 살고 있는 곳입지요. 아이고, 저는 이제 도저히 이 이상은 못 가겠습니다."

그 소리에 마두라의 왕의 얼굴이 납빛으로 창백해졌다.

"그가 저기에 있다고? 그게 사실이지? 바로 저 나무 뒤에?"

그러더니 그는 사지를 오들오들 떨면서 크리슈나 옆에 바싹 붙어서더니 기어들어가는 목소리로 말했다.

"바시슈타, 바시슈타. 죽음의 저주를 내린 그가 저기 있다. 저기 숨어서 나를 보고 있어⋯ 그 눈이 나를 나를⋯ 나를, 그에게서 풀어놔줘."

"그러지요. 마하데바의 이름으로! 내 폐하를 그토록 떨게 만드는 자가 누군지 보고 싶소이다."

크리슈나가 말에서 내려 바오밥 나무 기둥을 뛰어넘으면서 말했다.

100살이 넘은 은자 수도승 바시슈타는 1년 전부터 이곳, 숲 속 가장 깊은 외진 곳, 오두막에 살면서 조용히 죽음을 기다리고 있었다. 육체의 죽음이 찾아들기 전에 이미 그는 육체의 감옥에서 해방되어 있었다. 그의 눈은 감겼지만 그는 영혼의 눈으로 보았다. 그의 피부는 차고 뜨거운 것을 거의 느끼지 못할 정도였으나 그의 정신은 완전한 통일 속에서 지상至上의 정신과 함께 살아 있었다. 그는 이제 이 세상의 온갖 사물을 끊임없이 기도하고 명상하면서 브라만의 빛을 통해서만 보았다. 그의 충실한 제자 한 명이 그에게 곡식 낱알을 매일 조금씩 갖다 주었고 그는 그것만 먹고 살았다. 그의 곁에서 풀을 뜯어먹는 가젤이 울음 소리로 야수의 접근을 알렸다. 그러면 그는 무어라고 주문을 외면서 일곱 매듭의 대나무 막대기를 뻗쳐 야수를 쫓았다. 사람이라면, 그 아무리 멀리 떨어져 있더라도 내면의 눈으로 모두 볼 수 있었다.

어두운 오솔길을 헤치며 나아가던 크리슈나는 갑자기 바시슈타와 마주치게 되었다. 은자승의 왕 바시슈타는 거적 위에 책상다리를 한 채, 오두막 기둥에 기대어 그윽한 평온에 잠겨 앉아 있었다. 그의 감은 눈으로부터 견자見者로서의 내면의 빛이 흘러나왔다.

크리슈나는 그의 모습을 보자마자, 그를 단번에 알아보았다.

"아, 그 숭고한 노인."

그는 충격적인 기쁨을 맛보았으며 그의 전 영혼이 경배심으로 차올랐다. 왕도, 그의 마차도, 그의 왕국도 잊은 채, 그는 성자 앞에 한쪽 무릎을 꿇었다. 그리고 그를 찬양했다.

바시슈타는 그를 본 것 같았다. 오두막집 기둥에 기대어 있던 몸을 가볍게 움직이면서 세웠던 것이다. 그는 손님에게 축복을 내리기 위해 두 팔을 벌리면서 입술을 들썩여 성스러운 낱말을 웅얼거렸다. 옴(브라만의 통과 제의에서 지상至上의 신, 성령-신을 의미한다)!

한편 비명 소리도 들리지 않고 크리슈나가 돌아오지도 않는 것을 본 칸사 왕은 조심스레, 마치 뒷걸음질치듯이 오솔길을 따라 오두막 쪽으로 향했다. 그리고는 크리슈나가 성자 바시슈타 앞에 무릎을 꿇고 있는 모습을 보고는 놀라서 그만 화석처럼 굳어버렸다. 바시슈타가 감은 눈길을 칸사 쪽으로 향하더니 지팡이를 들어올리면서 그에게 말했다.

"오, 마두라의 왕이여, 나를 죽이러 오셨구만. 어서 오시게! 나를 이 비천한 육신으로부터 해방시켜 주러 오셨으니. 그대는 그대의 누이 데바키의 아들, 그대를 권좌에서 몰아낼 그가 어디 있는가 알고 싶지. 여기 내 앞에, 그리고 마하데바 앞에 몸을 숙이고 있다네. 크리슈나, 그대의 마차 몰이꾼인 크리슈나가 바로 그라네. 그대가 얼마나 어리석은지, 그리고 저주를 받았는지 이제 알겠나. 그대의 가장 무서운 적을 그대 곁에 두었다니! 그를 이리로 직접 데려와 그가 바로 미리 운명지워진 아이라는 것을 알려주게 하다니! 그대 공포에 몸을 떨어야 하리라! 이제 그대의, 그 지옥의 영혼이 악마들의 먹이가 될 것인즉!"

칸사는 정신이 나간 채 듣고 있었다. 그는 감히 노인을 똑바로 바라볼 엄두도 내지 못했다. 공포와 분노에 하얗게 질린 채 그는 크리슈나가 여전히 무릎을 꿇고 있는 것을 보고는 활을 손에 잡았다. 그는 온힘을 다해 활시위를 당긴 다음 데바키의 아들을 향해 화살을 날렸다. 하지만 팔을 심하게 떨고 있었기 때문에 조준이 빗나갔고 화살은 바시슈타의 가슴에 꽂혔다. 성자 바시슈타는 팔을 십자 모양으로 가슴에 포갠 채, 마치 황홀경에 빠져서 그 화살을 맞이하는 듯했다.

비명 소리, 무서운 비명 소리가 터져나왔다. 그러나 노인의 입에서가 아니라 크리슈나의 입으로부터였다. 그의 귓전으로 화살이 떨리는 소리가 들려왔고, 그것이 성자의 가슴에 꽂혀 있는 것이 보였다. 그리고… 그렇다, 그에게는 마치 그 화살이 자신의 가슴에 꽂혀 있는 듯했다. 그리고 그의 영혼에… 그 순간 그의 영혼은 그 은자의 영혼과 하나가 되었던 것이다. 그 화살과 함께 이 세상의 전 고통이 크리슈나의 영혼을 관통했고, 그의 영혼을 깊은 곳까지 찢어놓았다.

하지만 바시슈타는 가슴에 화살을 맞은 채로 미동도 않은 채 입술을 움직여 중얼거리듯 말했다.

"마하데바의 아들이여, 왜 비명을 지르는가? 죽음이라는 것은 헛된 일이도다. 화살은 영혼에 가닿지 못하며, 희생자는 바로 살인자니라. 크리슈나여, 이것은 승리이며, 운명은 완성되었도다. 나는 영원히 변치 않는 존재에게로 되돌아간다. 브라마여 내 영혼을 받으소서. 그러나 그대, 브라만이 선택한 그대, 세상의 구원자인 그대는 일어나거라. 크리슈나!"

그러자 크리슈나는 검을 손에 들고 일어났다. 그는 칸사를 향해 몸을 돌렸다. 그러나 왕은 이미 도망가고 없었다.

그때 검은 하늘이 열렸고, 크리슈나는 번쩍이는 섬광을 맞고 땅으로 쓰러졌다. 그의 몸이 무감각한 채 쓰러져 있는 사이, 공감, 연민의 힘에 의해 노인의 영혼과 하나가 된 그의 영혼은 공중으로 올라갔다. 대지의 강, 바다, 대륙 모두와 함께 하나의 검은 점처럼 되어 사라졌고, 둘의 영혼은 데바 신의 일곱 번째 하늘, 태양들 중의 태양이며 전 존재들의 아버지인 마하데바를 향하여 날아갔다. 그들은 그들 앞에 열린 빛의 바다에 잠겼다.

천구의 중심에서 크리슈나는 그의 눈부신 어머니, 그의 영광된 어머니인 데바키를 보았다. 데바키는 가없는 미소를 지으며 그에게 팔을 내밀어 그를 가슴에 안았다. 수천의 데바 신들이, 그녀, 성처녀 성모의 눈부신 빛의 세례를 받으러 그녀 곁으로 왔다. 그리고 크리슈나는, 데바키의 사랑의 눈길에 자신이 흡수되는 듯함을 느꼈다. 바로 그때, 그 눈부신 어머니의 품 안에서, 그의 존재가 모든 하늘들을 통하여 빛을 발했다. 그는 스스로가, 신의 아들, 모든 존재들의 신성한 영혼, 창조의 말씀임을 느꼈다. 이 전 우주의 삶 위에 군림하는 위대한 존재이면서, 동시에 고통의 본질, 기도의 불, 신성한 희생 제의의 축복을 통해 그는 그 삶 속으로 빠짐없이 스며들었다.

크리슈나에게 다시 제정신이 돌아왔을 때, 하늘에서는 여전히 천둥이 울리고 있었고, 숲은 어두웠으며 세찬 빗줄기가 오두막 위로 떨어지고 있었다. 그리고 영양이 성자의 몸에 흐르고 있는 피를 핥고 있었다. 그 '숭고한 노인'은 이제 시체에 불과할 뿐이었다. 그 옆에서 크리슈나가 마치 다시 태어난 것처럼 몸을 일으켰다. 커다란 심연이 그를 이 세상, 그리고 헛된 외관과 갈라놓고 있었다. 그는 위대한 진실을 경험한 것이었으며, 그는 자신의 임무를 이해했다.

한편 칸사는, 온통 겁에 질린 채 폭풍우에 쫓기며 마차를 타고 도망을 갔다. 그의 머리카락은 수천의 악마들의 채찍이라도 맞은 듯 곤두서 있었다.

6. 선각자가 들려주는 계율

크리슈나는 모든 은자승들에게, 바시슈타가 기다리던, 미리 운명적으로 정해져 있던 그의 후계자로 받아들여졌다. 그들은 신성의 숲에서 성자의 장례식을 치렀다. 장례식에서 데바키의 아들은 불의 희생 의식을 치른 뒤에 계율의 징표인 일곱 마디로 된 지팡이를 물려받았다.

그런 후 크리슈나는 메루 산으로 들어가 자신의 계율과, 인간들에게 축복을 내리는 길에 대한 명상에 잠겼다. 그의 명상과 수행은 7년간 계속되었다. 명상을 하면서 그는 자신의 본성이 신의 본성에 의해 길들여졌음을 느꼈으며, 이제 신의 아들이라는 이름을 받을 만큼 충분히 마하데바의 태양과 한몸이 되었음을 느꼈다. 그제서야 그는 젊은 은자승들, 그리고 오래된 은자승들을 주변에 불러들여 그들에게 강론을 했다.

크리슈나 주변에 모인 은자승들은 그가 정화되었으며 위대해졌음을 알았다. 영웅이 성자로 변모한 것이다. 그는 사자와 같은 기운을 잃지는 않았지만 비둘기와도 같은 부드러움을 얻은 것이었다.

그의 주변으로 제일 먼저 모인 승려들 중에는 아르드주나가 있었다. 그는 달 숭배 왕들에게 권좌를 빼앗긴 태양 숭배 왕들 중 한 명의 후예였다. 아르드주나는 열정에 가득차 있었으나 쉽게 절망하거나 의혹에 빠지곤 하는 젊은 승려였다. 그는 정열적으로 크리슈나를 숭배했다.

하마바르를 마주한 채 메루 산 삼나무 아래에 앉아 크리슈나는, 감각의 노예가 되어 사는 인간은 도저히 다다를 수 없는 진리들에 대하여 제자들에게 설법을 했다. 그는 제자들에게 불멸의 영혼에 대하여, 영혼의 재생에 대하여 그리고 신과의 신비스러운 결합에 대하여 강론을 했다. 몸이란 영혼의 거처로서 영혼을 둘러싸고 있을 뿐 유한한 것이며, 몸 안에 거주하고 있는 영혼은 보이지 않고 무게를 잴 수도 없으며 변하지 않고 영원하다고 그는 말했다. 그가 계속 말했다. 지상의 인간은, 그 인간이 반영하고 있는 신성과 마찬가지로, 정신·영혼·몸의 셋으로 되어 있다고 했다. 영혼이 정신과 결합하면, 영혼은 사트바가 되는데 그때 지혜와 평화를 얻는다. 영혼이 정신과 육체 사이에서 방황하게 되면 영혼은 라자, 즉 정념에 의해 지배받게 되어 숙명적인 순환 고리 속에서 이리저리 옮겨다니게 될 뿐이다. 영혼이 그냥 육체 속에 안주하게 되면 그것은 타마 속으로 떨어지게 되는데 착란과 무지 속을 헤매다 덧없는 죽음을 맞게 될 뿐이다.

아르드주나가 물었다.

"그러하오면 죽음 이후에 영혼의 운명은 어찌 되나요? 똑같은 법칙의 지배를 받나요, 아니면 거기서 벗어나나요?"

크리슈나가 대답했다.

"영혼은 결코 영원의 법칙에서 벗어나지 않고 그를 따른다. 바로 거기에 부활의 신비가 숨어 있다. 하늘의 가없는 깊이가 별빛을 받아 열리듯이 생명의 깊이 또한 이 진실의 빛을 받아 열린다. 사트바지혜가 자리잡고 있을 때 육체가 소멸되면, 영혼은 저 높은 존재에 대해 알고 있는 존재들의 지역으로 비상한다. 라자정념가 지배하고 있을 때 육체가 소멸되면 영혼은 지상의 사물에 매어 있는 존재들 속에 새로이 자리를 잡는다. 마찬가지로, 타마무지가 지배하는 동안 육체가 스러지면 물질에 의해 흐려진 영혼은 다시 몰지각한 존재의 자궁 속으로 들어가게 된다."

"참으로 공평합니다. 그렇다면 이제 저희에게 가르쳐주십시오. 지혜를 좇아, 죽음 이후 신성의 세계에 거하게 될 영혼에게, 그 오랜 세월에 걸쳐 어떤 일이 일어나게 되었던가를."

크리슈나가 대답했다.

"헌신 속에 죽음을 맞이하게 된 인간은, 그의 미덕으로 인해 수세기 동안 저 높은 지역에서 보상을 받은 후에 성스럽고 존경할 만한 가족 속의 한몸 안에 다시 기거하게 된다. 그러나 그런 종류의 재생은 얻기가 매우 어렵다. 그렇게 새로 태어난 인간은 그가 그 전에 행했던 바와 똑같이 헌신 속에 자기의 완성을 향한 길에 다시 들어서게 된다."

"아아, 그렇다면 선자도 다시 태어나, 육체적 삶을 또 시작해야 한다는 말입니까? 그렇다면, 저희에게 가르쳐주십시오. 지혜를 좇는 자에게, 그 영원한 윤회로부터 벗어날 길은 없는 것인가요?"

"듣거라. 아주 위대하며 아주 심오한 비밀을. 지상至上의, 숭고하며 순수한 신비를. 완성에 도달하기 위해서는 지혜보다 더 높은, 통일의 이치를 획득해야만 한다. 영혼보다 더 높은 곳에, 정신보다도 더 높은 곳에 있는 신성스런 존재로까지 스스로 고양되어야 한다. 그런데 그 신성스런 존재, 그 숭고한 영혼은 우리들 각자의 속에 있다. 절대자 신은 모든 인간의 내면에 머물고 있으나 그를 발견하는 사람이 드문 것뿐이다. 그런데 거기에 바로 축복의 길이 있다. 네가 일단 이 세상 위에 존재하며 동시에 네 속에 존재하는 완전한 존재를 발견하게 되면, 욕망이라는 형태를 하고 있는 내부의 적을 포기하겠다고 결심하라. 너의 정념을 길들여라. 너의 감각이 가져다주는 즐거움은 다가올 고통의 모태와 같은 것이다. 선을 행하는 것으로 그치지 말고 스스로 선이 되거라. 너의 행위의 동기를 그 열매에서 찾지 말고 행위 자체에서 찾아라. 너의 일의 결실을 구하지 말고 너의 행위 하나하나가 지상至上의 존재에게 바치는 것이 되게 하라. 자신의 욕망과 자신의 결실을, 만물의 원칙이 그로부터 나오며 그에 의해 우주가 형성된 절대존재에게 희생으로 바치는 자는 그 희생에 의해 완성을 얻을 것이다. 그러면 그때 그는 절대존재와 정신적으로 결합되어, 봉헌 예배 너머에 있는 정신적 지혜에 도달하게 될 것이며 신성의 축복을 맛보게 될 것이다. 자기 자신에게서 행복과 기쁨을 발견하는 자, 자기 자신에게서 빛을 발견하는 자는 신과 함께 한 존재이다. 그리고, 선을 발견한 영혼은 재생과 죽음, 늙음과 고통으로부터 해방되어, 불멸의 물을 마시게 되는 것이다."

크리슈나는 그렇게 자신의 교리를 제자들에게 설법했다. 그는 제자들에게 자신의 내면을 응시하게 하여 차츰차츰 숭고한 진실들을 향해 정신을 고양시켰으며, 그 숭고한 진실들은 갑자기 그 스스로 모습을 드러내었다. 그가 마하테바에 대하여 설법을 할 때면 그의 목소리는 더욱 묵직해졌으며 그의 표정은 빛을 발했다. 어느날 호기심에 가득찬 아르드주나가 대담하게 물었다.

"우리에게 마하테바의 신성한 모습을 볼 수 있게 해주십시오. 우리의 눈은 그를 바라볼 수 없는 건가요?"

그러자 크리슈나는 자리에서 일어나, 모든 존재들 속에서 숨쉬고 있는, 수없는 형체를 가진, 헤아릴 수 없는 눈을 가진, 세상 온 구석 구석을 향하고 있는 얼굴을 가진, 그러나 그와 동시에 그 모든 것을 초월해 무한히 높은 곳에 있는 존재에 대해 이야기하기 시작했다. 그 부동의 가없는 몸 속에, 수도 없이 나누어져 움직이는 이 우주 전체를 포함하고 있는 존재에 대해.

"만일 하늘에서 수천의 태양이 동시에 폭발한다면, 그 모습이 겨우 전능한 유일자의 광휘에 비길 수 있을 것이다."

크리슈나가 그렇게 마하테바에 대하여 설법을 하는 동안 크리슈나의 눈으로부터 이루 형언할 수 없는 광채가 뿜어져 나왔고, 제자들은 그 빛을 감당할 수가 없어서 무릎을 꿇었다. 아르드주나가 머리털이 곤두선 채로 허리를 숙이고 두 손을 모으며 말했다

"스승이시여, 그대의 말씀은 우리를 감동시켰나이다. 그대의 두 눈에 현현한 위대한 존재를 우리는 마주할 수가 없사옵니다. 그 빛은 우리를 전율케 하옵니다."

크리슈나가 다시 말했다.

"그가 나의 입을 빌려 너희들에게 해주는 이야기를 듣거라. 너희들과 나, 우리는 수없이 많은 탄생들을 겪었다. 그러나, 나는 내가 겪은 탄생들에 대해 알고 있고 그대들은 그대들의 탄생에 대해 모르고 있다. 내가 태어남과 죽음의 윤회에서 벗어나 있으며 내 모든 피조물들의 주인이라 할지라도, 나는 나의 권능에 의해 나의 모습을 너희들에게 드러낼 수 있는 것이다. 미덕이 기울고 이 세상이 악덕과 불의에 물들 때마다 나는 모습을 드러낸다. 그렇게 하여 나는 언제까지고 정의를 부추기고 악을 멸하여 미덕을 다시 세울 것이니라. 진실에 의해 나의 본질, 나의 신성한 일에 대하여 알게 된 자는 한 번 육체를 떠난 후 새로운 탄생으로 되돌아가지 않으리니, 그는 내게 오게 될 것이다."

그렇게 말하면서 크리슈나는 제자들을 자애로운 표정으로 바라보았다. 그러자 아르드주나가 외쳤다.

"주여, 그대는 우리의 주인이시며 마하테바의 아들이시옵나이다. 그대의 전율스런 번쩍임에서라기보다는 그대의 이루 다할 수 없는 선함과 매력 속에서 나는 그것을 보았나이다. 데바 신들이 그대를 구하고 그대를 갈망하는 것은 무한의 현기증 속에서가 아닙니다. 그들이 그대를 사랑하고 찬양하는 것은 인간의 모습 아래에서입니다. 그 어떤 속죄도, 그 어떤 보시布施도, 그 어떤 희생도, 나아가 베다 경전까지도,

당신의 그 자애로운 눈길 하나에는 못 미치오리다. 그대는 진실입니다. 자 이제, 악을 향한 싸움, 전쟁터로 우리를 이끌어 주십시오. 저희들 모두 그대를 따르겠나이다."

황홀한 표정으로 웃음지으며 크리슈나의 제자들은 크리슈나 주변으로 모여들었다. 그리고 그들은 "그분을 어떻게 이제서야 보게 되었나요? 그대의 입을 빌려 말씀하고 계신 마하테바를!"이라고 그에게 물었다. 그가 대답했다.

"너희들의 눈이 열리지 않았던 것이다. 내 이제 너희들에게 위대한 비밀을 전해 주었다. 너희들은 이해할 수 있는 자들에게만 그것을 전하라. 너희들은 내게 뽑힌 자들이다. 너희들의 목표를 바로 보도록 하라. 군중들은 길의 한쪽 끝만을 볼 뿐이다. 자, 이제 가서 축복의 길을 백성들에게 전도하도록 하자."

7. 승리와 죽음

제자들을 메루 산 위에서 가르친 후에 크리슈나는 백성들을 개종시키기 위하여 그들과 함께 자무나 강과 갠지스 강가로 내려왔다. 저녁 때가 되면 마을 입구 빈터에 그들 주변으로 사람들이 운집했다. 그가 백성들에게 해준 설교는 그 무엇보다 이웃에 대해 자비를 베풀라는 것이었다. 그 내용은 아래와 같다.

• 우리가 이웃에게 끼친 해악은 마치 그림자처럼 우리를 따라다닌다.
• 이웃 동포에 대한 사랑에 바탕을 두고 있는 일은 정의로운 일로 여기고 열심히 행하라. 그 일은 천상의 저울에서 가장 무게가 많이 나가는 일이다.
• 네가 선한 자들과만 자주 접촉을 한다면 네가 보이는 선행은 무익한 일이 될 것이다. 악한 무리들과 어울려 그들을 선행으로 이끄는 데 주저하거나 두려워하지 마라.
• 덕성스런 인간은 거대한 증식력을 지니고 있어, 그의 자애로운 그늘이 그를 둘러싸고 있는 식물들에게 삶의 신선함을 가져다준다.

그 영혼이 사람의 향기로 넘쳐나게 된 크리슈나는 감미로운 음성과 매혹적인 이미지로 자기 희생과 헌신에 대해서도 설법을 했다.

• 대지가 발로 자신을 짓이기는 자와 땅을 경작하면서 자신의 가슴을 찢는 자를 참아내듯이, 우리는 선을, 선을 위해 간직하지 말고 악을 위해 되돌려주어야 한다.

• 백단향나무가 자신을 잘라버리는 도끼를 향기롭게 만들 듯이 진실한 사람은 악인의 주먹질에 쓰러질 줄 알아야 한다.

얼치기 식자나 신을 믿지 않는 사람, 그리고 오만한 사람들이 그에게 신이 도대체 누구인지 설명해 보라고 요구하면 그는 다음과 같이 간단하게 대답했다.

• 인간의 학문은 헛된 것에 불과하다. 인간이 자신의 행동을 신과 관련짓지 않는다면 인간의 모든 행동은 그것이 선한 행동이라 할지라도 허망할 뿐이다.

• 마음과 정신이 검소한 자는 선으로부터 사랑을 받는다. 그에게 그 외의 다른 것은 필요없다.

• 무한한 공간만이 무한을 이해할 수 있다. 신만이 신을 이해할 수 있다.

그의 가르침에서 새로운 것은 그것들만이 아니었다. 특히 그는 살아 있는 신인 비슈누에 대해 설법해 군중을 열광시켰고 뒤따르게 했다. 그는 이 우주의 주인이 벌써 여러 번에 걸쳐 인간들 사이에 현현했다고 가르쳤다. 우주의 주인이 일곱 명의 성자, 그리고 브야사와 바시슈타의 모습으로 나타났다는 것이었다. 그는 여전히 나타날 것이었다. 크리슈나의 말에 따르면, 비슈누는 즐겨 비천한 자, 거지, 참회한 여인, 어린아이의 입을 통해 말을 한다는 것이었다. 크리슈나는 백성들에게 가난한 어부 두르가의 이야기를 들려주기도 했다.

그 가난한 어부는 어느날 배고픔으로 나무 밑에 쓰러져 있는 한 소년을 만난다. 그 자신도 비참한 신세인데다가 도대체 어떻게 먹여 살려야 할지 모를 가족이 있음에도 불구하고 두르가는 연민에 젖어 그를 집으로 데려온다. 그런데 해가 지고 달이 갠지스 강 위로 떠올라 가족이 저녁 예배를 드리고 있는 중에 소년이 낮은 목소리로 중얼거리는 것이 아닌가!

"카타카 열매는 물을 정화시킨다. 마찬가지로 선행은 영혼을 정화시킨다. 두르가여, 그물을 잡아라. 배를 갠지스 강에 띄워라."

두르가는 그물을 던졌고 산더미같이 많은 고기를 잡았다. 소년은 사라지고 없었다. 사람이 자기 자신의 비참함을 잊고 남의 비참함을 더 딱하게 여기게 되면 비슈누가 나타나 그의 마음에 행복을 가져다준다, 라고 크리슈나는 말했다. 그런 예들을 통해 크리슈나는 비슈누에 대한 신앙을 전했다. 데바키의 설교를 들으면 누구나 신이 자기의 마음 곁에 있다는 것을 발견하고는 경이로움에 젖었다.

메루 산의 예언자의 명성이 전 인도로 퍼져나갔다. 그가 커오는 것을 보았고 그의 청년기의 용맹에 대해 잘 알고 있는 메루 산의 목자들은 그 성스러운 인물이 바로 예전에 그들이 알고 있던 그 혈기왕성한 영웅이라는 사실을 믿을 수가 없었다.

난다 노인은 죽었다. 크리슈나를 사랑했던 그의 두 딸 니슈달리와 사라스바티는 여전히 살아 있었다. 하지만 그들의 운명은 제각각 달랐다. 크리슈나가 떠나버린 데 대해 격분한 사라스바티는 그를 잊기 위해 결혼의 길을 택했다. 어느 귀족의 부인이 되었는데, 남편은 그녀의 아름다움 때문에 그녀를 택한 것이었다. 하지만 얼마 안 있어 그는 그녀를 버렸고, 어느 상인에게 팔아넘겼다. 사라스바티는 경멸스러운 그 상인 곁을 떠나, 방탕스런 생활을 하는 여인이 돼버렸다. 그런 생활을 하던 어느날, 마음 깊이 회한과 자신에 대한 혐오감을 느낀 그녀는 고향으로 되돌아왔고 남들 눈에 안 띄게 니슈달리의 집으로 숨어들었다.

한편, 언제고 크리슈나에 대한 생각만을 해온 니슈달리는 결혼을 하지 않은 채 오빠 곁에서 마치 하녀처럼 지냈다. 사라스바티가 니슈달리에게 자신이 겪었던 불행과 부끄러운 생활에 대해 이야기하자 니슈달리가 말했다.

"오, 내 가엾은 동생, 난 너를 용서해. 하지만 오빠는 용서하지 않을 거야. 크리슈나만이 너를 구할 수 있어."

순간 사라스바티의 흐릿해진 눈에서 반짝, 하고 불꽃이 일었다.

"크리슈나? 그래, 그가 어떻게 됐어?"

"그는 성자이며 위대한 예언자가 됐어. 지금 갠지스 강변에서 설법을 한단다."

"우리 그를 찾으러 가요."

두 자매는 함께 길을 떠났다. 한쪽은 정념으로 인해 시든 꽃이 되어, 다른 한쪽은 순결로 인한 향기를 간직한 채, 그러나 둘 모두 같은 사랑에 불타오르면서….

크리슈나는 그때 전사 계급인 크샤트리아들에게 설법을 하고 있었다. 차츰차츰 크리슈나는 브라만들, 전사 계급들, 일반 백성들 속으로 골고루 파고들고 있었던 것이다. 브라만들에게 그는, 성숙한 나이가 주는 평온함을 가지고 신의 이치의 심오한 진실에 대해 설파했다. 라자들, 즉 크샤트리아 계급의 왕들에게는 젊음의 불과 친숙한 전사들의 미덕을 칭송했다. 그리고 백성들에게는, 어린아이 같은 단순성을 가지고 자비와 체념과 희망에 대해 말해 주었다.

크리슈나가 명망 있는 귀족의 연회석에 앉아 있을 때, 그 두 여인이 예언가를 보길 원한다는 전갈을 그는 받았다. 고행복을 입은 두 여인이 들어와서 크리슈나의 발 아래 무릎을 꿇었다. 사라스바티와 니슈달리였다. 사라스바티가 펑펑 눈물을 쏟으며 말했다.

"당신이 우리들 곁을 떠난 뒤 저는 잘못과 죄악 속에서 살았어요. 하지만 크리슈나 당신이 원하신다면 당신은 저를 구원해 주실 수 있어요."

니슈달리가 이어서 말했다.

"오 크리슈나, 내가 예전에 당신을 보았을 때 나는 당신을 언제까지고 사랑하게 될줄 알았어요. 아, 그러나 이제 당신의 그 영광스런 모습, 당신은 마하데바의 아들이군요!"

그러면서 두 여인은 크리슈나의 발에 입을 맞추었다. 크샤트리아 계급의 라자 왕들이 말했다.

"성자이시여, 어찌하여 당신은 이 비천한 여인들이 무례한 언사로 당신을 욕되게 하도록 내버려 두시나요?"

크리슈나가 대답했다.

"그들이 마음을 다 털어놓도록 내버려둬라. 그들은 그대들보다 낫도다. 이 여인은 믿음을 가지고 있고 저 여인은 사랑을 가지고 있기 때문이다. 죄에 빠졌던 사라스바티는 나에 대한 믿음으로 이제 구원받았으며, 니슈달리는 그 침묵 속에서도 그대들의 그 소리높은 외침보다는, 진실을 향한 사랑을 더 크게 간직하고 있다. 그대들이 아직 낮은 삶의 그늘에 빠져 있을 때, 마하데바의 태양 안에 살고 있는 나의 눈부신 어머니가 그들에게 영원한 사랑의 신비에 대해 가르쳐주게 되리라."

그날부터 사라스바티와 니슈달리는 크리슈나의 곁에서 크리슈나의 제자들과 함께 그를 따랐다. 그녀들은 크리슈나로부터 영감을 받아 다른 여자들을 가르쳤다.

한편, 칸사는 여전히 마두라를 지배하고 있었다. 그러나 그는 바슈시타를 살해한 이래 언제나 좌불안석이었다. 그 승려의 예언이 실현되었어. 데바키의 아들이 살아 있는 거야! 왕은 그를 보았으며 그의 시선과 마주치는 순간 자신의 기氣와 자신의 왕국이 와해되어 버리는 것을 느꼈다. 그는 젊고, 무서우며 빛나는 영웅이 자기 문 앞에 서 있는 환영에 자주 깜짝깜짝 놀라곤 했다. 한편 니숨바는, 크리슈나로부터 치욕을 당한 이래, 칸사의 힘이 약해지는 것을 아쉬워하며 크리슈나를 없앨 궁리만 하고 있었다. 그녀는 예언자가 된 크리슈나가 갠지스 강가까지 가까이 온 것을 알게 되자, 병사들을 보내 그를 묶어 오게 하자고 왕을 부추겼다. 왕은 그녀의 말을 따랐다.

크리슈나는 병사들이 가까이 오자 웃으며 말했다.

"나는 그대들이 오는 것도, 또 왜 오는지도 알고 있었도다. 나는 기꺼이 그대들을 따라서 그대들의 왕에게 가겠노라. 하지만 그 전에, 나의 왕이신 하늘의 왕에 대해 그대들에게 들려줄 말이 있도다."

그런 후 그는 마하데바에 대해, 그의 찬란함과 그의 발현發顯에 대해 이야기했다. 그의 이야기가 끝나자 병사들은 무기를 크리슈나에게 바치며 말했다.

"저희는 그대를 묶어서 우리들의 왕에게 데려가지 않겠나이다. 저희들은 그대를 따르겠나이다."

그들은 그대로 크리슈나의 곁에 머물렀다. 그 사실을 알게 된 칸사는 더욱 공포에 사로잡혔다. 니숨바가 그에게 말했다.

"왕국에서 가장 뛰어난 자들을 보내요."

그는 그대로 했다. 칸사가 선발한 크샤트리아들은 크리슈나가 설법을 하고 있는 마을로 갔다. 그들은 크리슈나의 이야기에는 절대로 귀를 기울이지 않겠다고 왕에게 약속했고 그러기로 마음먹었다. 하지만 정작 그들이 크리슈나의 눈길과 마주하게 되자, 그에게서 뿜어져 나오는 위엄과, 백성들이 보여주는 그를 향한 존경심에 압도당해 그의 말을 듣지 않을 수 없었다. 크리슈나는 악을 행하는 자의 마음이 그 얼마나 예속 상태에 있으며, 선을 행하는 자의 마음은 그 얼마나 자유로운가에 대해 설법을 하고 있었다. 그 설법을 듣는 순간 크샤트리아들은 한편으로는 매우 놀랐고 한편으로는 커다란 기쁨에 휩싸였다. 그들 스스로 거대하고 무거운 짐으로부터 해방되는 기분을 맛보았던 것이다.

"진실로 그대는 위대한 마술사입니다. 우리는 그대를 쇠사슬에 묶어 왕 앞으로 끌고 가겠다고 맹세를 했습니다. 그런데 그대가 우리들을 사슬로부터 해방시켜 주었으니…."

그들은 칸사에게로 되돌아가 이렇게 말했다.

"우리는 폐하께 그를 끌고 올 수가 없습니다. 그는 진실로 위대한 예언자이니, 폐하는 그를 두려워하실 이유가 조금도 없습니다."

백약이 무효인 것을 알게 된 왕은 경비를 몇 배 더 강화했고 성곽 주변을 온통 쇠사슬로 칭칭 감아놓게 했다. 그런데 어느날 그의 귀에 기쁨과 승리에 찬 커다란 환호성 소리가 도시에서 들려왔다. 경비병들이 그에게 달려와서 말했다.

"크리슈나가 마두라로 들어왔습니다. 백성들이 성문을 부수고 쇠사슬을 꺾었습니다."

칸사는 도망가려 했다. 그런데 경비병들, 바로 그의 경비병들이 그를 왕좌에서 꼼짝 못하도록 앉아 있게 하는 것이 아닌가!

정말로 크리슈나가, 제자들과 수많은 은자승들을 이끌고 마두라로 들어서고 있었다. 깃발을 앞세운 채, 마치 성난 바다 물결 같은 백성들의 한가운데 그가 있었다. 그의 머리 위로는 수없이 많은 종류의 꽃이 비처럼 흩날리고 있었으며 모든 사람들이 환호했다. 사원 앞에는 브라

만들이 성스러운 파초 나무 아래 무리를 지어 서서, 데바키의 아들이
며 뱀을 물리친 이, 메루 산의 영웅, 그러나 무엇보다 비슈누의 예언자
인 크리슈나를 영접했다. 민중과 크샤트리아들의 해방자로서 열렬한
환영을 받으며 크리슈나는 왕과 왕비 앞에 섰다. 그리고는 칸사에게
말했다.

"그대는 폭력과 악덕으로 이 세상을 다스리고 있다. 또한 그대는 수
천번을 죽어 마땅한 것이, 성자 바시슈타를 죽였기 때문이다. 그러나
그대는 아직 죽지 않을 것이다. 내 백성들 앞에서, 승리는 패한 적을
죽임으로써가 아니라 그를 용서함으로써 이룩된다는 것을 증거해 보
이겠노라."

칸사가 말했다.

"사악한 마술사 같으니! 그대는 나의 왕관과 왕국을 빼앗았도다.
자, 나를 죽여라."

"그대는 진정 어리석도다. 그대가 그런 죄악 상태에서 죽는다면, 그
대는 다음 생에서도 똑같이 죄악 속을 헤매이게 될 터인 것을, 반대로
그대가 그대의 범죄, 그대의 광기를 인정하고 뉘우친다면 저세상에서
그대에게 가해질 벌은 가벼워질 것이고, 신들의 중재에 의해 마하데바
는 언젠가 그대를 구원해 주리라."

순간 니숨바가 왕의 귀에 대고 속삭였다.

"어리석은 생각 말아요! 저렇게 오만방자하게 굴고 있을 때 그걸 이
용해 살아야 돼요. 살아 있기만 한다면 복수할 기회가 올 거예요."

크리슈나는 그녀의 소리를 듣지 않고도 무슨 이야기를 하는지 알았
다. 그는 그녀에게 엄하면서도 동정심에 가득찬 눈길을 보냈다.

"아, 불행한 여인이여! 그대는 여전히 그대의 감옥에 갇혀 있구나.
검은 마술사인 그대여, 그대의 가슴 속에는 뱀의 독밖에 남은 것이 없

구나. 그 독을 뽑아내도록 해라. 그렇지 않으면 내 언젠가 그대의 목을 벨 수밖에 없게 될 터… 자, 이제 그대의 왕과 함께 브라만의 비호 아래 그대의 죄를 씻어낼 고해를 하도록 하라."

그 사건이 있은 후, 크리슈나는 백성과 귀족들의 동의를 얻어 그의 제자이며 태양 숭배 왕국의 정통 후계인 아르드주나를 마두라의 왕으로 삼았다. 또한 그는 브라만들에게 최고의 권위를 부여하여 왕들에게 가르침을 내리도록 했다. 그리고 그 자신은 은자승들의 우두머리로 머물렀으며, 은자승들의 집단이 브라만들의 최상급 자문단 역할을 맡았다. 그리고, 그 자문단이 박해받는 것을 피할 수 있도록, 그들과 자신을 위하여 산 한가운데 튼튼한 성곽으로 둘러쳐진 도시를 세우게 했다. 엄선된 사람들만이 거주할 수 있는 그 도시의 이름은 드와르카였으며, 도시 중심에는 수도자들의 사원이 있었고 그 중 가장 중요한 부분은 지하에 감추어져 있었다.

태양을 숭배하는 왕이 마두라의 권좌에 올랐으며, 브라만들이 이제 인도의 주인이 되려 한다는 소식을 접한 달을 숭배하는 왕들은, 마두라의 왕을 물리치기 위해 그들 사이에 강력한 연대 세력을 형성했다. 한편 아르드주나는 자기 주변으로 태양을 숭배하는 모든 왕들을 모이게 했다. 크리슈나는 드와르카 사원에 머물며 그들을 보살폈고 지도했다.

드디어 두 거대한 군대가 마주하게 되어 엄청난 전투가 벌어질 일촉즉발의 순간이 왔다. 그런데 스승을 바로 곁에 모시지 못하고 있는 아르드주나는 마음이 떨렸고 용기가 꺾여 주저하고 있었다. 어느날 아침 동이 틀 무렵 크리슈나는, 그의 제자인 왕의 막사 앞에 나타났다. 그리고 그는 준엄하게 꾸짖듯 말했다.

"그대 왜 전투를 시작하지 않는가? 이 땅을 지배하게 될 자가 태양의 아들인가 달의 아들인가를 결정하게 될 전투를."

"그대가 없이는 전투를 벌일 수가 없사옵니다. 자, 보십시오, 이제 곧 서로를 죽이게 될 저 수많은 군사들의 모습을…."

그들이 자리잡고 있는 언덕 위 막사로부터는 서로 대치한 채 열지어 서 있는 헤아릴 수 없이 많은 군대들의 모습이 한눈에 들어왔다. 부대장들의 금빛 갑옷이 번쩍이고 있었으며 수많은 병사들, 말들과 코끼리들이 전투 신호를 기다리고 있었다.

그 순간, 적군의 왕이 진격을 알리는 고동 나팔을 울리게 했다. 마치 사자가 울부짖는 소리 같았다. 그 소리에, 그 광활한 전장은 말들이 힝힝거리는 소리, 무기들이 서로 부딪치며 내는 소리, 북 소리와 나팔 소리로 온통 뒤덮였다. 아르드주나도 마차에 올라타, 태양의 아들들에게 전투 개시 신호의 나팔을 불어야만 할 순간이었다. 그런데 왕이 동정심에 사로잡힌 듯 기가 죽어 말하는 것이 아닌가!

"저 서로 싸우려는 병사들을 바라보자니 제 사지가 잘려나가는 듯합니다. 입술이 말라오고 몸이 떨려오며 머리털이 곤두서는 듯합니다. 피부가 불붙는 듯하여 정신이 혼미해집니다. 제게는 나쁜 전조만이 보입니다. 그 대량 학살 뒤에 얻는 것이 무엇일까요? 이 왕국의 쾌락, 더 나아가 우리의 생명이 도대체 무엇을 위해 존재하는 것인가요? 우리가 저들을 위하여 이 왕국, 이 기쁨을 지키려 하는데 저들은 자신의 생명, 자신의 재산도 잊은 채 저기 저렇게 싸울 준비를 하고 있습니다. 선생도, 아버지도, 아들도, 할아버지도, 손자도 서로 목을 겨누고 있습니다. 나는 이 땅을 지배하기 위하여 그들을 죽이고픈 생각이 전혀 없습니다. 내 적들을 죽인다고 해서 내가 어떤 기쁨을 맛보게 될까요? 반역자들은 죽겠지만 죄는 다시 우리에게로 떨어질 것입니다."

크리슈나가 말했다.

"그대 어찌하여, 두려움이라는 재난에 사로잡히게 되었는가! 현자에게는 어울리지 않으며, 우리를 하늘로부터 쫓아낼 치욕의 원천이 될 그 두려움에! 그대 연약함을 보이지 마라. 일어서라!"

하지만 아르드주나는 실의에 잠긴 채 조용히 앉아 말했다.

"저는 싸우지 않겠습니다."

그러자, 정령들의 왕인 크리슈나가 가볍게 미소지으며 말했다.

"오 아르드주나여, 그대의 정신이 아직 잠들어 있는 것을 보니 그대를 잠의 왕이라 불러야 하겠도다. 그대의 정신이 잠들고, 그대의 육체가 그대의 영혼을 누르고 있구나. 그대는 눈물 흘려야 하지 않을 자들을 위하여 눈물 흘리고 있으며 그대의 말은 지혜로움을 상실했노라. 현자란 죽은 자를 위해서도 산 자를 위해서도 애도하지 않는 법. 그대와 나 그리고 저 인간들 모두 언제나 존재해 왔으며 다가올 미래에도 그치지 않고 계속 존재하게 되리니… 영혼이 지금의 육체 속에서 유년기·청년기·노년기를 겪듯이, 다른 육체 안에서도 똑같은 과정을 겪게 될 것. 그러니 분별 있는 인간은 그로 인해 괴롭힘을 당하지 않는다. 자, 태양의 아들아, 고통과 기쁨을 똑같은 영혼으로 받아들이도록 하라. 그에 도달치 못하는 자는 불멸을 얻지 못하리라. 본질을 보는 자는 영혼과 육체를 지배하고 있는 영원한 진실을 본다. 그러니 그대여, 온갖 사물들을 관통하는 것, 그것은 파괴 위에 존재하고 있음을 알라. 그 누구도 그 무진장한 존재를 파괴할 수는 없는 것이니라. 그대도 알다시피 육체는 지속하지 못한다. 그러나 견자들은 육체에 깃든 영혼이 영원하며, 파괴되지 않는다는 것을 알고 있다. 그러니 태양의 후손이여, 나가 싸우라. 영혼이 죽거나 죽일 수 있다고 믿는 자여, 모두 어리석도다. 영혼은 죽이지도 죽지도 않는다. 영혼은 죽지도 태어나지도 않으니, 영원한 그 속의 존재를 잃지 않는 것이다. 마치 사람이 헌 옷을 벗고 새 옷으로 갈아입듯이 육체에 깃들 영혼은, 단지 하나의 몸을 버리고 새로운 몸을 찾을 뿐이다. 검은 영혼을 베지 못하고 불길도 태우지 못하며 물도 적시지 못하고 바람도 말리지 못한다. 영혼은 침투 불가능하고 연소 불가능하다.

그러니, 그대 아르드주나여, 탄생과 죽음에 대하여 괘념치 말라. 태어나는 자에게는 필연코 죽음이 있으며 죽는 자에게는 재생이 있음이로다. 아르드주나여, 혼들리지 말고 뒷걸음치지 말고 그대의 의무를 바라보아라. 크샤트리아에게, 정의로운 싸움보다 더 나은 것은 없음이리니, 하늘을 향하여 열린 문 앞에서 싸움을 맞은 전사들이여 복되도다!

그대가 만일 이 정의로운 싸움에서 물러선다면 그대는 그대의 의무와 명예를 저버린 채 죄악 속에 빠지리라! 모두들 그대의 비열함에 대해 영원히 말할 것인즉, 명예로운 자에게 비열함은 죽음보다도 나쁜 것이니라."

스승의 말을 듣고 아르드주나는 부끄러움에 사로잡혔다. 그리고 그의 고귀한 피가 용맹스럽게 다시 끓어오르는 것을 느꼈다. 그는 마차 위로 뛰어오르더니 전투 개시 명령을 내렸다. 그러자 크리슈나는 제자에게 작별을 고하고는 전장을 떠났다. 그는 태양의 아들들의 승리를 확신했던 것이다.

그렇지만 크리슈나는 자신의 종교를 패배자들이 받아들일 수 있게 하기 위해서는 무력에 의한 승리보다 더 어려운 마지막 승리가 하나 남아 있음을 알고 있었다. 크리슈나에게 최고의 진리를 보여주기 위해 성자 바시슈타가 가슴에 화살을 맞고 죽었듯이, 제자들과 백성들에게 전파하고 있는 신앙을 적대자들의 가슴에도 스며들게 하기 위해서는 적들의 무기 아래에서 기꺼이 죽음을 맞이해야만 했다.

그는 마두라의 옛 왕이 속죄의 고행길에 들어선 것이 아니라 장인인 뱀의 왕 칼라예니에게 몸을 의탁하고 있다는 것을 알고 있었다. 니숨바의 부추김을 받아 칸사의 증오심은 날이 갈수록 더해 갔고, 언제나 크리슈나에게 밀정을 붙여놓아 그를 해칠 적당한 때를 노리고 있었다. 크리슈나는 이제 자신이 임무를 다했으며 그 임무를 최후로 완수하기 위해서는 최후의 희생이라는 표시만이 필요함을 알았다. 따라서 그는 적들에게 고의로 노출되어 그들을 현혹했다. 그가 자신을 보호하고 있는 신비스러운 기운을 거두어들이면, 오랫동안 노려왔던 적들의 기습이 행해지리라는 것을 알고 있었던 것이다. 하지만 데바키의 아들은 사람들로부터 멀리 떨어져, 히마바트의 고독 속에서 죽음을 맞이하고 싶었다. 그곳에서 그는 그의 빛나는 어머니와 성자 바시슈타와, 마하데바의 태양을 더 가까이 느낄 수 있을 것이었다.

크리슈나는 히마바트 산들 아래, 황량하고 외딴 곳에 위치한 오두막을 향해 떠났다. 제자들 그 누구도 그의 속마음을 알지 못했다. 단지 사라스바티와 니슈달리가 그의 눈 속에서 그의 계획을 읽었다. 여인만이 지니는 사랑 속에 깃들어 있는 예견의 능력 덕분이었다. 그가 죽으러 간다는 것을 알자 사라스바티는 그의 발치에 몸을 던지더니 입맞추며 소리쳤다.

"주인이시여! 우리를 떠나지 마옵소서."

하지만 니슈달리는 그를 바라보며 조용히 말할 뿐이었다.

"저는 그대가 어디로 가는지 알고 있습니다. 우리가 그대를 진정으로 사랑한 것이라면, 그대를 따를 수 있게 해주소서."

크리슈나가 대답했다.

"나의 하늘에서 사랑에 관한 일을 받아들이지 않을 리가 없도다. 자, 오거라."

기나긴 여행 끝에 예언자와 성녀들은 바위산 위 헐벗은 삼나무 주변에 운집해 있는 통나무 집들에 이르렀다. 한쪽 편으로는 히마바트의 눈 덮인 봉우리가 있었으며 다른 편으로는 깊은 산들이 미궁처럼 얽혀 있었다. 그리고 멀리 황금빛 안개 속에서 꿈에 잠긴 듯한 대평원 오두막들에는 누더기 옷을 입고 머리털은 뒤엉켜 있으며, 텁수룩한 수염에 먼지와 진흙 범벅의 고행자들이 살고 있었다. 햇빛과 바람에 사지가 말라붙은 그들은 속죄의 삶을 살고 있는 것이었다. 이 슬프고 처절한 광경에 사라스바티는 소리쳤다.

"주여, 땅은 멀고 하늘은 말이 없나이다. 왜 그대는 신으로부터도, 인간으로부터도 버림받은 이 황야로 우리를 데리고 오셨나요?"

크리슈나가 대답했다.

"기도하라. 땅이 그대에게 가까이 오고, 하늘이 입을 열게 하고 싶거든 기도하라."

"하늘은 언제나 그대와 함께 있었습니다. 헌데 어찌하여 하늘이 말 없이 우리로부터 떠나려 하는 것이옵니까?"

니슈달리가 물었다.

"이 세상이 하늘의 말씀을 믿게 하려면, 마하데바의 아들이 화살에 맞아 죽어야 하느니라."

"저희에게 그 신비를 설명해 주십시오."

"그대들은 내가 죽은 후에 그것을 이해하게 되리라. 기도하자."

7일 동안 그들은 목욕 재계하고 기도를 했다. 가끔 크리슈나의 얼굴이 변하여 빛을 발하는 듯했다. 7일째 되는 날 해질 무렵에 두 여인은 궁사弓士들이 오두막을 향해 올라오는 것을 보았다. 사라스바티가 말했다.

"저기 칸사가 보낸 병사들이 당신을 찾아오고 있어요. 주인이여, 방비를 하세요."

하지만 크리슈나는 삼나무 옆에 무릎을 꿇은 채 기도를 멈추지 않았다. 궁사들이 다가와 여인들과 고행자들을 바라보았다. 그런 후 무아지경에 빠져 있는 성자의 얼굴을 보더니 멈칫하여 서버렸다. 처음에 그들은 성자에게 말을 건네어 그를 무아지경에서 빠져나오도록 했다. 그들은 좀더 대담해지자 욕설을 퍼붓고 돌을 던졌다. 그러나 어떤 짓을 해도 그를 요지부동의 상태로부터 나오게 할 수 없었다. 그러자 그들은 크리슈나에게로 달려들어 그를 삼나무 기둥에 묶었다. 그런 후 그들은 그로부터 멀찍이 떨어져 서로 서로를 격려하며 화살을 쏘았다.

첫 번째 화살이 관통하자 피가 솟구쳤고 크리슈나가 소리쳤다.

"바시슈타여, 태양의 아들들이 승리했나이다."

두 번째 화살이 그의 살 위에서 떨리자 그가 말했다.

"나의 눈부신 어머니시여, 나를 사랑하는 저들이 나와 함께 그대의 빛 속으로 들어갈 수 있게 해주소서."

세 번째 화살을 맞고 그는 "마하데바여"라고만 말했다. 그런 후 브라마의 이름과 함께 숨을 거두었다.

해가 졌다. 큰 바람이 불었고 히마바트로부터 눈보라가 몰려와 땅을 덮쳤다. 거기에 하늘이 있었다. 검은 회오리바람이 불어와 산을 쓸어버렸다. 자신들이 저지른 짓에 질려버린 살인자들은 도망을 쳤고 놀라움에 얼어붙은 두 여인은 넋이 나간 채 땅 위에 나동그라졌다.

크리슈나의 육신은 제자들에 의해 성스런 도시인 드와르카에서 화장되었다. 사라스바티와 니슈달리가 주인과 함께 하기 위해 장작불에 몸을 던졌으며, 거기 모인 사람들은, 그때 마하데바의 아들의 빛나는 몸이, 두 명의 여인을 이끌고 불꽃을 빠져나가는 모습을 보았다고 생각했다.

그후 인도 대부분의 지역이 비슈누 신을 받아들였고, 브라마의 종교 내에서 태양 숭배와 달 숭배가 화해를 했다.

8. 크리슈나가 뿌린 빛

　이상이 전설 속에 흩어져 있는 크리슈나의 생애를 체계적으로 정리해 본 것이다.

　크리슈나의 전설은 브라만교의 기원에 대해 생생한 빛을 던져준다. 크리슈나라는 인물에 대한 신화의 뒷편에 실제의 인물이 겹쳐 있다는 것을 실증적으로 증명해 낸다는 것은 확실히 불가능하다. 동양 종교들의 발생기를 가리고 있는 베일이 인도에서는 더욱 두텁기 때문이다. 힌두교 사회의 절대적 지배자들인 브라만들은 종교적 전통의 유일한 담지자로서, 시대의 흐름에 따라 그 전통을 변형시키고 가다듬었던 것이다. 하지만 그러한 변형을 겪어왔다 할지라도 그 기본 핵심은 세월이 흘러도 결코 움직이지 않았다. 그러니 대다수 유럽의 지식인들이 생각하듯이, 크리슈나의 전설을, 태양 신화에 덧붙여진 보조 이야기라던가, 모든 것을 꿰맞추기 위해 창조된 인물의 이야기라고 우리는 생각할 수 없다. 그런 식으로는 위대한 철학, 놀랄 만한 이야기들을 낳으며 수천 년간을 이어온 종교가 생겨날 수 없다. 그리고 불교의 가공할 공격과, 몽고의 침입과 마호메트교의 유입을 겪고서, 또한 영국에게 정복당하고도 그 종교의 근원적 힘이 불멸로 남아 있을 수 없다.

　여기서 잠깐 불교의 이야기를 해보기로 하자. 석가모니의 위대함은 그의 숭고한 자비심에 있으며, 굳어져 있는 사회 계급 제도를 뒤엎은 정신적·사회적 개혁에 있다. 부처는 그런 의미에서, 프로테스탄트가 구교에 대해 행했던 것과 마찬가지로 노쇠해진 브라만교를 쇄신하려고 노력했다. 그러나 그는 브라만의 비교주의에 대항해 새로운 교리를 내세우지는 않았다. 위대한 선각자들을 다룬 이 책에서 석가모니의 이름이 빠진 것은 그의 깨달음이 다른 선각자들에게 못 미친다거나 그의 교리가 위대한 종교의 진리를 보여주지 않기 때문이 아니라, 그가 전혀 새로운 종교적 인식의 창안자로 보이지 않는다는 이유 때문이다. 그의 가르침은 크리슈나의 가르침의 연장선상에 있으며, 그만큼 위대하기도 하다. 낡은 브라만교를 개혁하려는 의지로서 그도 위대한 종교의 창시자가 된 것이다.

그렇다, 위대한 종교가 설립되기까지의 뒷편에는 언제나 위대한 인물이 있었다. 서사시적·종교적 전통에서 크리슈나라는 인물이 차지하고 있는 주도적 역할, 한편으로는 살아 있는 인간으로서 다른 한편으로는 현현한 신, 혹은 비슈누와 동일시되는 존재로서 그가 맡았던 주도적 역할을 고려할 때, 우리는 그가 비슈누 숭배 종교의 창시자이며 브라만교에 영광을 주었던 인물이라고 믿지 않을 수 없다. 따라서, 자연주의적이고 정념에 의존하는 신앙의 범람이 원시 인도 사회에 초래한 종교적이고 사회적인 혼란 속에서, 한 빛나는 인물이 나타나 삼위 일체에 대한 믿음, 신의 말씀의 발현에 대한 새로운 해석을 가하고, 자신의 목숨을 희생하여 하나의 인장을 찍음으로써 인도에 종교적 영혼을 가져다주었고 인도라는 국가를 형성하게 했다고 보는 것이 타당할 것이다.

크리슈나의 교리가, 종교와 비교秘教 철학의 근간을 이루는 두 원칙, 모든 종교의 젖줄이 되는 두 개념을 포함하고 있다는 사실을 알게 되면 크리슈나의 위대함과 중요성은 더욱 크게 부각된다. 그 두 개념이란, 영혼이 불멸하며 재생을 통하여 다시 생명체로 나타난다는 개념과 신의 삼위 일체가 인간 속에 일치되어 내재한다는 개념이다. 바로 그 개념이 모든 종교의 원천이며 학문·예술, 그리고 우리 삶의 모든 영역 속에서 하나의 생명체로 작용하고 있는 것이다.

신이, 절대적 정의가, 무한한 미와 선이 의식적 인간 속에 나타나 사랑과 희생의 힘을 통해 하늘까지 용솟음친다는 생각은, 그 무엇보다 풍요로운 그 생각은 크리슈나에게서 처음 나타난 생각이다. 그 생각은 인류가 점점 더 물질적인 것에 대한 숭배에 빠져들게 되는 순간에 나타나 크리슈나라는 인물 속에 구현되었다. 크리슈나는 지상에 구현되는 신성성이 우리의 내부에 들어 있음을 일깨웠다.

크리슈나 이후에 아시아와 아프리카 그리고 유럽 전역에 걸쳐서, 크리슈나가 전한 태양의 말씀은 그 빛을 한껏 발했다. 페르시아에서는 빛의 신 오르무즈드와 어둠의 신인 아리만을 손잡게 한 미트라스가 있었으며, 이집트에는 오시리스와 이시스의 아들인 호루스가 있었다. 그리스에서는 태양과 리라그리스의 현악기의 신인 아폴론이 그러하며 영혼을 소생시키는 신인 디오니소스가 그러하다. 그 모두에게서 태양신은 어둠을 물리치는 신이 아니라 중개를 맺어주는 신이다. 바로 거기서 메시아에 대한 기다림이 솟아나는 것이 아닐까? 그리고 바로 거기에 모든 종교들을 한데 묶어서 생각해 볼 수 있는 문제의 핵심이 있는 것이 아닐까?

인도와 이집트와 그리스와 유태의 위대한 종교들을 바깥에서만 바라본다면 우리 눈에는 부조화, 미신, 혼란만이 느껴질 뿐이다. 그러나 그 상징을 파고들어가 신비에 대해 질문하고 그 창시자와 예언자들의 교리를 직접 탐사해 보라. 그러면 그 종교들 간의 놀라운 조화가 나타날 것이다. 다양한 길, 때로는 꾸불꾸불한 길을 통해서 우리는 같은 지점에 도달하게 될 것이니, 그때 여러 종교들 중 하나의 비법을 터득하

는 일은 곧 다른 모든 종교들의 비법을 터득하는 것과 다름없이 되는
것이다.

　각각의 종교는 여러 행성들과 같다. 그 각각에 의해 하늘의 환경도
바뀌고 움직임도 바뀐다. 그러나 하늘에는 언제나 우리를 비추는 똑같
은 태양이 있다. 거대한 꿈의 대륙 인도는 우리를 영원에 대한 꿈으로
이끈다. 장엄한 이집트는 우리를 사후 세계의 여행으로 초대한다. 매
혹스런 그리스는 우리를 삶에 대한 마술적 축제로 이끌어 때로는 매혹
스럽게 때로는 으스스하게 변모하는 그 삶의 형태에 우리를 매혹당하
게 한다. 끝으로 피타고라스가 신비주의의 교리를 가장 완벽한 표현으
로, 가장 굳건하게 정형화한다. 그리고 플라톤과 알렉산드리아 학파들
은 그 교리를 대중화한다. 우리는 이제까지, 갠지스 강가의 정글과 히
말라야 산맥의 고독 속을 더듬어 그 원천까지 올라가 본 셈이다. 근원
에서 빛나고 있는 온갖 종교들의 빛을 찾아….

제3장

헤르메스
이집트의 신비

오 눈먼 영혼이여! 신비의 횃불을 준비하라. 그리하여 지상의 어둠 속에서 빛나는 너의 다른 존재, 너와 천상의 영혼을 발견하라. 신성의 안내를 좇아 그가 너의 정령이 되게 하라. 그가 네 존재의 과거와 미래의 열쇠를 갖고 있으니!

—깨달음에의 부름, 『사자死者의 서書』

네 자신에게 귀를 기울이고 무한 시공을 바라보라. 거기서 천체의 노랫소리, 수數의 목소리, 천구의 조화가 울려퍼지노니.

각각의 태양은 신의 생각이며 각각의 행성은 그 생각이 드러난 모습이다. 오 영혼이여, 그대가 일곱 행성의 길과 일곱 하늘의 길을 고통스럽게 오르내림은 신의 생각을 알기 위함이 아니었는가.

천체는 무엇을 하는가? 수들은 무엇을 말하는가? 천구는 무엇을 굴리는가? 오, 길을 잃고 헤매이는, 혹은 구원받은 영혼이여! 그들은 말하고 노래하고 굴리도다. 바로 그대, 영혼의 운명을!

—단장斷章, 『헤르메스』

1. 스핑크스

독재 군주에 시달리고 있는 암흑의 나라 바빌론과 마주하고 있는 이집트는 고대 세계에서 신성의 이치가 진정으로 살아 숨쉬는 곳이었으며, 이름 높은 성자·예언자들이 빛을 발하는 곳이자 인류의 가장 드높은 전통들이 고스란히 남아 있는 무대였다. 거대한 탐사와 놀랄 만한 연구들 덕분에 이제 이집트는, 그리스에 앞서 존재했던 문명들 중에서 우리에게 가장 잘 알려진 문명이 되었다. 그 탐사와 연구 결과 거대한 돌 문화 유산에 쓰여진 이집트의 신비스러운 역사에 우리가 쉽게 접근할 수 있게 된 것이다. 이제 우리는 그 기념물들에 숨어 있던 신비를 밝혀내고 그 수수께끼와 같은 상형문자를 해독할 수 있게 되었다.

하지만 이집트의 가장 깊은 신비의 영역은 아직 우리에게 탐사의 대상으로 남아 있다. 그것은 바로 이집트의 성직자들이 그들끼리 닦고, 전수하고, 간직해 온 신비스런 교리들이다. 그 교리들은 단번에 이집트 영혼에 가 닿을 수 있는 길을 우리에게 열어 보여줄 뿐 아니라, 이집트 정치의 비밀, 인류의 역사에서 이집트가 담당했던 역할들을 알 수 있게 해준다.

우리들은 이집트의 파라오왕를 떠올릴 때, 바빌론의 저 독재적인 군주와 비슷한 모습을 머릿속에 그린다. 이집트는 앗시리아처럼, 절대군주의 세상이었으며 다른 문명의 정복자였을 뿐, 바빌론이나 앗시리아와 다른 점이라곤 그들보다 몇천 년 더 오래 지속된 문명이었다는 것

뿐이라고 생각한다. 하지만 이집트에는 여타 문명과는 전혀 다른 중요한 특성이 있었다.

앗시리아에서는 왕권이 성직자의 권한을 하나의 도구로 삼아 손아귀에 넣고 휘둘렀다면 이집트에서는 성직자가 왕을 인도했다. 제 아무리 나쁜 시대였다 할지라도 성직자의 권한이 박탈당한 경우는 없었으며 성직자는 왕 위에 군림하면서 독재자를 추방하고 나라를 이끌었다. 이집트는 다른 국가에서는 그 유래를 찾아볼 수 없을 정도의 드높은 정신, 심오하고 신비스러운 지혜에 의해 인도돼 왔던 것이다.

고대 아리안 시대부터 아리안족이 베다 시대를 거쳐 페르시아를 정복할 때까지 대략 5,000년 이상 동안, 이집트는 순수하고 드높은 신비주의 교리가 살아 숨쉬는 요새였다. 그 긴 역사가 굽이치는 동안 50여 개의 왕조가 이어졌으며 나일 강이 수도 없이 범람하여 도시 전체를 휩쓸어갔지만, 또한 페니키아인들에게 정복을 당했던 적도 있었지만, 그 역사의 소용돌이 속에서도 이집트는 신비주의 신학의 원초적 바탕과 그에 입각한 성직 제도를 온전히 간직하고 있었다. 이집트의 높은 정신, 높은 영혼은 마치 기제의 파라미드가 반쯤 모래에 파묻힌 채 온전하게 제 모습을 지켜낸 것처럼 세기의 흐름을 견디어냈다.

자신의 비밀을 간직한 채 꼼짝 않고 있는 저 스핑크스, 세월의 풍화에 저항하는 저 불멸성으로 인해 이집트는 인류의 종교 사상들의 중심축이 되었다. 이집트는 유태 문명의, 그리스 문명의, 에트루리아 문명의, 그리고 그 외 여러 다양한 문명의 영혼의 초석이었던 것이다. 모세와 그리스의 오르페우스는 대립되는 커다란 두 종교를 창조했다. 모세는 엄격한 유일신 사상을 전파했던 것이다. 하지만 그 두 종교를 낳은 원형적 틀은 어디에 있었을까? 어떻게 모세는 반야만 상태의 백성들을, 마치 용광로에서 청동을 녹여 형상을 만들 듯이 새로운 인간들로 만들겠다는 힘과 에너지와 대담성을 가질 수 있었을까? 또한 오디세이는 어떻게 반야만 상태의 영혼들 앞에서 신들이 마치 감미로운 음악을 연주하듯 매혹적인 이야기를 건넬 수 있게 만들었을까? 바로 오시리스이집트의 태양신의 사원들과 고대 테바고대 이집트 남부 지방(신성의 이치와 통과 제의의 비밀을 종합하고 있는 신성의 도시로 여겨진다) 안에서인 것이다.

매년 하지 때면, 하늘이 무너지듯 비가 억수같이 쏟아져내려, 나일 강은 성경에서 전하듯 붉은 핏빛으로 그 색을 바꾸었다. 그렇게 불어난 강물은 추분 때까지 그 양이 줄어들지 않았고 그 물결 속에 강둑까지 묻혀버렸다. 내리쬐는 태양 아래 화강암으로 이루어진 높은 고원에 우뚝 선 채, 바위로 깎아 지은 신전들, 묘지들, 신전의 탑문, 피라미드들은 바다로 변해 버린 나일 강이 싣고 나른, 이제는 폐허가 되어버린 그들의 장엄한 문명을 굽어보고 반영하고 있는 것이다. 신전들, 지하 납골당들, 피라미드들 안에 세월의 흐름에도 손상되지 않은 채, 이집트의 신비는 그렇게 위대한 종교의 젖줄로서 그 빛을 숨기고 있는 것이다.

우리는 고대 이집트의 통과 제의의 비밀스런 길을 뒤따르면서, 그 성소聖所에서 빛나고 있는 신비스런 태양빛을 이제 되살려볼 작정이고, 우리 스스로가 되살아볼 예정이다. 세월의 풍차 너머에 있는 신비주의의 직관을 따라….

하지만 그 신전으로 들어서기 전에, 힉소스 왕 시대가 오기에 앞서 이집트 문명이 어떻게 형성되었는가를 아주 간략하게 살펴보기로 하자.

이집트 최초의 문명은 홍인종 시대로까지 거슬러 올라간다. 기제의 커다란 피라미드 옆에 있는 장대한 스핑크스는 그 문명의 산물이다. 나일 강의 삼각주델타(나일 강의 범람으로 후에 형성되었다)가 아직 존재하지 않았을 때부터, 이 상징적인 동물은 화강암 언덕에 구부리고 앉아, 발 밑에 부서지는 파도를(지금은 사막이 되어버렸지만) 바라보고 있었던 것이다. 그리고 곧, 이집트 최초의 창조물인 스핑크스는 이집트의 주요한 상징이 되었다. 고대의 성직자가, 신비스러운 가운데 평온하기도 하고 때로는 무섭기도 한 자연의 이미지로서 스핑크스를 조각했다. 머리는 인간이요 몸은 황소에, 사자 발톱과 독수리의 날개를 가진 그 형상! 그것은 지상의 이시스이집트의 대지의 여신. 오시리스와 짝을 이룬다요, 이시스의 지배하에 통일성을 이룬 채 살아 있는 자연이었다. 한편 황소와 사자와 독수리와 인간 형상의 혼합 속에는 구약의 선지자인 에스겔이 보았던 네 동물이 들어 있는 셈이며, 그것은 곧 대우주와 소우주를 구성하는 4원소, 즉 물·대지·공기·불을 나타낸다. 이 4원소는 신비의 과학에서 토대를 이루는 것이다. 바로 그 때문에, 후세에 선각자들이 신전 앞에, 혹은 묘지들 앞에 쭈그려 앉은 이 신성스런 동물을 발견했을 때, 그들은 자신들 안에서 우주의 신비가 되살아나는 듯 느꼈고, 말 없는 가운데 그들 내면의 진리를 향해 정신의 나래짓을 하게 되었던 것이다. 그들은 오이디푸스 이전에, 그 스핑크스의 수수께끼 단어가 바로 인간, 자연의 온갖 요소와 온갖 힘들을 그 안에 압축하고 있는 소우주이며 신의 대리자인 인간임을 알았던 것이다.

　홍인종들은 기제의 스핑크스만으로 그들 문명의 흔적을 남겼지만, 인간 존재가 직면하고 있는 중대한 문제에 대해 그들이 남긴 답은 바로 스핑크스가 지금까지 들려주고 있는 것이다.

2. 헤르메스

　홍인종의 뒤를 이은 흑인종은 북부 이집트를 그들 세력의 본거지로
삼았다. 이집트 최초의 종교적·정신적 지도자인 헤르메스-토트라는
이름은, 아리안족 시대가 오기 훨씬 이전, 에티오피아와 북이집트 지
역에서 흑인종과 백인종이 평화롭게 뒤섞이게 되던 시기까지 거슬러
올라간다. 헤르메스는 마누나 부처처럼 한 개인을 가리킨다기보다는
총체적인 명칭이다. 그 이름은 인간, 카스트, 신을 동시에 지칭한다.
인간으로서 헤르메스는 이집트 최초의 위대한 정신적 지도자이다. 카
스트로서의 헤르메스는 신비의 전통을 간수하고 있는 성직자 계급이
다. 신으로서의 헤르메스는 수성메르쿠리우스으로서 정신의 영역, 신성
의 지도자이다. 한마디로 표현한다면 헤르메스는 천상에의 입문 과정
에서 내세의 영역을 관장하고 있다.
　이 세상을 정신 세계의 관점에서 살펴보면 세상의 모든 만물들은
마치 보이지 않는 실 같은 비밀스런 연관 관계에 의해 맺어져 있다. 헤
르메스의 이름은 바로 그 원칙, 다양해 보이고 이질적으로 보이는 만
물을 연결시켜 주는 부적이며 그 연결 관계를 떠올리는 마술이다. 바
로 거기에서 헤르메스의 위력 있는 힘이 나오게 된다. 그리스 신화에
서 헤르메스가 상업·학술의 신이면서 인간과 신을 연결하는 전령이
기도 함을 상기하자. 이집트인들의 제자격이라 할 수 있는 그리스인들
은 헤르메스를 세 배나 위대한 헤르메스라는 뜻의 '헤르메스 트리스메

지스트'라고 불렀는데 그것은 헤르메스가 왕인 동시에 입법자, 그리고 사제로 간주되었기 때문이다. 따라서 헤르메스라는 이름으로 대표되는 시대는 성직권·행정권과 왕권이 분리되지 않고, 한 명의 지배자가 그 모두를 동시에 행사하는 시대를 뜻한다. 이집트의 신비주의 역사는 그 시대를 신들이 지배하던 시대라고 일컫는다.

그 당시에는 아직 파피루스도 표음문자도 존재하지 않았다. 그러나 신성을 표시하는 상형문자는 이미 존재하고 있어, 그 상형문자로 지하 무덤의 벽이나 기둥에 신성의 이치를 새겨놓았다. 또한 이집트인들은 헤르메스에 관한 42권의 책을 후에 써서 남겨놓아 이집트 신비주의의 이치를 파악하는 데 중요한 열쇠를 제공해 준다. 한편 헤르메스 트리스메지스트라는 이름으로 그리스인들이 저술한 책은, 상당 부분이 원래의 뜻을 훼손하긴 했지만 고대 신통계보학의 정수를 우리에게 정확히 전해 준다. 모세와 오르페우스가 이어받은 "태초에 빛이 있으라"라는 전언도 헤르메스로부터 온 것이다. 이집트 신비주의의 정상에는 '말씀으로서의 빛'이라는 교리가 헤르메스라는 이름으로 빛나고 있는 것이다.

우리는 이제부터 어두운 성소聖所에서 피어난, 위대한 종교들의 비법 속에서 그 빛을 발하고 있는 이 신비스런 교리를 밝혀보게 될 것이다. 고대인의 지혜 속에 각인되어 있는 헤르메스의 발언들은 그 길에 들어선 우리에게 좋은 안내자 구실을 한다. 헤르메스는 그의 제자 아스클레파오스에게 이렇게 말했다.

"우리들의 사고로는 신을 떠올릴 수 없으며 우리의 어떠한 언어로도 신을 규정할 수 없다. 육체도 없고 보이지도 않으며 형체도 없는 존재가 우리의 감각에 의해 포착될 수는 없다. 영원한 존재를 시간이라는 짧은 척도로 잴 수는 없다. 따라서 신은 이루 말할 수 없는 존재인 것이다. 신이 소수의 선택받은 자와 소통을 해서, 이 자연의 사물 너머로 고양될 수 있게 해주고, 절대적 완성의 빛을 어느 정도 감지할 수 있게 해준다는 것은 사실이다. 그러나 그 선택받은 자조차도 그를 그토록 전율케 했던 신성의 존재를, 그 비물질적 존재를 우리 일상의 언어로 옮겨 표현하는 일은 불가능하다. 그는 인류에게, 전 우주적 삶의 이미지로서 그들 눈앞에서 일어나고 있는, 창조의 2차적 원인에 대해 설명을 해줄 수는 있겠지만, 최초의 원인은 여전히 베일에 싸여 있으며 우리는 죽음을 겪음으로써만 그것을 이해할 수 있게 될 것이다."

헤르메스. 그는 온갖 사물의 총체를 보았다.

헤르메스는 지하 묘지의 입구에서 신에 대하여 그렇게 말하고 있다. 그와 함께 그 깊은 지하 묘지, 그 죽음의 세계로 들어간 제자들만이, 신을 살아 있는 존재로서 알 수 있게 되는 것이다. 또한 고대 이집트의 책은, 헤르메스의 죽음을 신神의 출발처럼 묘사하고 있다.

"헤르메스는 온갖 사물들의 총체를 보았다. 보고 나서 그는 이해했고 이해하고 나서 표현하고 드러낼 힘을 얻었다. 생각한 것을 그는 썼다. 그리고 그는 자신이 쓴 것의 대부분을 감추면서, 말을 함과 동시에 지혜롭게 침묵했다. 그리하여 미래에 다가올 전 세기 동안 그것을 찾고 구하게 했다. 그후 그의 형제 신들에게 자신과 동행할 것을 명한 후, 별들의 세계로 올라갔다."

우리는 각 민족의 정치사를 엄밀하게 분리할 수 있다. 하지만 종교의 역사는 각기 서로 떼어놓고 살펴볼 수 없다. 앗시리아와 이집트 그리고 유태와 그리스의 종교를 제대로 이해하려면 고대의 인도-아리안 종교와의 연관하에서 살펴보아야만 한다. 따로따로 놓고 살펴보면 각각의 종교에는 수많은 수수께끼와 이해할 수 없는 부분들이 많다. 그러나 조금 높은 데서 그 종교들을 총체적으로 살펴보면, 그것들은 종교의 변천·전개 과정을 일관성 있게 보여주며, 서로 서로를 이해하는 데 각각의 종교가 제 몫들을 담당하고 있다. 한마디로 개별적인 종교사라는 것은 언제나 편협할 수밖에 없고 오류를 범할 수밖에 없으며, 인류 전체의 관점에서 바라볼 때라야 종교의 참모습이 드러날 수 있는 것이다.

그런데, 아주 독립적이고 외부의 영향에 대해 비교적 단단히 닫혀 있던 이집트 민족들조차도 이런 보편적이고 절대적인 법칙으로부터 벗어날 수는 없었다. 기원전 5,000년 전부터, 이란에서 그 빛을 발했던 라마의 종교적 영향력은 이집트에까지 미쳤고, 그는 테베의 태양신 위치에까지 오르게 된다. 또한 라마의 영향력 아래 이집트에서는 많은 개혁이 있게 되는데, 메네스 왕이 바로 그 개혁의 첫번째 주도자였다. 그의 개혁하에 새로운 사회 조직이 탄생하게 되는데, 그 조직에서는 성직자들을 중심으로 한 두 고문단이 존재한다. 첫 번째 고문단은 종교적 교육을 담당했고, 두 번째 고문단은 사법을 관할했으며, 왕권은 성직자로 이루어진 첫 번째 고문단의 인정을 받아야 하고 그에 종속된다. 또한 사회의 근본이 되는 지방 도시 국가들은 나름대로의 독립성을 갖게 된다. 이른바 선지자들의 정부라 일컬을 만한 정부였던 것이다. 그러한 정부 제도에서 핵심 구실을 했던 것은, 오시리스의 이름하에 종합되었던 종교적 원리였다. 피라미드는 바로 그런 사회 조직, 종교 원리의 상징이며, 그런 원리의 수학적 건조물이다. 그러니 사원으로부터 왕명을 부여받는 파라오들은 동시에 성직자로서의 임무와 왕으로서의 임무를 수행하게 되었으니, 왕좌에 앉아 피비린내 나는 무력만 휘둘렀던 앗시리아의 왕들과는 전혀 다른 존재들이었던 것이다.

파라오들은 왕관을 쓴 선지자들이었거나, 최소한 선지자로서의 수행에 들어간 입문자였다. 수세기에 걸쳐 이집트의 파라오들은, 전제 국가가 되어버린 아시아와 무정부 상태에 빠진 유럽에 대항해서 정의의 수호자, 진리의 수호자가 되어 인간의 땅이자 신의 땅을 일구어왔던 것이다.

예수가 태어나기 2,000년 전 무렵에 이집트는 한 민족이 겪을 수 있는 가장 고통스러운 위기를 겪게 된다. 외족이 침입하여 반정복 상태에 놓이게 되었던 것이다.

아시아의 종교가 분열을 맞게 된 후, 그 여파로 페니키아인들이 이집트를 침범하게 되며, 그 침입은 성직자들의 지도에 순종하던 일반 대중들의 마음을 선동하여 사원들 간에 갈등과 반목이 일어나는 계기가 된다. 힉소스라 불리우는 유목왕들이 몰고 온 페니키아 세력은 델타 지역과 중부 이집트까지 침입하여, 이교도적인 타락과 성적·도덕적인 타락, 거친 우상 숭배의 물결로 이집트를 뒤덮었다. 이집트 국가의 존속이 위태롭게 되었고 드높은 정신성이 훼손될 위기에 놓였으며 범인류적 사랑에 입각한 종교가 위협을 받았다.

하지만 그들에게는 다행히 삶의 영혼이 있었으니, 바로 헤르메스의 높은 정신적 유산을 이어받아 간직해 오고 있던 선지자들의 단체 조직이었다. 그 영혼이 어떻게 하였을까?

그들은 그들의 깊숙한 성소聖所로 물러나, 적에게 가장 효과적으로 대항하기 위해 한데 뭉쳤다. 겉으로 보기에 성직자들은 외부의 침입에 굴복하여 그 들소 숭배의 신앙을 몰고 온 목동들의 강요를 받아들인 듯했다. 하지만 사원 안에 숨은 채 그들은 이전의 조직을 그대로 운용했다. 그러면서 그들의 전통, 본래의 순수한 종교를 지켜나갔고 아울러 이집트 왕조의 주권 회복을 향한 꿈을 키워나갔다. 바로 그 시기가 성직자들이 대중에게 오시리스와 이시스의 전설을 널리 전파했던 시기이기도 하다. 그 전설과 함께, 오시리스는 사지가 절단된 채 죽게 되지만 그의 아들 호루스의 몸을 통해 되살아나, 흩어진 채 나일 강에 실려 떠내려갔던 사지를 되찾게 된다는 희망의 전설도 이야기했다. 또한 그들은 대중들을 상대로 호사스런 의식을 베풀어 그들의 상상력을 자극하기도 했다. 그들은, 땅의 여신 이시스의 불행, 천계의 남편을 잃었을 때의 그녀의 비통, 그녀가 중재의 신인 그의 아들 호루스에 거는 희망 등을 그 의식을 통해 보여줌으로써, 옛 이집트의 종교를 향한 백성들의 애정을 유지시켰다.

하지만 그와 동시에 선지자들은 신비주의의 진실이 불순한 것들에 오염되는 것을 방지하기 위하여 그 진실에 3중의 베일을 씌웠다. 이시스와 오시리스에 대한 대중적 숭배 사상을 널리 전파시킴과 동시에, 아주 정교하게 크고 작은 신비들로 이루어진 선지자들의 조직을 결성한 것이다. 그들은 그 진실에 접근하기가 거의 불가능할 정도로 첩첩산중의 장치를 마련했다. 진실에 도달하기 위해서 겪어야 할 정신적인 시험들과 시련들을 만들었고, 알고 있는 비밀에 대해 침묵을 지킬 것을 서약으로 받았으며 신비의 비밀을 조금이라도 누설한 자는 가차없이 사형에 처하는 엄격한 규칙을 만들었다. 그 엄격한 제도 덕분에 이집트는 신비주의적 교리가 온전히 살아 남은 곳이 되었을 뿐 아니라 후에 다시 국가가 부흥하고 종교가 부흥할 수 있게 될 동력을 간직할 수 있었다. 왕권을 찬탈한 자들이 멤피스를 지배하는 동안 테베에서는 천천히 조국의 해방이 준비되고 있었다. 바로 그 신비의 사원으로부터 이집트의 구원자인 아모스가 나타나 9세기에 걸쳐 이집트를 지배했던 힉소스들을 물리쳤고, 이집트의 신비주의적 종교 전통을 재건시켰다.

이집트가 외부의 침입으로부터 이집트의 영혼을 지켜낸 것은 인류 전체를 위해서도 복된 일이었다. 바로 이집트가 지켜낸 그 이집트의 영혼 속에, 인류의 가장 높은 정신의 힘, 정수가 살아 있었기 때문이다.

고대 이집트의 교리는 우리가 지금 지니고 있는 인간에 대한 개념보다는 훨씬 성스럽고 고양된 인간의 상을 우리에게 제공해 준다. 물리학 같은 우리의 자연 과학은 그 자체로 대단한 진보를 이룩하긴 했지만 인간의 영혼에 대한 원칙적 개념이나 그 영혼이 이 우주에 어떻게 확산되어 스며들어 있는가에 대해서는 추상적인 개념밖에 제공하지 못한다. 또한 오늘날의 종교는 우리 정신이 진정으로 요구하는 바를 충족시키지 못하고 있다. 오늘날의 의사들은 영혼에 대하여나 정신에 대해서는 아무것도 알려고 하지 않는다. 현대인들은 행복 없는 즐거움을 추구하고 원리 없는 행복을 추구하며, 지혜 없는 원리를 추구한다. 그러나 고대에는 이것들, 즐거움·행복·원리·지혜가 분리될 수 있다는 것이 인정되지 않았다. 그 어느 영역에서건 인간이 지닌 여러 요소는 모두 고루 발휘되었다. 종교적 교리의 전수 과정은, 인간의 삶 전체를 지배할 수 있는, 현기증나게 드높은 정신의 높이를 향한, 기능적으로 분리되지 않은 전 존재의 점진적 훈련에 다름아니다. 그 당시의 현자들은 이렇게 말했다.

"자신을 지배할 수 있는 높은 위치에 도달하기 위해서는, 인간은 그의 육체적·정신적·영혼적 존재가 완전히 융합될 필요가 있다. 이 융합은 인간의 의지·직관, 그리고 이성이 동시에 실행됨으로써만 가능하다. 그것들의 완벽한 조화에 의해서 인간은 자신이 지니고 있는 기능들을 무한대까지 확장시킬 수 있다. 인간의 영혼은 잠들어 있을 수도 있다. 비의의 전수 과정은 그것을 깨우는 과정이다. 심오한 연구와 그 연구의 끊임없는 적응을 통하여 인간은 이 우주의 숨어 있는 신비로운 힘과 소통할 수 있다. 그 장엄한 노력에 의해서 인간은 직접적으로 정신의 완성에 도달할 수 있으며 저세상, 초월 세계로의 길을 열 수 있고 그리고 나아갈 수 있는 능력을 획득한다. 그때라야 그는 운명을 물리쳤으며, 이 세상으로부터 신성의 자유를 획득했다고 말할 수 있다. 그제서야 교리를 전수받는 자가 교리를 전하는 자가 될 수 있으며, 예언자와 요술사 즉 견자見者이면서 영혼들의 창조자가 될 수 있다. 자기 자신에게 명을 내릴 수 있는 자만이 다른 이들에게도 명을 내릴 수 있으며, 자유로운 자만이 경계를 뛰어넘을 수 있기 때문이다."

실제로 살아서, 그런 드높은 정신의 위치에 도달한 사람들이 이집트의 선지자들이었다. 그들에게 진정한 의미에서의 교리 전수란, 속이 텅 빈 꿈이라든지 단순한 학문적 교육과는 너무나 거리가 먼 것이었다. 그들은 인간 전체의 진정한 스승으로서, 자신의 영혼으로 한 영혼을 창조했으며 그 영혼을 가장 드높은 단계에서 부화하게 했으며 신의 세계에서 활짝 꽃피어 나게 했던 것이다.

자, 이제 우리는, 기원전 1,300년 전 무렵인, 모세와 오르페우스의 시대와 일치하는 람세스의 시대로 옮아가보기로 하자. 그리하여 이집트에서의 교리 전수 과정의 핵심으로 들어가도록 애써보자. 상형문자로 남은 기록들, 헤르메스의 책들, 그리고 유태와 그리스의 전통을 통해 그 신비스럽고 경건한 과정, 우리를 똑같이 정신의 드높은 과정으로 이끌고 갈 그 과정을 되살아볼 수 있으리라는 희망을 품고….

3. 이시스
통과제의-시련·시험들

이집트 문명은 람세스 시대에 이르러 절정기에 달한다. 성전聖殿의 문하생들이며 또한 무사이기도 한 제20왕조의 파라오들은 진정한 영웅으로서 바빌론 세력과 대항해 싸웠다. 이집트의 무사들은 북아프리카의 리비아는 물론 누미디아 왕국을 공격했으며 중앙 아프리카까지 정복했다. 또한 앗시리아 동맹군들의 공격을 효과적으로 저지하기 위해 지금의 시리아와 터키 지방의 마제도 왕국, 카르케미쉬 왕국과 동맹을 맺고 강력한 방위선을 구축하기도 했다. 사막을 통해 각지에서 대상隊商들이 몰려들었고, 이집트의 건축술은 아프리카 · 유럽 · 아시아의 세 대륙에 걸쳐 그 자취를 남겼으며, 각양각색의 건축 양식, 웅장한 조형물 등이 세워져 그 시대의 영광을 반영해 주고 있다.

이집트가 그 절정기의 활동력, 생명력을 보이고 있을 때 이집트의 살아 숨쉬는 신비를 직접 맛보고 싶어하는 사람들이 그 신전의 명성에 이끌려 이집트로 수없이 찾아온다. 우리는 이제 그 중 한 명의 뒤를 밟아보기로 하자.

멤피스에 도착하자 그는 놀라움에 사로잡힌다. 수많은 기념물들, 대중 앞에서의 화려한 공연과 축제들, 그의 눈에 보이는 모든 것이 호사스러움과 위대함을 남김없이 과시하고 있다. 성전에서 은밀하게 진행된 왕의 봉헌 의식이 끝나자 왕이 신전을 나와 모여 있는 군중들 앞을 지나더니, 화려하기 그지없는 왕위에 오르는 것을 그는 보았다. 그의 앞에는 열두 명의 젊은 성직자들이 황금 수繡가 놓인 방석 위로 왕의 기장을 들고 있으며 그의 뒤로는 왕의 가신들과 성직자들, 그리고 크고 작은 신비의 깨달음을 얻은 선지자들이 뒤따르고 있다. 대주교들은 흰색의 화려한 관을 들고 있고 그들의 가슴에는 상징적인 돌이 박혀 불같이 번쩍이고 있다. 또한 고관들은 양·숫양·사자·백합·꿀벌 등의 장식물을 들고 뒤따르고 있다. 밤이 되자 인공 호수 위로 왕실 오케스트라들이 타고 있는 배가 나타나더니 가수와 무희들이 반주에 맞추어 성가를 부르고 성무를 춘다.

하지만 그가 찾고자 한 것은 이 압도적인 성대한 의식이 아니었다. 세상 만물의 비밀 속으로 파들어가 보고 싶은 욕구, 지식을 향한 목마름이 그를 그토록 멀리까지 찾아오게 한 것이었다. 이집트의 성전에는 신성의 이치를 터득하고 있는 선승들과 사제들이 살고 있다는 이야기를 그는 전해 들었다. 그도 그 신들의 비밀 속으로 들어가 보고 싶었다. 그는 제 고향의 한 사제로부터 『죽음의 서書』에 관한 이야기도 들었다. 사

따오기 모습으로 묘사되는 헤르메스-토트.

람이 죽으면 그 미라의 머리 아래 성체聖體처럼 놓아둔다는 그 신비로운 두루마리. 상징적인 형태로, 영혼의 저세상 여행에 대해 이야기하고 있다는 그 신비의 책. 그는 육신의 죽음 이후의 그 영혼 여행에 대한 어쩔 수 없는 호기심, 약간의 두려움과 함께 강렬한 호기심에 이끌려 여기까지 온 것이었다. 불타오르는 곳에서 치르는 영혼의 속죄, 영혼을 싸고 있던 육체의 정화, 영혼을 싣고 나르는 나룻배에서 만나게 될 사공ㅡ나쁜 사공은 고개를 돌리고 있고 착한 사공은 영혼을 똑바로 바라본다ㅡ, 지상의 42명 심판관 앞으로의 영혼의 출두, 헤르메스-토트가 내려주는 무죄 증명, 마지막으로 오시리스의 빛 안으로 들어가 새롭게 탄생함, 이 모든 영혼의 여정을 그는 못내 알아내고, 살아내고 싶었다. 도대체 사람들이 그 이야기만 나오면 입으로 손가락을 가져가는 이시스와 오시리스의 신비는 무엇인가! 바로 그것이 알고 싶어서 이 이방인은 테베의 위대한 신전의 문을 두드린 것이다.

시중꾼들이 그를 거대한 기둥들 아래의 안뜰로 인도했다. 거대한 연꽃 모양의 기둥들은 마치 그 기氣와 순결함으로 태양신 오시리스의 신전을 떠받치고 있는 듯했다. 그 새로운 방문객에게 대사제가 접근했다. 위엄이 서려 있으면서도 평온한 그 얼굴에서는, 내면의 빛으로 가득찬 신비로운 검은 눈이 빛나고 있어, 첫눈에 그 수도修道 지원자를 겁먹게 했다. 그 눈은 마치 송곳처럼 그의 내부 곳곳을 쑤시고 있는 듯했던 것이다. 그는 마치 그 앞에서 어떤 것도 숨길 수 없는 그런 존재와 마주하고 있는 것 같았다.

오시리스의 대사제는 신입자에게 그의 고향 가족, 그리고 그가 수도를 했던 사원들에 대해 물었다. 그 짧은 질문에 대한 대답에서 신참자가 태양신의 신비에 동참할 자격이 없다고 판단되면, 조용히 손가락으로 그가 들어온 문을 가리키는 것으로 그만이었다. 하지만 그의 눈

람세스 3세의 석관에 새겨진 이시스 여신상.

길, 대답 속에서 진실을 향한 진정한 열망을 읽게 되면 따라오라는 손짓을 받게 된다. 그는 다행히 후자 쪽이었다.

그들은 주랑과 안쪽 뜰을 지났다. 조금 지나자 그들은 야외로 나서 바위를 깎아 만든 길에 접어들었다. 길가에는 수많은 묘석들과 스핑크스들이 있었다. 그 길을 지나 그들은 작은 사원에 도착했는데 바로 지하 묘지의 입구로 쓰이고 있는 사원이었다. 그 문에는 자연물을 그대로 이용해 만든 이시스 여신의 상像이 있었다. 앉아 있는 여신의 무릎 위에는 책이 하나 덮인 채 놓여 있었고 그 얼굴은 베일로 가리워져 있었다. 그리고 그 상 밑에는 이런 문장이 새겨져 있었다.

'불멸에 이른 자가 아니면 그 누구도 나의 베일을 걷지 못하리라.'

대사제가 그에게 말했다.

"여기가 바로 감추어진 성전으로 가는 문이다. 이 두 기둥을 바라보아라. 붉은 기둥은 오시리스의 빛을 향하여 정신이 상승하는 것을 뜻한다. 검은 것은 정신이 물질에 사로잡혀 있음을 의미하며, 그 추락은 끊임없이 이어진다. 우리의 이치와 우리의 교리에 도달한 자는 누구나 그 정신의 고양을 위해 모든 것을 다 감수한다. 약한 자와 악한 자는, 정신의 고양을 위해 모든 것을 희생하는 행위에서 광기, 혹은 죽음만을 본다. 하지만 강한 자와 선한 자는 오로지 거기에서만 삶과 불멸을 본다. 신중하지 못한 많은 자들이 이 문을 들어섰으나 살아서 돌아오지 못했다. 저 문은 불굴의 정신을 가진 자에게만 다시 그 입을 빌려 줄 심연 같은 것이다. 그러니, 이제부터 네가 하려는 일, 이제부터 네가 겪게 될 위험에 대해 깊이 잘 생각해 보도록 하라. 그리고 만일 저 모든 시련을 견딜 만할 용기가 네게 없다고 생각된다면 조용히 물러가도록 하라. 네 등 뒤에서 저 문이 일단 닫히고 나면 너는 결코 물러설 수가 없다."

우리의 신참자가 의지를 꺾지 않자 대주교는 그를 바깥 뜰로 데려갔다. 거기서 그는 사원의 심부름꾼들에게 명하여, 그와 일주일을 함께 지내도록 했다. 그는 일주일 동안 허드렛일을 하면서 찬가를 듣고 목욕 재계를 했다. 그에게는 한마디의 말도 입 밖에 내지 말라는 엄명이 주어졌다.

　드디어 시험날이 되었다. 저녁이 되자, 두 명의 보좌 사제가 와서 신비에 목말라하는 우리의 신참자를 감추어진 성전 문 앞으로 다시 데려갔다. 그리고 그들은 그 검은 문을 통해 안으로 들어갔다. 음산한 방 양쪽 면에, 인간의 몸에 사자·들소·맹금·뱀들의 얼굴을 한 조각상들이 일렬로 서 있는 것이 횃불을 받아 희미하게 보였다. 조각상들은 흡사 그들을 비웃고 있는 듯이 보였다. 한마디 말도 나누지 않은 채 그 음산한 곳을 지나자 이번엔 미라와 해골이 서로 마주본 채 서 있는 모습이 나타났다. 그러자 두 명의 보좌 사제는, 말없이 손짓으로 우리의 신참자 앞에 나 있는 벽 위의 구멍을 가리켰다. 겨우 기어서나 들어갈 수 있는 좁은 구멍이었다. 보좌 신부 중 한 명이 입을 열었다.

　"자, 그대 아직 돌아갈 수 있도다. 성전의 문은 아직 닫히지 않았다. 그러지 않으면, 이젠 돌아올 길 없는 저 길을 계속 가야 한다."

　"계속 가겠습니다."

　우리의 견습생이 용기를 내어 말했다. 그러자 그들이 그에게 작은 램프를 하나 주었다. 그리고는 말없이 되돌아가 요란한 소리와 함께 성전의 문을 닫았다. 이제 더이상 망설일 것이 없었다. 그는 구멍으로 들어갔다. 램프를 손에 든 채 겨우 무릎으로 엉금엉금 기어가려는 순간 마치 저 지하 깊은 곳으로부터 울려오는 듯한 목소리가 들려왔다.

　"신의 이치와 권능을 탐하는 자여, 너는 멸망을 겪으리라."

　그 음산한 소리는 좁은 동굴 속에서 일곱 번이나 메아리가 되어 울렸다. 하지만 앞으로 나아가야만 했다. 동굴 같은 길이 조금 넓어졌지만 이번에는 갈수록 급경사가 이어졌다. 마침내 우리의 대담한 여행자는, 마치 밑에 구멍이 뚫린 깔대기 같은 움푹 팬 곳 앞에 이르게 되었다. 거의 망가지다시피 한 철 사다리가 거기에 매달려 있었다. 그는 용감하게 그 사다리에 매달렸다. 사다리를 거의 다 내려왔을 때 그의 눈앞으로 정신이 아뜩해질 지경의 우물이 나타났다. 그는 떨리는 손으로 꽉 움켜잡고 있는 희미한 램프의 불로 바닥조차 없는 듯 한없이 깊은 우물 속을 비추어 보았다.

어떻게 할 것인가? 그의 위로는 다시는 되돌아갈 수 없는 길이 있을 뿐이었고, 밑으로는 무시무시한 어둠, 심연 속으로의 추락만이 있을 뿐이었다.

그러한 곤궁에 빠져 있을 때, 그는 왼쪽 벽면에 작은 틈이 하나 나 있는 것을 발견했다. 한 손으로 사다리를 움켜쥔 채 다른 한 손으로 램프 불을 뻗쳐 살펴보니, 발판이 보였다. 계단이었던 것이다. 그것은 구원의 계단이었다! 그는 그리로 몸을 던져, 계단을 올라 심연으로부터 탈출했다. 나선형으로 된 계단을 오르자, 이윽고 우리의 여행객은, 여인의 조각상이 새겨진 거대한 기둥들이 세워져 있는 커다란 방 앞에 마주서게 되었다. 방 앞에는 쇠창살들이 쳐져 있었다.

파스토포르신성한 상징의 수호자라는 뜻라 불리는 승려 한 명이 나타나더니 쇠창살 문을 열고 자애로운 미소를 띠며 그를 맞아주었다. 첫번째 시험을 무사히 통과한 데 대해 축하를 해주더니 승려는 그를 안쪽으로 인도하면서 그 방 양쪽 벽에 그려져 있는 성화들에 대해 설명을 해주었다. 각각의 그림들 밑에는 문자와 숫자가 쓰여져 있었다. 한쪽 벽에 열한 개씩 모두 스물두 개인 그 상징적 그림들은 최초의 스물두 개의 비밀을 나타내는 것이면서 동시에 신비주의의 알파벳을 이루고 있는 것이었다. 즉, 전 지혜와 전 권능의 원천이 될 절대의 원칙, 우주의 열쇠였던 것이다. 그 신비의 언어 속 각각의 글자와 숫자는, 신성 세계, 정신 세계, 물리 세계에서 각각 그 빛이 반사되는, 셋으로 쪼개질 수 있는 하나의 법칙을 나타내는 것이었다. 리라의 줄을 건드리는 손가락이 하나의 음표를 울려 그 배음倍音들을 모두 떨리게 하듯이, 그 신성의 문자를 신성의 의식을 가지고 발성하는 목소리는, 그 세 세계 속에서 힘의 반향을 일으키게 되는 것이다. 여기서 우리 여행객의 발걸음을 세우고, 그 문자에 대해 간단히 살펴보기로 하자.

숫자 1과 부합하는 문자 A는, 신성 세계에서 모든 존재가 그로부터 나오는 절대존재를 나타낸다. 한편 정신의 세계에서는 숫자들의 원천이며 종합인 통일성을 나타낸다. 물리 세계에서는 다른 존재들에 비해 상대적으로 정상에 있으며 자신의 기능을 확장함으로써 무한의 응축 세계로까지 고양될 수 있는 인간을 나타낸다. 이집트인들에게 있어 숫자 1의 비밀은 흰 옷을 입고 손에 왕홀을 들었으며 머리에 황금관을 쓴 사제로 형상화되어 나타나는데, 흰 옷은 순결을, 왕홀은 명령을, 황금의 관은 우주의 빛을 의미한다.

자, 이제 다시 우리 여행객의 발걸음을 따라가기로 하자. 그는 자신이 새롭게 듣는 신기한 이야기들을 전혀 이해할 수 없었다. 하지만 파스토포르가 해주는 이야기를 듣고, 또한 신들의 부동의 인력으로 그를 잡아끄는 듯이 바라보는 아름다운 그림들 앞에서 무언가 미지의 새로운 길이 열리는 듯한 느낌을 받았다. 그 무언가를 강력히 환기하는 그 그림들 앞에서 그는 이 세상 저 내부에, 이 세상을 움직여가는 안 보이는 절대적 힘, 원인이 존재할지도 모른다는 생각을 처음으로 하게 되었다. 숫자와 숫자, 그림과 그림을 옮겨가며 비밀을 설명해 주던 파스토포르는 황금관을 쓴 사제 그림 앞에서 이렇게 말했다.

"이 왕관이 무엇을 의미하는가를 잘 알아놓도록 해라. 진실을 천명하고 정의를 구현하기 위해 신에게서 결합될 전全 의지를 나타낸다. 그로부터 신의 권능이 나와서 전 존재, 전 사물을 주재하는 것이고, 속박에서 놓여난 영혼들을 영원히 보상해 주는 것이다."

파스토포르의 그 이야기를 듣자 우리의 여행객은 놀라움과 두려움과 황홀함이 뒤섞인 묘한 감정을 맛보았다. 그것은 그 성전에서 흘러나오는 최초의 어렴풋한 빛이었으며 그는 그 빛에서 자신의 전 존재를 감싸게 될 신성의 빛을 예감했던 것이다.

하지만 그것으로서 간단하게 시험이 끝난 것은 아니었다. 말을 마친 파스토포르는 그에게 새로운 문을 하나 열어주었는데 좁고 긴 천장 아래의 그 방 끝에서는 화롯불이 격렬하게 이글거리고 있었다.

"아, 저건 죽음이에요!"라고 수련생이 말하더니 몸을 떨면서 인도자를 바라보았다. 그러자 파스토포르가 대답했다.

"애야, 죽음은 낙오자들만을 겁에 질리게 할 뿐이란다. 나는 이미 오래 전에 이 불꽃을, 마치 장미밭을 걷듯이 통과했다."

그가 겁에 질려 있는 동안 비밀의 방 뒷편 쇠창살이 닫치는 소리가 들렸다. 그가 용기를 내어 불의 장벽 가까이로 다가가자 우리의 수련생은 그 이글거리는 화롯불이 실은 철망 위에 얼기설기 놓은 송진 흐르는 나무가 타면서 만들어낸 하나의 환영에 불과하다는 것을 알아차렸다. 그리고 그 한가운데 작은 길이 나 있는 것을 알고 그는 재빨리 그곳을 통과했다.

불의 시험 뒤에는 물의 시험이 그를 기다리고 있었다. 깨달음을 얻어 새로운 존재로 다시 태어나기를 갈망하는 자는 등 뒤 불의 방에서 희미하게 비추이는 불빛의 도움을 받아 검은 죽음의 물을 통과해야만 했다. 그 시험이 끝난 후, 두 명의 보조 사제가 아직 두려움에 떨고 있는 그를 어두운 동굴로 데리고 갔다. 그 동굴에서는 천장에 매달린 청동 램프의 희미한 빛을 받아 부드럽고 신비스러운 침대가 하나 눈에 들어왔다. 사제들이 그의 축축한 몸을 말려주더니, 그윽한 향의 향수를 그의 몸에 뿌린 후 호사스런 옷을 입힌 다음, "자, 누워서 대사제를 기다리시오"라는 말을 남긴 채 사라졌다.

그는 피곤에 지친 사지를 침대 위 호사스런 양탄자 위에 쭉 뻗쳤다. 수많은 감정의 동요를 겪은 다음에 얻게 된 평온이어서 더욱 감미로웠다. 편히 누운 그의 눈앞으로 그가 보았던 성화들, 이상한 모양의 조각상들, 스핑크스들이 스쳐 지나가는 듯했다. 그런데 그 중 왜, 그 중 하나의 그림이 자꾸만 되살아 떠오르는 것일까? 숫자와 글자가 밑에 쓰여 있던 그림들 중에 그의 눈을 어지럽히는 것은 × 자가 쓰여진 그림이었는데 그것은 두 기둥 사이 축 위에 매달려 있는 바퀴로 형상화되고 있었다. 그 중 한쪽에는 선의 정령인 헤르마누비스가 젊고 잘 생긴 청년 모양으로 그려져 있었고 다른 쪽은 악의 정령인 타이푼이 심연 속으로 뛰어내리려는 자세로 그려져 있었다. 그 둘 사이 바퀴 꼭대기에는, 발톱으로 칼을 움켜쥔 스핑크스가 앉아 있었다.

그 그림의 환영에 젖어 있는 가운데 마치 저 깊은 동굴 속에서 나오는 듯한 음탕한 음악 소리가 웅웅거리며 들려왔다. 무어라 정의내리기 어려운 가벼운 소리였는데 슬픈 듯하면서도 가슴을 파고드는 듯한 우수를 간직하고 있었다. 그때 금속성 물질이 부딪쳐 내는 소리가 들리더니 그 소리에 뒤섞여 하프 · 플루트 소리가 들렸고, 이어서 불타오르는 숨결 같은 숨가쁜 호흡 소리가 느껴졌다. 우리의 이방인은 눈을 감았는데, 그 순간 그가 누워 있는 곳으로부터 몇 발자국 떨어진 곳에 한없이 고혹스런 자태가 나타난 것을 어렴풋이 느낄 수 있었다. 부적으로 된 목걸이를 한 채 얇고 투명한 옷을 입은 한 아름다운 여인이 그곳에 서서 그를 내려다보고 있었다. 왼손에 장미꽃 모양의 잔을 들고 있는 그녀에게서는 여성으로부터 나올 수 있는 관능미가 한껏 뿜어져 나오고 있었다. 두툼한 입술은 감미로운 과일처럼 붉은색을 띠고 있었으며 검은 눈이 어둠 속에서 빛나고 있었다.

우리의 이방인은 자리에서 벌떡 일어났다. 그는 놀란 가운데, 무서워서 떨어야 할지 아니면 기쁘게 맞아들여야 할지도 모르는 채 본능적으로 두 손을 가슴 위에 포갰다. 그의 반응엔 아랑곳하지 않은 채 그 여인은 천천히 그에게로 다가와 낮은 목소리로 속삭였다.

"잘생긴 분이시여, 제가 무서우신가요? 저는 당신에게 승리자가 획득할 수 있는 보상으로서 온 거예요. 고통에 대한 망각과 행복의 술잔을…."

우리의 주인공은 망설였다. 그러자 그 여인은 기다리기 지쳤다는 듯 그의 침대 곁에 앉더니, 마치 축축한 불꽃 같은 시선으로, 애원하는 듯한 그 시선으로 그를 온통 휘감아버렸다.

그녀를 받아들이는 자, 그녀의 입술로 자신의 얼굴을 가져가 그녀의 온몸에서 풍겨나오는 향기에 취하는 자여, 그는 불행에 빠지리라! 그녀의 손을 한 번 건드리고 그녀가 건네주는 술잔을 한 모금 넘기자마자 그는 나락으로 떨어지리니 그는 불타는 사슬에 묶인 채 침대 위에서 뒹굴게 되리라! 욕정의 포로가 된 후에 마시게 될 한 잔의 술은 그를 깊은 잠에 빠뜨리리라. 그리고 깨어났을 때 그는 고통에 빠져 홀로 있게 될 것이고, 그때 대사제가 그의 앞에 나타나 말하리라.

"그대는 첫번째 시험들을 이겨냈다. 그대는 죽음과 불과 물을 이겨냈다. 하지만 그대는 그대 자신을 이겨내지 못했다. 드높은 정신과 드높은 인식을 갈망했던 그대가 최초의 감각의 유혹에 굴복했고 물질의 심연 속으로 떨어져버렸다. 감각의 노예가 되어 사는 자는 어둠 속에

매의 머리를 하고 보좌에 앉아 있는 호루스.

서 살게 되리라. 그대는 빛보다 어둠을 더 좋아한 것이니 어둠 속에 머물러 있어라. 나는 그대 앞에 펼쳐질 위험에 대해 경고했었다. 그대는 그대의 삶은 구했으되 그대의 자유는 구하지 못했다. 그대는 죽을 때까지 이 사원의 노예로서 머물게 될 것이다."

하지만 다행스럽게도 우리의 주인공은 잔을 뒤엎고 유혹을 물리쳤다. 그러자 횃불을 든 열두 명의 보조 사제들이 와서 그를 둘러싸더니 그를 이시스의 성전으로 인도했다. 그곳에는 흰 옷을 입은 사제들이 반원형으로 둘러앉아 그를 기다리고 있었다. 찬란하게 빛나는 사원 저 안쪽에는, 가슴에 황금으로 된 장미꽃 장식을 하고 일곱 색깔로 찬란히 빛나는 왕관을 쓴 이시스 여신의 거대한 조각상이 그를 맞이하듯 서 있었다. 그녀는 두 팔로 아들 호루스를 안고 있었던 것이다. 그 여신 앞에서 붉은 옷을 입은 사제들이 이 새로운 깨달음을 얻은 자에게 침묵과 복종의 서약을 하게 했다. 그런 후 이 새로운 신참자를 그들의 형제로서, 또한 훗날의 선지자로서 받아들인다는 축복을, 사제 회의의 이름으로 그에게 내렸다. 이 엄숙한 사제들, 스승들 앞에서 새로운 이시스의 제자는 자신이 신들 앞에 서 있는 듯이 느꼈다. 자기 자신보다 위대한 존재가 되어, 그는 처음으로, 진실의 천체天體에 들어선 것이다.

4. 오시리스
죽음, 그리고 부활

하지만 아직 그는 겨우 문턱에 들어섰을 뿐이었다. 이제부터 오랜 기간 동안의 연구와 수련이 시작되는 것이었다. 그는 시간을 쪼개, 자신의 방에서의 명상, 상형문자의 연구 및 스승들로부터 받는 수업 등으로 바쁜 나날을 보냈다. 그는 광물 · 식물 등에 대한 지식을 습득했으며 인간과 민족들의 역사에 대해 공부했고, 의학 · 건축학 · 음악 등도 연구했다. 그 긴 수련 기간 동안 그에게 요구된 것은 단순히 그 무엇에 대해 '아는 것'이 아니라, 그 스스로 그 무엇이 '되는 것'이었다.

고대의 현자들은, 진실이 한 인간의 내면의 일부가 되어 자발적인 영혼의 움직임에 녹아 있을 수 있어야만, 그 진실을 소유하게 되는 것이라고 믿었다. 그런데 이러한 진실과의 동화 과정에서 스승들은 제자에게 아무런 도움도 주지 않고 그냥 내버려두었다. 제자 자신이 스승들의 냉담함, 무관심에 놀랄 정도였다. 스승들은 그를 주의깊게 감시했으며, 추호도 어김없이 규칙을 준수토록 했고, 절대적인 복종을 요구했다. 그리고 그 이외의 것에 대해서는 일언반구도 덧붙이지 않았다. 그가 초조해서 질문이라도 던지면 "공부해라. 그리고 기다려라"라고만 말할 뿐이었다.

그러자 그에게 돌연 반항심이, 쓰디쓴 후회가, 무서운 의혹이 일었다. 자신이 대담무쌍한 사기꾼들이나 나쁜 마술사들의 노예가 된 것은 아닌가? 무슨 비열한 의도가 있어 자신의 의지를 꺾어놓는 것은 아닌가? 진실은 도망갔고 신들은 나를 버렸다, 나는 홀로 사원에 갇혀 있다! 그런 의혹에 싸인 그에게 진실은 스핑크스의 형상으로 나타났다. 그 스핑크스는 그에게 이렇게 말하고 있었다. "나는 의혹이다" 그 의혹으로서의 진실, 의혹으로서의 신은, 여인의 머리에 날개를 단 그 괴물은 그를 불타오르는 사막으로 데려가 찢어놓는 것이었다.

하지만 그런 악몽 같은 순간들에 이어 평온함 속에서 신을 예감하는 순간이 찾아왔다. 그럴 때면 그는 그가 이 사원에 들어서면서 겪었던 시험들의 의미를 이해할 수 있었다. 그리고 그는 깨달았다. 아아, 그렇다, 그 속에 빠져버릴 뻔했던 어둡고 깊은 우물도 헤아릴 수 없는 진실의 심연에 비해서는 어둡지 않구나. 그래, 내가 지나쳐야 했던 그 불도, 아직 내 육신을 불태우고 있는 정념들보다는 견딜 만한 것이었구나. 그래 내가 그 속에 잠겨야 했던 얼어붙은, 그 음산한 물도 내가 가끔씩 빠져서 허우적거리는 나의 의혹보다는 차갑지 않구나!

사원에 있는 방들 중 하나에는, 그가 지하 무덤에서 보았던 것과 똑같은, 스물두 개의 비밀을 나타내는 그림들이 걸려 있었다. 신비주의의 문턱에서 보았던 그 그림들은 바로 신학의 지주를 이루는 것이었다. 하지만 그것을 이해하기 위해서는 그 각각을 몸소 습득하고, 깨닫고, 통과해야만 하는 것이다. 그날 그 지하 묘지의 시련 이래, 그 어느 스승도 그 그림에 대해 이야기해 주지 않았다. 단지 그 방을 마음대로 드나들면서 그림 앞에서 명상에 잠기는 것만은 허락되었다.

그는 그 방에서 홀로 오랜 시간을 보냈다. 빛과 같이 순결하며, 영원처럼 장엄한 그 그림들을 통해, 보이지 않으며 만져서 느낄 수도 없는 그런 진실이 천천히 그의 가슴으로 스며들었다. 이름 없고 말 없는 이 신성한 존재들, 각각의 존재들이 우리 삶의 한 부분을 관장하고 있는 그 존재들과 함께하면서 그는 무언가 새로운 것을 경험하기 시작했다.

우선, 자기 존재의 저 깊은 바닥까지 내려간다는 느낌! 이어서 이 세상으로부터 벗어나 만물 위를 자신이 떠돌고 있다는 느낌!

그는 이따금 스승들 중의 한 명에게 물어보았다.

"언젠가 제가, 이시스의 장미꽃 향기를 냄새 맡고 오시리스의 빛을 보도록 허락받는 날이 올까요?"

그러면 스승이 대답했다.

"그것은 우리에게 달려 있는 문제가 아니다. 진실은 주어지지 않는다. 자기 자신 안에서 발견하지 않으면 안 된다. 우리는 너를 선지자로 만들 수 없다. 너 스스로에 의해 그렇게 되어야만 하는 것이다. 연꽃은 피어오르기 전에 오랫동안 물 밑에서 자란다. 신성의 개화를 너무 성급하게 바라지 마라. 와야 할 것이라면 때가 되면 오는 법이다. 공부하고 기도하라."

그러면 그는, 슬픈 기쁨과 같은 묘한 감정에 싸여 자신의 공부, 자신의 명상으로 되돌아갔다. 그는, 존재들 중의 존재가 숨쉬고 있는 듯한 그 고독 속에서 쓰디쓰며 감미로운 그런 매혹을 맛보았다.

그렇게 몇 달, 몇 해가 흘러갔다. 그는 자신의 내부에서 그 무언가 느린 변모가, 완벽한 변신이 이루어지고 있음을 느꼈다. 그의 젊음 속에 자리잡고 있던 정념이 마치 그림자처럼 멀어졌고 지금 자신을 둘러싸고 있는 생각들이 그의 영원한 친구들처럼 그에게 미소지었다. 그의 지상의 자아가 어딘가에 묻히고 보다 순결하며 보다 가벼운 새로운 자아가 태어나는 기분을 그는 가끔 맛볼 수 있었다. 그런 감정이 일었을 때 그는 자신도 모르게 닫힌 성전의 계단 앞에서 무릎을 꿇었다. 반항도, 욕망도, 후회도 없었다. 자신의 영혼을 신에게 완전히 의탁했으니 진실을 향한 완벽한 봉헌 그 자체였다. 그는 기도하며 말했다.

"오, 이시스여, 내 영혼은 당신의 눈물 한 방울에 불과할지니, 그것이 이슬이 되어 다른 영혼들 위로 떨어지게 하옵소서. 그리고 내 죽어가면서 그 향기가 나를 향해 올라옴을 느끼게 하옵소서. 나는 이제 기꺼이 희생할 준비가 되었나이다."

기도가 끝나고 반쯤 무아지경에 빠져 있을 때, 그는 마치 땅 속에서 솟아난 듯 대사제가 온화한 저녁 빛에 싸인 채 그의 앞에 서 있음을 알았다. 스승은 제자의 모든 생각을 읽고 그 내면의 온갖 드라마를 모두 꿰뚫어보고 있는 것 같았다. 그가 말했다.

"내 아들아, 진실이 네게 모습을 드러낼 때가 가까웠다. 네가 이미 너 자신의 밑바닥까지 내려가 그곳에서 신성한 삶을 발견하면서 그것을 예감하고 있기 때문이다. 그대는 이제 위대한 선지자들의 더없이 숭엄한 단체에 속하게 될 것이다. 네가 그 마음의 순결과 진실을 향한 사랑과 자기 포기의 힘으로 그 자격을 얻었음이라. 하지만 죽음과 부활을 통하지 않고는 그 누구도 오시리스의 문턱을 넘지 못한다. 우리 이제 너를 지하 묘지로 인도할 것이다. 두려워하지 마라. 이제 너는 우리 형제들 중의 하나가 되었으니."

황혼이 되자 오시리스의 사제들은 횃불을 든 채 새로운 깨달음을 얻은 자를 낮은 지하 묘지로 데려갔다. 지하 묘지는 네 개의 스핑크스 위에 세워진 기둥들로 지탱되고 있었다. 그리고 그 구석에는 대리석으로 된 관이 하나 열린 채 놓여 있었다. 대사제가 말했다.

"그 어떤 인간도 죽음을 피할 수 없으며 살아 있는 영혼은 부활하게끔 되어 있다. 선지자는 산 채로 무덤을 통과하여 오시리스의 빛으로 들어간다. 그러니 저 관에 누워 빛을 기다려라. 오늘밤 너는 절대공포의 문을 통과해 절대지배의 문턱에 이르게 될 것이니라."

그는 조용히 열린 관으로 들어가 누웠다. 대사제가 그에게 손을 뻗어 축성을 해주더니 다른 무리들과 함께 말없이 묘지 밖으로 나갔다.

땅에 놓인 희미한 램프 불에 묘지를 지탱하고 있는 네 개의 스핑크스가 어렴풋이 모습을 드러내고 있었다. 깊고 낮은, 신비스러운 성가가 어디선가 들려왔다. 어디서 들리는 소리인가? 그것은 장송곡이었다! 잠시 후 램프 불빛이 약해지더니 완전히 꺼져버렸다. 그는 어둠 속에 혼자였다. 묘지의 한기가 그에게 엄습해 왔고 사지가 얼어붙어 갔다.

그는 차츰 고통스러운 죽음의 감각을 느꼈으며 이어서 마비 상태에 빠졌다. 그의 생애가 마치 비현실적인 영상처럼 연속적인 그림들이 되어 그의 앞을 스쳤고, 그의 지상의 의식은 점점 더 흐릿해졌고 흩어졌다. 그리고 그의 육신이 해체되는 것을 느끼면 느낄수록, 그의 존재의 가볍고 유동적인 부분이 분리되었다. 그는 무아지경으로 들어갔다….

어둠 속 저 깊은 곳에 나타난, 저 멀리 반짝이는 점은 무엇일까? 그것이 가까이 다가와 커지더니, 다섯 꼭지점을 가진 별이 되었다. 그 별로부터 무지개색의 매혹적인 빛이 뿜어져 나오고 있었다. 그러더니 그

이시스의 도움으로 죽음에서 벗어나는 오시리스.

156

별은 태양으로 변하여 그 작열하는 흰빛, 그 태양 중심부의 흰빛 쪽으로 그를 잡아당겼다.

이 환영을 만든 것은, 스승들의 마술인가? 눈에 보이게 된 보이지 않는 존재인가? 천상의 진실의 위엄인가, 희망과 불멸로 불타오르는 별인가?

그 빛이 사라졌다. 그러더니 이번엔 한 꽃봉오리가 어둠 속에서 개화했다. 불멸의 꽃이었지만 지각할 수 있는 꽃이었으며 영혼을 갖춘 꽃이었다. 그 꽃이 그의 눈앞에서 마치 흰 장미꽃처럼 날개를 활짝 펼쳤던 것이다.

이것이 이시스의 꽃인가? 그 속에 사랑을 담고 있는 지혜의 신비로운 장미, 바로 그 꽃인가?

그런데 그 꽃이 마치 향 연기처럼 사라졌다. 그리고 무아지경에 빠진 그는 따뜻하게 애무하는 듯한 숨결이 그를 감싸는 것을 느꼈다. 이상한 형태로 모양을 바꾸던 그 숨결 같은 연기가 인간의 모습으로 바뀌었다. 여인의 형체였으니 그녀가 바로 신비의 성전의 이시스였던 것이다. 그녀는 젊었고, 미소를 띠고 있었으며 빛을 발하고 있었다. 그리고 그녀의 손에는 두루마리로 된 파피루스가 들려 있었다. 그녀는 천천히 다가와 관 속에 누워 있는 사람에게 몸을 기울이며 말했다.

"나는 그대의 눈에 안 보이는 누이이며, 그대의 신성한 영혼이니라. 자 여기에 너의 생에 대한 책이 있다. 그 안에는 네 과거의 존재가 적힌 페이지들이 있으며 네 미래의 삶이 적힐 백지로 된 페이지들이 있다. 언젠가, 그대 앞에서 나는 그 모든 것을 펼쳐보여 주리라. 이제 그대는 나를 알게 되었다. 나를 부르면 내 그대에게 오리라."

그녀가 말을 하는 동안 부드러움으로 가득한 빛이 그녀의 눈으로부터 쏟아져 나오고 있었다. 오, 이루 다 할 수 없는 신성의 현현이여!

그러나 갑자기 모든 환영이 지워졌다. 그리고 무시무시한 찢김의 고통이… 그는 자신이 다시 자신의 몸 속으로, 마치 사체 속으로 들어가듯 추락하고 있음을 느꼈다. 이윽고 그는 다시 의식이 남아 있는 혼수 상태에 빠졌다. 쇠사슬이 그의 사지를 묶는 듯이 느껴졌으며, 머리에 무시무시한 중압감을 느꼈다. 그는 깨어났다. 그의 앞에는 대사제가 다른 동료들과 함께 서 있었다. 그들은 그를 둘러싸더니 강심제를 먹였다. 그가 일어섰다. 예언자, 선지자인 대사제가 말했다.

"자, 그대 이제 부활했노라. 우리와 함께 사제들의 축하 의식을 벌이러 가자. 거기서 그대의 여행, 오시리스의 빛으로의 여행에 대해 이야기를 해주어라. 그대는 이제부터 우리들 중의 하나가 되었으니…."

자, 이제 우리도 그 대사제와 새로운 선각자를 뒤쫓아 그 사원의 가장 은밀한 곳을 살펴보기로 하자. 그곳에서 사원의 우두머리인 대사제가, 이 새로운 선지자에게 헤르메스의 비전, 헤르메스가 보았던 것에 대해 이야기해 주면서 위대한 계시의 길을 그에게 보여주었던 것이다. 파피루스의 기록으로 남아 있지 않으며, 대사제만이 알고 있는 지하묘지의 비석에만 상징적 기호로 쓰여져 있던 그 비전, 사제들 간의 입을 통하여서만 전해진 그 비전. 그것을 이제 엿들어보기로 하자.

대사제는 이렇게 말문을 열었다.

"잘 들어라. 이 비전은 세계의 영원한 역사와, 세상 만물의 운용을 다 감싸고 있도다."

그 헤르메스의 비전을 경험하며, 우리의 선지자는 통과 제의를 완성하게 되는 것이다.

5. 헤르메스의 비전

어느날 헤르메스는 만물의 근원에 대해 곰곰이 생각하다가 잠이 들었다. 몸은 묵직한 무기력 상태로 빠져들었으나 몸이 무거워질수록 그의 정신은 허공 속으로 상승했다. 그러자 정해진 형체가 없는 거대한 존재가 그의 이름을 부르는 듯이 느껴졌다. 헤르메스가 겁에 질려 말했다.

"그대는 누구십니까?"

"나는 최고의 정신인 오시리스다. 나는 만물을 열어보일 수 있다. 그대 무엇을 바라는가?"

"오, 신성한 오시리스여, 전 존재들의 근원을 응시하고, 신을 알게 되길 원하옵나이다."

"그대, 만족을 얻게 되리라."

그와 함께 헤르메스는 감미로운 빛에 휩싸이는 느낌을 받았다. 이 투명한 빛의 물결 속에 이 세상 전 존재들의 황홀한 형태들이 나타났다.

그런데 갑자기 무시무시한 어둠, 구불구불한 이상한 형체들이 그에게 덮쳐들었다. 헤르메스는 연기와 침울한 울음 소리들로 가득찬, 축축한 혼돈카오스 속으로 빠져들었다. 그러자 심연으로부터 한 목소리가 들려왔다. '별의 비명 소리'였다.

곧이어, 섬세한 불꽃이 그 축축한 심연으로부터 피어오르더니 가볍게 하늘로 올랐다. 헤르메스는 그 불꽃과 함께 위로 올라 공간 속에 다시 있게 되었다. 혼돈이 심연 속에서 그 모습을 드러냈다. 천상의 성가 소리가 그의 머리에 울렸다. 그리고 빛의 목소리가 무한을 채웠다.

"그대, 그대가 본 것을 이해했는가?"

꿈에 잠겨 있는, 땅과 하늘 사이에 매달려 있는 헤르메스에게 오시리스가 말했다.

"아니옵니다."

"좋다, 그렇다면 가르쳐주마. 그대는 방금, 전全 영원성을 본 것이다. 그대가 처음에 본 빛은 온갖 만물을 품고 있으며, 모든 존재의 형태들을 간직하고 있는 신성의 정신이다. 이어서 그대가 잠겼던 어둠은 지상의 인간들이 살고 있는 물질 세계이다. 그리고, 바로 그 심연으로부터 솟아난 불꽃, 그것이 신성의 말씀이다. 신은 아버지이시고 말씀은 그 아들이며, 신과 말씀의 결합이 바로 삶인 것이다."

"헌데, 제 안의 그 어떤 신비스런 감각 기관이 열렸던 것일까요? 내 육신의 눈으로는 볼 수가 없고 제 정신의 눈으로만 볼 수 있었으니까요. 어떻게 그런 일이 일어났던 것인가요?"

"먼지로부터 태어난 아이야, 거기에 바로 큰 비밀이 있노라. 그것은 그 말씀이 바로 그대 안에 있기 때문이로다. 그대 안에서 듣고 보고 행동한 것은 바로 말씀 그 자체이다. 신성의 불은 그대 안에 있도다."

"그러하다면 이 세상의 삶, 영혼의 길, 인간이 그로부터 와서 다시 그로 돌아가는 길을 제게 보여주십시오."

"네 원願에 따라 그것이 이루어지리다."

헤르메스는 다시 돌처럼 무거워져 마치 운석처럼 하늘을 가로질러 땅으로 떨어졌다. 이윽고 그는 자신이 어느 산 꼭대기에 있음을 알았다. 밤이었다. 대지는 어둠에 싸인 채 헐벗어 있었다. 그에게는 자신의 사지가 쇠몽둥이처럼 무겁게 느껴졌다. 그때 다시 오시리스의 목소리가 들렸다.

"눈을 들어 바라보라."

그러자 헤르메스의 눈앞에 경이로운 광경이 펼쳐졌다. 공간이 무한히 열려 있었고 별이 빛나는 하늘이 일곱 개의 빛나는 천체로 그 공간을 감싸고 있었다. 그는 자신의 머리 위로 일곱 개의 천체가 마치 일곱 개의 투명한 공처럼 층층이 형성되어 있는 것을 보았으며, 자신이 그 중심에 있음을 알았다. 그 중 마지막의 것은 짖빛의 띠를 두르고 있었다. 헤르메스가 황홀함에 젖어 그 광경, 그 장엄한 움직임을 바라보고 있을 때 다시 목소리가 들려왔다.

"바라보고, 듣고, 그리고 이해하거라. 너는 전 생애를 이루는 일곱 개의 별들을 보고 있다. 그것들을 통해 영혼의 추락이 이루어지며 또한 상승이 이루어진다. 그 별들을 둘러싸고 있는 일곱의 정령들은 '말씀-빛'의 일곱 광채들이다. 그 정령들 중의 하나가 네 정신 속 하나의 별에게 명을 내리고, 영혼의 한 생애 중 어느 시기를 지배한다. 네게 가장 가까이 있는 것이 달의 정령이다. 너를 불안하게 만드는 미소를 띠고 있는 그 정령은 영혼을 육체로부터 떼어내어 자신의 광채 속으로 들어오도록 이끈다.

바로 그 위 수성메르퀴즈의 정령은 신비의 이치를 품고 있는 그의 지팡이로 영혼이 올라갈 길, 내려갈 길을 보여준다.

그 위에서 빛나는 금성비너스의 정령은 사랑의 거울을 지니고 있어, 거기서 영혼들이 서로서로 알아보고 만났다가 다시 헤어지게 된다.

그리고 바로 그 위에서는 태양의 정령이 영원한 아름다움의 불꽃을 의기양양하게 쳐들고 있다.

더 높이는 화성마르스이 정의의 칼을 흔들고 있다.

그 위 창공의 왕좌 위에 목성주피터이 앉아 신의 정신인, 최상의 권력의 왕홀을 높이 들고 있다.

황도 십이궁 아래 이 세상의 끝에는 토성사투르누스이 자리잡고 우주적 지혜의 빛을 발한다."

"이제, 보이고 보이지 않는 세계 전체를 품은 일곱 지역을 저는 보았나이다. '말씀-빛'의, 그들 사이에서 그들을 가로지르고 통치하는 절대신의 광채를 보았나이다. 하지만 주인이시여, 인간이 어떻게 하면 모든 세계를 통과하여 여행을 할 수 있겠나이까?"

"저 일곱 번째 별의 흐릿한 띠에서 빛나는 씨앗이 떨어지는 것이 보이느냐? 그것이 영혼들의 싹이니라. 그 씨앗들은 자신들이 행복하다는 것도 모르는 채 걱정 없이 저 토성 지역에서 증기처럼 떠돌며 살고 있다. 그러나 이 별에서 저 별로 떨어지면서 그 영혼은 점점 더 무거운 껍질로 싸이게 된다. 한 번 육화가 이루어질 때마다 영혼은 육체적 감각을 갖게 된다. 그때마다 영혼들의 생명 에너지는 증가하지만 점점 더 무거운 몸에 휩싸이게 되면서 자신이 본래 천상의 존재였다는 사실을 망각하게 된다. 그 완전한 망각이 바로 완전한 추락에 다름아니다. 점점 더 물질에 사로잡히고 점점 더 삶에 취하게 되면서, 영혼은 쾌락에 몸을 떨며 고통의 지역, 사랑과 죽음의 지역을 통과해 이 지상의 감옥까지 마치 불비처럼 뛰어들게 되는 것이다. 그리하여 이 지상에서는 불꽃이 이글거리는 지구 중심의 인력에 끌려 신음하면서, 신성스러운 삶이란 한낱 헛된 꿈처럼 여겨지게 되는 것이다."

"영혼도 죽음을 겪을 수 있습니까?"

"그렇다. 많은 영혼이 그 운명적 추락을 겪은 후 멸해 버린다. 영혼은 하늘의 딸이고 그 여행은 시험인 것이다. 영혼이 물질에 과도하게 집착해서 자기 본래의 존재에 대해 완전한 망각에 빠지게 되면, 영혼속에 남아 있던 신성의 불꽃, 하늘의 별보다 더 찬란하게 빛날 수도 있었을 그 불꽃이 생명 없는 원자가 되어 창공으로 날아가 버린다. 그리고 영혼은 다른 물질들의 소용돌이 속에서 풍화되어 버린다."

오시리스의 그 말을 듣는 순간 헤르메스는 몸이 떨려왔다. 격렬한 돌풍이 불어와 그를 검은 구름으로 감쌌기 때문이었다. 일곱 천체가 두꺼운 구름 아래 사라져버렸다. 그리고 그 가운데 그는, 괴물들과 동물들의 환영에 끌려가고 찢기우면서 이상한 비명을 내지르는 인간의 유령들을 보았다. 오시리스가 말했다.

"저것이, 치유할 길 없을 정도로 저열하고 사악한 영혼들이 겪어야 될 운명이다. 그들의 고통은 그들의 완전한 파괴, 그 운명의 전 의식을 상실함으로써만 끝나게 되어 있다. 그러나 보아라. 구름이 흩어지면서 일곱 개의 천체가 다시 창공에 나타나고 있다. 자, 이쪽을 보아라. 달의 지역으로 다시 올라가려고 애쓰고 있는 영혼들의 무리가 보이느냐? 자세히 보면 어떤 영혼들은 폭풍우 아래 마치 회오리처럼 뒤엉켜 땅을 향하고 있다. 또 다른 영혼들은 큰 날갯짓을 해서, 자신이 도달해야 할 순서가 된 천구에 도달하고 있다. 거기에 일단 도달하게 되면 그 영혼은 사물에 대한 신성한 통찰력을 다시 얻게 된다.

하지만 그 영혼들은, 행복하기만 하고 무력한 꿈 속에서 그것을 되뇌는 데 만족하지 않게 된다. 그 영혼들은 추락의 고통을 통해 더욱 명증해진 의식으로, 싸움을 통해 획득된 더욱 활기찬 의지로, 그 통찰력에 젖어 있는, 통찰력과 한몸인 영혼이 되는 것이다. 그때 그 영혼은 스스로 신성함을 지니고 있고 그 행동을 통해 신성함이 빛을 발함으로써, 스스로 빛나는 존재가 된다. 그러니 헤르메스여, 그대의 영혼을 다시 군건히 하라! 저 드높은 하늘까지의 아득한 거리에, 그 아찔함에 어두워진 너의 정신에 다시 채찍을 가하도록 하라! 너 또한 그곳으로 되돌아간 영혼들을 뒤따를 수 있음이니라. 자 보아라, 그들이 어떻게 무리지어 성가를 울리고 있는가를, 그들은 각각 자기들이 좋아하는 정령 아래 모여 있다. 가장 아름다운 영혼들은 태양 지역에 있고, 강한 자들은 토성으로까지 올라간다. 그 중 몇몇은 권능들 중의 권능 자체인 아버지에게로까지 도달한다.

자, 저기 모든 것이 끝나는 곳에서 모든 것이 다시 시작된다. 그리고 일곱 천체는 함께 소리높여 말한다. 지혜! 사랑! 정의! 아름다움! 영광! 이치! 불멸!이라고."

"자, 이것이 옛날에 헤르메스가 보았던 것이며 그 후계자들이 우리에게까지 전해 준 것이다."

대사제가 말했다. 그는 계속 말을 이어갔다.

"현자의 말들은, 리라의 일곱 줄이 그 수와 그 법칙과 함께 음악 전체를 이루듯이 이 우주 전체를 이루는 기본들이다. 헤르메스의 비전은, 그 헤아릴 수 없는 깊이가 별자리로 흩어져 나타나 있는 별이 빛나는 하늘과 같은 것이다. 어린아이에게라면 그 하늘은 황금 못이 박혀 있는 천장에 불과하다. 하지만 현자에게는, 이 세상이 그 경이로운 리듬과 박자에 맞추어 돌고 있는 가없는 공간이다. 그 비전은 영원의 수를 품고 있으며, 영을 환기시키는 표지이며, 마술의 열쇠이다. 네가 그것을 응시하고 이해하게 되면 될수록 그 경계는 더욱 넓어질 것이다. 이 세상 전체는, 똑같은 법칙의 지배를 받고 있기 때문이다. 네 속을 응시하고, 하늘을 응시하라."

그런 후 그 사원의 대예언자는 신성의 텍스트를 해석해 주기 시작했다. '말씀-빛'의 교리는, 신성성이 완벽한 균형 속에서 '정태적 상태'에 있음을 나타낸다고 그는 설명했다. 그는 그 '말씀-빛'의 3중의 성질에 대해서도 설명했다. 그것은 정신이자 기운이며 물질이고, 정신이자 영혼이며 육체이고, 또한 빛이자 말씀이며 생명이었다. 본질 · 발현 · 실체라는 세 단어는 그에 호응하는 단어로서 서로가 서로에게 전제 조건이 된다. 그것들이 결합되어, 저 높은 곳과 낮은 곳의 모든 창조를 관장하는 통합의 법칙, 신성의 원칙이 되는 것이다. 이렇게 하여 일단 제자를 이 우주의 핵심 관념, 전 존재의 창조적 동력이 되는 절대원칙으로 이끈 후에, 스승은 그 원칙을 시공 속에 흩뿌려, 수도 없이 다양한 형상으로 나타나게 됨에 대해 설명했다. 헤르메스의 비전의 두 번째 부분은 역동적인 상태에 있는, 다시 말해 현재 진행중에 있는 변모, 진화에 스며든 신성성을 보여주고 있는 것이다. 일곱 개의 별과 결합시킨 일곱 개의 천체는, 정신과 물질의 상이한 일곱 상태, 각각의 인간 혹은 각각의 인류가 진화 · 변화 과정에서 통과해야만 하는 일곱 개의 상이한 세상을 나타낸다. 일곱 정령, 혹은 천지 개벽의 일곱 신은, 모든 천체를 관장하는 최고의 정신을 의미한다. 따라서 각각의 위대한 신이란 고대의 선지자들에게는, 자신과 비슷한 존재를 수없이 변형시켜 다시 만들어낸 존재에 다름아니며, 지상의 인간, 지상의 온갖 만물들에까지 그 영향력을 행사한다. 헤르메스의 비전에서의 일곱 정령은, 인도의 일곱 데바 신, 페르시아의 일곱 암샤판드, 칼데아에서의 일곱 천사, 카발에서의 일곱 정령과 일치하며 기독교 요한 계시록에서의 일곱 천사장과 일치한다. 이 우주를 껴안고 있는 일곱 정령은 기본적으로 정신 · 영혼 · 육체의 셋으로 되어 있으며, 다시 그 각각의 진화에 따라 일곱으로 분류되는 구체적 인간의 모습으로 발현되어 나타난다.

대사제는 여기까지 설명한 후 마지막으로 덧붙였다.

"자, 이제 너는 위대한 비법의 문턱을 넘어선 셈이다. 신성의 삶이 그대에게 현실의 유령으로 나타났다. 헤르메스가 네게 보이지 않는 하늘, 오시리스의 빛, 이 우주 속에 숨어 있는 신을 알게 해주었다. 자, 이제 네 스스로 그리로 나아가서, 그 순결한 정신에 이르는 길을 찾아라. 그대는 이제부터 '살아 있는 부활자'에 속하게 되었음이라. 다만 신성의 이치에는 두 가지 원칙이 있음을 명심해라.

첫째, 사물의 바깥은 안과 같은 것이다. 작은 것은 큰 것과 같은 것이다. 이 세상에는 단 하나의 유일한 법칙만이 있고, 거기서 운용되는 것은 모두 '하나'이다. 신의 운용 속에서는 그 어떤 것도 작지 않고 그 어떤 것도 크지 않다.

둘째, 인간들은 죽게 되어 있는 신들이며 신들은 불멸의 인간들이다. 그 말을 이해하는 자 복이 있을지니 그는 만물의 열쇠를 손에 쥔 것과 다름없기 때문이다.

그리고 또 한 가지 명심하도록 하라. 총체적 인식은 우리와 같은 시험을 통과한 우리 형제들에게만 드러날 수 있다. 그러니, 그 정신의 정도에 따라서 드러날 진실의 모습을 헤아릴 줄 알아야 한다. 진실을 접하고 광기에 빠질 약한 자에게는 그 진실을 덮어야 하고, 그 진실의 일부분을 파괴의 무기로 사용할 사악한 자들에게는 그 진실을 숨겨야 한다. 진실을 너의 가슴에 묻고 너의 일, 행동을 통하여만 그것이 드러나도록 해라. 신성의 이치는 너의 기氣가, 믿음은 너의 검이, 침묵은 너의 갑옷이 되어 너를 지켜주리라."

우리의 새로운 입문자에게 그 자신과 우주에 대해 그토록 드넓은 지평을 열어보인 대예언자의 계시는, 그에게 깊은 각인을 남겼다. 사원의 기둥들, 흰 지붕과 테라스가 모두 그의 발 아래 잠들어 있는 가운데 거대한 선인장들만 어둠 속에 희미한 모습을 드러낼 뿐 온통 정적에 휩싸여, 테베의 사원 천문대 위에서, 근엄한 목소리에 실려 들려오는 계시들에 그는 그 얼마나 가슴 뛰는 희열을 맛보았을 것인가? 저 멀리 삼각형 모습의 피라미드가 희미하게 보였고, 창공에는 헤아릴 수 없을 정도의 별이 떠 있었다. 자신의 영혼이 미래에 거주하게 될 그 별들을 그는 그 얼마나 새로운 눈으로 바라보았을 것인가!

이윽고 황금빛 쪽배 모양의 달이 나일 강의 어두운 거울에 그 모습을 드러내더니 푸르스름한 뱀처럼 저 수평선으로 사라지자, 그는 영혼의 강물 위를 노저어 가 그를 오시리스의 태양으로 데려갈 이시스의 배를 보았다고 생각했다. 그는 『사자의 서』를 기억해 냈다. 그러자 그 모든 신비스런 상징들이 그의 정신 속에서 그 의미를 드러냈다. 그가 본 것, 그가 배운 것, 그것들에 대해 명상을 한 후 그는 자신이 지상의 삶과 천상의 삶 사이에 있는 신비의 지역, 황혼에 잠긴 왕국에 있다고 느꼈다. 그리고 그 스스로 이 세상과 실존을 거쳐 무한으로 향하는 위대한 여행을 떠날 준비가 되었음을 알았다. 이미 헤르메스는 그가 죄에서 벗어났고 그 여행에 참여할 자격이 있음을 선언한 것이다. 헤르메스는 그러면서 그에게 커다란 수수께끼 같은 말을 하나 남겼다.

"단 하나의 영혼, 전체의 위대한 영혼이 이 우주 속에서 들끓고 있는 모든 영혼들을 낳았고, 그에 참여하고 있도다."

위대한 비밀로 무장한 채 그는 이시스의 배에 올랐다. 배가 출발했다. 창공으로 들어올려진 배는 별 사이 지역을 떠돌았다. 천상의 남빛에 물든 돛 위로 벌써 거대한 오로라의 빛이 내리쬐기 시작했고, 영광에 찬 정신들의 합창이 들려왔다.

"일어나라, 라 헤르마쿠티여, 정신의 태양이여! 그대의 배 안에 타고 있는 자들이 찬양을 하고 있도다. 신비의 성전에 기쁨이 충만하도다! 오, 일어나라, 암몬—라 헤르마쿠티여."

그리고, 우리의 대담한 입문자가 그에 화답했다.

"내 진실과 정의의 나라에 도달했도다. 나는 살아 있는 신으로 부활했으며, 하늘에 살고 있는 신들의 찬양 속에서 빛나고 있도다. 나는 신들과 같은 종족이다."

그토록 자랑스러운 생각, 그토록 대담한 소망들이, 부활의 신비한 의식이 거행된 날 밤에 그 입문자의 정신에 찾아왔다. 다음날 눈부시게 내리쬐는 태양 아래, 사원의 큰길에 서 있자니 그에게 그 밤은 마치 한 편의 꿈과 같이 여겨졌다. 하지만, 보이지 않는 세계, 만져지지 않는 세계로의 여행! 그것은 결코 잊을 수 없는, 잊혀지지 않는 꿈이었다. 그는 다시 이시스의 조각상에 쓰여진 글씨를 읽어보았다.

'불멸을 경험한 자만이 이 베일을 벗길 수 있으리라.'

그때, 베일의 한쪽 귀퉁이가 들어올려지더니 다시 내려덮였고, 그는 무덤 곁의 땅에서 깨어났다. 아, 그 꿈은 얼마나 아득히 먼 곳까지 나아갔던가! 그는 그 꿈 속에서 '수백만 년의 배'를 타고 긴 여행을 했던 것이다! 그렇다, 그는 최소한 최후의 목표는 엿보았다.

이렇게 그의 통과 제의는 끝이 났다. 이 새로운 건자는 오시리스의 사제에 봉헌되었다. 그가 이집트에 살면, 그는 충실히 그 사원에 머물며 신비를 이어갈 것이었다. 그러나 외국인인 그에게는 이따금 고향으로 돌아가 거기 새로운 신앙을 세우고 그의 임무를 완수하는 것이 허락되었다. 하지만 출발에 앞서 그는 사원의 비밀에 대해 절대적으로 침묵할 것을 장엄한 의식과 함께 선서했다. 그는 그 누구에게도 그가 본 것, 들은 것을 발설해서도 안 되며 오시리스의 교리를 밝혀서도 안 되었다. 그가 그 서약을 어기면, 그가 제 아무리 멀리 떨어져 있다 할지라도 조만간 죽음을 당한다. 그리고 바로 그 침묵이 그의 신비의 힘을 보호해 주는 방패가 되었다.

다시 이오니아의 강변으로 돌아온 그는 이집트에 대해, 피라미드에 대해, 그가 신비의 교리를 터득한 그 사원에 대해 다시 생각한다. 그리고 마치 저 나일 강 물결 위에 연꽃이 떠가듯, 그의 눈앞에 흐르는 강변

위에서 흰 영상이 흘러가는 것을 본다. 그는 이따금 그 흰 영상의 소리, 빛의 소리에 귀를 기울인다. 그의 내면에서 들려오기도 하는 그 목소리는 이렇게 말하고 있었다.

"영혼은 베일에 덮인 빛이다. 그것을 소홀히 하면 영혼은 흐려져 꺼져버린다. 하지만 거기에 사랑의 성유聖油를 부으면, 그것은 불멸의 램프로서 타오른다."

제4장

모세
이스라엘의 임무

성서 중 가장 어렵고 가장 모호한 창세기에는 그 단어
만큼의 비밀이 들어 있으며, 각각의 단어마다 수많은
비밀이 숨어 있다.

—생 제롬

과거의 산물이며 미래의 줄기를 이루는 이 책은(창세
기 앞의 10장) 이집트 교리 전체를 이어받았음과 동시
에 미래 교리들의 싹이기도 하다. 자연의 가장 심오하
고 신비스러운 이치, 정신이 품을 수 있는 가장 경이로
운 생각, 지혜가 가닿을 수 있는 가장 숭고한 높이를 이
책은 지니고 있다.

—파블로 돌리베

1. 유일신 전통과 사막의 족장들

신의 계시는 인류의 역사만큼이나 오래된 것이다. 이란과 인도, 그리고 이집트의 성서들을 잠깐만 살펴보아도 신비주의 교리의 모태가 되는 생각들이 생생하게 살아 있음을 우리는 알 수 있다. 그 속에는 보이지 않는 영혼이 생생하게 살아 있으며 위대한 종교들을 낳게 한 원리 원칙들이 확고하게 자리잡고 있다. 그 당시의 강력한 선지자들은 그들 생의 한 순간에 핵심적 진실의 빛을 보았고, 그 빛을 이 세계의 가시적 현상들과 연관시켜서 보았다. 우리는 라마를 통해 아리안 교리를, 크리슈나를 통해 브라만 교리를, 테베의 사제들을 통해 이시스와 오시리스의 교리를 보았다. 하지만 그들은 유일신 종교의 근본 교리인, 비물질적 존재인 최고의 신이 존재한다는 원칙을 두드러지게 강조하지는 않았다. 그들은 지혜롭게, 그리고 점차적으로 보이지 않는 것으로부터 보이는 것을, 신의 헤아릴 수 없는 깊이의 세계로부터 이 세상의 현상을 끌어냈다. 남성과 여성의 이원성은 태초의 통일성으로부터 나오는 것이며, 이어서 살아 있는 인간과 이 세상의 삼위 일체가 이루어진다고 그들은 설명했다. 그렇더라도 우리가 살펴본 이집트 선지자들의 모습은 우리에게 이 우주를 지배하는 유일신, 최고의 빛을 향한 신앙의 싹이 숨어 있음을 알려준다. 이제 우리는 그 싹이 이스라엘 땅에서 모세를 통해 어떻게 개화하는가를 살펴볼 예정이다.

하지만 이집트의 신비주의적 유일신 사상은 그 성전으로부터 결코 밖으로 나오지 않았다. 그 신성의 이치는 소수인들에게만 특권으로 간직되어 있었다. 그런데 외부로부터의 적들이 이 고대 문명의 성벽을 허물기 시작했다. 우리가 지금 살펴보게 될 시기, 그러니까 기원전 12세기의 아시아는 물질 숭배에 빠져들기 시작하고 있었다. 인도는 이미 쇠락을 향한 발걸음을 크게 옮기고 있었던 것이다. 그때 유프라테스와 티그리스 강가에 하나의 강력한 제국이 출현한다. 장엄한 바빌론의 도시들은 주변을 돌아다니는 유목 민족들에게 아찔한 현기증을 주기에 충분한 것이었다. 앗시리아의 왕들은 땅이 끝나는 곳까지 세력을 뻗칠 기세로 세력을 확장했다. 인간에 대한 존경도, 종교적 원칙도 없는 그 잔인한 무장 세력들은 단지 힘의 과시만을 그들의 임무로 삼았을 뿐이었다. 우리가 앞서 살펴보았듯이 이집트에서는 성직 집단이 언제나 왕권 위에 군림하여, 왕들이 바로 성직자의 제자들이었던 데 반해 바빌론에서의 성직자 집단은 왕의 독재를 위한 도구로 이용되었을 뿐이었다. 인도의 성자들이나 이집트의 사제들이, 그들의 지혜로 신의 섭리가 이 땅에 군림할 수 있게 했다면 바빌론을 지배했던 것은, 운명의 힘, 잔인하고 야만적인 운명의 힘이었다고 우리는 말할 수 있을 것이다. 그리하여 바빌론 제국은, 이 세계적 무정부 상태를 지배하는 압제자가 되었다.

이 침입의 물결에 대항해서 이집트는 무엇을 할 수 있었을까? 힉소스들이 이미 그들을 집어삼킬 뻔했었다. 이집트는 용감하게 저항했었다. 하지만 그 저항이 영원히 계속될 수는 없는 법, 바빌론에 이은 페르시아의 태풍 아래 이집트의 사원들과 왕들은 속절없이 쓸려갔다. 그렇다면 이집트의 사원 안에 고이 간직된 채 널리 퍼뜨려지지 않았던 그 신성의 원칙들, 신비의 교리들은 어떻게 되었는가. 함께 쓸려가 버렸는가? 대부분은 그러했다. 하지만 그 정신이 전혀 상반되는 두 민족이 그들의 성전에서 횃불을 밝혀, 한쪽은 하늘의 깊이를 세상에 빛으로 내놓았고 다른 한쪽은 지상을 밝히고 그것을 변모시켰으니 이스라엘 민족과 그리스 민족이 바로 그들이다.

인류의 종교사에서 이스라엘 민족이 지니고 있는 중요성은 두 가지 면에서 살펴볼 수 있다. 첫 번째는 그들이 유일신 숭배 종교를 내세웠다는 것이고 두 번째는 기독교를 탄생시켰다는 것이다. 그러나 이스라엘 백성이 보여준 섭리의 정신은 신약과 구약의 상징을—비록 그 상징들이 본래의 의미를 모르는 수많은 편집자와 번역자의 손을 통해 훼손되기는 했지만—, 과거의 신비주의 전통을 고스란히 이어받고 있음을 알아차리는 자에게만 드러날 수 있다. 그런 관점에서 바라볼 때 이스라엘이 맡았던 역할은 자명해진다. 유일신 사상은 결과적으로 고대와 현대, 동양과 서양을 포함해서 인류 전체를 같은 신, 같은 법칙하에 통합하는 힘을 갖는다. 신학자들이 신에 대해 유치한 개념을 품고 있는 한, 과학자들이 단순하게 신을 모른다며 부정하는 한 절대적인 신 아래서 정신적으로, 사회적으로, 또한 종교적으로 인류를 통합한다는 것은 헛된 꿈이거나 위험한 욕망에 불과한 것으로 보일 수 있다. 하지만 비교적秘教的으로 이 세상의 열쇠, 이 삶의 열쇠, 변화중에 있는 인간과 사회의 열쇠를 신성의 원칙에서 찾는다면, 다양성을 인정하는 가운데서의 유기적 통합은 가능한 것이 된다. 이스라엘의 유일신 사상은 그들이 믿는 신을 남에게 강요하는 것이 아니라 그들의 신조차 넘어서는 절대적 신성의 원칙에 대한 믿음으로 이해해야 하는 것이다.

한편 기독교, 즉 그리스도의 종교도 그 속에 들어 있는 비의秘意를 해독할 수 있을 때라야 그 높이와 보편성이 드러난다. 기독교는 약속과 완성, 달리 말해 전 우주적 통과 제의를 통한 새로운 탄생의 약속을 품고 있는 것이다.

유일신 사상을 체계적으로 조직화한 인물이 바로 이집트의 선지자이며 오시리스의 사제인 모세이다. 신비의 삼중 베일에 감추어져 있던 유일신 사상의 원칙이 그를 통해 이집트 사원 깊은 곳으로부터 나와 역사의 고리 속으로 들어간다. 모세는 대담하게 통과 제의의 가장 높은 원칙을 한 국가 종교의 교리로 삼았을 뿐 아니라, 그 신비스런 통과 제의의 결과들을 극소수의 선지자들에게만 전하고 일반 대중에게는 두려운 마음으로 그 교리를 따르도록 강요할 만큼 신중함도 지니고 있었다. 이 예언자는, 단순히 이스라엘 백성의 운명만을 예언한 것이 아니라 그 운명을 넘어서는 보다 길고 높은 전망을 가지고 있었다. 그가 품은 이스라엘의 진정한 임무, 진정한 사명은 인류의 보편 종교를 세우는 것이었고 몇 명의 위대한 예언자들을 제외한 대부분의 유태인들은 그것을 이해하지 못했다. 그 임무를 수행하기 위해서는 그 임무를 대표할 백성 전체를 한군데로 포섭하는 것이 우선 과제였고, 그렇게 선택된 것이 유태 민족이었던 것이다. 후에 유태인은 흩어져 그 국가가 소멸되었지만, 모세와 예언자들의 생각은 살아남고 커져서 신비주의 전통하에 빛나는, 영원한 희망의 빛을 던져주었으니 바로 그것이 모세가 이룬 위대한 업적인 것이다.

모세의 유일신 종교 건립에는, 개별적인 선구자들로 변신하여 성경에 등장하는 평화적인 유목민들의 왕들이 큰 역할을 담당하는데, 그들은 성경에 아브라함 · 이삭 · 야곱의 이름으로 나온다.

여기서 당시의 헤브라이 부족들과 그 족장들에 대해 잠깐 살펴보기로 하자. 그런 후 우리는, 전설적인 여호와가 무서운 모습으로 군림하고 있던 그 황량한 사막의 신기루들에서, 시나이 반도의 그 어둠 속에서 위대한 예언자 모세의 모습이 어떠한 것이며 그가 한 일이 어떠한 것이었는가에 대해 살펴보게 될 것이다.

헤브라이족은 수천 년 전부터, 지칠줄 모르는 유목민으로서, 또한 영원히 추방된 종족으로서 존재해 왔다. 아랍 종족의 형제뻘인 그들은 다른 모든 셈족들이 그러하듯이 백인종과 흑인종 사이의 혼혈 종족의 후예들이다. 그들은 아프리카 북부를 베두인족이라는 이름하에 끊임없이 이리저리 옮겨다니고 있었는데, 집도 침대도 없이 홍해와 페르시아 만 사이, 유프라테스 강과 팔레스타인 사이의 광활한 사막에 이동식 천막을 치고 살고 있었다. 탈것으로는 당나귀와 낙타를 이용했고 유일한 재산이라야 그들과 같이 낯선 곳을 끊임없이 헤매는 양떼들뿐이었다. 천성적으로 그 누구에 순종하길 거부하는 이 족속들은 잘 깎아진 돌이라든지, 성벽이 둘러쳐진 도시, 돌로 된 사원을 싫어했고 더욱이 그런 것들을 만들고 세우는 일을 혐오했다. 하지만 그들의 그런 속성에도 불구하고 거대하고 신비스러워 보이기까지 하는 바빌론의 도시들이 이 반야만족들에게 도저히 물리칠 수 없는 매력으로 다가오게 된다. 그 화려한 건조물에 이끌려, 혹은 앗시리아의 왕들에게 사로잡혀, 혹은 그들의 군대에 편입되어, 그들은 바빌론의 호사스런 문화 쪽으로 몰려든다. 또한 그들은 검은 피부에 빛나는 눈을 한 모아브족의 여인들에게 매혹되어, 돌과 나무로 된 우상을 숭배하는 그들의 풍습에 물들기까지 한다.

그러나, 갑자기 사막을 향한 그리움이 그들을 사로잡는다. 그리하여 그들은 이전의 사막의 삶으로 도망치듯 되돌아간다. 야수들의 울부짖음만 들려오는 거친 골짜기로, 그들의 조상들이 숭배했던 별들의 차가운 불빛만이 안내자 구실을 하는 광활한 평원으로 되돌아온 그들은 그들 스스로를 부끄러워했다. 그런 상황에서 영감을 받은 어떤 족장한 명이 그들에게 모든 것을 볼 수 있으며 죄 지은 자를 벌하는 유일한 신 엘로힘에 대해 소리높여 외쳤다면, 이 순진한 반야만의 종족들은 머리 숙여 무릎 꿇고 기도하면서 순한 양처럼 그를 따랐을 것이다. 그리하여 차츰차츰 이 위대한 엘로힘, 전능하며 하나뿐인 신에 대한 관념이 그들의 영혼을 채우게 되었을 것이다.

그렇다면 그 족장들은 누구일까? 아브라함은 바빌론 가까이에 있는 칼데아의 도시인 우르의 왕이었다. 앗시리아인들의 전통에 의하면 그는 안락의자에 앉은 인자한 모습으로 그려지고 있다. 셈족에 속하는 모든 민족들의 신화 이야기에 등장하는 아주 고대의 이 인물은, 신의 목소리에 이끌려 우르 지역으로부터 가나안으로 이주하는 인물로 성서에 나타나고 있다.

> 하느님이 그에게 나타나 말했다. 나는 전능한 신이다. 내 곁을 떠나지 말고 흠 없이 살아라. 내 너와 나 사이에 계약을 맺으며, 그 계약은 너의 후손들에게까지 영원히 이어지리니, 나는 너의 신이요 네 후손의 신이 되리라. (창세기 16장 17절, 17장 7절)

성서의 이 구절이 뜻하는 바는 아브라함이라는 이름을 가진 고대 셈족의 족장 한 명이 자신의 부족을 서쪽으로 이끌고 가라는, 엘로힘 숭배 사상을 그들에게 부과하라는 자기 내면의 목소리에 이끌렸음을 의미한다.

한편 이삭이라는 이름은 그 이름 앞머리의 이스IS로 유추해 볼 때 이집트의 통과 제의를 거친 인물로 보이며 야곱과 요셉이라는 이름은 그들이 페니키아 출신임을 알게 해준다. 그야 어쨌든 아브라함·이삭·야곱은 여러 다른 민족의 족장들이었으며 시대상으로도 상당히 거리를 두고 있는 인물들이라고 보는 것이 타당하다. 그런데 모세가 죽은 지 한참 후 이스라엘의 전설 속에서 세 인물은 한 가족으로 뭉쳐진다.

이삭이 아브라함의 아들이 되고 야곱이 이삭의 아들이 되는 것이다. 이런 식으로 정신적 근친성을 혈연적 근친성으로 표현하는 것은 고대 성직자 사회에서 흔히 행해지던 일이었다. 전설적으로 확립된 이러한 새로운 족보에 의해 아주 중요한 사실 하나가 도출된다. 즉 사막의 선지자들인 족장들이 한 가계로 묶이게 되면서 그들 모두를 꿰뚫는 유일신 숭배가 하나의 족보처럼 형성되는 것이다. 그 인물들이, 꿈의 형태에서 내면의 정신적 계시를 받았든지 혹은 깨어 있는 상태에서 절대자의 영상을 보았든지, 신비주의의 이치에서 보자면 그것은 전혀 대립되는 것이 아니며 이 새롭게 형성된 족보에서 그 차이점은 지워져버린다. 그 신의 계시 현상이 성서 이야기에서는 천사들이 방문해 천막에서 환대를 받는 순진한 형태로 표현되고 있다.

이 족장들은 신의 정신 세계에 대해, 그리고 인류의 종교의 목적에 대해 심오한 전망을 가지고 있었을까? 의심할 바 없이 그렇다. 실증 과학적 지식에 있어서는 칼데아의 승려들이나 이집트의 사제들보다 훨씬 열등했던 그들은, 그의 부족들의 자유로이 방황하는 생활이 필요로 했을 정신의 높이나 영혼의 넓이로 그 열등함을 극복하려 했음에 틀림이 없다. 이 세상을 지배하는 엘로힘의 숭고한 명령은, 가족을 숭배하고 여인들을 존중하고 자식들을 열렬히 사랑하며 부족 전체를 공동으로 방어하고 이방인에 대해 박애심을 보이는 그들의 사회 질서에 그대로 투영되어 큰 힘으로 작용한다. 정신적 힘이 사회를 통합해 지도하게 되는 것이다. 한마디로 정신적 지도자들이며 높은 아버지인 이 족장들은 가족과 부족 간의 자연스런 '중재자'이며 '심판관'이었다. 족장이 들고 있던 지팡이는 공정함을 상징하면서 동시에 권위를 상징했던 것이다.

그러한 족장들에 얽힌 전설 여기저기에서 신비주의적 사고의 흔적이 보인다. 예컨대 베델 야곱이 꿈에서 엘로힘과 함께 정상에 오르는 사다리와 천상을 오르내리는 천사를 보았다는 전설은 헤르메스의 비전과 영혼이 상승하고 하강하면서 진화한다는 교리의 대중적 형태이며 유태적으로 축소 표현된 것이다. 족장들 시대에 가장 중요한 위치를 점하는 역사적 사실이 하나 있는바, 그것은 우리에게 신의 계시를 나타내는 성서의 두 절節 속에 제시되고 있다. 그것은 아브라함이 통과제의의 한 동료를 만나는 사건이다. 그 동료가 바로 멜키세덱인데, 소돔과 고모라의 왕들과 전쟁을 치른 후에 아브라함은 멜키세덱을 칭송한다. 멜키세덱은 후에 예루살렘이 될 성城의 왕이었다. 성서 구절은 이러하다.

> 살렘의 왕이 빵과 포도주를 가져오게 했다. 그는 지고의 신인 엘로힘을 섬기고 있었던 것이다. 그는 아브라함에게 축복을 내렸다.
> —지고의 신이시여, 하늘과 땅의 주인이신 엘로힘이여, 아브라함에게 축복을 내리소서. (창세기 14장 18~19절)

여기에 아브라함과 같은 신을 섬기는 살렘의 왕이 있다. 아브라함은 그를 윗사람으로 대접하고, 지고의 신 엘로힘의 이름 아래 빵과 포도주의 형태로 그와 일체가 된다. 그리고 그 의식은 고대 이집트에서 선지자들끼리 나누는 성체 배령聖體拜領의 의식, 바로 그것이다. 따라서 우리는 칼데아 지방 저 안쪽으로부터 팔레스타인에 이르기까지, 심지어는 이집트의 몇몇 성전에까지, 엘로힘을 찬양하는 부족들 간의 연대와 공통의 목표가 존재했다고 보아야 한다. 그러니 이제는 그 연대감과 목표를 하나로 묶어 조직화해 줄 존재가 필요했을 뿐이다.

이와 같이, 멀리서 사막을 바라보고 있는 앗시리아의 날개 달린 들소와 이집트의 스핑크스 사이에서, 폭압적인 전제 정치와 감히 뚫고 들어갈 수 없는 신비 사이에서 아브라함의, 야곱의 선택 받은 부족들은 그냥 앞으로 나아갔던 것이다. 그들은 바빌론의 수치스러운 호사스러움으로부터 도망갔고, 모아브의 향연으로부터 등을 돌렸으며 소돔과 고모라의 공포, 바알의 괴물 숭배로부터도 등을 돌렸다. 유태의 대상隊商들은 족장들의 보호하에 오아시스가 여기저기 흩어져 있는 길을 계속 갔다. 마치 긴 띠처럼 이어진 그들의 행렬은 한낮의 작열하는 태양 아래서, 석양의 노을 빛 아래서, 엘로힘이 지배하는 그 광활한 사막에서 마치 길을 잃고 헤매듯이 무작정 앞으로 나아갔다. 양떼들도, 여인들도, 노인들도 그 끝없이 이어지는 여행의 종착지를 알지 못했다. 그래도 그들은 낙타의 체념한 듯한 처량한 걸음걸이에 맞추어 앞으로 나아갔다. 그렇게 그들은 도대체 어디로 가는 것일까? 족장들은 그것을 알고 있었다. 그리고 모세가 그들에게 그것을 말해 주리라.

2. 이집트에서의 모세의 통과 제의
'이드로' 사원으로의 도주

람세스 2세는 이집트의 위대한 군주였다. 그의 아들 이름은 메네프타였다. 그는 이집트의 관습대로 멤피스에 있는 아몬라 사원에서 사제들로부터 교육을 받았다. 하지만 그는 소심하고 경망한 데다 정신의 그릇이 그다지 크지 않은 청년이었다. 그는 신비의 이치에 대해서는 별 정열이 없었으며 그로 인해 훗날 저열한 단계의 점성술사와 마술사에게 사로잡히게 된다.

메네프타의 사촌 중에 호사르시프라고 하는 이가 있었는데, 람세스 2세 누이의 아들이었다. 미리 서둘러 밝히는 것이지만 그가 훗날 모세로 개칭해서 이스라엘 민족의 위대한 선구자가 될 인물이었다.

여기서 잠깐 모세의 태생에 대해 살펴보아야 할 필요가 있다. 성서에 의하면 모세는 유태 민족의 하나인 레위 가문 태생으로 되어 있다. 그리고 나일 강변 갈대숲에서 파라오의 딸에게 구출되어 후에 그녀의 양자가 되는 것으로 적혀 있다.(출애굽기 2장 1절~10절) 하지만 오늘날 우리에게 파라오 왕조의 역사에 대해 정확한 정보를 제공해 주고 있는 이집트의 사제 마네튼의 기록에 의하면 모세는 오시리스의 사제 중한 명이었음에 틀림없다. 그리고 우리에게 보다 중요한 것은, 그가 이집트의 사제였다는 가정하에서만이 구약의 신비스러운 의미가 되살아날 수 있다는 사실이다. 우리는 이렇게 가정해 볼 수 있다. 이집트의 사제들이 그리스인들이나 로마인들에게 모세가 그들 사제들 중의 하나였다는 사실을 알리는 데는 별 관심이 없었던 반면에―중요한 것은 비의의 전수 자체였으리라―유태인들의 조국애가, 그들 국가를 세운 시조를 같은 민족 사람으로 만들었을 확률이 크다는 것이다. 그가 왕녀의 친자식이건 양자이건 우리는 그가 이집트 사원의 교육을 받고, 그 거대한 기둥들 사이에서 자랐다는 사실로부터 이 이야기를 이어나간다.

호사르시프는 키가 작은데다 겸손하며 사려깊은 청년이었다. 하지만 그 무언가를 꿰뚫는 듯한 날카로운 시선이 그 겸손한 표정 뒤에서 빛나고 있었다. 사람들은 언제나 그 무언가에 집중한 듯 거의 말이 없는 그를 '말없는 자'라고 불렀다. 어쩌다 말을 할 때도 자주 더듬거리곤 했는데 해야 할 말을 찾는 듯도 했고 제가 생각한 바를 입 밖에 내는 것을 두려워하는 듯싶기도 했다. 그래서 그는 수줍어하는 듯이 보였다. 하지만 갑자기 마른 번개라도 맞은 듯이 그가 내뱉는 단어 하나에서 번쩍이는 듯한 무서운 생각이 내비치는 경우가 가끔 있었고, 그럴 때면 그의 등 뒤로도 한 줄기 섬광이 지나가는 듯했다. 사람들은, 저 '말없는 자'가 언젠가 한 번 행동을 하게 되면 그것은 무서울 정도로 대담한 행동이 되리라는 것을 알 수 있게 되었다. 그럴 때면 눈썹 사이로 무거운 임무가 미리 주어진 사람들에게서 보이는 운명의 주름이 생겼으며, 그의 이마 위로는 어떤 위협하는 듯한 기운이 감돌았다.

여인들은 이 젊은 승려의 눈, 마치 무덤 속인 양 깊이를 알 수 없는 그 눈과 이시스 사원의 문처럼 도저히 넘어설 수 없을 것 같은 그의 얼굴을 두려워했다. 훗날, 가장 절대적이고 불가침적인 남성상을 종교의 원칙으로 삼게 될 그의 모습에서 이미 여성으로서 적개심 같은 것을 보았다고 해도 좋을 정도였다. 그렇지만 그녀의 어머니인 왕녀는 그의 아들에게 파라오의 영광스런 관이 씌워지기를 꿈꾸었다. 호사르시프가 메네프타보다 훨씬 머리가 뛰어났기 때문이었다. 그는 성직자들이 지지하면 왕위를 찬탈할 수도 있었다. 파라오들이 제 자식들 중에서 후계자를 지명하는 것은 사실이었다. 하지만 때로는 파라오가 죽은 후 성직자들이 그 결정을 파기할 수가 있었는데, 그렇게 해서 국가에 이익이 된다는 판단이 섰을 경우였다. 그 사실을 알고 있는 메네프타는 벌써 제 사촌을 시기하기 시작했고, 람세스는 호사르시프를 감시하며 경계를 늦추지 않았다.

어느날 호사르시프와 그의 어머니가 멤피스 사원의 거대한 광장에서 단 둘이 만났다. 광장에는 여기저기 오벨리스크와 영묘靈廟들과 크고 작은 사원들이 있었으며 스핑크스들이 있었다. 어머니 앞에서 호사르시프는 깊숙이 절을 한 채 관례대로 어머니 말씀이 먼저 떨어지기를 기다렸다. 이윽고 그녀가 말했다.

"이제 곧 이시스와 오시리스의 신비 속으로 들어가겠구나. 오 내 아들아, 오랫동안 너를 보지 못하게 되겠구나. 하지만 네게는 파라오의 피가 흐르고 있다는 것을, 내가 네 어머니라는 것을 잊지 말아라. 주변을 둘러보아라. 네가 원한다면, 언젠가는… 이 모든 것이 네 것이 되리라."

그녀는 원을 그리며 오벨리스크들, 사원들, 그리고 멤피스 궁과 저 멀리 지평선까지를 가리켰다. 그러자 평상시에는 청동으로 만든 조각상인 양 아무런 표정도 없던 그의 얼굴에 비웃는 듯한 웃음이 떠올랐다. 그가 말했다.

"어머니는 제가 이 백성들, 자칼과 하찮은 새와 하이에나의 머리를 한 신들을 숭배하는 이 어리석은 백성들의 지도자가 되길 원하십니까? 몇 세기가 지난 후 그 우상들 중 무엇이 살아남으리라고 보시는가요?"

호사르시프는 몸을 굽혀 가는 모래를 한줌 쥐더니 손가락 사이로 흘리면서 놀란 어머니에게 덧붙였다.

"마치 이와 같지요."

"그렇다면 너는 네 조상들의 종교와 이시스 사제들의 학문을 경멸하느냐?"

"천만의 말씀입니다. 저는 그것을 찬양하며 갈망하고 있습니다. 하지만 피라미드는 꼼짝도 않고 있습니다. 피라미드가 걷기 시작해야 합니다. 저는 파라오가 되지 않을 겁니다. 제 조국은 이제 여기서 먼 곳… 저기… 사막에 있습니다!"

"호사르시프! 너는 왜 신성을 모독하느냐? 한 줄기 불의 바람이 불어 너를 내 가슴으로 데려왔다. 그런데, 이제 폭풍우가 너를 데려가려하는구나! 내가 너를 세상에 내보냈는데, 그래도 나는 너를 모르겠구나! 오시리스의 이름으로 묻는다. 너는 누구이며, 너는 이제 무엇을 하려느냐?"

"제가 그걸 어찌 알 수 있을까요? 오시리스만이 알고 계십니다. 그가 제게 언젠가 말해 줄 것입니다. 그러니 제게 그의 축복을 내려주십시오. 오 사랑하는 어머니, 이시스 여신이 저를 보호해 주고 이집트 땅이 저를 너그러이 용서할 수 있도록!"

호사르시프는 땅에 무릎을 꿇고 두 손을 가슴에 모은 채 공손히 고개를 숙였다. 어머니는 머리에 장식하고 다니던 연꽃을 아들에게 주더니 깊이 그 냄새를 맡게 했다. 그리고 아들의 생각이 그녀로서는 도저히 알 수 없는 신비 속에 멀리 머물러 있다는 것을 알고는 기도를 외우며 그의 곁을 떠났다.

호사르시프는 당당하게 이시스의 통과 제의를 거쳤다. 강철 같은 영혼과 의지를 지니고 있었기에 그는 그 시험들을 오히려 즐기는 듯했다. 또한 수학적인 명증성과 종합적인 추리력으로 성스러운 숫자와 문자의 상징 체계를 완벽하게 습득했다. 그리고 그는 그 모든 시험에서 부동의 절대진리에 대해 생각했으며 조용히 그 진리와 한몸이 되었다.

어머니에게와 마찬가지로 스승들에게도 호사르시프는 수수께끼 같은 존재로 남아 있었다. 그들을 질리게 만든 것은 그가 마치 스스로 하나의 원칙인 듯 완벽했으며 꺾이지 않는다는 것이었다. 그를 휘게 할 수도 빗나가게 할 수도 없음을 그들은 느끼고 있었다. 그는 이미 제자가 아니었던 것이다.

그는 보이지 않는 궤도 속에 진입한 천상의 존재처럼 자신만의 미지의 길을 걸었다. 사원의 대사제는 그 자신 속에 응축되어 있는 그의 야망이 도대체 어디까지 올라갈 것인지 궁금해할 정도였다.

그는 그것이 알고 싶었다. 어느날 호사르시프가 사원의 큰 의식 행사에서 세 명의 오시리스의 사제들과 함께, 사원의 가장 깊은 비밀을 담은 열 권의 책이 담겨 있는 금궤를 운반하게 되었다. 대사제는 호사르시프와 함께 성전으로 되돌아오자 그에게 말했다.

"너는 왕실의 핏줄을 타고 났다. 게다가 너의 기와 학문은 네 또래들을 훨씬 넘어서 있다. 너는 무엇을 원하는가?"

"아무것도 없습니다. 이것 외에는."

그렇게 말하면서 그는, 황금을 녹여 만든 매의 날개가 빛을 발하고 있는 금궤 위에 손을 얹었다.

"그렇다면 너는 아몬라 사원의 대주교가 되어 이집트의 예언자가 되기를 바라는가?"

"아닙니다. 하지만 이 안에 들어 있는 것을 알고는 싶습니다."

"대사제를 제외하고는 그 누구도 알 수 없거늘, 너는 어찌하여 그것을 알겠다고 하는가?"

"오시리스께서 그가 원하는 때, 그가 원하는 대로, 그가 원하는 자에게 말씀해 주실 것입니다. 이 금궤 속에 담겨 있는 것은 죽어 있는 글자일 뿐입니다. 살아 있는 성령이 내게 말하기를 원할 때, 그가 내게 말할 것입니다."

"그러기 위해 너는 무엇을 하려는가?"

"기다리고 복종할 뿐입니다."

그의 이 대답은 곧 람세스 2세의 귀에 들어갔고 그의 경계심은 더욱 커졌다. 그는 호사르시프가 메네프타를 몰아내고 파라오의 자리를 차지하려는 야심을 가진 것이나 아닌가 두려웠다. 그래서 파라오는 자기 누이의 아들을 오시리스 사원의 율법서사로 임명했다. 우주의 비밀을 연구하며, 신전의 온갖 기록을 담당하는 중요한 자리였지만 왕관으로부터는 멀어지는 자리였다. 왕녀의 아들은 똑같은 열정과 완벽한 복종 속에서 그 임무를 수행했다. 그리고 또 그의 운명에 아주 중요한 몫을 담당할 일이 그 직책에는 주어져 있었으니, 그것은 이집트 국가의 각 지방들을 조사 · 감시하는 기능이었다.

호사르시프는 주변 사람들이 생각하듯 오만한 존재였을까? 그렇다, 사로잡힌 사자가 고개를 들어 창살 앞을 오가는 자들에게는 시선도 주지 않은 채 저 지평선을 바라보는 것이 오만한 행동이라면 그는 오만했다. 쇠사슬에 묶인 독수리가 이따금 몸을 부르르 떨면서 목을 길게 뽑아 날개를 펼친 채 저 높은 태양을 바라보는 짓이 오만한 행동이라면 그는 오만했다. 위대한 일을 이루게끔 낙인찍힌 모든 강한 자들이 그러하듯 호사르시프는 맹목적인 운명에 순종할 수는 없다고 생각했던 것이다. 그는 신비스러운 섭리가 그를 지켜보고 있으며 그를 그의 목표까지 인도하게 되리라고 느끼고 있었다.

그는 율법서사로 있는 동안 델타 지역 조사관으로 파견되었다. 그 때 이집트의 고센 골짜기에 살고 있던 헤브라이족들은 아주 힘든 부역에 동원되고 있었다. 람세스 2세가 펠루시움부터 헬리오폴리스에 이르는 지역까지를 성곽으로 연결시키려 하고 있었던 것이다. 이집트의 각 지방 행정구에서는 이 거대한 작업에 필요한 인원을 할당받아 공급해야 했다. 그 와중에서 이스라엘족은 가장 힘든 일을 맡아 했다. 돌을 깎거나 벽돌을 만드는 일이었다. 천성적으로 독립심이 강한 데다가 자부심도 강한 그들은 이집트 병사들이 가장 다루기 힘든 일꾼들이었다. 그들은 이집트 병사들이 휘두르는 방망이에 고분고분 순종하기는커녕 투덜거리며 대들었고 때로는 병사들을 향해 주먹을 날리기도 했다. 오시리스의 사제, 즉 호사르시프는 저도 모르게 이 다루기 힘든 '뻣뻣한 족속들', 아브라함의 전통에 충실해 옛부터 유일신을 섬겨오고 있으며, 우두머리는 존경하되 속박과 부당함은 견뎌내지 못하는 이 족속을 향해 공감이 이는 것을 막을 수 없었다.

어느날 그는 한 이집트 병사가 맨손의 헤브라이 사람을 방망이로 마구 때리는 것을 보았다. 그의 가슴이 뛰었다. 그는 이집트 병사에게 달려들어 그의 무기를 빼앗아 그를 죽여버렸다. 약한 자를 향한 애정으로 인해 생긴 분노가 그의 일생을 좌우할 행동을 하게 한 것이었다.

오시리스의 사제가 살인을 저지르게 되면 성직자 회의에 의해 엄격한 처벌을 받게 되어 있었다. 게다가 파라오는 그가 왕위를 찬탈할지도 모른다는 의구심을 품고 있는 터였다. 그의 목숨은 이제 경각에 달려 있는 셈이었다. 그는 망명해서 스스로에게 속죄의 벌을 가하는 방법을 택했다. 거기에다 그의 욕망, 그의 사명에 대한 예감이 그를 미지의 광야로, 고독한 사막으로의 발길을 재촉했다. 그러나 그의 발길을 더욱 채근한 것은, 그 무엇보다도 그의 내부에서 저항할 수 없게끔 신비스럽게 들려오는 이 목소리였다.

"가라! 그것이 너의 운명이다."

홍해와 시나이 반도 저쪽 마디안 지역에는 이집트 성직 제도에 속하지 않는 사원이 하나 있었다. 그 지역은 엘라미트 만과 아라비아 사막 사이에 마치 녹의 띠처럼 펼쳐져 있었다. 그곳에서 바라보면 멀리 시나이 반도가 어두운 형체를 드러냈고 벌거벗은 산 꼭대기가 눈에 들어왔다. 사막과 홍해 가운데 파묻혀 화산의 보호하에 위치한 그 외딴 지역은 은신하기에 딱 알맞은 곳이었다.

그 사원은 오시리스를 모시는 사원이었으나, 엘로힘이라는 이름의 지고至高의 신도 숭배하고 있었다. 원래 에티오피아의 성전이었던 그 사원은 통과 제의를 받으려는 아랍족, 셈족, 흑인 종족들 모두에게 종교의 중심지 구실을 했기에 엘로힘 숭배가 자연스럽게 형성된 것이다. 사실상 시나이는 이미 수세기 전부터 유일신 숭배의 중심지가 되어 있었다. 이집트와 아라비아 사이에 홀로 우뚝 선 벌거벗은 야생의 산에서 풍기는 장엄함, 그 장엄함이 유일신의 사상을 일깨운 것이다. 많은 셈족들이 엘로힘을 숭배하는 순례 행렬을 이루어 이곳으로 왔다. 그리곤 며칠을 머물면서 동굴이나 갱도에서 단식 기도를 했다. 그 기도에 임하기 전에 자신의 몸을 정화하고 가르침을 받아야 했는데, 그곳이 바로 마디안 사원이었다.

호사르시프가 숨어든 곳은 그곳 어디쯤이었다.

그때 마디안의 대사제 이름은 이드로였다.(출애굽기 3장 1절) 그는 검은 피부의 사내였다. 그는 람세스 시대 4,000~5,000년 전에 이집트 지역을 지배했던 순수 에티오피아 민족의 혈통이었으며 이 지상에서 가장 오래된 종족의 전통을 그대로 이어받고 있었다. 이드로는 영감을 받은 인물도, 행동하는 인물도 아니었지만 현자였다. 그의 기억 속에, 그리고 돌로 된 사원의 장서들 속에는 온갖 보물 같은 학문이 차곡차곡 쌓여 있었다. 그리고 그는 무엇보다 사막을 유랑하는 종족들, 리비아족·아랍족·셈족들의 보호자였다. 사막을 끊임없이 유랑하는 그 종족들은 덧없이 나타났다 사라지는 온갖 신앙들, 번성했다가 무너져버리는 온갖 문명들 사이에서 그 무언가 변치 않는 부동의 것을 향한 믿음을 보여주고 있었다. 이드로는 이 복종할 줄 모르는 자들, 이 떠도는 자들, 이 자유로운 자들의 정신적인 아버지였다. 그는 그들의 영혼을 알았고 그들의 운명을 예감했다.

호사르시프가 그에게 찾아와 오시리스와 엘로힘의 이름으로 은신처를 구했을 때 그는 두 팔을 벌려 맞아주었다. 아마도 그는 이 도망자의 얼굴에서 추방자들의 예언자, 신의 백성의 인도자 모습이 이미 점지되어 있음을 그 자리에서 알아보았는지도 모른다.

호사르시프가 그곳에 도착하여 제일 먼저 한 일은 우선 선지자들의 법에 의해 살인자에게 부과되는 속죄 의식을 스스로에게 부과하는 일이었다. 오시리스의 사제가 제 아무리 부지불식간에라도 일단 살인을 저지르게 되면, 통과 제의 의식을 통해 '오시리스의 빛' 안에서 획득한 부활의 축복을 상실한 것으로 간주되며, 뭇인간들보다도 더 낮은 지대로 추락한 것으로 취급된다. 그 죄에서 벗어나 내면의 빛을 되찾기 위해서는 부활을 얻기 위한 통과 제의보다 더 혹독한 시험을 겪어야 하며, 그 시험 중에는 역시 상징적 죽음을 한 번 겪어야 한다.

우선 오랜 기간의 단식 끝에 어떤 음료를 사용하여 속죄자를 가사 상태의 수면에 빠뜨린다. 그런 후 그는 사원의 지하 묘소에 놓여진다. 그는 그런 상태로 며칠 간, 심한 경우 몇 주간을 있게 되는데 그는 그 사이 저세상을 여행하는 것으로 간주되는 것이다. 그때 그가 여행하는 저세상이란 아직 지상의 환경으로부터 분리되지 않은 영혼이 떠도는 중음신의 지역이다. 거기서 그는 자신에게 희생된 자를 찾아 그의 고통을 함께 겪고 그의 용서를 얻은 후에 그가 빛으로 나아가는 길을 찾을 수 있도록 도와주어야 한다. 그제서야 그는 그의 살인 행위로부터 속죄를 받은 것으로 간주되어 그의 몸에 붙었던 검은 얼룩을 씻어낼 수 있게 된다. 하지만 이 현실적 혹은 상상적인 여행으로부터 죄인은 되돌아오지 못하는 경우가 많으며 그때 사제들은 속죄자를 가사 상태로부터 깨우기 위하여 찾아갔을 때 시체만을 발견하게 되는 것이다.

호사르시프는 주저없이 그 시험을 그대로 따랐다. 그리고 그가 범한 살인에 대한 인상 속에서 그는 몇몇 정신의 질서는 요지부동의 성격을 지니고 있다는 것을 이해했고, 그 질서를 위반하게 될 때 의식 저 깊은 곳에 남게 되는 깊은 고통에 대해서 이해하게 되었다. 그는 자신의 전 존재를 바쳐 오시리스의 번제燔祭에 나선 것이었고 그 완전한 자기 희생 속에서, 만일 그가 지상의 빛으로 다시 되돌아올 수 있게 된다면 정의의 법을 천명할 힘을 줍시사고 기원했다.

호사르시프가 마디안 사원의 지하에서 그 무서운 꿈으로부터 깨어났을 때, 그는 자신이 다른 사람으로 변했음을 느꼈다. 그의 과거가 그로부터 떨어져나간 듯 여겨졌으며 이집트는 이제 더이상 그의 조국이 아니었다. 그의 눈앞에는 광활한 사막이 그 사막을 유랑하는 종족들과 함께 그의 새로운 활동 무대로서 펼쳐졌던 것이다. 그는 지평선 멀리 엘로힘의 산을 바라보았다. 그리고 처음으로, 마치 시나이의 먹구름 속에 나타난 뇌우처럼, 그의 사명이 하나의 영상처럼 그의 눈앞을 지나갔다. 이 떠도는 부족들을, 우상 숭배와 무정부주의가 판을 치는 이 세상 한가운데서 지고至高의 신의 법률을 지키기 위해 싸우는 민족으로 새롭게 빚어내는 것, 통과 제의의 금궤 속에 봉인되어 있는 진실을 먼 미래까지 지니고 갈 그런 민족으로 빚어내는 것!

바로 그날, 그의 생애에서 새로운 날이 시작된 것을 나타내기 위해 호사르시프는 모세라는 새로운 이름을 택했다. 그것은 '구원받은 자'라는 뜻이었다.

3. 세페르 베레시트

　　모세는 이드로의 딸인 세포라와 결혼하여 오랫동안 현자 마디안의 곁에 머문다. 이집트의 성전으로부터 배운 것들에 에티오피아와 칼데아의 전통에서 배운 것들이 합쳐져서 그의 시선은 인류의 저 오랜 옛 세월로부터 머나먼 미래의 지평선까지 널리 확장된다. 그는 바로 그 이드로의 집에서 천지 창조에 대한 두 권의 책을 발견하게 되는데 창세기에 인용된 그 책은 『여호와의 전쟁』과 『아담의 창조』이다. 그는 그 책들의 연구에 깊이 빠져들었다.

　　자신이 생각하고 있는 과업을 성취하기 위해 모세는 허리띠를 졸라맬 필요가 있었다. 그보다 앞서 라마·크리슈나·헤르메스·조로아스터·복희중국 신화에 등장하는 신 들이 그들 민족의 종교를 창조했었다. 그런데 모세가 원한 것은 영원한 종교의 민족을 만들어내는 일이었다. 이 대담하면서 새로운, 그리고 장엄한 계획을 실현하기 위해서는 강력한 기반이 필요했다. 바로 그 이유에서 모세는 과거의 학문과 미래의 학문의 종합이며, 신비의 열쇠이며, 선지자들의 횃불로서 '원칙들의 책'인 『세페르 베레시트』를 썼다.

　　우리는 여기서 모세의 머릿속에 들어 있던 본래의 창세기가 어떠한 것이었는가를 살펴볼 필요가 있다. 그의 창세기는, 세탄트의 그리스어 번역이나 생 제롬의 라틴어 번역에서 보이는 유치하고 협소한 세계와는 다른 광활한 세계를 껴안고 있으며, 우리가 흔히 생각하는 것과는

「이드로의 딸들을 옹호하는 모세」, 카를로 사라체니, 1609~1610.

전혀 다른 빛을 발하고 있기 때문이다.

　오늘날의 성서 주석가들은 창세기가 모세의 작품이 아니며, 더욱이 모세가 훗날 유태 성직자에 의해 가공된 전설적 인물일 뿐 실제의 인물이 아니라고 대부분 말한다. 마치 그 해석이 하나의 유행이라도 탄 것처럼… 그들은 그런 해석을 내린 근거로 창세기가 일관성 없이 여기 저기서 단편들을 짜맞춘 것이고(엘로힘계와 여호와계), 그것이 오늘날

식으로 편집된 것은 이스라엘이 이집트로부터 나온 지 400~500년 뒤의 일이라는 사실을 내세운다. 그렇다, 지금의 창세기가 훨씬 뒤에 재편집된 것이라는 그들의 주장은 정확하고 옳다. 단지 사실 자체에 대한 해석이 임의적이고 비논리적일 뿐이다. 엘로힘계의 창세기와 여호와계의 창세기가, '출애굽'이 있은 지 400년 뒤에 쓰여졌다고 해서 어떻게 창세기 자체가 그것을 쓴 자들의 창조물이라고 볼 수 있는가? 오히려 원래의 창세기가 존재했으며 후에 그들이 그 원본을 자신의 이해의 한도 내에서 왜곡했다고 보는 것이 옳지 않을까?

또한 구약의 처음 5서書에서 모세의 생애에 대한 전설적인 이야기들이 보인다고 해서 사실적인 부분이 전혀 없다고 결론 내리는 것은 너무 성급한 일이다. 하나의 종교는 한 위대한 인도자 없이는 형성될 수 없다. 율사들, 예언자들, 그리고 이스라엘의 전 역사가 모세의 존재를 증명해 주고 있다. 예수조차도 모세가 없다면 생각될 수 없다.

그런데 성서의 창세기는 바로 그 위대한 선지자의 본질적인 면을 포함하고 있다. 마치 수세기 동안 쌓인 먼지와 칭칭 동여맨 띠 아래에서 본질적인 것을 간직하고 있는 축성祝聖받은 미라처럼, 모세의 창세기는 세월에 걸쳐 여러 가지 변형을 겪기는 했지만 이스라엘 대예언자의 본원적 생각과 유언을 그 안에 품고 있는 것이다.

이스라엘은 지구가 태양 주위를 돌 듯이 확실하게, 그리고 운명적으로 모세 주변을 맴돌고 있다. 그렇다면 이제 모세가 그의 『세페르 베레시트』라는 비밀스런 경전을 통해 후대에 전하려고 한 창세기의 본원적 생각은 무엇이었던가를 살펴보는 일이 남아 있다.

다시 한번 이야기하지만, 모세가 이집트의 사제였다는 사실, 즉 비교적秘教的 관점에서만 그 문제는 해결될 수 있다. 이집트의 선지자였던 모세의 정신 세계는 이집트 교리의 드높은 위치에서 우주 법칙들의 불변성과 점진적 변화에 의해 이 세상이 전개된다는 것을 인정했으며, 영혼과 보이지 않는 세계의 성질에 관하여 정확하고 이치에 맞는, 그리고 대단히 넓은 개념을 갖게 된다. 모세의 정신이 바로 그러했다면—오시리스의 사제가 어찌 그러하지 않을 수 있었겠는가!—이 세상의 창조와 인간에 대한 성서 창세기편의 유치한 생각과 그의 그 드높은 정신 세계를 어떻게 일치시킬 수 있을까? 글자 그대로 이해한다면 초등학생까지도 웃게 만들 세계 창조의 이야기에는 혹 깊은 상징적 의미가 숨겨져 있는 것은 아닐까? 그것을 열고 들어갈 열쇠가 있긴 있을까? 그리고 그 숨겨진 의미는 도대체 무엇일까? 그 열쇠는 도대체 어디에 있을까? 그 열쇠는 첫째, 이집트의 상징 체계에 있다. 둘째 고대 모든 종교들의 상징 체계에 있다. 셋째 베다 시대의 인도로부터 기독교 초기까지의 선지자들의 신비주의적 가르침들을 비교하여 얻게 될, 선지자들의 교리의 종합에 있다.

그리스의 저술가들에 의하면 이집트의 사제들은 세 가지 방식으로 그들의 사고를 표현했다. 돌리베의 글을 인용하면 다음과 같다.

첫 번째는 명확하고 단순하게 표현하는 것이고, 두 번째는 상징 체계나 그림으로 표현하는 것이고, 세 번째는 상형문자로 성스럽게 표현하는 것이다. 그 방식대로 그들이 쓴 각각의 단어는 본래의 의미, 형상적 의미, 초월적 의미를 갖게 된다. 그것이 그들의 표현 방법이 갖는 뛰어난 면이다. 헤라클레이토스는 그 각각의 의미에, 말하는, 의미하는, 감추는이라는 형용사를 붙여 그 차이점을 명확히 보여주었다.

그런데 신이나 우주 창조의 이치를 설명할 때면 언제나 이집트의 사제들이 사용하는 그 세 번째 방식의 표현에는 첫 번째, 두 번째 의미도 포함되기 마련이라서 당연히 그들의 상형문자에는 각기 층위가 다른 세 가지 의미가 존재하게 된다. 그 중 두 번째 의미와 세 번째 의미는 해독의 열쇠가 없이는 이해될 수 없다. 하나의 표현이 이렇게 세 개의 의미를 갖게 되는 것은 헤르메스의 교리에도 그대로 부합되는바, 한 가지 동일한 법칙이 자연 세계, 인간 세계, 신의 세계를 지배하고 있기 때문이다. 바로 그러한 기술 방법을 통해 이집트의 사제들은 맹목적 자연의 세계, 인간의 의식 세계, 순수한 정신의 세계를 단번에 이해할 수 있었던 것이다.

모세가 받았던 교육을 고려해 볼 때 그가 3중의 의미를 가진 이집트의 상형문자로 창세기를 썼으리라는 것은 의심의 여지가 없다. 그리고 그는 그 해독의 열쇠를 후계자들에게 맡기고 설명을 했다. 그런데 솔로몬 시대에 창세기를 페니키아어로 번역하면서, 그리고 '바빌론 유수' 이후 에스드라스가 다시 그 창세기를 아랍어로 옮기면서 이미 유태의 성직자들이 지닌 그 해독의 열쇠는 불완전한 것이 되어버렸다. 그리고 마지막으로 바이블을 그리스어로 옮긴 번역자들에게는 본래 창세기에 들어 있던 비교적秘敎的 의미를 해독할 수 있는 능력이 거의 없었다고 보아도 무방하다. 그러니 우리가 지금 접하고 있는 창세기는 유치한 초보 단계의 의미밖에는 지니고 있지 않다. 그리고 성직자건 자유 사상가건 우리가 참조할 수 있는 원전으로는 언제나 성서의 그리스어 번역본인 생 제롬의 『불가트』밖에 없는 형편이다.

그런데, 이 그리스어 번역에서는 도저히 찾을 수 없는 창세기의 신비적 의미가 헤브라이어 텍스트에는 신비스럽게 간직되어 있다. 헤브라이 언어 각각의 모음과 자음은, 하나의 문자가 지니는 '음성적 가치'와 그 문자를 사용하는 '인간의 영혼 상태'를 연관지어 생각해 볼 수 있는 특성을 갖고 있으며 따라서 그 모음과 자음 자체가 우주적인 의미를 지닐 수 있는 것이다. 직관을 가진 자에게 그 깊은 의미가 이따금 불꽃처럼 튀어오른다. 견자들에게는 모세가 만들어내고 사용한 음성의 구조들 속에서 그 의미가 다시 드러난다. 오시리스의 사제가 자신의 의미를 담아 흐르게 한 그 요술과도 같은 음절들!

우리는 이제 고대 사원의 신비의 언어가 각인되어 있는 그 음성 구조들에 대한 연구, 그리고 카발의 전통이 우리에게 전하는 해독의 열쇠, 끝으로 각 종교들 간의 비교 연구를 통해 진정한 의미의 창세기를 재설립하여, 모세 본래의 정신 세계로 들어가 보고자 한다.

그 전에 우선, 고대 사원의 신성의 언어가 어떠한 것이었으며, 앞서 말한 세 가지 의미가 이집트의 상징들, 그리고 창세기의 상징들 속에서 어떻게 조응照應하고 있는가를 보여주는 두 가지 예를 들기로 하자.

수많은 이집트의 유적들에서 우리는 머리에 왕관을 쓴 채 한 손에는 영원한 생명의 상징인 T자꽃 십자가를, 다른 한 손에는 통과 제의적 깨달음의 상징인 연꽃 모양의 왕홀을 든 여인의 모습을 만날 수 있다. 바로 이시스 여신이다. 그런데 이시스 여신은 각기 상이한 세 의미가 구현되어 있는 존재이다. 우선 이시스는 보편적 여인의 상징이다. 이어서 이시스는 지상의 모든 힘과 성격을 하나의 인물에 집약해서 표현해 놓은 존재이다. 끝으로 그녀는 영혼과 정신의 요소인 보이지 않는 천상을 상징하며, 통과 제의를 통해 깨달음을 얻은 자에게 선지자의 작위를 수여하는 존재이다.

창세기의 텍스트에서, 그리고 유태 그리스도의 정신 세계에서 이시스와 일치하는 상징을 찾는다면 바로 영원한 여성인 헤바, 즉 이브이다. 이브는 단지 아담의 짝일 뿐만이 아니라 신의 짝이기도 한 것이다. 이브Eve라는 이름 속에는 이미 신의 속성의 4분의 3이 들어 있다. 여호와Jehovah 혹은 야훼Yahweh라는 적절치 못한 이름으로 우리가 지금 부르고 있는 영원한 존재 이에브IEVE는 이브Eve라는 이름과 요드Jod라는 접두사가 합성되어 이루어진 것이다. 예루살렘의 대사제는 1년에 한 번씩 신의 이름을 부르는데 한 철자 한 철자씩 따로 떼어 '욧 · 헤 · 바우 · 헤'라고 발음을 한다. 그 중 첫번째인 '욧'은 신의 생각 및 신성의 이치를 표현한 것이고 나머지 셋 '헤 · 바우 · 헤' 즉, 이브는 자연의 세 질서 및 신의 생각이 실현되는 세 가지의 세상과, 이어서 각각 그 세 가지 세상에 부합되는 신의 과학, 심리의 과학, 물질의 과학을 표현한 것이다. 그러니 영원한 존재 이에브(우리가 여호와 혹은 야훼라고 부르는 존재)는 영원한 남성과 영원한 여성이 완벽히 결합되어 있는 존재이다.

신성한 존재를 이미지로 표현하는 것을 엄격하게 금한 모세가우리에게는 우상을 숭배하지 말라는 전언으로 주어진다 일반 백성들에게는 말해 주지 않은 채, 신의 이름 자체의 구조 속에 상징적으로 구축해 놓은 의미가 바로 그것이다. 그리고 그는 그 의미를 후계자들에게만 전했을 뿐이다. 이렇게 유태교의 신앙 속에서 베일에 싸여 있는 의미가 바로 신의 이름 자체에 숨어 있다. 아담의 짝이면서 호기심 때문에 죄를 범한 매력적인 이브는 이렇게 지상의, 그리고 천상의 존재이면서 또한 신들의 어머니라는 의미에서 이시스 여신과 일치하게 되는 것이다.

다른 또 하나의 예.

아담과 이브의 이야기에서 큰 역할을 맡고 있는 것이 바로 뱀이다. 창세기에서는 뱀을 '나하슈'라고 부르고 있다. 그런데 고대의 사원들에서 이 뱀은 무엇을 의미했을까? 인도와 이집트, 그리스의 신비들은 그 질문에 한 목소리로 답한다. '순환하는 고리 모양의 뱀은 천체의 빛이라는 신비의 영靈을 받은 우주의 삶이다'라고. 또한 그보다 더 깊은 의미의 차원에서 나하슈는, 생명에 움직임을 주는 힘이요, 만물 간에 작용하는 인력을 의미한다. 나하슈-뱀을 그리스에서는 에로스, 즉 사랑과 욕망이라고 불렀다. 이 두 의미를 아담과 이브와 뱀의 이야기에 적용해 보자. 그러면 저 유명한 원죄라는 것, 즉 죄로 인한 추락이라는 것은, 갑자기, 신성이 깃든 이 광활한 우주계를 생명이라는 피할 수 없는 순환 고리로 말아올리는 것이 된다. 그것은 바로 이 세상 만물이 생명의 순환 고리에 속해 있음을 의미하는 것이다.

이 두 가지 예에서 우리는 모세의 창세기에 숨어 있는 깊은 의미를 흘긋 엿볼 수 있다. 모세를 비롯한 옛 선지자들은, 이 가시적이고 물리적인 세계를 지배하는 법칙을 무시하지도 않았고 그에 대해 무식하지도 않았지만, 가시적인 세계를 지배하는 법칙을 그 세계의 움직임 가운데서 찾지 않았다. 그들은 이 세계의 운용 법칙을 설명하기 위해 세계의 내면을 조사했고 세계 운용의 근원을 탐구했다. 고대의 학문에서 이 가없는 우주는 기계론적인 법칙을 따르는 죽어 있는 물질이 아니라 정신과 영혼과 의지가 있는, 마치 인간이 그러하듯이 생각하는 영혼, 행동하는 의지의 결과였다. 과학자들이면서 동시에 선지자들인 고대의 현인들은 우리의 우주가 원자들의 맹목적 춤에 의해서 태어난 것이 아니라 우주적 영혼의 떨림에 의해서 원자가 생겨나는 것으로 생각했다. 한마디로, 고대의 과학은 우주에서 입자로, 보이지 않는 것에서 보이는 것으로, 순수 정령에서 조직화된 물질로, 신에서 인간으로, 마치 원의 중심에서 원주로 옮아가듯 하나의 핵심을 그 출발점으로 삼았던 것이다. 인도·이집트·유태·그리스의 위대한 선각자들, 즉 크리슈나·헤르메스·모세·오르페우스들은 각기 그 형태는 달랐지만, 이 우주의 최초 원인으로부터 나오는 원칙들, 힘들, 형태들을 이해하고 있었던 것이다.

헤르메스의 다른 아들인 모세의 생각 속에서, 창세기의 첫 열 장은 이러한 원칙들이 질서정연하게 배열되어 진정한 존재론을 보여주는 것으로 구성된다. 시작되는 모든 것은 끝나게 되어 있다. 창세기는 그 시작과 끝을 모두 포함하고 있다. 창세기는 시간 속에서의 변화와 영원 속에서의 창조에 대하여 동시에 우리에게 이야기해 주고 있다.

나는 이 책의 피타고라스 편에서 우주 진화 발생과 신통 계보에 관한 하나의 살아 있는 그림을 우리들이 보다 이해하기 쉽게 보여줄 예정이다. 피타고라스가 설명하고 있는 우주 진화 발생의 과정은, 그가 다신론자임에도 불구하고 이스라엘 예언자 모세의 생각과 그 근본에 있어서는 같다. 그것을 우리는 '영혼의 지상과 천상에서의 역사' 라 이름붙일 수 있는바 그것은 기독교에서의 구속求贖의 과정과 일치한다. 그런데 그 이야기는 지금 우리가 접하고 있는 창세기에는 빠져 있다. 모세와 그의 후계자들이 그에 대한 생각을 하지 못해서가 아니라 일반 백성에게 가르치기에는 너무 높은 생각이라고 판단하고 선지자들 사이에서만 입으로 전달되었기 때문이다. 신성한 영혼 프시케는 이스라엘의 신비주의 상징 속에 감추어져 있다가 머지않아 그리스도의 빛나는 출현을 통해 인격화되는 것이다. 또한 우리는 성서 창세기에 직접적으로 드러나 있지 않은 우주 창조론을 창세기 앞의 몇 장에서 나타나는 엘로힘의 숨결에서 느낀다. 우리는 그 숨결을 좀더 체계적으로 이해하기 위해 시나이의 예언자 모세에 의해 구성된 강력한 상형문자의 의미들을 몇 가지 더 해석해 보고자 한다. 그것들은 마치 지하 사원의 문처럼, 이 세상이라는 공간과 한없는 시간의 흐름을 한꺼번에 밝혀줄 수 있는 신비의 진리로 통하는 열쇠가 될 수 있겠기 때문이다.

이드로 사원의 지하 묘지에서 홀로 명상에 잠겨 있는 모세, 온통 신비스러운 상형문자들로 가득한 벽에 둘러싸여 그 어둠 속에서 그가 본 것은 무엇이었을까? 램프 불조차 꺼진 그 지하 동굴의 어둠에 잠겨 그의 내면에서 빛나기 시작한 것은 바로 이 이름이었다.

이에브IEVE

머리글자 I는 빛의 흰색을 띠고 있고 다른 세 글자는 변화하는 불의 색을 띠고 타오르고 있다. 헌데, 이 글자들은 그 무슨 이상한 생명력을 지니고 있는 것일까! 머리글자에서 모세는 남성적인 절대원칙을 느꼈다. 창조의 신 오시리스! 그리고 이브에서 그는 이시스의 모든 것을 느꼈고, 이 둘의 결합, 그러니까 절대적 창조의 힘과 그 힘의 시공 속에서의 운용적 결합이 바로 신이었던 것이다. 성부와 성모의 그 완벽한 결합에서 이 우주를 창조하는 성자, 즉 살아 있는 말씀이 태어나게 된다. 그리하여 이 신성을 부여받은 네 글자는 더욱 강렬한 빛으로 언제고 타오르게 된다. 모세는 바로 그 네 글자로부터 찬란하게 세 가지의 세상이, 그리고 이 세상을 지배하는 최고의 질서가 솟구쳐나오는 것을 보았다. 그런 후 그는 강렬한 내면의 눈빛으로 그 창조 정신 속의 남성상을 응시했다. 그는 바로 그 존재로부터, 이 세상으로 내려가 그의 창조를 완성하라는 계시를, 힘을, 의지를 보았다. 그리하여 지하 묘지의 어둠 속에서 또 다른 신성의 이름이 다시 빛을 발하게 되니 그 이름은 엘로힘이었다.

엘로힘AELOHIM

선지자들에게 엘로힘은 신들 중의 신을 의미한다. 그는 절대 속에 칩거해 있는 신이 아니라 그 생각이 이 떠도는 우주 전체, 이 세상 전체로 퍼진, 이 세계의 주인이다. '원래 신이 하늘들과 땅을 창조했다.' 그러나 처음에는 하늘들은 침묵과 공허만이 존재하는 가없는 시공일 뿐이었다. '그리고 신의 입김이 심연의 표면 위로 뿜어졌다.' 그때 그 숨결을 통해 그의 가슴으로부터 처음으로 나온 것이 무엇이었을까? 태양? 땅? 성운? 이 가시적인 세상을 이루는 그 어떤 실체? 아니다. 신으로부터 최초로 나온 것은 아우르Aour, 즉 빛이었다. 하지만 그 빛은 물리적인 빛이 아니다. 그것은 무한에 안겨 있는 천상의 이시스가 분만해 낸 정신의 빛이었다. 우주의 영혼, 천체의 빛, 영혼들을 만든 그 빛, 무한히 떨어진 거리에까지 생각이 전달될 수 있게 하는 미세한 원소로서의 빛. 모든 태양들의 빛보다도 앞에 있으며 뒤에 있는 빛. 우선 그 빛은 무한으로 확장된다. 그것이 신의 강력한 날숨이다. 이어서 그 빛은 사랑의 움직임으로 되돌아온다. 신의 들숨. 창공의 신성의 물결 속에서 전 세계의 전 존재가 마치 투명하게 빛나는 베일 아래에서인 양 고동치고 있다. 그리고 그 모든 것이 그 선지자, 모세의 내면에서 반짝이는 글자들 속에 압축되어 있다.

루아 엘로힘 아우르ROUA AELOHIM AOUR

'빛이 있으라 하니 빛이 있었도다.'

그렇다, 엘로힘의 숨결은 빛이다!

이 태초의 빛으로부터 최초의 창조에 있어 여섯 날이 솟아나온다. 즉 만물의 씨앗, 원칙, 형태, 삶의 영혼들이. 그것은 성령에 의한, 아직 발육중인 잠재적인 우주이다. 그렇다면 창조 최후의 단어, 활동중인 절대존재를 요약해 보여주는, 절대존재 최초의 그리고 최후의 생각이 드러나 있는, 살아 있는 말씀은 무엇인가? 그것은 바로 아담과 이브이다.

아담과 이브

남성-여성. 이 상징은 우리가 흔히 생각하듯 이 지상에 존재한 최초의 한 쌍의 인간이 아니다. 그들은 인류의 시작이자 끝이다. 그 상징은

이 우주에서 활동하는 신 자체이면서 인류 전체의 전형이다. '신은 자신의 모습을 본떠서 인간을 만들었다. 그리고 그것으로 남자와 여자를 만들었다.' 신성스런 이 존재는 우주의 말씀에 다름아니며, 이에브가 이 세상을 통하여 자신의 존재를 드러내 보인 것이다. 이에브가 원래 살던 곳, 모세가 그의 강인한 사고 속에서 만난 곳은, 전설 속의 지상 낙원인 에덴 동산이 아니라 천상의 왕국이었다. 그렇다면 그 신으로서의 인류는 시간과 공간 속에서 구체적으로 어떤 변화를 겪으며 나타나는가? 모세는 추락의 이야기 속에 그것을 압축·요약해 놓는다. 창세기에서 인간의 영혼인 프시케는 아이샤라 불리며 그것은 이브의 다른 이름이기도 하다.

아이샤의 조국은 하늘이다. 그녀는 신성의 창공 속에서 행복하게 산다. 그러나 그녀는 자신이 행복한 것을 모른다. 그녀는 하늘의 삶을 즐기지만 그 자신은 그 즐거움을 이해하지 못한다. 그것을 이해하려면 그것을 잊은 후에 다시 생각해야 하는 법! 그것을 사랑하려면 그것을 잃은 후에 다시 쟁취해야 하는 법! 그녀는 고통을 통해서만 그것을 알 수 있고 추락을 통해서만 그것을 이해할 수 있다. 그러니 우리가 그냥 유치하게 읽어넘기는 창세기의 추락 이야기만큼 심오하고 비극적인 것이 어디 있으랴! 알고자 하는 욕망의 어두운 심연에 이끌려 아이샤는 추락하고 마는 것이다.

그녀는 이제 신비한 유체의 몸을 가지고 신성의 창공에 사는 순수한 영혼이 아니다. 그녀는 물질적 육체의 옷을 입고 생식의 고리 속으로 들어간다. 인간적 욕망이 부여한 육체라는 그 옷. 그녀의 그 육체의 옷은 그러나 하나로 고정된 것이 아니라 수백·수천으로 갈라져나가며, 이 별 저 별을 거쳐오면서 그 육체의 옷은 점점 더 무거워진다. 그녀는 이 세상에서 또 다른 세상으로 내려온다. 내려오면서 점점 더 잊는다. 그리고 검은 베일이 마음의 눈을 덮는다. 신성한 의식은 멍해지고 하늘에 대한 기억은 흐려진다. 그리고 그녀의 몸이라는 두터운 물질 속에서, 마치 잃어버린 희망처럼, 옛날의 행복했던 시절에 대한 희미한 기억이 그녀 안에서 흐릿하게 꺼지지 않고 있다. 바로 그 불씨로 말미암아 그녀는 다시 태어나 새로운 존재가 되리라!

그래, 아이샤는 아직 이 땅, 이 야만의 땅에서 보호받지 못한 채 신음하고 있는 헐벗은 수많은 한 쌍들 속에서 살고 있다. 잃어버린 천국? 그렇다, 그것은 그녀, 여기 살고 있는 아이샤의 과거였으며 미래인, 저 베일에 싸인 광활한 하늘이다.

모세는 아담의 탄생에 대해서도 같은 식의 성찰을 했다. 그런 후 지상에서의 인간 운명에 대해 생각했다. 그는 과거의 세월과 미래의 세월을, 아주 긴 그 세월들을 마음의 눈으로 보았다. 그렇다, 이 지상에 추락한 아이샤, 야만 속에 신음하고 있는 인류의 영혼 속에는 신의 의식이 아직 불꽃으로 남아 있다!

그러나 이제 그 불꽃은 우상 숭배 속에서, 저열한 정념 속에서, 앗시리아의 압제하에서, 서로 흩어져 싸우는 민족들 앞에서, 서로 잡아먹을 듯이 싸우는 신들 사이에서 꺼져가려 하고 있다. 엘로힘 숭배 신앙을 세움으로써 내 그 불꽃을 다시 지피리라. 인류 전체이건 한 개인이건 인간은 이에브의 이미지를 회복해야 하리라. 하지만 이에브의 화신이 되어 인류의 살아 있는 말씀이 될 백성을 어디서 찾을 것인가?

그는 인간 영혼을 삼키고 있는 그 깊은 어둠을 응시하면서, 약해지고 썩어버린 이 지상의 이브들, 육신의 옷에 의해 영혼을 잃어버린 존재들과의 싸움을 통해 빛을 되살리리라고 결심했다. 인간이 다시 돌아가야 할 원천인 전능한 이에브의 불꽃을 높이 세움으로써 그들과 싸우고, 그들을 다시 세우고, 그들에게 그 성령의 감화를 받게 하리라. 그는 이에브의 신비스러운 힘이 그를 포옹하며 그를 강철같이 담금질하는 것을 느꼈다. 그것은 신의 의지였다.

그때, 그 지하 감옥의 어두운 침묵 속에서 어떤 목소리가 들려왔다. 그것은 그의 깊은 의식으로부터 나오는 소리였다. 마치 빛처럼 떨리는 그 목소리는 이렇게 말하고 있었다.

"신의 산, 호렙으로 가거라."

4. 시나이에서의 비전

거대한 화강암 덩어리. 나무 한 그루, 풀 한 포기 없는 데다가 태양이 장엄하게 내리쪼이고 있지. 그래서 번갯불이 그 이랑을 팠고 벼락이 조각을 새겼다고들 한다네. 이 시나이의 정상을 아이들은 엘로힘의 왕좌王座라고들 하지. 또 그 꼭대기 맞은편으로는 거친 야생의 작은 산이 하나 있지. 그리고 그 두 산 사이에는 돌들이 제멋대로 깔려 있는 골짜기가 있는데 아랍 사람들은 호렙이라고 부르고 셈족의 전설에서는 예레브라고 불린다네. 시나이의 그늘과 함께 그곳에 밤이 찾아오면 참으로 쓸쓸해 보이는데, 산 위에 구름이 낮게 깔려 그 사이로 무슨 불길한 조짐처럼 희미한 빛이라도 내려오는 날이면 더욱 쓸쓸해지지. 그때 협곡으로 바람이라도 불어와 보라지. 엘로힘께서 감히 자신에게 대항하는 자를 바로 거기서 거꾸러뜨리고 그 깊은 계곡 밑으로 던져버리는 것 같아. 빗물이 폭포처럼 쏟아지는 그 계곡 깊은 곳에는 사악한 거인이 살고 있어 성스러운 곳으로 기어오르려는 자들 머리 위로 바위를 굴리고 있다네. 시나이의 신이 독수리 발톱을 한 메두사의 머리 모양을 하고 번쩍거리는 불 속에서 나타난다고 하더군. 그 얼굴을 본 자는 불행해지는 것이, 그 얼굴을 보는 것은 곧 죽음을 뜻한다는 거야.

사막의 유목민들은 저녁이 되어 낙타들과 여인네들이 잠들고 나면 그런 이야기들을 하곤 했다. 그리고 이드로 사원의 사제들 중 가장 대담한 사람들이 산 중턱까지 올라 동굴 속에서 며칠 간 단식을 하며 기도를 드리기도 했다. 에돔홍해와 사해 사이 지역의 현자들 중 거기서 신의 영감을 받은 사람도 있었다. 그곳은 까마득한 옛날부터 엘로힘에게 봉헌된 성소였다. 그 어떤 사제도 순례 행렬을 거기까지 이끌고 갈 엄두를 내지 않았으며 사냥꾼의 발길도 닿지 않았다.

모세는 겁 없이 호렙의 협곡을 오르고 있었다. 그는 불굴의 의지를 가지고 죽음의 계곡을 건넜다. 인간의 모든 노력이 그러하듯이 통과제의의 과정에는 겸허함의 단계와 오만함의 단계가 교차하게 마련이다. 성산聖山을 기어오르면서 모세는 오만함의 극에 달해 있었다고 보아야 한다. 그는 인간 힘의 정상頂上을 건드리고 있었던 것이다. 그는 벌써 자신이 지고의 존재와 하나가 되었다고 느끼고 있었다. 강렬한 붉은 태양이 시나이의 화강암 덩어리 위에서 기울고 있었고 계곡으로는 보랏빛 그늘이 드리워졌다. 그때 모세는 어느 동굴 앞에 이르러 있었는데 그 동굴의 입구를 커다란 테레반 나무가 막고 있었다. 그가 그곳으로 들어가려고 하는 찰나 갑자기 빛이 그를 감싸면서 마치 눈이 먼 것같이 느껴졌다. 발 밑의 땅에 갑자기 불이 붙어 화강암 산 전체가 불꽃의 바다로 변해 버린 것 같았다. 동굴 입구에는 눈부시게 빛나는 한 형상이 나타나 칼을 들고 그의 길을 막고 있었다. 모세는 벼락이라도 맞은 듯 엎드려 땅에 얼굴을 박았다. 좀 전 그의 그 오만함은 흔적도 없이 사라져버렸다. 천사의 시선이 그 빛으로 그를 꿰뚫고 있었다. 모세는 환각 상태에서 생겨난 깊은 육감으로 이 존재가 자신에게 무시무시한 일을 가해 오리라는 것을 알았다. 그는 사명이고 무어고 다 내팽개치고 비참한 도마뱀처럼 땅 밑으로 숨어버렸으면 했다. 그때 목소리가 들려왔다.

"모세야, 모세야."

하느님의 말을 경청하는 모세. 「불붙은 떨기나무」, 마테오 로셀리, 1623년 이전.

"여기 있나이다."

"한 발자국도 가까이 오지 마라. 신발을 벗도록 하라. 그대가 발 딛고 있는 곳은 성스러운 땅이니라."

모세는 두 손으로 얼굴을 가렸다. 다시 천사의 모습을 보고 그의 시선과 마주치는 것이 두려웠기 때문이었다. 천사가 그에게 말했다.

"그대, 엘로힘을 찾고 있는 그대여, 내 앞에서 왜 그렇게 떨고 있는가?"

"그대는 누구신가요?"

"엘로힘의 한 광선이로다. 태양의 천사이며 영원한 존재의 말씀을 전하는 자로다."

"어떤 명령을 내리시렵니까?"

"그대 이스라엘 백성들에게 말하라. '너희 조상들의 신이며 아브라함의 신, 이삭의 신, 야곱의 신인 절대의 신이 너희들을 예속의 땅으로부터 구해내기 위해 나를 그대들에게 보냈노라'라고."

"제가, 제가 도대체 누구인데 이스라엘 백성들을 이집트로부터 구해낼 수 있나요?"

"가거라. 내 너와 함께할 것이니. 내 엘로힘의 불을 너의 가슴에, 그의 말씀을 너의 입술에 심어놓으리라. 40년 전부터 너는 엘로힘을 불러왔다. 너의 목소리가 그에게까지 울려왔다. 자, 이제 내 그의 이름으로 네 손을 잡는도다. 엘로힘의 아들이여, 넌 영원히 나의 아들이니라."

그러자 대담해진 모세가 소리쳤다.

"엘로힘이여 보여주소서! 그 살아 있는 불을 보여주소서!"

그가 다시 고개를 들었다. 불꽃의 바다는 시들었고 천사는 섬광처럼 사라졌다. 태양이 시나이의 사화산 한편으로 지고 있었다. 죽음의 정적이 호렙의 골짜기를 떠돌고 있었다. 그때 창공을 구르며 무한대로 사라져가는 듯한 목소리가 들려왔다.

"나는 나이로다."

모세는 마치 가사 상태에라도 빠진 듯한 상태에서 그 환영으로부터 벗어났다. 그는 한순간 자신의 몸이 창공의 불에 의해 타버렸다고 생각했다. 하지만 그의 정신은 더욱 강해졌다. 그가 이드로의 사원으로 다시 내려왔을 때 그는 자신이 과업을 완수할 준비가 되었음을 알았다. 그의 살아 있는 생각들이, 불칼을 든 천사처럼 그의 앞에서 걸어가고 있었다.

5. 출애굽
사막에서의 요술과 강신술

모세가 품고 있던 계획이 그 얼마나 대담한 것이었고 엄청난 것이었던가를 강조할 필요가 있을까? 한 민족을 이집트처럼 강한 나라의 속박으로부터 구출해 내는 것, 그들을 이끌고 그들보다 훨씬 강한 적대 민족이 점유하고 있는 지역을 정복하는 것, 그들을 이끌고 10년, 아니 20년 혹은 40년 이상을 불타는 갈증과 극심한 배고픔을 견디며 사막을 떠도는 것, 언제고 그들을 도륙할 준비가 되어 있는 히타이트족이나 다른 부족들의 화살에 밥이 되도록 만드는 것, 우상 숭배에 빠진 국가들 사이에서 그들만을 따로 떼어내어 절대의 신의 울타리에 모이게 하는 것, 불의 채찍의 힘으로 그들에게 유일신을 향한 믿음을 부과하여, 이 유일한 존재를 향한 두려움과 숭배를 불러일으키는 것, 그리하여 그들 스스로 그 절대신이 육화된 존재가 되며 그 절대신이 그들 국가의 상징이 되게 만드는 것, 그리하여 그의 열망의 최종 목표이며 그의 존재 이유를 기어이 이룩하고 마는 것, 그것이 모세가 품고 있던 놀라운 계획이었던 것이다.

이집트 대탈출은, 모세와 이스라엘의 주요 족장들, 그리고 이드로 사이에서 오랜 기간에 걸쳐 협의되고 준비되었다. 탈출 계획을 실행에 옮기기 위해 모세는 옛 학우였으며 이제는 파라오가 된 메네프타가 리비아 왕 메르마이우의 침공을 격퇴하느라 정신이 없는 틈을 이용했다. 전 이집트 군대들이 서부 전선으로 집결하는 바람에 헤브라이인들의 동태를 파악할 수 없었기에 집단 이주는 유혈 사태없이 진행될 수 있었다.

이제 이스라엘 백성의 대장정이 시작되었다. 낙타 등에 천막을 싣고 등 뒤로 양떼를 거느린 이 긴 대상隊商의 행렬은 이제 바야흐로 홍해를 끼고 돌기 시작했다. 아직은 수천 명 정도의 무리에 불과했다. 그러나 시간이 갈수록 가나안족 · 에도미트족 · 아랍족, 그리고 거의 전 셈족 등이 이 사막의 예언가에게 매혹당하여 그들 주변으로 몰려들어 그 수가 급격히 늘어났다. 물론 그들 중의 핵심은 이스라엘 백성이었다. 그들은 곧고 강인했으며 끈질겼고 반골 기질이 있었다. 그들의 우두머리는 부족민들에게 유일신 숭배 사상을 가르쳤다. 하지만 원시적 야성을 아직 그대로 간직하고 있던 그들에게 유일신 사상이란 아직 간헐적으로 그들의 의식이 깨어 있을 때 찾아오는 사상일 뿐이었다. 그들의 내부에서 원초적 정열이 들끓어오를 때마다, 인간에게 그토록 자연스러운 다신주의적 본능이 일신교적 의식을 압도했다. 그러면 그들은 다시 대중적 미신, 마술에 빠져들었고 이웃 이집트와 페니키아 민족 사이에 널리 퍼져 있던 우상 숭배의 유혹에 넘어갔다. 모세는 바로 그런 유혹을 없애기 위해 가혹한 율법을 만들었다.

백성들의 지도자인 이 대예언자 주변에는 이집트에서의 통과 제의 동료인 아론이 주재하는 일단의 사제들과 여女 예언자 마리아가 이끄는 여사제들 집단이 있었다. 그들과 함께 70명의 장로들과 일반 선지자들을 주변에 두어 그들에게 비밀 교리와 구전 전통들을 전수했고, 자신의 권력의 일부를 그들에게 넘겨주었다.

그 대이동 집단의 핵심에는 금궤가 있었는데 그것은 바로 모세가 이집트 사원의 전통에서 본을 따온 것이었다. 따라서 그 안에는 마술, 강신술의 비법들이 들어 있었다. 하지만 모세는 자신의 개인적인 계획을 실현하기 위해 몇 가지 특성을 더 부여한 새로운 모델을 만들었다. 이스라엘의 금궤 옆에는 스핑크스와 닮은 네 명의 지품智品 천사를 새겨놓았는데 그 천사들은 선지자 에스젤의 네 마리 상징적 동물의 형상을 하고 있었다. 그 중 하나는 사자의 머리를, 다른 하나는 황소의 머리를, 세 번째는 독수리의 머리를, 네 번째는 사람의 머리를 하고 있었는데, 그것들은 각각 우주의 4원소인 대지·물·공기·불을 인격화해 표현한 것이다. 그것은 마치 네 글자로 된 문자에 의해 표현된 네 가지 세상과 같은 것으로서, 그 동물들의 날개가 금궤를 덮고 있었다.

바로 이 금궤가 오시리스의 사제인 모세의 마술에 의해 전기 현상과 빛 현상이 일어나게 될 도구인데, 그 현상은 전설 속에 한껏 부풀어 올라 성서 속에는 좀 유치하게 나타나고 있다. 또한 그 금궤 속에는 모세가 이집트 상형문자로 작성한 천지 창조의 책인 『세페르 베르시트』가 들어 있고 모세의 요술 지팡이가 들어 있었다. 또한 그 안에는 역시 모세가 세운 시나이의 법이 들어 있었는데, 모세는 그 금궤를 엘로힘의 옥좌라고 불렀다. 그 금궤는 바로 유구한 신비의 전통, 이스라엘의 임무, 이에브의 사고 자체의 상징이었기 때문이다.

한편 모세가 그 백성들을 다스리면서 구성한 정치적 형태는 어떠한 것이었을까? 그 점에 관해서는 구약의 출애굽기 한 부분을 그대로 인용하는 것이 유익할 것이다. 그 부분은 모세의 나약한 부분과 그가 성직에 대하여 갖고 있던 자부심, 또한 그의 독재적 신정 정치 등을 옛 형태 그대로 생생하게 전달해 주고 있기 때문이다.

이튿날 아침, 모세가 백성들의 소송을 재판하기 위하여 재판석에 앉았다. 백성들은 아침부터 저녁까지 모세 둘레에 서 있었다. 모세의 장인은 모세가 백성을 다스리느라고 애쓰는 모습을 보고 말하였다. "백성을 이렇게 다스리다니, 이게 무슨 일인가? 아침부터 저녁까지 둘러서 있는 이 백성들을 왜 혼자 앉아서 다 처리하는가?" 그러자 모세는, "백성은 하느님께서 판가름해 주셔야 할 일이 생기면 저에게로 옵니다. 무슨 일이든지 생기면 저에게로 옵니다. 이웃끼리의 문제를 제가 재판해 주고 하느님께서 지키라고 주신 규칙도 알려주어야 합니다" 하고 설명하였다. 모세의 장인이 그에게 충고하였다. "이렇게 해서야 되겠는가? 자네뿐 아니라 자네가 거느린 이 백성도 아주 지쳐버리고 말겠네. 이렇게 힘겨운 일을 어떻게 혼자서 해내겠는가? 이제 내가 한마디 충고할 터이니 들어보게. 아무쪼록 하느님께서 자네를 도와주시기 바라네. 자네는 백성의 대변인이 되어 그들이 제시하는 소송들을 하느님 앞에 내놓게. 그리고 그들이 지켜야 할 규칙을 알려주어 어떻게 살아야 하며 무엇을 해야 할지를 가르쳐주게. 하느님을 두려워하여 참되게 살며 욕심이 없고 유능한 사람을 찾아내어 백성을 다스리게 세워주는 것이 좋겠네. 1,000명을 거느릴 사람, 100명을 거느릴 사람, 50명을 거느릴 사람, 10명을 거느릴 사람을 세우게. 언제나 그들을 시켜 백성을 다스리게 하고 큰 사건만 자네에게 가져오도록 하게. 작은 사건은 모두 그들에게 맡겨두게. 그들과 짐을 나누어 자네 짐을 덜도록 하게. 자네가 이와 같이 일을 처리한다면, 이것이 곧 하느님의 뜻에도 부합되고 자네 일도 다 감당할 수 있어 이 백성들이 모두 만족해서 집으로 돌아갈 것일세." 모세는 장인의 말을 듣고 그대로 하였다. (출애굽 18장 13~24절)

모세는 장인의 충고대로 정치 형태를 구성하는데 행정권은 일종의 사법권의 발현으로 간주했으며 또한 행정권은 성직의 권위 아래에서 통제를 받게 만들었다. 모세가 세운 그러한 통치 체제는 후계자들에게 그대로 계승되어 여호수아로부터 사뮤엘까지, 사울의 찬탈 때까지 이어진다. 그 이후 왕들의 지배하에서 그 권위를 잃은 성직자들이 모세로부터 물려받은 진정한 전통을 상실하고, 그 전통은 예언자들을 통해서만 겨우 살아남게 되는 것이다.

우리가 앞서 말했듯이 모세는 단순한 애국자가 아니었다. 그는 인류 전체의 운명을 염두에 두고 그 목적을 위해 그에 알맞는 민족을 길들인 사람이었다. 이스라엘은 그에게 수단일 뿐이었으며 전 우주적 종교가 그의 목표였다. 따라서 이집트 탈출로부터 모세의 죽음에 이르기까지의 이스라엘의 역사는 이 야심에 찬 대예언자와 그가 길들이려고 한 백성들 간의 긴 대결의 역사였다고 해도 과언이 아니다.

모세는 이스라엘 민족을 우선 불모의 사막인 시나이 반도의 산, 모든 셈족들에게 엘로힘 신이 거하는 곳으로 신성시되고 있으며 그 자신 계시를 얻은 바로 그 산 앞으로 인도했다. 신의 천사를 만나서 그 천사에게 영혼을 사로잡혔던 바로 그곳에서 그는, 이번엔 그 자신이 백성들의 영혼을 사로잡아 그들의 이마에 이에브의 각인을 새겨주려 했던 것이다. 그가 백성들에게 전한 십계명, 정신과 도덕의 법령이면서 초월적 진실의 보완이기도 한 그 십계명이 금궤 속 신비의 책에 담겨 있었다.

이 대예언자와 백성들 간의 최초의 대화만큼 비극적인 것은 찾아보기 힘들 것이다. 그 대화 속에는 이상하고, 피비린내 나는, 그리고 무서운 장면들이 그대로 숨어 있어, 이스라엘 백성의 그 고통받는 육체 위에, 마치 뜨거운 강철 낙인처럼 찍히게 되는 것이다. 성서의 전설을 통해 부풀려진 그 대화 속에서 우리는 그때의 실상을 얼마든지 짐작해 낼 수 있다.

부족의 엘리트들이 파란 고원에 캠프를 차렸다. 바로 세르발 바위 지역을 통해 시나이 산 골짜기로 들어가는 입구였다. 그들이 숙소를 차린 이 돌 많은 화산 지대 앞으로는 시나이가 위협적인 모습으로 그들을 굽어보고 있었다. 전체가 모여 있는 앞에서 모세는 엘로힘 신의 계시를 받으러 산으로 들어갈 것이며 거기서 돌 탁자에 쓰인 계명을 가지고 올 것이라고 엄숙하게 선서했다. 그리고 백성들에게 잠을 자지 말고 단식을 할 것과 기도하며 경건한 마음으로 그를 기다리라고 명령했다. 그리고 70명의 장로들로 하여금 신성의 금궤를 잘 보관하도록 했다. 그런 후 자신의 후계자인 여호수아만 대동한 채 그 어두운 골짜기 안으로 사라졌다.

몇 날이 흘렀다. 그러나 모세는 돌아오지 않았다. 초조해하던 백성들은 자신들끼리 수군거리기 시작했다.

"도대체 왜 우리를 이 무시무시한 사막으로 끌고 온 거지? 왜 히타이트족의 공격을 속수무책으로 당할 수밖에 없는 이 지경으로 우리를 만든 거지? 아니, 우리를 젖과 꿀이 흐르는 가나안 땅으로 데리고 간다더니, 도대체 뭐야. 이렇게 사막에서 죽어갈 뿐이잖아. 이놈의 비참한 생활보다는 차라리 이집트에서 그냥 노예 상태로 지내는 게 나았겠네. 모세의 신이 진정한 신이라면 그걸 증명해 보여야 할 것 아닌가! 적들이 모두 사라지고 우리가 지금 당장 약속의 땅으로 들어가야 할 것 아닌가!"

불만의 수군거림이 차츰 커졌고 반란이 일어났으며, 반란에 가담하는 족장들도 있었다.

그런 가운데 그들 중에는 이단의 여인들이 섞여 있어 자기네들끼리 쑥덕거리며 그들을 부추겼다. 검은 피부를 한 모아브족 여인들이었는데 매우 관능적인 몸매를 한 그녀들은 이스라엘과 합병된 에도미트족 족장들의 소실이거나 노예들이었다. 그녀들은 자신들이 전에 여사제들이었다는 사실, 고국의 신성의 숲 안에서 여신의 대향연을 주도했었던 사실을 잊지 않고 있었다. 그녀들은 반란자들과 뒤섞여 마치 뱀과 같은 교태를 부리며 그들의 품을 파고들었다. 그리고는 속삭였다.

"저 이집트 사제니, 그의 신이니 하는 존재가 도대체 뭐예요? 그는 시나이에서 죽고 말 거예요. 무서운 거인이 구덩이 속으로 던져버릴 걸. 이 부족들을 가나안으로 이끌고 갈 사람은 그가 아니에요. 이스라엘 아이들도 다 알고 있듯이 모아브의 신인 벨페고르와 아스타로트지요. 그들만이 앞날을 예견하고 기적을 일으킬 수 있어요. 그들만이 우리를 가나안으로 데려갈 수 있을 거예요!"

반란자들은 그녀들의 말에 혹했다. 그들은 서로서로 선동을 하며, 이렇게 소리높여 외쳤다.

"아론, 우리 앞에 직접 신들의 모습을 보여주시오. 우리를 이집트로부터 여기까지 이끌고 오게 한 모세의 신은 도대체 모습도 보이지 않고 있지 않소!"

아론은 군중들을 진정시키려 애썼지만 소용이 없었다. 모아브족 여인들은 지나가던 대상隊商과 함께 있던 페니키아 사제들을 끌어들였다. 반란자들은 아론을 위협하여 페니키아의 신인 벨페고르 모양의 금송아지를 녹여 만들게 했다. 그리고는 이교도의 신들을 위한 예배를 드리게 했으며, 이어서 모아브족 여인들과 함께 어울려 춤추며 노래하고 술을 마셔댔다.

모세에 의해 선출된 70명의 장군들은 그들을 꾸짖으며 이 무질서를 제지하려고 했지만 소용이 없었다. 이제 그들은 그냥 땅바닥에 앉아 성스러운 금궤를 호위하고 있을 수밖에 없었다. 그들 주위로는 야만적인 울부짖음, 관능적인 노래, 저주받은 신을 찬양하는 소리, 사치와 잔인함을 칭송하는 소리들이 난무하고 있었다. 그들은 그들 신에 대항하는 이 반항의 무리들의 마치 발정난 듯한 광란을 두려운 마음으로 바라볼 수밖에 없었다. 게다가 거의 모든 백성들이 반란에 참여하고 있었다. 아, 만일 모세가 돌아오지 않는다면 이 성궤와 성서와 이스라엘의 운명은 어찌될 것인가?

하지만 모세는 돌아왔다. 엘로힘 산 정상에서의 오랜 고독한 몽상 끝에 그는 돌 탁자에 쓰여진 율법을 가지고 돌아왔다. 자기 백성들의 진영에 가까이 오면서 그는 우상들 주변에서 춤추고 노래하는 광란의 축제 장면을 보았다. 오시리스의 사제이며 엘로힘의 예언자인 그의 모습이 보이자 춤은 그쳤고 이방인 사제들은 도망쳤으며 반란은 주춤해졌다. 모세는 사나운 불꽃 같은 분노에 휩싸였다. 그는 돌 탁자를 부숴버렸으며, 그와 함께 사람들은 그가 모든 백성들도 꺾어버리는 듯이 느끼고 있었다.

이스라엘 백성은 떨고 있었다. 하지만 반란 주동자들은 겁에 질린 가운데에서도 증오의 눈초리를 보내고 있었다. 대예언자에게서 한 마디의 주저하는 말, 한 동작의 주저하는 몸짓이라도 보이면, 우상 숭배의 깃발이 높이 세워져 성궤도, 예언자도, 예언자의 뜻도 그들의 사나운 돌팔매질과 발길 아래 묻혀버릴 기세였다. 하지만 모세는 의연히 그곳에 있었으며, 그의 뒤에서는 보이지 않는 힘이 그를 보호해 주고 있었다. 그는 우선 가라앉아 있는 70명 족장들의 영혼을 다시 드높이 고양시킨 후 이어서 백성들의 영혼을 고쳐시켜야 한다고 생각했다. 그는, 그 자신의 저 깊은 내부로부터, 또한 저 높은 하늘로부터, 엘로힘-이에브, 남성의 신, 불변의 불의 신인 엘로힘-이에브를 현현케 하리라 마음먹었다. 모세는 큰소리로 외쳤다.

"70명의 장로들이여, 내게로 오라. 성궤도 함께 들고 오라. 그대들은 이제 나와 함께 신이 거하시는 산으로 오르게 되리라. 백성들이여, 그대들은 우리를 기다려라. 내 엘로힘의 심판을 그대들에게 가져오리니."

모세와 70명의 일행은 금궤와 함께 다시 시나이 산으로 사라졌다. 앞으로 마주하게 될 일 앞에서, 과연 누가 더 두려움에 떨고 있었을까? 절대신의 존재와 마주하게 될 장로들이었을까, 아니면, 마치 보이지 않는 칼날이 머리 위에서 노리고 있는 것 같은 느낌에 사로잡힌 벌 받은 백성들이었을까?

아! 저 오시리스의 사제, 저 불행을 몰고 오는 예언자의 무시무시한 손아귀에서 벗어날 수만 있다면! 반역자들은 탄식했다. 실제로 그들 중의 절반 정도가, 대담하게, 천막을 걷고 낙타를 추스르며 도망칠 준비를 했다. 그런데 갑자기 이상하게 날이 어두워지더니 하늘이 온통 먼지 장막으로 뒤덮이는 것이 아닌가! 홍해로부터 매서운 삭풍이 불어와 사막은 삽시간에 희끄무레한 황갈색으로 변했고 시나이 산 뒷쪽으로 두꺼운 구름이 뭉게뭉게 피어올랐다. 이윽고 하늘이 온통 시꺼매졌다. 이어서 사나운 바람이 불어와 사막을 휩쓸었고, 번개가 번쩍이더니 시나이 산을 덮고 있는 구름으로부터 급류 같은 비가 내리퍼붓기 시작했으며, 겁에 질려 떨고 있는 백성들에게 위협을 가하듯 천둥이 잇달아 으르렁거렸다. 백성들은 그것이 모세가 불러낸 엘로힘의 분노라는 것을 추호도 의심하지 않았다. 모아브의 여인들은 이미 사라지고 없었다. 그들은 자신들이 만들었던 우상을 거꾸러뜨렸고, 족장들은 무릎을 꿇었으며, 아이와 여자들은 낙타 밑으로 몸을 숨겼다. 천둥과 번개와 폭우는 하룻밤, 하루낮이 지나도록 계속되었다. 벼락이 천막 위로 떨어져 수많은 사람들과 가축이 죽었다.

저녁 무렵이 되자 폭풍우가 가라앉았지만 시나이 산 머리 위로는 여전히 구름이 피어오르고 있었고 하늘은 어두웠다. 바로 그때 그들 야영지 입구에 모세를 앞세우고 70명의 장로들이 나타났다. 어슴푸레한 빛을 받고 있는 그들의 모습은, 마치 그 얼굴에 숭고한 존재의 메시

「바위에서 물이 나오는 기적 이후의 모세와 이스라엘인」, 루카스 반 레이덴, 1527.

지를 그대로 반영하고 있는 듯 초자연적인 빛을 띠고 있었다. 그때, 성
궤 위로, 마치 인광이 기둥을 이루며 서 있는 듯이 희미한 불빛 줄기들
이 뿜어져 나왔다. 그 신비스런 광경 앞에 70명의 장로들은 물론, 여자
남자 할 것 없이 모두 멀리 떨어져 무릎을 꿇었다. 모세가 말했다.

"영원한 신을 경배하는 자는 내 쪽으로 오라."

이스라엘 족장들의 4분의 3이 모세 주변으로 모여들었다. 반란자들
은 그들의 천막 속에 몸을 숨긴 채 있었다. 그러자 모세는 부하에게 명
하여, 반항을 선동한 자들과 이교도의 사제들을 끌어내 칼로 처형하도
록 했다. 이스라엘이 이제 영원히 엘로힘 앞에서 두려움에 몸을 떠는
존재가 되지 않게 하기 위하여, 그리고 그들이 시나이의 율법을 언제

나 기억하게 하기 위하여, 그리고 그의 제1의 계명을 그들에게 각인시키기 위해서였다.

"그대들을 이집트로부터, 그 노예의 집으로부터 끌어낸 것은 그대들의 신인 나 영원한 존재이니라. 그대들은 이제 내 앞에서 다른 신을 섬기지 말라. 그대들은 저 하늘, 저 물, 저 땅에 있는 그 어떤 사물로도 나와 비슷한 형상을 만들지 말지어다."

모세는 이런 식으로 공포와 신비를 동원해서 그의 백성들에게 율법과 신앙을 부과했다. 그들의 영혼 속에 강력히 이에브 신의 절대성을 각인시킬 필요가 있었으며, 그렇게 하지 않으면 페니키아와 바빌론으로부터 밀려오는 다신 숭배의 물결을 막을 수가 없었기 때문이었다.

그렇다면 그 70명의 장로들이 시나이 산에서 본 것은 과연 무엇이었을까? 신명기를 보면 시나이 광야 위, 이에브의 빛 속에 수천의 성자들이 나타난다는 이야기가 나온다. 그들은 아리안 · 인도 · 페르시아 · 이집트 등 신성의 땅에 존재했던 모든 현자들의, 선지자들의 현현이었을까? 그들이 모세의 과업 가운데 나타나 여러 부족들의 모임인 장로들의 의식에 결정적인 영향을 미친 것일까? 인류를 굽어보고 있는 우주적 정신의, 정령의 힘은 언제나 존재한다. 하지만 그들과 인간 사이를 가리고 있는 장막은 위대한 순간 선택받은 자들에게만 잠깐 벗겨질 뿐이다. 우리는 그 순간을 모세의 영혼의 힘에 이끌린 장로들의 영혼이 열리는 순간, 그래서 그들과 정령들 사이를 가리고 있던 장막이 벗겨졌던 순간이라고 이해해야 한다. 어쨌든 모세는 70명의 장로들 머리에 자기 의지의 불과 에너지를 심는 데 성공한다. 그런 의미에서 그 장로들은 솔로몬 이전의 최초의 사원, 살아서 걸어다니는 사원, 이스라엘의 심장으로서 신의 존귀한 빛을 발하는 사원이었던 것이다.

시나이에서 장로들에게 증거한 장엄한 광경, 반역자들의 집단 처형을 통해 모세는 떠도는 셈족을 강철 같은 권위하에 장악할 수 있게 된다. 하지만 민족을 이끌고 가나안으로 가는 도중에도 비슷한 종류의 반란은 여러 번에 걸쳐 있게 된다. 마호메트와 마찬가지로 모세는 예언자로서, 전사로서, 사회 설립자로서의 역할을 동시에 펼쳐보여야만 했다. 그는 권태와, 중상과, 음모와 끊임없이 싸워야만 했다. 백성들의 반란에 이어서 그와 동등한 지위에 올라 이에브 신과 직접 대면하길 원했던 오만한 레위족 사제들을 진압해야 했으며 코레나 다탄 그리고 아비람 같은 야심에 찬 족장들의 보다 위험한 음모를 징계해야 했다. 이 처절한 싸움에서 모세는 분개와 동정, 아버지의 부드러움과 사자 같은 분노를 동시에 보여주면서 민족을 이끈다.

우리는 모세가 이스라엘 백성을 이끌고 그의 과업을 완수해 가는 과정에서 그가 언제나 여호와의 후광을 뒤에 업고 수많은 기적을 행하는 것을, 구약 창세기부터 신명기에 이르는 처음 5서書에서 볼 수 있다. 우리는 과장되어 보이고 현실성이 없어 보이는 그 이적들에 대해서 현대 과학의 전기·자기 현상에 대한 지식을 빌려 그럴듯한 설명을 할 수도 있을 것이다. 또한 자연 과학을 통해 설명될 수 있는 그 기적의 원인이 되는 힘과 이 우주를 지배하는 안 보이는 힘을 일치시켜 설명할 수도 있을 것이다. 하지만 우리는 차라리, 이 우주를 지배하는 안 보이는 힘이, 대예언자·대선지자의 정신적 힘에 의해, 비록 드문 경우이긴 하지만 발현될 수 있다는 것을 우리의 결론으로 삼고 싶다.

우리는 자신을 보호하는 우주적 정신의 힘에 의해 뒷받침된 모세가 그 힘을 이용하여 범인들의 힘에는 기적으로 보일 수밖에 없는 현상들을 만들어내는 일이 가능하다고 믿는다. 그 신비스러운 능력, 그러나 얼마든지 가능한 능력을 발휘하여 반란자를 처형함으로써 그가 공포와 신적 지혜의 화신이 되는 일이 가능했던 것이다.

6. 모세의 죽음

모세가 백성들을 이끌고 가나안 땅으로 들어섰을 때 그는 자신의 과업이 완수되었음을 알았다. 그때 그 시나이의 견자見者에게 이에브-엘로힘이란 어떤 존재였을까? 저 높은 곳으로부터 낮은 데까지 임하는 신의 질서, 이 우주의 온갖 천체를 가로지르며 이 가시可視의 땅에서 실현된 영원한 진리. 아니다, 그는 그 영원한 신, 이 세상 어디에나 임해 있는 그 신에 대한 명상에 헛되이 빠져 있는 것이 아니었다. 신성의 책은 궤 속에 있고 그 궤는 주의 살아 있는 사원인 강한 백성이 지켜주고 있다. 유일신 숭배 사상이 이 땅 위에 세워졌다. 이에브의 이름은 이스라엘의 의식 속에서 영원한 글자로 새겨져 빛날 것이다. 인류의 변화무쌍한 영혼 속에서 무수한 세월의 물결은 흘러가겠지만, 영원한 신의 이름은 그래도 지워지지 않을 것이다.

그 모든 것을 이해하게 된 모세는 죽음의 천사를 기도로 불러냈다. 그는 그의 후계자 여호수아의 머리에 안수를 하며 신의 영혼이 그에게 깃들기를 빌었고, 이어서 이스라엘의 열두 부족을 통해 전 인류에게 복음이 전해지기를 기원했다. 그런 후 그는 여호수아와 두 명의 사제만을 동행한 채 네보 산으로 올라갔다. 이미 아론을 '아버지들의 품이 거두어들인' 후였고 여예언자 마리아도 같은 길을 따른 뒤였다. 이제 모세의 차례가 온 것이다.

이스라엘 마을이 사라지는 것을 보며 홀로 엘로힘의 고독을 향해 가던 이 100세가 된 예언자는 그때 무슨 생각을 하고 있었을까? 야자수가 심어진 도시, 그 약속의 땅을 눈으로 훑어보며 그는 무슨 기분에 젖었을까? 한 진정한 시인이 그의 그러한 영혼 상태를 묘사하면서 이렇게 읊었다.

오 주여, 저는 강하고 고독하게 살아왔나이다.
이제 저를 이 대지의 잠속에 빠져들게 하옵소서. (알프레드 드 비니)

이 간단한 시구가 수백 명 신학자들의 장황한 주석보다 훨씬 정확하게 모세의 영혼을 묘사하고 있다. 그 영혼은 기제의 그 웅장한 피라미드, 바깥 모양은 헐벗은 채 닫혀 있지만 그 속에 거대한 신비들을 품고 있으며 그 중심에 선지자들이 '부활의 석관石棺'이라 부른 석관이 들어 있는 그 피라미드를 그대로 닮아 있다. 그 스핑크스로부터는, 비스듬히 나 있는 통로를 통해 북극의 별이 보인다. 그와 마찬가지로 모세의 꿰뚫고 들어갈 수 없는 정신은 그 중심에서 만물의 최종 목표를 바라보고 있었다.

그렇다, 모든 강한 자들은 그 위대함이 창조해 내는 고독을 알고 있다. 하지만 모세는 그 누구보다도 더 고독했다. 그의 원칙이 그 누구의 것보다 절대적이었으며 초월적이었기 때문이었다. 그의 신은 진정한 남성적 영웅의 신이었으며 순수한 신이었다. 그는 인간을 교화하기 위하여 자연의 여신, 지상의 영혼 속에 살고 있는 영원한 여신에게 전쟁을 선포했었다. 그리고 그 여신은 남자의 마음 속에도 살고 있는 법… 그는 쉼없이, 가차없이 그 여신을 격퇴해야 했다. 그 여신을 멸하기 위해서가 아니라 굴복시키고 길들이기 위해서….

신비스러운 협정이 맺어져 있는 그 자연과 여신이 그의 앞에서 떨고 있다고 한들 그 무슨 놀라운 일이겠는가? 모세가 떠나는 것을 보고, 그들이 모세의 그늘이 자신들에게 내리눌렀던 무게가 치워지는 것을 보고 기뻐한들 그 무슨 놀라운 일이겠는가? 내 이제 그리로 돌아가리.

네보 산정을 오르면서 견자見者 모세의 머리에 떠오른 생각들은 틀림없이 그러한 것이었으리라. 사람들은 그를 사랑할 수 없었다. 그가 사랑한 것은 신뿐이었기 때문이었다. 그가 남긴 과업이라도 최소한 살아남을까? 그의 백성들은 그가 남긴 임무에 충실한 백성으로 남을 것인가? 아! 죽음을 앞둔 자는 운명적으로 눈앞이 맑아지는 법, 예언자는 비극적이게도 최후의 순간에 모든 장막이 거두어짐을 느꼈다. 모세의 정신이 대지로부터 떨어져나옴에 따라 그는 미래에 닥쳐올 무서운 현실을 똑똑히 보았던 것이다.

그는 이스라엘의 배반을 보았다. 다시 고개를 든 무정부 상태를, 주의 사원을 더럽히는 왕들의 범죄를, 손상된 채 몰이해에 빠진 그의 책을 보았고, 무식한 거짓 사례들에 의해 그의 생각이 훼손되고 왜곡되는 것을, 왕들이 배교하는 것을, 유다가 우상 숭배 국가들과 손을 잡고 배신하는 것을, 살아 있는 말씀을 간직한 예언자들이 박해받아 사막 끝까지 쫓겨나는 것을 똑똑히 보았다.

네보 산의 한 동굴 속에 앉아 모세는 그 모든 것을 자신의 내부에서 똑똑히 보았다. 하지만 이미 죽음의 사자가 그 날개를 그의 이마 위로 펼치고 있었고 그 손을 그의 심장 위에 얹고 있었다. 그러자 그 사자의 가슴이 다시 한 번 포효하기 시작했다. 자신의 백성들에 대한 분노에서 모세는 유다의 종족에게 엘로힘의 복수가 내릴 것을 빌었다. 그는 무거운 팔을 들어올렸다. 그리고 여호수아와 두 사제는 죽어가는 이 예언자의 입을 통해 흘러나오는 소리를 심한 공포에 사로잡혀 들어야만 했다.

「모세의 유언」(일부), 루카 시뇨렐리, 1482.

"이스라엘이 그의 신을 저버렸도다. 그들은 하늘에서 부는 바람에
흩어지리라."

그들은 살아 있다는 표시를 전혀 내지 않고 있는 그들의 스승을 공
포에 질려 바라보고 있을 뿐이었다. 그는 마지막 저주를 내린 것이었
다. 그는 그 저주와 함께 숨을 거둔 것일까? 그러나 모세는 마지막으로
눈을 뜨더니 말했다.

"이스라엘로 돌아가거라. 때가 되면 영원한 신께서 너희 형제들에
게 나와 같은 예언자를 보내시려니 그는 그의 입을 통해 말씀을 전하
고, 그 예언자가 영원한 신께서 그에게 명한 모든 것을 너희들에게 말
할 것이니라. 그가 하는 말을 듣지 않는 자가 있으면 영원한 존재가 친

히 그것을 추궁하리라."

　이 예언적인 말을 남기고 모세는 숨을 거두었다. 처음에 시나이에서 그에게 나타났던 불칼을 든 태양의 천사가 그를 기다리고 있었다. 그가 모세를 맞아들이더니 신의 영원한 짝인 천상의 이시스의 가슴 속으로 인도했다. 그들은 대지로부터 멀리 떨어져 한없이 광활한 영혼의 지대를 통과했다. 이윽고 주의 천사는 천상의 부드러움을 간직했으면서도, 너무도 찬연한 빛에 휩싸여 있어 자신의 빛은 그 옆에서 오히려 그늘에 불과하게 여겨질 뿐인 한 아름다운 정신을 그에게 보여주었다. 부드러운 웃음을 띤 그 존재는, 징벌의 칼 대신 희생과 승리의 종려나무를 들고 있었다. 모세는 그가 자신의 과업을 완성하리라는 것, 그가 영원한 여성의 힘으로, 신의 은총과 완전한 사랑으로, 인간들을 아버지에게로 이끌 것임을 알았다.

　그러자 입법자 모세는 구세주인 그 존재, 예수 그리스도에게 무릎을 꿇고 경배했다.

제5장

오르페우스
디오니소스의 신비들

이 세상이라는 위대한 영혼으로부터 튀어나온 수많은 영혼들이여, 그들은 이 광활한 우주 속에서 그 얼마나 요동치고 맴돌며 서로를 찾는가! 그들은 이 혹성에서 저 혹성으로 떨어지며 심연 속에서 잃어버린 조국을 울며 찾느니… 그것이 그대의 눈물들이로다. 디오니소스여… 오 위대한 영혼, 구세주시여, 그대의 딸들을 그대의 빛나는 가슴에 다시 품어주옵소서.

—오르페 단장

"유리디스, 오 신성한 빛이여!" 오르페우스가 죽어가며 말했다. "유리디스여!" 그의 리라의 일곱 줄이 부러지며 신음하듯 부르짖었다. 그리고 시간의 흐름 속에 영원히 실려 갈 그의 머리가 구르면서 여전히 소리쳤다. "유리디스! 유리디스!"

—오르페우스 전설

1. 선사시대의 그리스
바커스 여제관들-오르페우스의 출현

춘분이 되면 오르페우스 전통을 간직하고 있는 아폴론 신전에서는 신비의 축제가 열린다. 그때면 수선화들이 카스탈리 샘 부근에서 꽃을 활짝 피워올린다. 신전으로부터 리라 소리가 은은하게 울려오기 시작하면, 눈에 보이지 않는 신이 백조가 끄는 수레를 타고 이곳으로 되돌아온다고 사람들은 믿는다. 그러면 시와 음악의 신인 뮤즈의 복장을 한 여제관이, 머리에 월계관을 쓰고 신성의 띠를 두른 채, 아폴론과 신의 여사제 사이에서 태어난 오르페우스의 탄생을 기리는 노래를 한다. 그녀는 그렇게 하여, 수도자들의 아버지이며 선율로써 인간들을 구해낸 오르페우스의 영혼을 부르고 있는 것이다. 지옥과 지상과 하늘의 3중 왕관을 쓰고 있는 불멸 지고의 존재 오르페우스, 이마 위에 별을 단 채 별들과 신들 사이를 거니는 오르페우스의 영혼을….

델피 신전의 여제관이 부르는 노래 속에는 아폴론 사제들만이 알고 있고 일반 대중들은 모르고 있는 수많은 비밀들 중의 하나가 암시적으로 나타나 있다. 오르페우스는 그리스에 신성을 불어넣어 주는 정령이며, 그리스 속에 들어 있는 신성한 영혼을 일깨우는 정령이다. 그가 켜고 있는 일곱 줄의 리라는 이 우주 전체를 감싸안는다. 리라의 줄 하나하나는 인간의 영혼 각각의 상태에 대해 응답을 하며 학문과 예술의 법을 품고 있다. 우리는 그 풍요로운 조화를 해독할 수 있는 열쇠는 잃어버렸지만, 그것이 전하는 다양한 멜로디는 여전히 우리 귓가에 울리고 있다. 그 멜로디를 통해, 오르페우스가 그리스에 전할 수 있었던, 또한 그리스 전체를 고양시켰던 강신술의 힘, 디오니소스적인 힘이 유럽 전체로 퍼질 수 있었다.

우리의 시대는 이제 더이상 우리의 삶 자체에 아름다움이 깃들어 있다는 것을 믿지 않는다. 그러나 그런 가운데에도 저 깊은 기억 속에서 우리가 희미하게 그 아름다움의 존재를 의식하고 있다면, 그래서 아름다움에 대한 신비스러우면서도 도저히 물리치기 어려운 향수와 희망을 간직하고 있다면 그것은 전적으로 이 숭고한 영혼, 오르페우스의 덕이다. 그리스의 위대한 정신적 지도자이며, 시와 음악의 시조로서 우리에게 영원한 진리를 일깨운 오르페우스, 그를 우리는 찬양한다.

하지만, 신전 깊은 곳으로부터 전해져 오는 오르페우스의 이야기를 되살려 들려주기 전에 그가 출현할 당시의 그리스의 모습이 어떠했는가에 대해 먼저 알아보기로 하자.

그때는 서사시인 호머가 출현하기 5세기 전, 그리스도가 출현하기 13세기 전, 그러니까 모세가 살았던 시대였다. 인도는 벌써 어두운 시대인 칼리유크Kali-Youg에 빠져들어 옛 영광의 그늘만을 보여주고 있을 뿐이었다. 그리고 앗시리아가 무정부적인 신앙의 재앙들을 세계 전체에 뿌리고 있었다. 이집트만이 사제들과 파라오들의 지혜의 힘으로, 전세계가 마주하고 있는 이 붕괴의 위험에 온힘을 다해 맞서고 있었다. 하지만 이집트의 영향력은 유프라테스 강과 지중해까지만 미치고 있었다. 또한 이스라엘이 저 황량한 사막에서, 모세의 벼락 같은 목소리를 통해 남성 신의 원리, 모든 신들을 통합하는 유일신의 교리를 높이 외치고 있었다. 하지만 그 목소리는 아직 이 지상 전체에서 그 메아리를 얻고 있지 못했다.

그 당시 그리스는 종교적으로, 또한 정치적으로 깊이 양분되어 있는 상태였다.

지중해 쪽에 면한 반도의 산악 지역에는 수천 년 동안 게타이족·스키타이족, 원시 켈트족과 같은 뿌리를 가진 백인족들이 몰려와 살고 있었다. 이 백인 종족들은, 그 지리적 위치상 그들에 앞서 존재했던 온갖 문명들을 접하고 그것들과 뒤섞이면서 일종의 혼융 문명을 이루고 있었다. 그 해안가에 인도와 이집트와 페니키아의 식민 도시들이 수없이 세워졌고, 그곳 골짜기 구석구석까지, 해안가 깊은 곳까지 온갖 민족, 온갖 풍습, 온갖 신들이 어우러져 함께 살고 있었다. 항구의 양쪽 부두에 서 있는 로도스의 거상로도스 항에 서 있던 헤리오스의 거상. 세계 7대 불가사의 중의 하나로, 기원전 223년 지진으로 파괴되었음 아래로 수없는 물결이 일렁거렸고 수없는 돛이 펄럭거렸다. 맑은 날이면 저 멀리 수평선으로 섬들이 바라보이는 시클라드 제도의 바다는 페니키아인들의 붉은 배와 리디아 해적들의 검은 뱃머리에 언제나 출렁거리고 있었다. 그리고 그 커다란 배 안에는 아시아와 아프리카의 온갖 풍요로움이 그득 살려 있었으니 상아, 문양 도자기, 시리아의 옷감들, 황금 꽃병들, 진주들이 그것이었으며 때로는 여자 노예들도 실려 있었다.

수많은 인종들이 이렇게 교차하다 보니 젠드어, 원시 켈트어, 산스크리트어, 그리고 페니키아어가 혼합된, 손쉽게 통할 수 있는 공용어가 저절로 형성되었다. 포세이돈이라는 이름으로 대양의 장엄함을, 우라노스라는 이름으로 하늘의 청명함을 묘사하는 그들의 언어는, 새들이 지저귀는 소리로부터 칼들이 부딪쳐 내는 소리와 폭풍우가 몰아칠 때의 요란한 소리까지 온갖 자연의 소리들을 그대로 흉내내었다. 그 언어는 짙은 푸른색이었다가 하늘색으로 변하는 바다빛처럼 여러 색을 띠게 되었고, 해안가에서 속삭이는 듯하다가 때로는 수많은 동물들이 포효하듯 울부짖는 바닷소리처럼 여러 음을 간직하게 되었다.

그리스로 몰려온 해적들과 상인들 사이에는 이따금 그들을 지도하고 지휘하는 사제들이 섞여 있는 경우도 있었다. 그들은 언제나, 어떤 형태의 것이건 나무로 만든 신상神像을 소중하게 간직하고 있었다. 섬세하기보다는 거칠게 조각된 것임에 틀림없었지만, 당시의 선원들은 그 신상들에 대해 오늘날의 뱃사람들이 성모상에 대해 갖는 것과 같은 경건한 신앙을 가지고 있었다. 하지만 그 사제들이 지니고 있었던 것은 그 신상뿐만이 아니었다. 그들은 신성의 이치, 온갖 학문에 있어 나름대로의 대가들이었으며, 따라서 그들은 자신들과 함께, 그들 나름대로의 자연의 개념, 총체적 법률, 종교적·사회적 제도를 그 신상에 담아 함께 이 이국땅으로 날아온 셈이었다. 신전이 사회의 온갖 분야의 원칙들에 대한 젖줄이요, 공급처였던 그 당시 상황으로 보아 당연한 일이었다.

따라서 아르고스에서는 주노빛의 여신, 주피터의 아내를 숭배했고 펠로폰네소스 반도의 중앙 고지인 아르카디아에서는 아르테미스제우스의 딸, 순결의 여신를 섬겼으며 코린트에서도 마찬가지였다. 또한 페니키아의 신 아스트라테는 그리스에서는 바다 거품에서 태어난 아프로디테가 되었다. 그리고 종교적 지도자들의 영향으로, 이집트의 식민 도시에서는 이시스에 대한 숭배가 신들의 어머니인 데메테르 숭배로 변형되어 나타났으며 어느 지역에서는 순결의 상징이며 올리브나무와 지혜의 동반자인 여신을 숭상하는 풍습이 생겨나기도 했다. 그리하여 외적이 침입하여 최초의 경보가 전해지자마자 주민들은 대광장 아크로폴리스 여신 주위에 운집하여 승리를 기원했던 것이다.

각 지역마다 나름대로 숭상하는 신들이 있는 가운데, 우주 창조적인 남성 신들이 군림하고 있었던 것이 사실이다. 하지만 그 남성 신들은 여성 신들의 광휘에 밀려 겨우 높은 산악 지대로 쫓겨나 그 영향력이 미미했다. 태양신 아폴론을 섬기는 제단이 델포이에 이미 존재하고 있었지만 그 역할은 거의 없는 것과 마찬가지였다. 신들 중의 신인 제우스의 사제들은 이다 산의 눈 덮인 봉우리나 아르카디아의 고지대, 혹은 도돈 지역의 깊은 숲에서 자신들의 신을 섬기고 있었다. 그리고 도시의, 평야의 일반 백성들은 그 신비스럽고 전능한 신보다는, 때로는 강력하게, 때로는 매혹적으로, 때로는 무시무시하게 그 모습을 바꾸는 자연을 나타내는 여신들을 더 좋아했다. 아르카디아 지하로 흐르는 강, 산 위로부터 저 지하 깊은 곳까지 신비스럽게 패어 있는 동굴들, 에게 바다의 섬들에서 끊임없이 이어지는 화산 폭발, 이 모든 것들이 그리스로 하여금 일찍이 지상의 신비스러운 힘에 대한 숭배를 갖게 했다. 이렇게 높은 곳에서부터 저 깊은 지하로까지, 자연은 숭상되고 공포의 대상이 되고, 예감되었던 것이다.

그런데, 자연으로부터 비롯된 이 여신들 숭배는, 그 신성성에 비견할 사회적 중심도 없었고 종교적인 종합도 이루고 있지 못했기에, 그 각 믿음들 간에 피비린내 나는 싸움이 그치지 않았다. 적대적인 사원들, 경쟁적인 도시들, 각자의 제의에 의해, 또한 사제들의 개인적 야심에 의해 찢긴 백성들은 서로 서로를 증오하고 질투했으며 전쟁을 벌였다.

그런데 이 그리스의 뒤쪽으로는 트라크그리스 북쪽. 지금의 불가리아 남쪽 지역이 있었다. 북부의 거친 야생의 지역이었는데, 거대한 전나무들과 바위들로 뒤덮인 산맥들이 물결을 이루며 마치 원을 그리듯 빙 둘러싸고 있는 지역이었다. 사나운 북풍이 몰아쳐 빽빽한 삼림에 상처를 내었으며 하늘로부터는 이따금 폭풍우가 내리쳐 산정을 쓸어버리곤 했다. 바로 그 지역에 살고 있는 골짜기의 목자牧者들이나 평원의 전사들은 강인한 백인 종족인 도리아족이었다. 전형적인 남성적 종족으로서 그 종족의 아름다움을 표현할 때면 뚜렷한 얼굴 윤곽, 단호한 결정력 등으로 묘사되며, 그 종족이 추하게 묘사될 때면 메두사나 고르고노스 머리털이 뱀 모양인 세 자매 괴물의 얼굴에서 보이는 무시무시하고 기괴한 모습으로 나타난다.

그런데 이집트나 이스라엘처럼, 그리스도 각 지역마다 나름대로의 신성성을 간직하고 있었으니 각각의 지방은 그 지역 나름의 순수한 지성, 정신의 상징으로 간주되고 있었다. 그런데 이 트라키 지역은 그리스인들에게 언제나 뛰어나게 성스러운 지역, 빛의 지역, 음악과 시의 신 뮤즈의 진짜 고향으로 간주되었다. 왜 그렇게 되었을까? 그것은 바로 그곳 높은 산들 위에 크로노스와 제우스와 우라노스의 가장 오래된 신전들이 있었기 때문이었다. 그리고 그 신전들로부터 시詩 · 법法, 신성의 예술들이 리듬을 타고 아래로 내려왔던 것이다.

그리스의 전설적인 시들은 그 사실을 입증해 주고 있다. 전설로 전해 오는 시에 등장하는 타미리스 · 리누스 · 암피온들을 우리는 실제로 존재했던 인물들로 간주할 수도 있을 것이다. 그러나 사실은, 그들은 사원에서 쓰이는 언어 방식에 의해 시의 장르 자체를 의인화한 것들이다. 그 각각의 인물들은 각각의 시의 장르로서, 각기 다른 신학들이 서로 부딪쳐 승리하고 패배하는 과정을 상징적으로 보여주는 것이다. 그 당시 사원에서는 한 시대의 역사를 사실적으로 기술한 것이 아니라 우의寓意적으로 묘사했다. 예컨대 거인족 타이탄들의 전쟁을 노래하다가 뮤즈에 의해 눈이 멀게 된 타미리스는, 새로운 종교적 물결이 밀려옴에 따라 천지 창조를 노래하던 시가 패퇴하게 되는 것을 의미한다. 아시아의 애조 띤 노래를 그리스에 들여온 리누스는 헤라클레스에 의해 죽음을 당하는데, 그의 존재는 트라크에 정감적이고 애조가 어려 있으면서 관능적인 시가 도입되었던 사실, 그리고 그런 시가 처음에는 도리아족의 남성적이고 씩씩한 정신에 의해 배척받았던 사실을 보여준다. 반대로, 자신의 노랫소리로 돌을 굴려, 자신이 연주하는 리라의 음악 소리로 사원을 건축한 암피온은, 정통 도리아족의 교리와 시가 헬레니즘 문화의 전 영역, 특히 예술에 있어 행사했던 영향력을 나타내주고 있는 것이다. 그러나 그 누구보다 더 반짝이고 있는 것은 바로 오르페우스가 발하는 빛이다. 창조적 재능을 가진 오르페우스 한 개인을 통해 나오는 빛이 오랜 시대를 통해 밝혀지고 있으며, 그 빛 속에서 우리는, 남성의 깊은 곳에 숨쉬고 있는 '영원한 여성적 존재'를 향한 떨리는 사랑, 떨리는 영혼의 모습을 알아볼 수 있다. 그리고 그의 그 떨리는 영혼에 화답하여 '영원한 여성적 존재'는 자연 속에서, 인류 속에서, 그리고 천상에서 세 가지 형상으로 그 모습을 드러내고 있다. 신전에서의 예배 의식, 선지자들의 전통, 시인들의 노랫소리, 철학자들의 목소리를 통해, 그 영원한 여성적 존재의 살아 있는 실체가 생생하게 재현되는 것이다.

그 시절, 트라크는 격심한 싸움의 와중에 있었다. 태양 숭배 신앙과 달 숭배 신앙이 격렬하게 지배권을 다투고 있었던 것이다. 태양 숭배자들과 달 숭배자들 간의 그 싸움은 우리가 흔히 생각하듯 두 미신 간의 쓸데없는 싸움이 아니었다. 그 두 신앙은, 정면으로 배치되는 각각의 신학, 우주 창조론, 종교 및 사회 조직을 내세우며 싸우고 있었다. 우라노스 신과 태양을 숭배하는 쪽은 그들의 사원을 높은 산 위에 마련하고 있었으며 남성 사제들이 지배하면서 그 법도가 매우 엄격했다. 반면 달을 숭배하는 쪽은 숲 속과 깊은 골짜기를 지배하고 있었으며 여제관들이 예배 의식을 주도하면서, 관능적 제의, 통음 난무식의 정열을 선호하고 있었고, 비규칙적인 신비적 예술을 창조했다. 그 두 세력, 태양의 사제들과 달의 여제관들 사이에 목숨을 건 싸움이 벌어졌다. 아주 오래 전부터 존재해 온, 공개적이거나 혹은 감추어져 온 두 성性 사이의 피할 수 없는 영원한 싸움이었다. 이 세상의 온갖 비밀이 그 속에 다 들어 있는, 이 세상의 전 역사를 채우고 있는 남성 원칙과 여성 원칙, 남자와 여자 사이의 그 싸움! 남성과 여성의 완전한 결합이 신성의 신비를 이루는 것과 마찬가지로 이 두 원칙 간의 싸움의 화해, 이 두 원칙 간의 균형만이 위대한 문명을 낳는 법!

트라크뿐만이 아니라 전 그리스에서 남성들의 신들, 우주 창조적이고 태양적인 신들은 높은 산으로, 사막으로 유배당하는 처지에 놓이고 말았다. 그 싸움에서 패배하고 만 것이다. 민중들은 그 남성적 신들보다, 위험하지만 달콤한 정열, 자연의 맹목적인 힘들을 선호하게 된 것이다. 그리하여, 여성성은 최고의, 지고의 신성성을 부여받기에 이른다.

하지만 한쪽 힘의 승리는 언제나 그 힘의 남용을 초래하게 되는 법이니, 그 승리와 더불어 달 숭배 사상은 가공할 만한 타락의 길로 접어들게 된다. 달과 헤카테천지와 하계와 마법을 다스리는 여신의 여제관들은 자신들의 지배권을 나타내 보이기 위하여 유래가 오래 된 바커스주신 숭배 사상을 자신들의 숭배와 접목한 후, 바커스 신에게 피를 부르는 무서운 성격을 부여한다. 그리고 자신들의 승리의 표시로, 자신들을 스스로 바캉트라고 부른다. 그렇게 하여 여성의 남성에 대한 우월권을 영속화하고 지배권을 확실히 표시해 두려 했던 것이다.

점점 더 마술사로, 인간을 제물로 바치는 인신 희생의 무시무시한 여제관으로 변해 가는 그들은 그들의 성전을 야생의 외진 골짜기에 마련하고 있었다. 그런데 도대체, 뭇남성들과 여성들을 그 제단이 마련된, 식물만이 장엄하게 무성한 그 외진 골짜기로 유인할 수 있었던 것은 무엇이었을까? 벌거벗은 형체들, 숲 한가운데서 벌어지는 음탕한 춤들, 그리고 웃음 소리, 울부짖는 소리… 바로 환락, 자신의 모습을 잊게 만드는 쾌락 그것이었다. 그리고 그 쾌락 한가운데서, 그 쾌락을 부추기며 한편으로 공포를 불러 일으키는 바캉트들! 만일 무리 중에 낯선 자라도 있으면 수많은 바캉트들이 그에게 달려들었다. 그 낯선 자는 굴복하여 그들의 제의를 따르겠다고 맹세하지 않으면 바로 죽임을 당했다. 또한 바캉트들은 표범과 사자들을 길들여 숲 속에 풀어놓았다. 밤이 되면 그녀들은 팔에 뱀을 두른 채 헤카테 여신 앞에 무릎을 꿇고 제사를 드렸다. 그리곤 격렬한 원무를 추어, 양성兩性이면서 들소의 얼굴을 한 바커스 신의 이름을 불렀고 그의 영혼이 강림하기를 빌었다. 그들을 염탐하러 왔던 아폴론이나 주피터의 사제가 있었다면, 오, 불행할진저, 그들은 그대로 사지를 찢겨버렸으니!

우리는 이 초기의 바캉트들이 우리가 앞서 살펴본 드루이드교의 여사제와 다름없다고 말할 수 있을 것이다. 물론 트라크의 많은 부족장들은 여전히 전통이 오래된 남성 숭배의 신앙을 굳게 지키고 있었다. 하지만 바캉트들은 몇몇 부족의 왕들에게 은근히 접근해서 야만의 풍습과 아시아의 세련되고 호사스러운 풍습을 결합하여 그들을 유혹했다. 관능으로 그들을 유혹했고, 공포로 그들을 지배했다.

이리하여 사막, 산 꼭대기로 밀려나게 된 주피터와 아폴론의 사제들은 점점 더 헤카테의 위력 앞에 무력하게 되었고, 헤카테 여신은 불타는 계곡에서 나와 빛의 아들의 제단을 위협하게 되었다.

바로 그 시기에, 트라크에 왕국의 혈통을 이어받은 아주 매력적인 젊은이가 한 명 등장하게 된다. 그는 어느 아폴론 사제의 아들이라고들 했다. 그의 목소리에는 이상한 멜로디가 섞여 있어 묘한 매력을 발산했다. 그는 새로운 리듬에 실어 신들에 대해 이야기했다. 도리아인의 자존심인 금발이 물결치며 어깨까지 흘러내렸고, 입술에서 흘러나오는 음악은 슬프면서도 감미로운 분위기를 그의 입가에 그리는 듯했

노래와 음악과 지혜를 전해주는 오르페우스.

다. 깊고 푸른 그의 눈은 기氣와, 부드러움과, 마력을 동시에 뿜어냈다. 야생적이며 세련되지 못한 기질의 트라크 남자들은 그의 시선을 피했다. 하지만 매혹적인 그의 노래, 그의 예술에 이끌린 여인들은, 창공의 빛을 뿜어내는 그의 눈 속에서 태양의 화살이 달의 애무에 녹아들고 있다고들 말했다. 그의 아름다움에 이끌린 바캉트들마저도, 마치 자신의 얼룩진 가죽 무늬를 뽐내는 표범처럼 그의 주위를 얼씬거렸고, 그의 이해할 수 없는 말을 들으며 얼굴에 미소를 떠올렸다.

갑자기, 이 청년, 아폴론의 아들이라고들 말하던 이 청년이 사라졌다. 그가 죽어 지옥으로 내려갔다고들 말했다. 하지만 그는 은밀히 사모트라크 섬에게 해의 섬 중 하나로 간 것이었으며 이어서 이집트로 가 멤피스의 사제들에게 은신처를 요구했던 것이다. 그는 이집트 사원에서 신비의 통과 제의 의식을 무사히 마친 후에, 트라크를 떠난 지 20년이 되는 무렵, 마치 그가 짊어진 임무를 표시하듯이 이집트 대사제로부터 새로운 이름을 부여받은 채 다시 나타났다. 그는 이제 오르페우스 혹은 아르파Arpha. 빛이라는 뜻의 아우르aour와 치유라는 뜻의 로페rophae가 결합된 페니키아어라 불리우게 된다. '빛에 의해 치유된 자'라는 뜻이었다.

그때 가장 오래된 주피터 신전은 카우카이온 산에 우뚝 솟아 있었다. 예전에 그곳의 사제들은 위대한 대사제의 역할을 맡고 있었다. 그들은 산 꼭대기 사람들의 손길이 닿지 않는 곳에 기거하면서 트라크 전역을 지배했다. 하지만 태양신 숭배 사상이 패퇴한 이래 그들을 따르는 자들은 극히 소수가 되었다. 그 카우카이온 산의 사제들은 이집트로부터 온 이 새로운 선지자를 구원자로서 받아들였다. 그의 종교적·신비적 학문과 교리로서, 또한 그가 뿜어내는 매력으로서 오르페우스는 트라크의 대부분 지역을 이끄는 지도자가 되며 바커스 숭배 의식을 완벽하게 변모시키고 바캉트들을 길들이게 된다. 그리고 곧이어 그의 영향력이 그리스의 전 신전들에게까지 미치게 된다. 트라크에 제우스의 지배권을 세운 것도 그이며 델포이의 아폴론 신전을 신성화시킨 것도 그이다. 그리고 그는 그곳에서 암픽티온 대의원 회의고대 그리스 종교 지도자들의 회의의 기초를 마련하여, 훗날 그리스의 사회적 통합의 토대가 되게 한다. 그리고 무엇보다 그는, 신비주의의 전통에 입각하여 조국의 종교적 영혼을 만들어낸다. 신비주의적 깨달음의 정상에서, 그는 제우스의 종교와 디오니소스의 종교를 하나의 우주적이고 보편적인 사고로 새롭게 융합해 내는 것이다. 그의 신전에 와서 깨달음을 얻기를 원하는 자들은 그의 가르침에 의해 숭고한 진리들의 순수한 빛을 쪼였다. 그리고 그 빛이 보다 온화하게, 하지만 똑같은 효험을 가지고 백성에게 내리쪼였던바, 그것은 매혹적인 시와 축제라는 베일을 쓰고 그들에게 나타났던 것이다.

이리하여 오르페우스는 올림포스 산의 제우스의 사제로서, 또한 천상의 디오니소스를 이 땅에 현신케 하는 사제로서 트라크의 대사제, 대주교가 된다.

2. 주피터 신전

메브르 생 근처에 카우카이온 산이 우뚝 솟아 있다. 빽빽한 숲이 허리띠 구실을 하고 있는 산이었다. 그리고 거대한 바위들이 산을 빙 둘러 에워싸고 있었다. 수천 년 전부터 이 산은 성지로 간주되고 있었다. 펠라스기족 · 켈트족 · 스키타이족 · 게타에족들이 차례차례 그곳을 점령하고는 자기네들의 신전을 세웠다. 하지만 그토록 높은 그곳에서 인간을 맞이한 것은 언제나 똑같은 신이 아니었을까? 바람 불고 벼락이 내리치는 그곳에 힘들여 신전을 세운 것은, 그들이 추앙하는 신의 이름은 다를지언정, 실은 똑같은 신을 향한 열망에서가 아니었을까?

지금 우리 눈앞에는, 마치 견고한 성벽처럼 접근하기 어려워보이는 바위들 한가운데에 주피터 신전이 우뚝 솟아 있다.

하늘은 맑고 드높았다. 하지만 멀리 그 골짜기와 정상을 굽이굽이 펼치고 있는 트라크의 높은 산들 위로는 아직 뇌우가 으르렁거리고 있었다.

봉헌 의식 시간이었다. 카우카이온 산의 사제들은 불의 사제들이었다. 그들은 사원의 계단을 걸어 내려오더니 손에 들고 있는 횃불로 향내 나는 목질의 봉헌물에 불을 붙였다. 그러자 대사제가 성전으로부터 나왔다. 다른 사제들과 마찬가지로 흰색의 옷을 입고 있었으나 실편백으로 된 관을 머리에 두르고 있었다. 그는 꼭대기에 상아 장식을 한 흑단의 왕홀을 들고 있었으며 수정이 박힌 허리띠를 하고 있었다. 그가 오르페우스였다.

그의 손에 이끌려 제자 한 명이 함께 나타났는데, 아직 어린 모습이 역력한 그 제자는 겁에 질린 듯 창백한 얼굴로 떨고 있었지만 한편으로는 황홀경에 빠진 표정으로 위대한 대사제의 말씀, 신비의 말씀을 기다리고 있었다. 오르페우스는 그를 내려다보았다. 그리고 마음으로 선택한 그 제자를 안심시키기 위해 그의 어깨를 두 팔로 부드럽게 감싸안았다. 그리고는 사제들이 불의 찬가를 노래하면서 제단 주위를 돌고 있는 동안에 그는, 그의 마음 깊은 곳에서 솟아나는 통과 제의의 말씀들을 사랑하는 제자, 사랑하는 초심자에게 엄숙하게 전하기 시작했다.

"저 순결한 창공에서 불타오르고 있는 위대한 3신神에게까지, 이 세상 만물을 관통하는 위대한 원리에게까지 스스로를 높이기 위하여, 너 자신의 깊은 속을 들여다보도록 하라. 생각의 불길로 너의 육체를 태워버려라. 나무로부터 타오르는 불꽃이 나무를 삼켜버리듯이 네 스스로를 물질로부터 분리시켜라. 그리하면 너의 정신이 만물의 영원한 원인인 저 순수한 영기靈氣를 향하여, 마치 주피터의 관을 쓴 독수리처럼 날아갈 것이다.

내 이제부터 신의 본질이며 자연의 영혼인 이 세상의 비밀을 네게 밝히겠노라. 자, 우선 위대한 비법을 듣도록 하라. 유일한 존재가 저 하늘 깊은 곳, 땅 깊은 곳을 지배하고 있으니 그가 천둥의 신, 영기靈氣의 신 제우스이다. 그는 심오한 충고를 건네주며, 강력한 증오와 달콤한 사랑을 준다. 땅 깊은 곳과 별이 빛나는 하늘을 지배하는 그는 만물의 숨결이며 길들여지지 않은 불이며, 남성인 동시에 여성인 왕이다. 그는 왕이며, 권능이며, 신이며 위대한 주인이시다.

주피터제우스는 신성한 남편이요, 아내이며 남성이요, 여성이고 아버지요, 어머니이다. 주피터 안에서의 그 신성한 결합을 통해 불과 물, 대지와 창공, 밤과 낮, 부동不動의 신들과 인간들의 떠도는 씨앗이 끊임없이 생성되어 나온다. 저 하늘과 대지와의 사랑에 대해 속인들은 알지 못한다. 그 위대한 남편과 아내의 신비들은 신성의 위치에 오른 인간들에게만 그 모습을 드러낸다. 내 이제 네게 진실을 밝히려 하노라. 방금 전 천둥이 울려 바위를 흔들었다. 벼락이 마치 살아 있는 불, 구르는 불꽃처럼 그 바위 위로 떨어졌다. 그리고 온 산들은 메아리 소리로 그 기쁨을 실어 보냈다. 헌데 너는, 그 물이 어디서 오는지, 그 불이 어디로 떨어질지를 알지 못하기에 떨고만 있었다. 그 불은 남성의 불이며, 제우스의 씨앗이고 창조의 불이다. 그것은 주피터의 심장과 뇌로부터 오며 모든 존재들 속에서 작용한다. 우리 사제들은, 그 본질을 알고 있어, 그 불을 두려워하지 않는다. 이제 저 창공을 바라보아라. 저 밝게 빛나는 둥근 별자리들과, 마치 그 어깨 위에 목도리처럼 걸려 있는 잿빛의 띠를 보아라. 불타오르는 오리온과, 반짝이는 쌍둥이좌, 빛나는 금좌琴座를 보아라. 바로 그것이, 천상의 남편의 노랫소리에 현란하게 조화를 이루며 돌고 있는 천상의 아내의 육체이다. 자, 정신의 눈으로 다시 바라보아라. 그러면 너의 눈에 거꾸로 선 그 몸의 머리가 보일 것이며 펼쳐진 두 팔을 볼 수 있을 것이다. 그리고 그 베일을 벗길 수 있을 것이다.

주피터는 천상의 신성한 남편이며 아내로다. 자, 이것이 내가 네게 전하는 첫번째 신비이다. 자, 델피의 아들아, 이제 두 번째 통과 제의에 들 준비를 하거라. 전율하고, 울며, 기쁨에 차 경배하라! 너 이제, 위대한 조물주가 영혼과 이 세상을 생명이라는 잔 속에 넣어 섞고 있는 불타는 지역에 잠기게 될 것이니. 그 황홀한 잔 속에 잠기게 되는 순간 모든 존재들은 자신이 몸담고 있던 신성스런 지역에 대한 기억을 상실하고, 생식生殖이라는 고통의 심연 속으로 빠져들게 된다.

제우스는 위대한 조물주이며 디오니소스는 그의 아들이고 그의 말씀이 천명된 존재이다. 빛나는 정신이며 살아 있는 지성인 디오니소스는 아버지가 살고 있는 부동不動의 천국에서 빛을 발하고 있었다. 어느 날 그는 몸을 기울이고 별들을 가로질러 하늘의 저 깊은 곳을 바라보고 있다가 그 푸른 심연 속에서 자신을 향해 팔을 뻗치고 있는 아름다운 한 존재를 발견했다. 바로 자신의 모습이 거울 같은 하늘 바닥에 비추인 것이었다. 그 아름다운 자태에 반해, 디오니소스는 자신의 또 다른 모습을 사랑하게 되었다. 그는 그 모습을 잡으려고 달려들었지만 그 모습은 자꾸자꾸 멀어져 갈 뿐이었다. 그리하여 그는 어둡고 향기나는 어느 골짜기에 접어들게 되었고 그곳에서 관능적인 바람을 맞아 감미로운 기분에 젖었다. 그때 그는 어느 동굴에서 아름다운 페르세포네를 발견한다. 그 미녀는 옷감을 짜고 있었는데, 그 옷감의 무늬에는 모든 존재들의 영상이 물결치고 있었다. 그 아름다운 처녀 앞에서 그는 황홀감에 젖어 말문도 열지 못하고 서 있었다. 그 순간, 사나운 거인족인 타이탄족 사내들과 여인들이 디오니소스의 모습을 발견했다. 디오니소스의 훌륭한 자태에 질투심을 느낀 거인족 사내들과 그를 향한 미친 듯한 사랑에 사로잡힌 거인족 여인들은 그에게 성난 듯이 달려들어 싸우다가 그를 조각내고 말았다. 그들은 그의 사지를 서로 나누어 갖고는 물 속에 넣어 끓였고 심장은 땅에 묻었다. 주피터가 타이탄들에게 벼락을 내렸고 지혜의 신 미네르바가 디오니소스의 심장을 천공으로 다시 데려갔다. 그 심장은 하늘에서 불타는 태양이 되었다. 그런데 디오니소스의 몸의 연기에서 인간들의 영혼이 나와 하늘로 다시 올라갔다. 그 영혼의 창백한 그림자가 디오니소스의 불타는 심장에 이르게 되는 날, 영혼들은 불꽃처럼 타오를 것이며 디오니소스는 천국 저 높은 곳에서 더욱더 생생하게 부활할 것이다.

이것이 디오니소스의 죽음의 신비이니라. 이제 그의 부활의 신비에 대해 듣도록 해라. 인간들은 바로 디오니소스의 살이며 피이니라. 불행한 인간들이란 범죄와 증오 속에서, 고통과 사랑 속에서 제 몸을 비틀면서 흩어진 제 짝들을 찾아 헤매는 디오니소스의 사지들이다. 이 불타는 지구의 열기, 저 깊은 심연에서 잡아당기는 힘들이, 그들이 한데 모여 천국으로 가도록 이끄는 것이 아니라, 보다 더 깊은 심연 속으로 그들을 이끌며 그들을 더욱더 찢어놓고 있다. 하지만 우리 깨달음을 얻은 자들, 높은 곳에 무엇이 있으며 낮은 곳에 무엇이 있는지를 아는 우리들은 바로 영혼의 구원자들이며 인간들 사이의 헤르메스들이다. 우리가 사랑하는 이들을 우리 곁으로 이끌 듯이 우리 스스로는 신들에 의해 이끌린다. 그렇게 우리는 천상에서 내리는 주문에 의해 신성이 살아 있는 몸을 다시 결합해 낸다. 우리는 하늘을 향해 눈물의 청원을 올리며 땅에 기쁨을 준다. 그리고 우리는 모든 존재들의 눈물을 마치 소중한 보석처럼 우리의 가슴에 품어 그것들을 웃음으로 변하게 한다. 제우스의 아들인 디오니소스의 요술은 인간들의 고통과 불행을 웃음과 행복으로 바꾸는 것이며 우리는 그의 사제들이다. 신은 우리들 안에서 죽는다. 그리고 신은 우리 안에서 다시 태어난다.”

오르페우스의 긴 이야기가 끝났다. 델포이 신전의 제자는, 스승 앞에 무릎을 꿇은 채 팔을 들어올려 간청하는 자세로 있었다. 주피터의 대사제는 팔을 뻗어 그의 머리에 얹더니 축성祝聖의 말을 외웠다.

“절대의 신 제우스여, 지옥과 땅과 하늘의 세 곳에 나타나시는 디오니소스여, 이 젊은이에게 호의를 베푸소서. 그리고 그의 가슴 속에 신들의 이치를 쏟아부어 주소서.”

그러자 초심자 젊은이는 스승의 곁을 떠나 제단의 불에 안식향을 넣은 후 세 번에 걸쳐 벼락의 신 제우스의 이름을 소리높이 외쳤다. 사제들은 찬가를 부르며 초심자의 주위를 돌았다. 대사제 오르페우스는 비석에 팔을 기댄 채 생각에 잠겨 있었다. 제자가 다시 돌아와 그에게 말했다.

"불사의 신들의 사랑하는 아들이시며 영혼의 자애로운 의사이신, 음률의 대사제 오르페우스이시여, 델포이의 아폴론 신전에서 스승께서 신들을 향한 찬가를 제게 들려주신 이래 제 마음은 언제나 황홀했나이다. 그대의 노래는 마치 우리를 취하게 만드는 포도주 같사오며 그대의 가르침은 비록 입에는 쓰나 육신의 고통을 달래주고 사지 구석구석에 새 힘을 불어넣어 주는 음료와 같사옵니다."

"이곳으로부터 신들에 이르는 길은 매우 모질고 힘든 길이니라."

오르페우스는 제자의 말에 답한다기보다는 차라리 자신의 내부에서 들리는 목소리에 대답하듯 말했다.

"처음에는 꽃들이 피어 있는 오솔길, 이어서 가파른 경사, 그리고는 광활한 공간이 끝없이 펼쳐진 가운데 벼락이 내리치는 황량한 바위… 그것이 이 지상의 견자見者와 예언자가 겪어야 될 운명이니… 애야, 그 꽃피는 오솔길에 이제 그만 머물도록 해라. 그 이상은 더 구하지 말도록 해라."

"스승께서 제 갈증을 풀어주시면 주실수록 제 갈증은 더욱더 커지옵니다. 스승께서는 제게 신들의 본질을 가르쳐주셨습니다. 하오나, 위대한 신비의 스승이시며 신성한 에로스의 영혼을 지니신 분이시여, 제게 말씀을 해주시옵소서. 제가 그 신들을 볼 수 있겠나이까?"

"정신의 눈으로, 육신의 눈이 아니라. 그런데 너는 아직 육신의 눈으로밖에는 볼 줄을 모르고 있도다. 네 안에 있는 눈을 열려면 아주 길고 고통스러운 여행을 해야만 한다."

"오르페우스여, 그대만이 그것을 열 수 있으십니다! 스승님과 함께

라면 제가 무엇을 두려워하오리까!"

"네 진정 원하느냐? 그렇다면 듣거라. 테살리의 템페 골짜기의 속인
들에게는 접근이 허용되지 않는 신비의 사원이 하나 있다. 바로 그곳
이 디오니소스가 깨달음을 얻은 자, 견자들에게 헌신하는 곳이다. 1년
후 내 너를 그곳 축제에 보내겠노라. 그리고 네가 요술의 잠에 빠져 있
는 동안 내 신성의 세계를 향한 너의 눈을 뜨게 해주리라. 그때까지 네
삶을 순결하게, 또한 너의 영혼을 깨끗하게 하도록 하라. 신들의 강렬
한 빛은 연약한 자를 겁에 질리게 하고 신성 모독자들을 죽음에 처하
게 할 것이니.

자, 이제 내 거처로 가도록 하자. 내 너에게 그 준비를 위해 필요한
책을 줄 터이니."

스승은 델포이의 제자와 함께 사원 안으로 들어가 그를 자신의 커
다란 방으로 데려갔다. 그곳에는 금속으로 만든 날개 달린 천사가, 언
제까지고 꺼지지 않는 이집트의 램프 불을 들고 있었다. 또한 그곳에
는 향기나는 삼나무로 된 큰 궤 속에, 이집트 상형문자와 페니키아 문
자로 된 파피루스 두루마리와 오르페우스가 그리스어로 번역한 책들
이 가득 들어 있었다. 오르페우스의 신비의 학문과 비밀스런 교리가
담겨 있는 보고寶庫였던 것이다.

스승과 제자는 그 신비의 방에서 밤새워 이야기를 나누었다.

3. 디오니소스 축제
템페 계곡에서

테살리의 시원한 템페 계곡이었다. 오르페우스가 집전하고 디오니소스에게 바치는 성야聖夜가 다가왔다. 사원 심부름꾼의 인도를 받아 델포이의 젊은 제자는 주변에 날카로운 바위들이 솟아 있는 좁고 깊은 협곡 속을 걷고 있었다. 어둠 속에서 강물이 흘러가는 소리 외에는 아무 소리도 들려오지 않았다. 이윽고 만월이 산 위로 떠올랐다. 검은 바위들 위로 노란 원반이 솟아오른 것이다. 그 섬세한 자성의 달빛이 깊은 구석까지 스며들었다. 그러자 갑자기 그 마법에 사로잡힌 듯한 골짜기가 지상의 낙원처럼 밝게 모습을 드러냈다. 한순간에 그 낙원은, 잔디가 파릇파릇 돋은 평원, 참나무와 포플러나무가 우거진 숲, 더없이 맑은 샘물, 나뭇가지로 입구가 덮인 동굴, 나무들이 우거진 섬을 휘감으며 교차하듯 흐르는 구비구비 강물 등, 자신의 모습을 통째로 드러낸 것이다. 금빛이 도는 안개와, 관능적인 잠이 평원을 감싸고 있었으며, 요정들의 한숨 소리가 거울같이 맑은 샘물을 팔딱거리게 하는 듯했고 아스라한 피리 소리가 갈대들 사이로 흐르고 있었다. 그 낙원의 온갖 사물들 위로 다이아나달의 여신으로 수렵과 순결의 수호신의 주술이 흐르고 있었다.

델포이의 제자는 마치 꿈 속에서인 양 그 길을 나아가고 있었다. 그는 이따금씩 멈추어 서서는 인동 덩굴의 감미로운 향기와 월계수의 쓴 냄새를 깊이 들이마셨다. 그러나 요술과도 같은 그 밝음은 잠시 동안

만 지속되었을 뿐 한순간에 사라져버렸다. 달이 구름에 가리워진 것이었다. 주위는 온통 시커매졌고 바위들은 다시 무시무시한 자태로 변했다. 그리고 아까와는 달리 이리저리 방황하는 듯한 여린 달빛이 빽빽한 나무 숲 아래에서, 어슴푸레한 강의 윤곽 속에서, 그리고 계곡의 저 깊은 바닥에서 겨우겨우 제모습을 흘낏 드러낼 뿐이었다.

나이 많은 사원의 안내인이 그에게 말했다.

"저기 제의 참례자들이 있군. 이제 움직이기 시작했네. 각 행렬마다 안내자가 있어 횃불을 들고 그들을 인도한다오. 자, 저들을 뒤쫓아갑시다."

곧이어 그들은 숲에서 나와 계속 길을 가는 성가대들과 마주쳤다. 그들이 맨 처음 본 성가대 행렬은 '젊은 바커스의 찬미자들'이었다. 그들은 긴 조제복을 입고 송악관을 머리에 두른 청년들이었다. 그들은 잘 깎인 목제 잔들을 들고 있었는데, 바로 생명의 잔의 상징이었다. 그들에 뒤이어 씩씩하고 의기양양한 젊은이들의 행렬이 나타났다. '전사 헤라클레스의 찬미자들'이라 불리우는 그들은 짧은 조제복에 정강이가 드러나 있었으며 어깨부터 가슴까지 사자 갈기 같은 털이 나 있었고 머리에는 올리브관을 쓰고 있었다. 이어서 '사지가 찢긴 바커스'의 참례자들 행렬이 뒤따르고 있었는데 몸 주변에 표범 무늬의 가죽을 두르고 있었으며 머리를 붉은색 띠로 묶고 손에는 디오니소스의 요술 지팡이를 들고 있었다.

어느 동굴 옆을 지날 때 그들은 '지하의 에로스와 에도네우스'^{하늘의 신 제우스, 바다의 신 포세이돈과 함께 그리스 신화의 3대 신 중 하나. 낮은 곳, 곧 땅을 지배한다} 참례자들이 땅에 무릎을 꿇고 있는 것이 보였다. 그들은 고인이 된 친지와 친구들을 애도하고 있었다. 그들은 낮은 목소리로 이렇게 노래했다.

"에도네우스여! 에도네우스여! 우리들로부터 당신이 빼앗아간 자들을 돌려주소서. 또는 우리들을 당신의 왕국에 들어갈 수 있게 해주소서."

바람이 동굴 속으로 빨려들 듯 밀려들어가 마치 웃음소리 같기도 하고 임종을 앞둔 순간의 헐떡거림 같기도 한 소리를 냈다. 갑자기 그들 중의 한 명이 등을 돌리더니 델포이의 제자에게 말했다.

"당신은 이제 에도네우스의 문턱을 넘은 것이요. 이제 다시는 살아 있는 빛을 볼 수 없으리."

그리고 또 다른 사람이 스치듯 그의 곁을 지나며 귀에 대고 말했다.

"그림자, 당신은 이제 그림자에 사로잡히게 되리라. 밤으로부터 온 그대는 이제 에레보스암흑의 신. 지하의 밑바닥에게로 돌아가나니…."

그러더니 그는 도망치듯 달려갔다. 델포이의 제자는 무서움에 몸이 얼어붙는 듯했다. 그는 안내인에게 속삭이듯 물었다.

"저게 도대체 무슨 소리죠?"

안내원은 아무 얘기도 듣지 못했다는 듯 단지 이렇게 말할 뿐이었다.

"다리를 건너야만 하오. 그 누구도 목표를 피할 수 없소."

그들은 나무로 된 다리를 건넜다.

"이 구슬프고 애처로운 목소리와 가락은 도대체 어디서 들라는 거지요? 저기 저 포플러나무 아래 길게 이어지고 있는 그림자들의 행렬은 무엇이지요?"

우리의 초심자가 그렇게 묻자 안내인이 대답했다.

"디오니소스의 신비에 입문入門하려는 여인들이라오."

"그들의 이름을 아나요?"

"여기서는 그 누구도 남의 이름을 모르며, 모두들 제 이름조차도 잊는다오. 입구에 들어설 때, 더러운 옷을 벗고 이 제의의 강물에 몸을 적신 후 깨끗한 옷을 갈아입듯이, 모두들 제 이름을 버리고 새 이름을 얻게 되는 것이라오. 일곱 밤, 일곱 낮에 걸쳐 사람들은 변신을 거듭해 다른 생명으로 들어가게 되는 것이오. 저 여인들의 행렬을 바라보시오. 그녀들은 가족 단위로, 혹은 고향 단위로 결집된 것이 아니라 자신에게 영감을 주는 신을 따라 모인 것이라오."

이어서 그들 앞을, 수선화관을 머리에 두르고 청남색 옷을 입은 젊은 여인들의 행렬이 지나갔는데 안내인이 '꽃의 여신 페르세포네를 수행하는 요정들'이라 불리운다고 말해 주었다. 이어서 붉은색 옷을 입은, '아프로디테의 여신 비너스를 따르는 신비의 연인들'이라 불리우는 무리들이 지나갔다. 그녀들은 검은 숲 속으로 들어갔다. 그 숲으로부터 나른한 흐느낌에 뒤섞여 격렬한 부르짖음 소리가 들렸다. 그 소리는 차츰차츰 가라앉았다. 그러더니 잠시 후 그 어두운 숲 속으로부터 정열에 찬 성가곡 소리가 들려오더니 느릿느릿 하늘로 울려퍼졌다.

"에로스여! 그대는 우리에게 상처를 입혔다. 아프로디테여! 그대는 우리의 사지를 절단했다. 우리의 가슴을 노루 가죽으로 덮고 있으나, 그 가슴 속 우리의 상처에서는 피가 흐르고 있도다. 우리의 심장은 이글이글 타오르는 불꽃이도다. 많은 사람들이 가난 때문에 죽지만 우리는 사랑 때문에 죽는다. 에로스여, 에로스여, 우리를 삼켜주오. 그렇지 않다면 디오니소스여, 디오니소스여, 우리를 해방시켜 주오."

이어서 다른 일군의 여인들이 앞으로 나아갔다. 그녀들은 온통 시커먼 옷을 입은 채 검은 베일을 뒷쪽으로 늘어뜨리고 있었다. 안내자는 그들이 '페르세포네의 비탄자들'이라 불리운다고 말해 주었다. 그들 앞에는 송악으로 뒤덮인 커다란 영묘靈廟가 하나 있었다. 그녀들은 그 영묘 주위를 둘러싸고 무릎을 꿇더니 머리를 풀어헤치며 크게 울부짖었다. 그녀들은 욕망을 노래하는 구절을 크게 읊은 다음, 그 구절에 응답하듯 고통의 대구對句를 읊었다.

"페르세포네여, 그대는 에도네우스에게 납치되어 죽었도다. 그대는 사자死者들의 제국으로 내려갔도다. 하지만 가장 사랑하는 사람을 애도하는 우리들은, 살아 있는 죽은 자로다. 낮이여, 다시 태어나지 말아라. 그대를 덮은 대지여, 오 그대에게 영원한 잠을 주소서! 나의 그림자가 사랑하는 그림자와 한몸이 되어 방황하게 하소서. 페르세포네여, 페르세포네여, 우리의 청을 들어주소서."

깊은 고통에서 울려나오는 이런 환각 같은 소리와 그 이상야릇한 광경 앞에서 우리의 초심자는 수없이 많은 모순된, 또한 고통스러운 감정이 자신의 내부에서 일렁거리는 것을 느꼈다. 그는 이제 더이상 그 자신이 아니었다. 모든 존재들의 욕망들, 생각들, 번뇌들이, 그 자신의 욕망들, 생각들, 번뇌들이 되었다. 그리고 그의 영혼은 수없이 많은 육체로 흩어져 옮겨가면서 조각조각 분열되었다. 그리고 이루 말할 수 없는 괴로움이 그를 사로잡았다. 그는 자신이 사람인지 그림자인지 더이상 알 수 없게 되었다.

그때 그의 옆을 지나던 키 큰 사람 한 명이 걸음을 멈추더니 말했다.

"슬퍼하는 그림자들에게 평화를! 고통받는 여인들이여, 디오니소스의 빛을 갈망하라! 오르페우스가 그대들을 기다리노라."

그러자 모든 여인들이 말없이 그를 둘러싸더니 자신들의 머리에 쓰고 있던 수선화꽃 관을 그의 앞에 던졌다. 그는 자신이 들고 있던 지팡이로 길을 가리켰다. 그러자 여인들이 샘가로 가서 나무 잔으로 샘물을 마셨다. 잠시 후 다시 여인들이 행렬을 이루었고 다시 길을 가기 시작했다. 젊은 처녀들이 맨 앞에 가며 애가를 불렀는데 다음과 같은 후렴으로 되어 있는 노래였다.

"양귀비를 흔들어라! 레테 강의 물결을 마셔라! 페르세포네여, 페르세포네여, 우리가 갈망하는 꽃을 주소서! 우리의 누이들을 위해 수선화가 다시 피어나게 하소서!"

우리의 초심자는 안내인과 함께 오랫동안 걸었다. 그는 수선화가 자라고 있는 평원을 가로질렀고, 슬픈 웅얼거림이 들려오는 듯한 포플라 그늘 밑을 지났다. 그에게는 어디서 오는지 알 수 없는 침울한 노랫소리가 계속 들려왔다. 그리고 마치 포대기로 둘둘 감싼 어린아이같이 밀랍으로 된 인형과, 무서운 모습의 가면들이 나뭇가지에 매달려 있는 것도 보았다. 여기저기서 마치 사자死者처럼 말없는 사람들을 태운 배들이 강을 건너고 있었다. 이윽고 골짜기가 넓어졌고 높은 산 위로 하늘이 활짝 열렸으며 새벽녘의 여명이 나타났다. 멀리 어두운 골짜기의 입구가 입을 벌리고 있는 모습이 보이는 가운데, 그곳, 나무가 빽빽한 언덕 위에 디오니소스의 사원이 빛나듯 모습을 드러냈다.

벌써 태양이 산 정상을 금빛으로 물들이고 있었다. 그들이 사원으로 다가감에 따라 온갖 방향으로부터 참례자들, 여인의 행렬들, 사제 집단들이 도착하고 있는 것이 보였다. 겉으로는 심각해 보이지만 속으로는 요란한 기다림으로 흥분 상태에 있는 그 집단들은 언덕 아래에서 합류하더니 성전을 향해 오르기 시작했다. 모두들 마치 친구처럼 지팡이를 흔들며 인사했다. 안내인이 사라졌고 델포이의 제자는 자신도 모르는 새, 다양한 색깔의 허리띠를 두르고 머리에 관을 쓴 일군의 사제들 집단에 뒤섞이게 되었다. 전혀 본 적이 없는 사람들이었지만, 그는 자신도 모르게 커다란 행복에 휩싸여 그들이 모두 알고 있는 사람들인 양 여겨졌다. 그리고 그들과 함께 했던 행복이 아련한 기억으로 되살아나는 듯했다. 그들도 마치 그를 기다리고 있었던 듯 그를 맞이했다. 그를 형제처럼 받아들이면서 그가 무사히 도착한 것을 축하해 주었던 것이다.

그들에게 이끌려 마치 어깨에 날개라도 단 듯 그는 신전 앞 계단 제일 위쪽까지 단숨에 올랐다. 그때, 눈부신 햇살 줄기가 그의 눈으로 쏟아져 들어왔다. 막 떠오른 태양이 그 최초의 햇살을 계곡 위로, 사원 계단과 언덕 전체를 채우고 있는 사람들 위로 내리쬐이기 시작했다.

곧이어 찬가가 울려퍼졌다. 그리고 사원의 청동문이 저절로인 듯 열리더니 예언자이자 대사제인 오르페우스가 나타났다. 델포이의 제자는 그의 모습을 알아보자 기쁨에 몸이 떨려왔다. 자주빛 옷을 입고, 상아와 금으로 된 리라를 손에 든 오르페우스는 영원한 젊음으로 빛나고 있었다. 이윽고 그가 입을 열었다.

"지상의 고통을 겪은 후에 재탄생을 위해 이곳으로 온 그대들 모두를 내 반가이 맞노라. 밤을 떠나온 그대들이여, 와서 신전의 빛을 받아 마셔라. 고통받던 그대들이여, 와서 즐거라. 내 그대들 머리 위로 부른 태양, 그대들 영혼을 비추어 줄 저 태양은 죽게 되어 있는 자들의 태양이 아니도다. 저것은 디오니소스의 순수한 빛이며 선지자들의 위대한 태양이로다. 그대들이 겪은 고통, 그대들이 행한 노력을 통해 그대들은 승리할 것이며, 그대들의 신성의 말씀을 믿는다면 그대들은 이미 승리한 것이로다. 그후에는, 그대들은 마침내 생식의 고통스러운 순환으로부터 빠져나와, 단 하나의 몸인 양, 단 하나의 육체인 양 디오니소스의 빛 속에 처하게 될 것이니.

지상에서 우리를 인도하는 신성의 불꽃은 우리 안에 있도다. 그 불꽃은 신전에서 불길로 살아나고 하늘에선 별로 떠서 반짝인다. 진리의 빛은 그렇게 자라나는 것! 신의 리라, 일곱 줄로 된 리라가 떨리는 소리를 들으라. 그 소리는 이 세상 전부를 움직이게 한다. 잘 들으라. 그 소리가 그대들을 꿰뚫는 것을! 그리하여 저 하늘의 깊은 속이 열리게 되리니!

약한 자에게 구원을, 고통받는 자에게 위안을, 그리고 모두에게 희

「디오니소스」, 카라바조, 1596~1597년.

망을! 하지만 사악한 자, 신성 모독자에게는 불행을! 신비의 무아지경 속에서는 누구나 남의 영혼의 깊은 곳까지 볼 수 있는 법이니, 바로 그 신비의 눈길에 의해 사악한 자는 공포 속으로, 독신자들은 죽음 속으로 빠지리라.

　이제 디오니소스가 천상의 에로스에게 기도하노라. 그가 그대들의 사랑 속에, 그대들의 눈물 속에, 그대들의 기쁨 속에 임하기를! 사랑하라. 저 심연 속의 악마도 저 창공의 신들도 사랑하는 법이니. 그대들의 이 긴 여행의 목표를 그대들은 아는가? 영혼이 빛으로 돌아갈 때, 그 영혼은 마치 그것이 깃들어 있던 육체 위의 보기 흉한 얼룩처럼 생애의 모든 과오들을 함께 가지고 가느니라. 그것을 지우려면 그 죄를 갚고 그것들을 지상으로 되돌려보내야 하느니… 그런 후 순수한 영혼들, 강인한 영혼들만이 디오니소스의 태양 안으로 나아가게 되는 법… 자, 이제 여호와를 노래하라."

그러자 신전의 네 귀퉁이에서 사제들이 "여호와여"라고 선창했다. 심벌즈의 음에 맞추어 "여호와여!"라는 소리가 한 번 더 울리자 성전 앞에 모인 모든 사람들이 "여호와여!"라고 그에 화답했다. 그리하여, 디오니소스의 외침 소리, 부활을 신에게 간청하는 소리, 새 생명을 간구하는 소리가 계곡으로 울려나가, 높이 솟은 산들마다에서 메아리쳤고, 모두들의 가슴에서 수없이 되울렸다.

우리는 이 장엄한 디오니소스의 축제에 이은 우리 초심자의 통과제의 과정을 뒤따르기 전에 다시 한 번 '여호와'라는 외침에 대해, 그 의미를 상기해 볼 필요성을 느낀다. 앞서 얘기했듯이 '여호와'라는 외침은 실제로는 '헤·바우·헤'의 세 음절로 나뉘어 발음되며, 이집트·유태·페니키아·그리스에서 신성의 존재를 찬양할 때 공통적으로 내던 외침 소리이다. 그것은 이오드오시리스와 결합되어 대자연과 영원히 융합된 신의 존재를 나타내는 것으로서, '이오드'는 영원한 남성성을, '헤·바우·헤'는 영원한 여성성인 이브·이시스, 대자연을 의미한다. 따라서 그 둘이 결합되었을 때 찬양의 외침은 '이오드-헤·바우·헤'가 되어, 그때 천상과 지상, 신성성과 자연, 보이지 않는 것과 보이는 현상은, 신성 속에서 완벽한 결합을 이루게 되는 것이다.

4. 신을 부름
신의 발현

축제는 끝나 마치 한바탕 꿈처럼 사라지고 저녁이 되었다. 현란했던 춤도, 노래도, 기도도 어슴푸레한 저녁 노을 속으로 사라졌다.

오르페우스와 제자는 지하 통로를 통해 산의 중심부까지 이어진 성묘聖墓로 갔다. 그곳은 대사제 외에는 접근이 허용되지 않는 곳이었다. 바로 그곳에서 대사제는 홀로 명상에 잠기거나 때로는 고승들과 함께 마술과 강신술을 연마했던 것이다.

묘지 안에는 꽤나 넓은 공간이 있었고 여기저기 굴이 뚫려 있었다. 땅에 묻어서 세워놓은 관솔불 빛 아래 굴이 뚫린 벽과 어두운 굴 속이 희미하게 모습을 드러내고 있었다. 그들 가까운 곳에 땅이 갈라져 좁은 구멍이 나 있어 그로부터 더운 김이 새어나오고 있었다. 마치 지구의 내장으로 들어가는 구멍 같았다. 그 구멍 입구에는 불 붙여진 마른 월계수 가지가 놓인 제단이 있었고, 돌로 만들어진 스핑크스가 마치 구멍을 지키듯이 서 있었다. 그리고 저 까마득히 멀리 천장에 작은 틈이 나 있어 별이 빛나는 하늘로부터 빛이 스며들고 있었다. 푸르스름하며 창백한 그 빛은 마치 이 심연으로 잠겨든 저 창공의 눈처럼 여겨졌다. 오르페우스가 말했다.

"너는 신성한 빛의 샘물을 마셨다. 너는 이제 순수한 마음으로 신비의 가슴 안으로 들어왔다. 자, 이제 내가 너를 생명과 빛의 원천에 들어가게 할 장엄한 시간이 되었다. 인간의 눈을 덮고 있어, '보이지 않는 신비'를 향한 접근을 막고 있는 베일을 들어올리지 않은 자는 신들의 아들이 될 수 없다.

자, 이제 내 네게 진리를 들려줄 터이니, 대중들에게 함부로 말하지 말라. 그 진리는 바로 이 성전의 힘이니라.

'신'은 하나이고 언제나 그 스스로 존재할 뿐 다른 그 어떤 것과도 닮지 않았다. 하지만 '신들'은 무수히 많으며 다양하다. 유일한 신의 신성성은 영원히 그리고 무한히 세상 만물 속에 스며들기 때문이다. 신성에 깃든 영혼들 중에 가장 위대한 것은 저 별들의 영혼이다. 해·별·지구·달은 각기 제 영혼을 지니고 있으며 그 모든 것들은 제우스의 천상의 불, 태초의 빛으로부터 나온 것들이다. 각각의 별들은 천체를 운행하면서 그 주변에 예전엔 인간이었던 반신半神의 무리들과 빛나는 영혼들을 이끌고 있는데, 그 영혼들은 이전에 지배의 사다리를 따라 지상까지 내려갔다가, 다시 영광스럽게 천체로 올라와 마침내 생식의 순환 고리로부터 벗어나게 된 것이다. 바로 그 신성한 정신들에 의해 신은 호흡하고, 행동하고, 나타난다. 아니다, 바로 그 신성한 정신들이 신의 살아 있는 영혼의 숨결 자체이며 신의 영원한 의식의 빛줄기들이다. 그 신성한 정신들, 영혼들이 이 세상의 원소들을 움직이게 하는 낮은 정신들을 지배하고 명령한다. 그것들이 이 세상을 이끄는 것이다. 멀리서 혹은 가까이서 그들은 우리를 에워싸고 있으며, 그 자체 영원히 불멸하는 존재이긴 하지만 민족·시간·지역에 따라 언제나 그 형태를 달리해서 나타나는 것이다. 그것들의 존재를 부정하거나 의심하는 자는 부도덕한 자이다. 경건한 인간들은 그 존재를 알지 못하면서도 그것들을 경배한다. 하지만 깨달음을 얻은 자들은 그것들을 알고, 그것들을 부르며, 그것들을 볼 수 있다. 내가 그 영혼들을 발견하기 위해 싸운 것, 내가 죽음을 무릅쓴 것, 사람들이 말하듯 내가 지옥에까지 내려갔던 것은 심연 속에 악마를 길들이기 위해서였으며 내 사랑하는 그리스로 저 높은 곳의 신들을 불러내기 위해서였다. 그리하여 저 깊은 하늘이 이 대지와 결합하고 이 대지가 저 신들의 목소리를 들을 수 있게 하기 위해서였다. 그때 천상의 아름다움을 가진 여인들의 살 속에 자리를 잡고 현신하게 되며 제우스의 불은 영웅들의 핏속에서 돌게 되는 것이다.

너는 오르페우스의 리라가 무엇인지 아느냐? 그것은 바로 영감에 사로잡힌 신전의 소리이다. 리라의 칠현七絃은 바로 그 신전이 불러들여 간직한 신들이다. 리라의 음악 소리에 맞추어 그리스 전체가 신들의 목소리를 듣게 되는 것이고, 천상의 빛나는 조화를 함께 노래하게 되는 것이다.

내 이제 나의 신들을 부를 것이다. 그리하여 그 신들이 살아 있는 모습을 네게 드러내고, 그 신들이 이 세상과 결합하는 모습을 보여주게 될 것이다. 자, 이 바위 움푹한 곳에 누워라. 아무것도 겁내지 마라. 마술적인 잠이 너의 눈꺼풀을 닫아줄 것이다. 처음에는 몹시 떨릴 것이며 무시무시한 것들을 보게 되리라. 하지만 곧이어 감미로운 빛, 네가 알지 못했던 지고의 행복이 너의 감각과 너의 존재로 밀려들어 오리라."

제자는 바위 속 마치 침대처럼 푹 패어 있는 구멍에 누웠다. 오르페우스가 제단의 불에 한줌의 향을 던져넣었다. 그런 후 그는 머리 부분이 수정으로 반짝이는 흑단의 왕홀을 들고 스핑크스의 옆에 서더니 깊은 곳에서 울리는 목소리로 신을 부르기 시작했다.

"시벨레땅과 농업의 여신 시벨레여! 위대한 어머니시여 내 소리를 들으소서!

태초의 빛이며, 공간을 가로질러 창공을 언제고 도약하며 다니는

리라를 켜고 있는 오르페우스. 「오르페우스」, 얀 브뤼겔 화파, 1690~1700.

날쌘 불꽃이며, 세상 만물의 온갖 메아리와 상像들을 품고 있는 여신이여! 오, 이 우주의 영혼이여! 심연을 품고 있으며 빛의 씨앗을 뿌리는 여신이여! 별빛 반짝이는 외투를 저 천상에서 끌고 다니는 존재여! 이 세상과 신들의 위대한 어머니시여, 만물의 형상을 모두 품고 계신 시벨레여 내게로 오라, 내게로! 내 이 요술 지팡이의 힘으로, 내 전능한 자들과 맺은 협약의 힘으로, 유리디스의 영혼으로 내 그대를 부르노니… 수만 형태의 천상의 아내로서 영원한 남성의 불 아래 그와 손잡고 있는 여신이여, 내 그대를 부르노니… 저 드높은 공간 저 깊디깊은 심연, 이 세상 온 구석구석으로 찾아와 이 동굴을 그대의 신비한 힘으로 채우소서!"

그가 말을 마치자 지하로부터 천둥 소리가 울리며 그 깊은 지하 동굴을 흔들었고 산 전체가 흔들렸다. 차가운 땀이 흘러 제자의 몸을 얼어붙게 했다. 그에게는 오르페우스가 점점 짙게 피어오르는 안개를 통해 희미하게 보일 뿐이었다. 일순 그는 자신을 무섭게 내리누르는 무시무시한 힘을 느끼고는 그에 저항하려고 애를 썼다. 하지만 점차 정신이 몽롱해졌으며 의지가 사그라들었다. 그는 물에 빠져 가슴까지 물이 차오르는 듯한 고통을 맛보았으며 무시무시한 경련 상태에서 무의식의 어둠 속으로 빠져들고 말았다.

그가 다시 의식을 되찾았을 때는 이미 어두운 밤이었다. 그는 아무것도 보이지 않는 앞쪽을 오랫동안 응시했다. 이따금씩 눈에 보이지는 않았지만 박쥐들이 그의 몸을 스쳐가는 듯한 느낌을 받곤 했다. 이윽고 어슴푸레한 가운데 그는 켄타우로스반인반수의 괴물 · 히드라 · 고르고노스 등 괴물들이 어둠 속에서 움직이는 모습을 알아볼 수 있었다. 하지만 그 가운데 그가 가장 먼저 또렷이 알아본 형체는 옥좌 위에 앉아 있는 커다란 여인의 형체였다. 그녀는 장례 때 쓰는 베일로 얼굴을 가린 채, 양귀비꽃으로 만든 관을 머리에 두르고 있었다. 그녀는 커다란 눈을 뜨고 똑바로 앞을 바라보고 있었으며 사람들의 희미한 그림자가 마치 지친 새처럼 그녀 주위를 떠돌며 낮은 목소리로 속삭이고 있었다.

"죽음의 여왕이며 대지의 영혼인 페르세포네여! 우리는 하늘의 딸들이랍니다. 우리가 왜 이 어두운 왕국에 유배되어 있어야 하나요? 오, 하늘의 수확자이시여, 그대는 왜, 옛날 행복스럽게 저 빛 속을, 저 창공 속을 누이들과 함께 날아다니던 우리들의 영혼을 그대 품으로 거두셨나요?"

페르세포네가 대답했다.

"내가 거둔 것은 나르시스수선화이도다. 나는 혼인의 침실에 들어갔다. 그리고 나는 생명과 함께 죽음을 마셨다. 그대들과 마찬가지로 나도 어둠 속에서 신음하고 있도다."

"우리는 언제 해방될까요?"

신음하며 영혼들이 물었다.

"내 천상의 남편, 우리의 해방자인 신이 우리를 찾아올 때."

그때 무시무시한 여인들이 나타났다. 그녀들의 눈엔 핏발이 서 있었으며 머리에는 독이 있는 식물을 두르고 있었다. 그녀들의 팔과 반라의 허리께로는 그녀들이 채찍 대신 지니고 다니는 뱀들이 칭칭 몸을 꼬고 있었다. 그녀들은 쉿소리 같은 목소리로 말했다.

"영혼들아, 유령들아, 악령들아, 저 분별없는 죽음의 여신의 말을 믿지 마라. 우리는 어둠 속 생명의 여사제들이며, 지상의 괴물들을 섬기는 바캉트들이다. 너희들, 불행한 영혼들의 영원한 여행지는 바로 우리들이니 너희들은 생식이라는 저주받은 고리로부터 빠져나가지 못하리라. 우리가 우리의 채찍으로 너희들을 그 순환으로 몰아넣을 것이다. 너희들은 영원히 우리들의 뱀 손아귀에서, 욕망과 증오와 가책의 매듭 속에서 뒤틀린 채 있게 되리라."

그 말과 함께 그녀들은 방황하는 영혼들에게 머리를 풀어헤친 채 달려들어 뱀 채찍을 휘둘러댔다. 그러자 방황하는 영혼들은 긴 신음 소리를 내뱉으며 마치 마른 나뭇잎처럼 공중에서 회오리쳤다. 그 광경을 보자 페르세포네의 얼굴은 창백해졌고 그러한 그녀의 모습은 이제 달의 유령처럼만 보일 뿐이었다. 그녀는 알아듣기 힘들게 중얼거렸다.

"하늘… 빛… 신들… 꿈이여! 잠, 영원한 잠."

그녀의 머리에 두른 양귀비꽃이 시들었고 그녀의 눈은 고통스럽게 감겼다. 그리고 그 죽음의 여왕은 왕좌에 앉은 채 혼수 상태에 빠졌고, 이어서 어둠 속에 모든 것이 사라져버렸다.

눈앞의 광경이 바뀌었다. 델포이의 제자는 갑자기 황홀한 녹색의 골짜기에 있게 되었다. 올림포스 산의 골짜기였다. 검은 동굴 앞에 놓인 꽃침대 위에서 아름다운 페르세포네가 잠들어 있었다. 장례의 양귀비 화관이 씌워져 있던 머리에는 대신 수선화 화관이 씌워져 있었고 부활하는 생명의 여명이 그녀의 뺨을 향기로운 색으로 물들이고 있었다. 짙은 머리털이 새하얗게 빛나는 어깨 위로 늘어져 있었고 봉긋 솟은 두 가슴은 바람의 입맞춤을 기다리고 있는 듯했다. 요정들이 풀밭 위에서 춤을 추고 있었다. 창공에는 흰 구름들이 한가로이 떠돌고 있었다. 그때 신전으로부터 리라의 소리가 들려왔다….

그 신성의 리듬, 황금이 울리는 듯한 소리에서 델포이의 제자는 만물의 내면에서 울리는 음악 소리를 함께 들었다. 그 소리에 맞추어 나뭇잎, 저 강의 물결, 그리고 동굴로부터 마치 육체 없는 영혼에서 울리듯 부드러운 소리가 들려왔다. 리라의 신비로운 소리에 만물의 영혼이 깨어나 함께 화답하고 있었다. 그리고 저 멀리서 여인들의 합창 소리가 그의 귀에까지 은은하게 울려왔다.

이윽고 창공이 저 극점까지 활짝 열리더니 그 가슴으로부터 한 무리의 빛이 마치 새로운 탄생인 양 나타났다. 잠깐 하늘을 선회하다가 땅으로 내려앉는 새처럼, 요술 지팡이를 든 신이 그로부터 내려오더니 페르세포네 앞에 섰다. 몸으로부터 빛이 뿜어져 나오고 있었으며 머리카락은 풀어져 있었다. 그는 오랫동안 그녀를 그윽한 시선으로 바라보더니 이윽고 그녀에게로 지팡이를 뻗었다. 지팡이가 그녀의 가슴을 건드리자 그녀의 얼굴에 미소가 떠오르기 시작했다. 그리고 이마를 건드리자 그녀가 눈을 뜨더니 천천히 몸을 일으켜 자신의 남편을 바라보았다. 아직 에레보스의 잠에 취해 있는 그녀의 두 눈이 마치 별처럼 반짝였다. 신이 말했다.

"그대 나를 알아보겠소?"

그러자 페르세포네가 대답했다.

"오, 디오니소스, 신성한 정신이며 주피터의 말씀이며 인간의 형체 하에서 빛을 발하는 천상의 빛이여! 당신이 저를 잠에서 깨울 때마다 나는 언제나 처음으로 태어나는 것 같다오. 나의 이 아련한 회상 속에서 이 세상도 함께 새로 태어나지요. 과거와 미래가 다시 불사不死의 현재가 되지요. 그리고 내 가슴 속에서 전 우주가 빛나는 것을 느낀다오!"

그와 동시에 저 산들 너머, 은빛으로 물든 구름 곁으로 호기심에 찬 여러 신들이 나타나 그녀에게 몸을 기울였다.

저 밑으로는 일군의 사내들, 여인들, 아이들이 골짜기, 동굴로부터 나와 황홀경에 빠진 채 불사의 신을 바라보고 있었다. 타오르는 듯한 찬가가 향기로운 내음에 실려 신전으로부터 울려나왔다. 하늘과 땅 사이에서 영웅들과 신들의 어머니에게 수태를 시키는 성스러운 혼례식이 준비되고 있었다. 이미 사위의 모든 광경은 장밋빛으로 물들었고, 다시 수확의 여신이 된 죽음의 여신 페르세포네가 남편의 팔에 안겨 하늘로 오르고 있었다. 진홍빛의 구름이 그들을 감쌌고 디오니소스의 입술이 페르세포네의 얼굴에 포개졌다. 그러자, 하늘과 땅으로부터 거대한 사랑의 외침 소리가 울렸다. 마치 신들이 거대한 리라에 손을 대어 줄들을 모두 찢어 그 소리를 바람에 흘려보내는 듯했다. 그와 동시에 맺어진 한 쌍의 신들로부터, 눈부신 번갯불이 번쩍 일어났다. 그리고 모든 것이 사라졌다.

한순간 오르페우스의 제자는 자신이 온갖 생명들의 원천에 삼켜진 듯 느껴졌고 모든 존재의 태양에 잠겨진 듯이 느껴졌다. 하지만 그 작열하는 불꽃에 잠기는 순간 그에게는 천상의 날개가 돋아 그 불로부터 다시 날아올랐으며 마치 번개처럼 이 세상을 지나, 저 무한의 황홀한 잠에까지 이르게 되었다.

그가 다시 제 몸의 감각을 되찾았을 때 그는 자신이 완전한 어둠 속에 잠겨 있음을 알았다. 그 깊은 어둠 속에서 리라만이 빛을 내고 있었다. 그 리라는 자꾸 멀리 달아나더니 별이 되었다. 그때가 되어서야 제자는 자신이 여전히 신을 부르는 지하 묘지에 누워 있으며 그 빛나는 점은 창공을 향해 열린 동굴 저 멀리의 틈으로부터 새어 들어오는 불빛임을 알아차렸다.

그의 옆에는 거대한 그림자 하나가 우뚝 서 있었다. 그는 그가 왕홀을 든 오르페우스임을 알아보았다.

"델포이의 아이여, 그대는 어디로부터 왔는가?"라고 대사제가 물었다.

"오, 선지자들의 스승이시며 천상을 매혹시키는 음의 사제 오르페우스여, 저는 신성한 꿈을 꾸었나이다. 신들의 선물이며 마법의 묘약이었나이까? 무슨 일이 일어났던 것인가요? 세상은 바뀐 것일까요? 저는 지금 어디에 있는가요?"

"그대는 통과 제의의 화관花冠을 정복했고, 그대는 나의 꿈을 살았노라. 그리스여 영원할지어다! 자, 이제 여기서 나가자. 나의 꿈이 실현되려면 나는 이제 죽어야 하고, 그때, 바로 그대가 살아야 하느니…."

5. 오르페우스의 죽음

카우카이온 산에 폭풍우가 불어와 전나무 숲이 요란한 소리를 내며 흔들렸다. 무서운 벼락이 바위들을 강타했고 주피터 신전의 토대까지 흔들리게 만들었다. 제우스의 사제들이 성전의 둥근 지하 묘지 앞에 모여 있었다. 그들은 청동으로 만든 의자 위에 앉아 반원형을 이루고 있었다. 그리고 그 한가운데 오르페우스가 마치 피고처럼 서 있었다. 그는 평상시보다 얼굴이 창백했다. 하지만 그의 평온한 두 눈 깊은 곳으로부터 불꽃이 이글거리고 있었다.

사제들 중 최연장자가 마치 심판관처럼 묵직한 목소리로 크게 말했다.

"아폴론의 아들이라 일컬어지는 오르페우스여, 그대를 대사제이며 우리들의 왕에 임명하고 그대에게 신의 아들의 왕홀을 넘겨주었소. 그리고 그대는 그대의 법도대로 트라크를 지배했소. 그대는 우리 지역에 아폴론과 주피터의 신전을 다시 일으켰고, 신비의 밤 안에서 디오니소스의 신성한 태양이 다시 빛나게 하였소. 하지만 그대는 우리가 지금 어떤 위협에 놓여 있는지 알고 있소? 가공할 비밀에 대하여 잘 알고 있는 그대, 여러 번에 걸쳐 우리의 미래를 예언했던 그대, 멀리서 제자들의 꿈 속에 나타나 가르침을 주었던 그대, 그러나 그대는 그대 주위에서 실제로 무슨 일이 일어나고 있는지는 모르고 있소. 그대가 없는 동안에 야만스런 바캉트들, 그 저주받은 여사제들이 헤카테의 골짜기에 다시 집결했다오. 테살리의 여자 마술사인 아글라오니스의 지도하에 그들은 에브로의 주민들을 위협하여 헤카테 숭배를 다시 강요했고 우리들의 신전과 제단은 파괴될 위협에 직면해 있다오. 그들의 부추김을 받아 수천의 트라크 전사들이 우리들의 산 아래 진지를 구축하기에까지 이르렀소. 내일이면 남자들의 피에 굶주린, 표범 가죽을 두른 여인들의 사주를 받아 그들이 우리의 신전을 공격할 것이오. 그 음산한 헤카테의 대여사제인 아글라오니스가 그들을 이끌고 있소. 그녀는 가장 무서운 마술사이며 복수의 여신처럼 악착스런 존재라오. 그대도 그녀를 잘 알고 있을 터! 자, 어찌 하겠소?"

"내 그 모든 걸 알고 있다. 그리고 그건 어차피 올 수밖에 없던 일이다."라고 오르페우스가 대답했다.

"그렇다면 그대는 우리를 방어하기 위해 왜 아무 일도 안하는 것이오? 아글라오니스는 바로 우리들의 제단 앞에서, 우리가 숭배하는 살아 있는 하늘 앞에서 우리들을 잡아 삼켜버리겠다고 맹세했소. 그런데 이 신전, 이 보물들, 그대의 비전들, 그리고 우리의 제우스를 만일 그대가 포기한다면, 그것들은 도대체 어찌 되겠소?"

"내가 이제 그대들과 함께 있지 않은가?"라고 오르페우스가 부드럽게 말했다.

"그대가 오긴 왔지만 이제 너무 늦었다오. 아글라오니스가 바캉트들을 이끌고 있고 바캉트들이 트라크 전사들을 이끌고 있소. 그래 주피터의 벼락과 아폴론의 화살로 그들을 물리칠 참이오? 왜 그대는 이 반역자들과 맞서기 위해 제우스 신을 섬기는 트라크 부족의 우두머리들을 불러 모으지 않았소?"

"신을 지키는 것은 무기에 의해서가 아니라 말씀에 의해서이다. 또한 우리가 물리쳐야 할 것은 바캉트의 위협에 넘어간 족장들이 아니라 바캉트들이다. 내 혼자 그들에게 갈 것이니, 안심하고 있으라. 그 어떤 신성 모독자도 우리의 성벽을 넘을 수 없으리. 그리고 내일이면 피에 굶주린 여사제들의 지배도 끝이 나리. 그대들, 헤카테의 위협에 떨고 있는 그대들, 잘 알아둬라. 태양과 천상의 신들이 승리하리라는 것을, 나를 의심하는 그대 장로에게 내 대사제의 왕홀과 관을 넘겨주노라."

"도대체 어떻게 하시려고?"

겁에 질린 장로가 말했다.

"내, 나의 신들과 합류하러 가노라. 그대들 모두, 잘 있으라."

오르페우스는 말 없이 의자에 앉아 있는 사제들을 뒤로 한 채 밖으로 나갔다. 밖에서 그는 텔포이의 제자 모습을 발견하고는 그의 손을 굳게 잡았다.

"내 이제, 트라크의 진지로 가노라. 나를 따르라."

그들은 전나무 밑을 걸었다. 뇌우가 저 멀리 뒤에서 울렸고, 나뭇가지 사이로는 별들이 반짝이고 있었다. 오르페우스가 입을 열었다.

"내게 지고 지상의 시간이 다가왔도다. 다른 자들은 나를 이해했으나 그대는 나를 사랑했다. 선지자들은 에로스가 가장 오래된 옛 신이라고들 말한다. 에로스는 모든 존재들의 열쇠를 가지고 있다. 사랑은 모든 존재들을 열고 들어가는 열쇠이니… 그래서 내 그대에게 신비의 저 깊은 곳까지 들어가도록 해준 것이다. 그리하여 신들이 그대에게 말을 건네었고 그대는 신들을 보았다! 이제 인간들과 멀리 떨어져, 오로지 그대와 단 둘인 가운데 나 오르페우스는 죽음을 앞두고 사랑하는 제자에게 내 운명에 대한 말을 남기노라. 나의 불멸의 유산이며, 내 영혼의 순수한 불꽃을…."

"스승이시여! 경청하여 복종하겠나이다."

델포이의 제자가 말했다.

"자, 이 내리막길을 계속 내려가도록 하자. 시간이 없다. 내 빨리 적들의 앞에 나타나야만 한다. 자, 나를 따르면서 듣거라. 그리고 내 말을 그대의 머릿속에 새겨놓거라. 하지만 그것을 그대만이 아는 비밀로 간직하도록 하라."

"스승님의 말씀은 불의 문자로 제 가슴에 새겨져 수세기가 흐르더라도 지워지지 않을 것입니다."

"자, 그대는 이제, 영혼이 하늘의 딸임을 알고 있다. 그대는 그대의 기원과 끝에 대해 명상했고, 그대는 그대 영혼의 저 과거에 대해 희미하게 기억해 내기 시작했다. 영혼이 육신 속으로 내려와 깃들어 있는 동안 비록 약하게나마 저 높은 곳으로부터 오는 유체 감응력을 받고 있다. 그 강력한 입김이 처음으로 우리에게 도달하는 것은 어머니를 통해서이다. 어머니 가슴의 젖은 우리를 먹여 키운다. 하지만 육신이라는 숨막히는 감옥에 갇혀 고뇌에 빠져 있는 우리의 존재가 자양분을 얻는 것은 어머니의 영혼을 통해서이다. 나의 어머니는 아폴론의 여사제였다. 내게 남아 있는 최초의 기억이란, 신성의 나무, 장엄한 신전, 그리고 나를 마치 따뜻한 옷처럼 부드러운 머리카락으로 감싸안은 여인의 모습이다. 이 지상의 온갖 사물들, 인간의 얼굴들이 나를 무서움에 휩싸이게 했지만, 어머니가 곧 나를 두 팔로 감싸안았고, 그녀의 시선과 마주치는 순간 나는 내게 넘쳐 밀려오는 그 시선 속에서 저 천상의 신성한 존재들의 흔적을 느끼고 안식했다. 하지만 그 빛은 곧 이 지상의 어둠 속에 사그라들었다. 어느날 나의 어머니가 사라졌다. 그녀가 죽은 것이다. 어머니의 부드러운 시선, 감미로운 포옹을 빼앗긴 나는 고독 속에서 공포에 사로잡혔다. 인신 희생의 핏줄기가 제단에서 흐르는 것을 보고 나는 사원이 싫어 피했으며, 저 어두운 골짜기 아래로 내려갔다.

내 젊었을 때 바캉트들은 내게 경악을 주었다. 그 당시에 이미 아글라오니스가 관능적이고 사나운 여인들을 지배하고 있었다. 남자건 여자건 모든 사람들이 그녀를 두려워했다. 그녀는 어두운 욕망을 들이마시고 있었고 공포로 사람들을 위협했다. 그녀는 자신에게 가까이 오는 사람은 누구나 어두운 마술의 힘으로 그녀에게 이끌리도록 만들었다. 헤카테의 주술을 이용하여 그녀는 젊은 여자들을 주술에 사로잡힌 골짜기로 유인해서 헤카테 숭배자로 만들었다. 그런데, 유리디스라는 처녀를 마주치게 된 순간 아글라오니스는 그녀를 향한 한없는 질투와 함께 스스로도 어쩔 수 없는 불길한 사랑에 사로잡히고 말았다. 아글라오니스는 이 젊은 처녀에게 바캉트 숭배의 신앙을 불어넣으려 했고, 그녀를 길들여 그녀의 젊음을 시들게 한 후에 그녀를 지하의 정령에게 넘겨주리라 마음먹었다. 얼마 지나지 않아 그녀는 그 처녀를 달콤한 유혹의 미끼로, 또한 어둠의 주술로 사로잡는 데 성공했다.

어느날, 나 자신도 알지 못할 예감에 이끌려 나는 헤카테의 계곡을 향하고 있었다. 진녹색의 나무들이 빽빽한 평원의 풀밭 위를 걷고 있었지만, 그 주변은 온통 바캉트의 음산한 주술이 흐르고 있었다. 이따금씩 마치 욕정의 더운 입김 같은 향내가 그곳에서 풍겨나오기도 했다. 그때 나는 유리디스의 모습을 보았다. 그녀는 나를 보지 못한 채 마치 보이지 않는 힘에 이끌리듯 어떤 동굴을 향해 걷고 있었다. 바캉트들의 숲으로부터 때로는 가벼운 웃음 소리가, 때로는 이상한 한숨 소리가 새어나왔다. 유리디스는 뭔가 의심스럽다는 듯 멈추어 서서 몸을 한 번 떨고는, 마치 요술의 힘에 이끌리듯 발걸음을 계속했다. 그녀는 지옥의 입구를 향해, 마치 그 무언가에라도 취한 듯한 상태에서 걷고 있었던 것이다. 그런데 나는 그녀의 그 취한 듯한 시선에서 잠들어 있는 하늘을 보았다. 나는 그녀의 손을 잡으며 소리쳤다.

'유리디스여, 어디로 가는 건가요?'

그러자 그녀는 마치 꿈에서라도 깨어난 듯 공포의 외침을 지르더니 내 가슴 속으로 쓰러졌다. 그 순간이 바로 사랑의 신 에로스가 우리들을 길들인 순간이었다. 단 한 번의 시선으로 오르페우스와 유리디스는 영원한 한 쌍이 된 것이다.

하지만 두려움에 내 몸을 꼭 감싸안은 유리디스는 무섭다는 몸짓을 하며 손가락으로 동굴을 가리켰다. 그곳으로 다가가자 한 여자가 앉아 있는 모습이 보였다. 아글라오니스였다. 그녀 옆에는 밀랍으로 된 작은 헤카테 상像이 하나 있었는데, 붉은색 · 회색 · 검은색을 칠해 놓은 그 밀랍상의 손에는 채찍이 들려 있었다. 그녀는 마술 물레를 돌리며 마법의 주문을 외고 있었으며 허공을 응시하는 두 눈은 먹이를 삼키려는 듯이 보였다. 나는 물레를 부수고 헤카테 상을 발길로 찬 후 마술사의 눈을 쏘아보며 '더이상 유리디스를 유혹하면 주피터의 이름으로 내 그대를 그냥 두지 않으리! 아폴론의 아들인 나는 그대가 전혀 두렵지 않으니!' 라고 소리쳤다.

아글라오니스는 내 말을 듣고 뱀처럼 몸을 뒤틀더니 저주에 찬 눈길을 던지며 동굴 속으로 사라졌다.

나는 유리디스를 나의 사원 근처로 데려갔다. 히아신스 꽃을 머리에 두른 에브로 강의 처녀들이 '히멘, 히메네결혼의 남녀 신'라고 우리 주위에서 노래했고 우리는 더없는 행복을 맛보았다. 그런데 달이 세 번 그 모습을 바꾸었을 때, 아글라오니스가 보낸 바캉트 한 명이 유리디스에게 신비스런 행복을 가져다주는 영약靈藥이라며 포도주 한 잔을 건네주었고 유리디스는 호기심에 그 잔을 마시고는 쓰러져버렸다. 술 잔에는 치명적인 독이 섞여 있었던 것이다.

그녀를 태워버리는 장작불을 바라보며, 그녀 육신의 재가 무덤 속에 묻히는 것을 바라보며, 그녀의 살아 있는 형체가 마지막으로 사라지는 것을 바라보며 나는 '그녀의 영혼은 어디에?'라고 소리쳤다. 나는 절망한 채 무조건 그곳을 떠났다. 나는 그리스 전역을 방황했다. 나는 사모트라케의 사제들에게 그녀의 영혼을 불러주기를 원하였으며, 그녀의 영혼을 찾아 땅 속 저 깊은 곳까지 내려가기도 했다. 하지만 모두 헛일이었다. 이윽고 나는 트로포니우스의 동굴에 이르렀다. 그곳에서는 몇몇 사제들이 무모한 방문객들을 이끌고 동굴 속으로 내려가고 있었는데 그 길은 땅 속 저 깊은 곳에서 부글부글 끓고 있는 불의 호수까지 이어졌다. 그 길을 걸어 내려가는 동안 사람들은 황홀경에 빠졌고, 이제까지와는 다른 또 하나의 눈이 열리는 것을 느꼈다. 하지만 점점 숨을 쉬기가 곤란해졌고 목이 메어왔으며 이윽고 말을 할 수 없게 되었다. 어떤 사람들은 도중에 포기하고 되돌아갔고, 다른 이들은 계속 참고 참다가 숨이 막혀 죽어갔고, 살아서 그곳으로부터 나간 사람들은 미쳐버렸다. 그 어떤 입을 통해서도 차마 말로 옮겨질 수 없는 광경을 목도한 후에 나는 애초의 동굴로 다시 돌아와서는 깊은 혼수 상태에 빠졌다. 죽음과도 같은 잠에 빠져 있는 동안 내게 유리디스가 나타났다. 그녀는 어떤 후광 속에 떠 있는 듯이 내게 나타났는데 마치 달빛처럼 창백한 모습이었다. 그녀가 내게 말했다.

'나를 위해 당신은 지옥도 마다하지 않았군요. 당신은 사자死者들 사이에서 나를 찾았어요. 여기 내가 왔어요. 당신의 목소리에 이끌려… 나는 땅 속에 살고 있는 것이 아니에요. 에레브 강가 지구와 달 사이 어둠 속에서 살고 있어요. 나는 당신과 마찬가지로 울면서 이승의 가장자리에서 헤매고 있어요. 나를 해방시켜 주시려면 우선 그리스에 빛을 내려 그리스를 구원해 주세요. 그러면 나도 날개를 되찾고 저 별들에게 돌아갈 수 있어요. 그리고 당신은 신들의 빛 가운데서 나를 찾을

수 있게 될 거예요. 그때까지 나는 이 고통스런 곳에서 떠돌고 있어야만 해요.'

나는 세 번이나 그녀를 잡으려 했고 그녀는 마치 그림자처럼 내 팔에서 빠져나갔다. 내게 들리는 것은 오로지 리라의 줄이 끊어지면서 내는 듯한 소리뿐이었다. 이어서 마치 숨소리처럼 가느다란 목소리, 이별의 입맞춤처럼 애달픈 그런 목소리가, 힘없이 중얼거리는 목소리가 들려왔을 뿐이었다. '오르페우스'라고 나를 부르는 목소리가….

그 소리에 나는 죽음과도 같은 잠에서 깨어났다. 영혼을 통해 들려오는 그 목소리가 내 전 존재를 바꾸어놓았다. 나는 내 속에서, 거대한 신성의 요구를 느끼고는 전율했으며, 인간을 넘어선 사랑의 힘을 느끼고는 감동했다. 살아 있는 유리디스는 나를 행복에 도취하게 만들었다. 죽은 유리디스는 나로 하여금 신의 진리를 발견토록 해주었다. 내가 다시 흰 사제복을 입게 된 것, 그리하여 위대한 통과 제의를 겪고 고행의 삶을 시작하게 된 것은 바로 사랑에 의해서이다. 내가 신의 마술을 깊이 이해할 수 있게 된 것도, 신의 이치를 추구하게 된 것도 사랑에 의해서이다. 내가 사모트라케의 죽음의 동굴을 통과한 것도, 피라미드의 우물과 이집트의 무덤을 통과한 것도 사랑에 의해서이다. 나는 삶을 찾아내기 위해 죽음을 뒤졌으며, 삶 너머에서 이승의 불, 영혼들, 신들의 창공을 보았다. 땅은 내게 그 심연을 열어 보여주었으며 하늘은 내게 불타오르는 사원을 열어주었다. 또한 이시스와 오시리스의 사제들은 내게 그들의 비밀을 전수해 주었다. 하지만 그들에게는 이시스와 오시리스밖에는 없으나, 내게는 사랑의 신 에로스가 있다! 에로스에 의해 나는 말하고 노래하고 승리했다. 에로스의 이름으로 나는 헤르메스의 말씀을, 조로아스터의 말씀을 이해했다. 에로스의 이름으로 나는 주피터와 아폴론의 말씀을 전했다!

자, 이제 죽음으로써 내 임무를 확고히 할 시간이 되었다. 내 이제 다시 한번, 천상으로 오르기 위해 지옥으로 내려가야 할 때가 된 것이다. 내 사랑하는 아이여, 내 말을 듣도록 해라. 그대 내 교리를 델포이의 신전에 전하라. 그대 내 법을 암픽티온에 전하라. 디오니소스는 선지자들의 태양이니라. 아폴론은 그리스의 빛이 될 것이니라. 암픽티온은 디오니소스와 아폴론의 정의의 수호자가 될 것이니라."

대예언자와 제자는 이제 골짜기 밑에 도달했다. 그들의 눈앞에 넓은 숲 속의 빈터가 나타났고 우람한 나무들이 둘러싸고 있는 그곳에 천막들과 땅바닥에 누운 사람들의 모습이 보였다. 그리고 저 안쪽에서는 흔들리는 횃불이 이글거리고 있었다. 오르페우스는 밤새 벌어진 통음 난무의 축제 끝에 곯아떨어져 있는 트라케인들 사이로 조용히 걸어갔다. 그때까지 깨어 있던 보초가 그에게 이름을 물었다.

"나는 주피터의 전령이다. 우두머리들을 불러라"라고 오르페우스가 대답했다.

"주피터 사원의 사제…!"

보초가 놀라서 소리쳤고, 숲 속으로 번져나간 그 소리가 경계 신호가 되었다. 모두들 후닥닥 일어나 무기를 들었고 서로 이름을 부르며 준비를 갖추었다. 곧이어 칼들이 번뜩였다. 잠시 후 우두머리들이 놀라서 달려와 대사제를 에워쌌다.

"너는 누구냐? 여기에 무엇하러 왔느냐?"

"나는 신전의 사자使者이다. 그대들 트라케의 왕들, 족장들, 전사들 모두 법의 아들과의 싸움을 그치고 주피터와 아폴론의 신성을 받아들여라. 저 높은 곳에 있는 신들이 내 입을 통해 그대들에게 말한다. 그대들이 내 말을 듣는다면 나는 친구로서 그대들에게 온 것이요, 그대들이 내 말을 듣기를 거부한다면 나는 심판관으로서 온 것이다."

"말하시오"라고 족장들이 말했다.

커다란 느릅나무 아래에서 오르페우스는 설법을 했다. 그는 신들이 가져다줄 지고의 행복에 대해, 천상의 빛이 주는 매혹에 대해, 형제 선지자들과 함께 저 천상에서 누리는 순수한 삶에 대해, 모든 인간들과 가까이 하고자 하는 위대한 신 우라노스의 존재에 대해 그들에게 이야기했다. 불화를 가라앉히고, 병자들을 치료할 것이며, 이 지상에서 가장 아름다운 열매를 맺을 씨앗을, 또한 모든 삶에 신성이 깃들게 할 보다 소중한 씨앗을 가져다주리라는 약속을 했다. 기쁨과 사랑과 아름다움을 가져다주리라는 것을….

말하는 사이 그의 무거우면서도 부드러운 목소리는 마치 리라의 현이 떨고 있는 듯했고, 그 소리는 동요하고 있는 트라케족들의 가슴으로 파고들었다. 그때 안쪽에 있던 바캉트들이 호기심에 차서 횃불을 들고 나타났다. 그녀들도 인간의 목소리가 내는 이 신비스런 음악 소리에 이끌렸던 것이다. 표범 가죽으로 겨우 몸을 가린 그녀들은 갈색의 젖가슴과 관능적인 몸매를 거의 다 드러내고 있었다. 어둠 속에서 타오르는 불빛을 받아 그녀들의 눈은 야욕과 잔인함으로 이글거리고 있었다. 하지만 오르페우스의 목소리에 차츰차츰 길든 그녀들은 점점 그의 주변 가까이 다가오더니 마치 얌전히 길들여진 야생 동물처럼 그의 발치에 와서 앉았다. 그녀들 중 몇몇은 가책에 사로잡혀 어두운 시선을 땅으로 떨구었고, 나머지는 넋이 나간 듯 그의 목소리에 귀를 기울이고 있었다. 동요한 트라케인들은 저희들끼리 수근거렸다.

"이건 틀림없이 신이 말씀하고 계신 거야. 아폴론께서 몸소 바캉트들에게 마술을 걸고 계신 거야."

하지만, 저 깊은 숲 속에서 아글라오니스가 그 모든 것을 엿보고 있었다. 헤카테의 대여사제는, 트라케족들이 꼼짝 못하고 있으며, 바캉트들이 자신보다 강한 주술에 사로잡혀 있는 것을 보고는, 하늘이 지옥에 대해 승리를 거두리라는 것을, 그리하여 자신의 저주받은 권능이 신의 매혹적인 말에 밀려 자신이 나온 곳으로 되돌아가게 되리라는 것을 느꼈다. 그녀는 맹수처럼 울부짖으며 온힘을 다해 오르페우스 앞으로 뛰어나왔다.

"신이라고? 잘도 둘러댔겠다. 내 분명히 말하지만, 그는 우리와 같은 인간인 오르페우스야! 너희들을 속이는 마술사고 왕관을 가로채려는 독재자일 뿐이다! 신? 아폴론의 아들? 그가? 대사제? 홍, 자, 그에게 달려들어 그를 공격해 보아라. 그가 만일 신이라면 자신을 방어할 수 있을 것이다. 만일 내 말이 거짓이라면 나를 죽여라."

그녀의 뒤로는, 그녀의 저주와 증오에 불붙어 흥분한 몇몇 족장이 따랐다. 그들은 대예언자에게로 달려들었다. 오르페우스는 커다란 고함 소리를 내며 그들의 칼에 찔려 넘어졌다. 그는 제자에게 손을 내밀며 말했다.

"나는 죽는다. 그러나 신들은 살아 있도다!"

그런 후 그는 숨을 거두었다. 얼굴이 마치 야차夜叉처럼 된 테살리의 여마술사는 오르페우스의 시체에 몸을 기울여 그가 숨을 거둔 것을 확인하고는 잔인한 기쁨에 사로잡혔다. 그리고는 오르페우스가 몸에 지니고 있을 신탁神託을 꺼내려 했다. 하지만, 바로 그 순간 그녀는 얼마나 놀랐던지! 분명히 죽어 있는 오르페우스의 머리에 생기가 돌더니 그 얼굴에 희미하게 붉은색이 감돌기 시작했던 것이다. 그리고 두 눈을 뜨고 깊고 부드러우면서도 무서운 눈길을 그녀에게 보내면서, 이상한 목소리, 분명 오르페우스의 목소리가 그의 떨리는 입술로부터 흘러나오는 것이 아닌가? 그 목소리는 또렷하게, 리듬에 맞추어, 또한 응징의 뜻을 담아 다음의 세 음절을 전하고 있었다.

「디오니소스 추종자들에게 살해되는 오르페우스」, 그레고리오 라차리, 1698년경.

"유리디스?"

그 눈길, 그 목소리 앞에서 겁에 질린 여사제는 놀라 소리치며 물러섰다.

"그는 죽지 않았어! 그가 나를 쫓을 거야! 영원히! 아, 오르페우스… 유리디스!"

아글라오니스는 그 말을 던진 후 마치 수백 명의 복수의 여신에게 쫓기듯 사라져버렸다. 겁에 질린 바캉트들과 자신이 저지른 죄에 대한 두려움에 사로잡힌 트라케인들은 비탄에 찬 고함 소리를 내지르며 어둠 속으로 도망쳤다.

이제 제자 혼자 스승의 시신 옆에 남게 되었다. 헤카테의 음산한 빛이 피에 물든 스승의 사제복과 얼굴을 비추었을 때 제자에게는 계곡, 강, 산, 숲 전체가 거대한 리라가 되어 우는 듯이 느껴졌다.

오르페우스의 시신은 사제들에 의해 화장되었고 그 재는 멀리 떨어진 아폴론 성전 속으로 옮겨져 신과 동등하게 축성을 받았다. 이제 그 어떤 반역의 무리도 카우카이온 산을 넘보려 하지 않았다. 오르페우스의 전통, 그의 학문과 신비는 그곳에서 영속될 것이었고 모든 주피터와 아폴론 신전으로 퍼져나갈 것이었다. 그리스의 시인들은, 사람들이 아폴론보다 오르페우스의 이름을 자주 부르게 되었기에 아폴론이 오르페우스를 질투하게 되었다고 말한다. 하지만 사실은, 시인들이 아폴론을 자주 노래했고, 바로 그때 사원의 선지자들이 구원자이면서 예언자인 오르페우스의 영혼을 불러들였던 것이리라.

훗날, 오르페우스의 종교로 개종한 트라케인들은 그가 자기 아내의 영혼을 찾으러 지옥까지 내려갔으며 그들의 영원한 사랑에 질투를 느낀 바캉트들이 그를 죽였다고 이야기했다. 그리고 잘려져 강물에 던져진 그 머리가 물결에 떠내려가면서도 "유리디스! 유리디스!" 하고 아내의 이름을 불렀다는 것이었다.

　이렇게 트라케인들은 자신들이 죄악 속에서 살해한 한 인물, 죽음
으로써 자신들을 개종케 한 한 인물을 대예언자로 찬양하고 노래했다.
그리고 오르페우스의 말씀은, 성전의 신비스런 전통을 통해 그리스의
핏줄 속으로 신비롭게 스며들었다. 신들은 오르페우스의 목소리에 맞
추어 응답을 했으며, 오르페우스 신전에서 울리는 사제들의 성가 소리
는 눈에 보이지 않는 리라 소리에 박자를 맞추었다. 이리하여, 오르페
우스의 영혼은 그리스의 영혼이 되었다.

제6장

피타고라스
델포이의 신비들

너 자신을 알라. 그러면 너는 우주와 신들을 알게 될 것이다.

— 델포이 신전에 새겨진 글

잠, 꿈, 황홀경, 그것이 저세상을 향해 열린 세 개의 문이니 그로부터 우리에게 영혼의 이치, 신성의 예술이 나타난다.

진화는 생명의 법칙이다.
수(數)는 우주의 법칙이다.
통일성은 신의 법칙이다.

1. 기원전 6세기 경의 그리스

　오르페우스의 영혼은 갓 태어난 그리스의 폭풍우 이는 하늘을 신성의 혜성처럼 가로질렀다. 그가 사라지자 새로이 어둠이 침범해 왔다. 일련의 혁명들을 일으킨 후 트라케의 전제자들은 오르페우스의 책들을 불살랐고 오르페우스의 사원을 전복했으며 그의 제자들을 몰아냈다. 그리스의 많은 왕들과 도시들이 순수한 교리로부터 흘러나온 정의보다는 억제되지 않은 방종에 더 이끌려 그 독재자들의 짓을 흉내냈다. 이제 모두가 그에 대한 기억을 지우려고 애썼으며 그가 최후에 이룬 위광威光도 파괴하려 애썼다. 그리하여 그가 죽은 지 몇 세기가 지나자 실제로 그가 존재했었다는 사실조차 의심하기에 이르렀다.

　그를 이어받은 선지자들이 1,000년 이상 그의 전통을 보존해 왔지만 별 소용이 없었고, 피타고라스와 플라톤이 그를 신성을 부여받은 인간이라고 역설했어도 소용이 없었다. 궤변론자들과 웅변가들은 그를 단지 음악의 기원으로서 전설 속에 존재하는 인물로만 여길 뿐이었다. 오늘날까지도 학자들은 오르페우스의 실존을 단호하게 부정한다. 그들은 호머의 서사시나 헤시오도스기원전 8세기 말의 서사시인의 서사시에 그의 이름이 등장하지 않는다는 것을 그 근거로 내세운다. 하지만 이 서사시인들이 오르페우스에 대해 함구했던 것은 그 당시 그들이 살고 있던 도시 국가들의 행정부가 이 위대한 인도자에 대해 말하는 것을 엄격히 금했기 때문이다. 오르페우스의 제자들은 델포이 신전의 권위에 기대어 여전히 큰 권력을 행사하려 했고, 그리스 내의 다양한 도시 국가들을 암픽티온 회의에 종속시키려는 노력을 계속해 왔다. 그들은 전제자들에게도 선동 정치가들에게도 성가신 존재였다. 한편 티르서의 성전에서 통과 제의 의식을 받았음에 틀림없는 이오니아인 호머는, 도리아인인 오르페우스의 전통을 의도적으로 무시했을 것이며 더욱이 오르페우스의 전통이 탄압을 받아 은밀한 가운데 알려지고 있었기에 무시와 무지가 합쳐졌을 것이다. 파르나스 근처 태생인 헤시오도스는 그의 이름과, 델포이 신전으로부터 전해지는 그의 교리를 알고 있었음에 틀림이 없지만, 그의 스승들이 그에게 침묵을 강요했을 것이고 거기에는 그럴 만한 이유가 있었던 것이다.

하지만 오르페우스는 그가 남긴 일 속에 살아 있었다. 그가 남긴 일, 그가 남긴 작품, 그가 남긴 과업은 과연 무엇이었을까? 생명의 영혼인 그것을 우리는 어디에서 찾아야 할까? 야만성이 용기로 강조되고 신의 이치가 멸시되었던 스파르타의 군대식 과두 정치에서? 물론 그것은 아니다. 그렇다면 아테네의 그 요란스런 민주 정치에서? 항상 전제 정치로 변질될 위험을 안고 있던 거기서도 물론 아니다. 그렇다면 그리스 내의, 그리고 아시아의 그 수많은 도시 국가들 내에서? 그러나 아테네와 스파르타라는 전형이 변모되어 나타난 것일 뿐인 그 도시 국가들에서도 물론 아니다. 서로가 서로를 잡아먹지 못해 으르렁거리는 민주주의적, 혹은 전제주의적 정치 내에서 우리가 오르페우스의 영혼을 찾을 수 있겠는가?

아니다. 오르페우스의 영혼은 거기에 있지 않다. 그것은 그의 신전 안에, 그 신전의 선지자들 안에 살아남아 있다. 그것은 올림피아의 주피터 신전에, 아르고스의 주노주피터의 아내, 빛의 여신 신전에, 엘레우시스의 세레스주피터의 누이로서 수확의 여신 신전에 있다. 그 영혼은 미네르바와 함께 그리스를 지배하고 있으며 아폴론과 함께 델포이에서 빛나고 있다. 그리고 바로 그곳들이 헬레니즘 문명의 중심이요, 그리스의 뇌수이자 심장이다. 바로 그곳으로 그리스 시인들이 와서 가르침을 받고는 민중들에게 숭고한 진리를 살아 있는 이미지로 옮겨 전해 주었으며, 현자들은 민중들이 알아들을 수 있는 말로 전파했다. 그리하여 오르페우스의 영혼은 그리스 전역으로 떠돌았고 그리스를 고동치게 했다

오르페우스로 인해 그가 남긴 교리, 그가 남긴 말씀으로 살아 숨쉬게 된 그리스, 사랑의 영혼을 향한 드높은 믿음을 간직한 그리스는, 그러나 기원전 7세기 경에 접어들자마자 서서히 위험 상태에 빠져들게 된다. 7세기가 되자마자 델포이 신전에서 내리는 명령은 더이상 존중되지 않았으며, 사람들은 신성의 영토를 유린하기 시작했다. 그것은 위대한 깨달음을 얻은 선지자들의 맥이 서서히 단절돼 갔기 때문이었다. 신전의 지적인 수준과 도덕은 날이 갈수록 낮아져갔다. 사제들은 스스로를 정치 권력에 싸게 팔아넘겼고, 사원에 순수하게 남아 있던 높은 신비들까지도 무너지기 시작했다. 그리고 그리스의 전반적인 모습이 변해 버렸다. 고대의 성직에 기초한, 그리고 농업에 기초한 왕국에 이어서 한쪽에서는 단순한 전제 정치가, 다른 쪽에서는 군사적 힘에 근거한 귀족 정치가, 또 다른 쪽에서는 무정부주의적인 민주 정치가 자리를 잡았다. 사원들은 이제, 그리스가 붕괴의 위험에 직면해 있는데도, 위험을 알리고 예언할 힘을 잃고 말았다. 사원들은 새로운 도움을 필요로 했다. 그리고 신비주의적 교리를 세속화하여 전하는 일이 필요하게 되었다.

이제, 성스러운 기운이 사라져버리고 세속적인 힘이 지배력을 갖게 된 그리스에서 오르페우스의 생각들이 생명력을 갖고 밝게 피어나기 위해서는 사원의 신성의 이치가 세속의 질서 속으로 내려와야만 했고,

거기서 받아들여져야만 했다. 그리하여 오르페우스의 교리, 생각들은 다양한 외양을 한 채 도시 입법자들의 머릿속으로, 시인들의 모임 속으로, 철학자들의 학파 속으로 스며들어 갔다.

그런데 그 중 철학자들은 제자들을 가르치면서, 오르페우스가 종교적 가르침을 행하면서 느꼈던 필요성을 똑같이 느꼈다. 그것은 가르침을 받는 자들의 정신적 단계에 따라, 비록 전하고자 하는 진리는 같더라도, 그 형태는 다른 교육 방식을 마련하는 것으로, 크게 나눈다면 하나는 공적으로 전하는 교리이고 다른 하나는 비밀스레 전하는 교리라고 할 수 있었다. 그러한 방식에 의해, 원초적 충동이면서 동시에 그리스적 이상의 종합이기도 한 오르페우스의 생각은, 그리스의 국내 정치가 좀 슬기 시작해서 마케도니아아에 의해 온통 흔들리고 종국에 로마의 강철 아래 유린당하기 전까지, 그리스 전역에 걸쳐 그 온전한 빛을 발할 수 있었던 것이다.

오르페우스의 생각이 차츰차츰 그리스 전역으로 퍼져나가게 된 이면에는 물론 위대한 장인들이 있었다. 탈레스 같은 물리학자가 있었고 솔론 같은 입법자가 있었는가 하면 핀다로스 같은 시인도 있었고 에파미논다스 같은 영웅도 있었다. 하지만 그들은 각기 자신이 맡고 있는 분야에 국한된 사람들이었다. 그 모두를 종합한 위대한 인물이 있었으니 그가 바로 피타고라스였다.

오르페우스가 성직 제도하의 그리스의 스승이었다면, 피타고라스는 세속화된 그리스의 스승이었다. 그는 그 위대한 선지자의 생각을 옮기고 이어갔으며, 그것을 새로운 시대에 적용했다. 하지만 어떤 의미에서 그가 옮긴 오르페우스의 생각은 온전히 그의 창작이기도 했다. 존재하지 않던 생각을 새로이 만들어냈다는 뜻에서가 아니라, 오르페우스가 전하는 영감을 그가 하나의 완벽한 체계로 만들었다는 뜻에서

이다. 그는 오르페우스의 교리를 과학적인 증명으로 뒷받침하여 가르쳤으며 정신적·도덕적으로도 논증을 가하여, 완벽한 피타고라스의 질서로 정립시켜 남겨놓았다.

　피타고라스라는 인물의 삶은 우리의 역사 속에서 낱낱이 드러나 있는 것처럼 보이지만 실상 대부분은 거의 전설로 남아 있다. 그 주된 이유는 그와 그의 추종자들이 시실리에서 받은 악착스런 박해 때문이다. 그의 추종자들 중 많은 이들은 불타버린 그의 학교의 파편 더미와 함께 죽어버렸고 다른 이들은 사원으로 피신했다가 굶어죽었다. 스승에 대한 기억과 스승이 전한 교리는 그리스로 무사히 도망간 몇 안 되는 제자들을 통해서만 이어질 수 있었다. 후에 플라톤은 큰 고생과 비싼 값을 치르고서 그 위대한 스승이 쓴 원고를 손에 넣을 수 있었는데, 그 것은 비밀스런 기호와 상징적 형태로만 쓰여진 신비주의의 교리였다. 모든 정신적 지도자, 정신적 개혁자가 그러했던 것처럼 그의 진정한 행위는 말을 통한 교육으로 이루어졌다. 그래도 그가 세운 체계의 정수들은 리시스의 『황금 운율』, 아르키타스가 남긴 글들, 또한 피타고라스의 천지 창조론을 담고 있는 플라톤의 『대화편』에 다행스럽게 남아 있다. 끝으로 고대의 많은 작가들의 글 속에는 크로토노스 태생의 이 철학자에 대한 이야기들이 그득 들어 있다. 그들은 일화들을 통해 그의 지혜, 그의 아름다움, 그가 인간들에 대해 행사했던 경이로운 힘들을 묘사하고 있다. 알렉산드리아의 신플라톤주의자들, 그노시스 학파들, 또한 초기의 로마 교회 교황들까지도 그를 하나의 권위로 삼아 인용하곤 했다. 그 모든 것들이 소중하게 증명해 주듯이 피타고라스라는 위대한 인물은 그리스 전역에서 영향력을 발휘했으며, 그가 죽은 지 8세기가 지난 후에도 그리스 땅에 마지막 소용돌이를 일으키게 되었던 것이다.

높은 곳에서 신비주의의 열쇠를 가지고 열린 시선으로 바라보면 피타고라스의 원리는 장엄한 하나의 유기적 조직체로서, 각 부분부분들이 토대가 되는 근본 개념에 의해 긴밀하게 연결되어 있음을 알 수 있다. 우리는 그의 원리에서 인도와 이집트의 신비주의 교리가 합리적으로 재생되어 있음을 느낀다. 그는 인도와 이집트의 고대 교리에, 보다 정력적인 감각, 인간의 자유라는 보다 뚜렷한 생각을 덧붙임으로써 명확성과 단순성을 확립했던 것이다.

피타고라스의 시대는 지구 전 지역에 걸쳐 위대한 개혁자들이 출현해서 비슷한 교리들을 일반화, 대중화한 시기이기도 하다. 중국에서는 복희의 신비주의를 바탕으로 노자가 출현했으며 최후의 부처인 석가모니는 갠지스 강가에서 민중들에게 설법을 전했다. 한편 이탈리아에서는 한 성직자가 신탁 예언집을 지닌 선지자를 로마로 보내, 로마 상원의 야심에 찬 계획을 보다 슬기로운 제도로 바꾸어 제동을 걸게 하기도 했다. 그리고 그런 개혁자들이 다양한 민족들 사이에 동시에 출현한 것은 전혀 우연이 아니다. 겉보기에 다양해 보이는 그들의 임무는 공통된 목표를 향해 협력하고 있었다. 그들은, 어느 시기에 이르게 되면 하나의 공통된 정신적 흐름이 신비스럽게도 전 인류를 관통하게 된다는 것을 증명해 준다. 그 흐름은 어디서 오는 것일까? 우리들의 시야 밖에 있는, 하지만 정령들과 예언자들이 그 사자가 되어 그것의 존재를 증명하는 신성의 세계로부터이다.

피타고라스는 자신의 말을 그리스에 전하기에 앞서 모든 고대 세계를 두루 경험했다. 그는 아프리카를 보았고 아시아를 여행했으며 멤피스와 바빌로니아를 방문해 그들의 정치와 종교를 경험했다. 폭풍우에 휩싸인 듯한 그의 삶은, 태풍 한가운데 놓인 외로운 배 한 척과도 같은 것이었다. 돛을 펼친 채 그는, 미친 듯이 날뛰는 이 세상 한가운데서,

평온과 고요가 있는 지역을 향해, 그 목표를 향해 조금도 길에서 벗어나지 않고 항해했다. 그의 원리는 피흘리며 싸운 한낮의 사나운 불길에 이어, 밤에 맞이하는 신선하고 고요한 기분을 가져다준다. 그의 원리는, 차츰차츰 그 반짝이는 작은 섬들을 펼쳐보이는, 또한 견자의 머리 위로 놀라운 조화를 드러내 보이는 저 창공의 아름다움에 대하여 생각하게 해준다.

이제, 온갖 편견과 전설의 어둠에 잠겨 있는 그의 모습을, 그의 진정한 모습을 하나씩 밝혀보기로 하자.

2. 여행의 세월들

    사모스는 기원전 6세기 초에 이오나아 지방에서 가장 번창한 섬들 중 하나였다. 항구의 정박지는 소아시아 반도의 산들과 정면으로 마주하고 있었으며, 그 소아시아로부터 수많은 사치품과 유혹들이 유입돼 왔다. 커다란 만으로부터 도시가 형성되어 산 위까지 계단식으로 펼쳐지고 있었고 산 위에는 넵튠바다의 신의 신전이 있었다.

    도시에는 호사스런 궁전이 있었고, 독재자 폴리크라테가 그곳에서 도시 국가를 지배하고 있었다. 폴리크라테는 사모스의 자유를 탈취한 후 그 대가로 아시아 예술의 호사스러움과 휘황찬란함을 백성들에게 주었다. 그는 궁전 바로 옆에 근위대를 위한 호사스런 건물을 짓고는 젊은이들을 끌어들였다. 그리고 축제 때면 도시의 젊은이들을 모두 초대해서 달콤한 관능, 흥겨운 음악, 쾌락에 빠져들게 하는 춤들을 베풀고 가르쳤으며, 동방으로부터 유입돼 온 온갖 호사스런 물품들을 맛보고 그에 젖어들게 했다. 폴리크라테의 명성은 그리스 전역에서 거의 전설처럼 떠돌 지경이었다. 하지만 안하무인격인 과도한 행복은 신들의 복수를 부르는 법, 폴리크라테의 최후는 비극적이었다. 그는 자기 휘하의 한 태수의 꼬임에 빠져 살해되었으며, 살해된 후 십자가에 묶여 미칼라 산 위에 내걸리는 몸이 되었다. 그리하여 사모스 사람들은 영광과 호사스러움을 누리며 자신들을 지배했던 군주의 시체가, 십자가에 묶인 채 걸려 있는 것을 핏빛 노을이 물든 가운데 바라보게 되었던 것이다.

하지만 우리의 이야기는 폴리크라테가 사모스를 지배하기 시작하던 무렵으로 되돌아간다. 어느 맑은 날 밤 주노의 신전으로부터 얼마 떨어지지 않은 숲 속에 한 젊은이가 앉아 있었다. 만월이 비추고 있어 도리아 성의 정면이 그 신비스러운 장엄함을 훤히 드러내고 있었다. 그의 발치에는 호머의 노래가 담긴 파피루스 두루마리가 놓여 있었다. 해가 질 무렵부터 시작된 명상이 계속되어 밤의 정적 속에 함께 잠겨든 것이었다. 벌써 오래 전에 해는 저버렸지만 그 불타는 원반은 꿈에 잠긴 이 청년의 눈앞에서 여전히 비현실적인 존재로 아른거리고 있는 듯했다. 그렇다, 그의 명상, 그의 생각은 눈에 보이는 현실 너머, 아주 먼 곳을 떠돌고 있었던 것이다.

피타고라스는 사모스의 한 부유한 반지 상인과 파르테니스라는 여인 사이에서 태어났다. 신혼부부가 여행 중에 만난 델포이 신전의 무녀巫女는 그들에게 '장차 모든 인간들에게, 언제까지나 유익할 아들'이 태어나리라고 예언한 바 있으며, 그 신탁은 폴리크라테 지배하에 있는 사모스의 그 속된 호사스러움 가운데서 아들이 태어나지 않도록 하라는 명령까지 함께 전했다. 그래서 그들 부부는 아이를 임신하여 낳을 때까지 조국을 떠나 있으리라 작정하고 리비아와 페니키아 등 외국을 떠돌았다. 그리하여 한 아이가 태어났다. 그가 한 살이 되었을 때, 그의 어머니는, 델포이의 사제들이 미리 그녀에게 해주었던 충고에 따라, 그를 레바논의 한 골짜기에 있는 아도나이여호와와 같은 뜻 신전으로 데리고 갔고, 그 신전의 대사제로부터 축성祝聖을 받았다. 그런 후 피타고라스의 가족들은 사모스로 되돌아왔다.

파르테니스의 아들은 아주 아름다웠으며, 온순했고 조용했지만 정의감이 투철했다. 또한 지식을 향한 열정이 두 눈에 넘쳐흘렀고 그 열정에서 비롯한 그의 행동들에서는 일종의 신비스런 기운이 느껴지기도 했다. 그의 부모들은 삶의 지혜를 얻고자 하는 그의 열정을 열렬히 돕고 부추겼다. 그는 사모스의 사제들과도 자유로이 대화를 나눌 수 있었으며, 물리학의 원칙들을 가르치면서 이오니아에서 학파를 결성하기 시작한 학자들과도 교류를 나누었다. 열여덟 살이 되었을 때 그는 사모스의 헤르모다마스의 강의를 들었고 유명한 탈레스와 대화를 나누기도 했으며, 그 외 여러 유명한 학자들의 교육도 받았다. 그 많은 스승들은 그에게 새로운 인식의 지평을 열어주었지만 그 누구도 완전한 만족을 주지는 못했다. 그들의 서로 모순되는 가르침들 속에서 그는 그들을 연결해 줄 수 있는 끈, 즉 종합, 전체를 총괄하는 통일성을 은밀히 찾았다. 그리하여 파르테니스의 이 영민한 아들은, 세상 만물이 드러내 보여주는 모순에 지나칠 정도로 강하게 자극된 나머지, 자신의 온갖 능력과 기능을 총동원하여 그것들을 총괄하는 최후의 진리, 생명의 핵심에 도달하는 길을 찾는 데 집중했을 때 오게 되는 일종의 정신적 위기에까지 이르게 되었다.

무덥고 장려한 이 밤 한가운데서 파르테니스의 아들은 천천히, 대지와 신전과 별들이 떠 있는 하늘을 둘러보았다. 그의 발 아래, 그의 주변에, 대지 모신母神인 데메테르가, 그가 파고 들어가고자 하는 대자연이 있었다. 그는 대지 모신이 발산하는 강력한 기를 들이마셨고, 그 대지 모신이 자신을 빨아들이는 듯한 느낌을 받았으며, 대지의 원자와 불가분不可分 한몸이 되는 듯이 느꼈다. 그가 세상의 이치에 대해 물었을 때 스승들은 이렇게 말했다.

"모든 것은 그 대지 모신으로부터 나온다. 그 어느것도 무無로부터 나오지는 않는다. 영혼은 물 혹은 불로부터, 혹은 신들로부터 온다. 그 원소들의 섬세한 발산… 그것들은 다시 대지로 돌아가기 위해 그로부터 나올 뿐이다. 그 운명적 법칙을 고이 받아들여라. 네가 할 수 있는 일은 그것을 알고 그에 복종하는 것뿐이니라."

잠시 후 그는 저 창공을 바라보았고 깊이를 헤아릴 수 없는 공간 속에서 무수한 별자리들이 그려놓고 있는 '빛으로 된 문자'들을 읽었다. 그 문자들에는 의미가 있음에 틀림없었다. 무한히 작은 원자들의 움직임에도 그 존재 이유가 있는데, 무한히 큰 창공의 저 현란한 흩어짐이 바로 우주의 몸체를 형성하고 있음에라! 그래, 저 세계들에는 각각의 고유한 법칙이 있으며, 저 전체는 수數의 신비에 의해 지상의 조화 속에서 움직이고 있다! 하지만 누가 도대체 저 별들의 알파벳을 해독할 수 있을 것인가? 주노의 사제들은 그에게 말했었다. 대지 이전에 신들의 하늘이 있었으며, 그의 영혼은 하늘로부터 온 것이라고. 또한 그곳으로 다시 올라가기 위해 기도하라고.

그의 명상은 어느 정원으로부터 들려온 관능적인 노랫소리에 의해 거기서 끊겼다. 레스보스 여인들레즈비언이라는 단어는 여기서 유래한다의 음탕한 목소리가 키타라 악기 소리에 실려 들려왔으며 젊은 청년들이 술에 취한 표정으로 그에 화답하고 있었다. 그 음탕한 목소리들에 섞여 이번엔 항구 쪽으로부터 날카로운 울부짖음 소리가 들려왔다. 폴리크라테가 아시아에 노예로 팔기 위해 배에 싣도록 명한 반란자들이 내는 소리였다. 못이 박힌 채찍이 그들의 등짝을 사정없이 내리치고 있었다. 이윽고 울부짖는 소리, 저주를 퍼붓는 욕설이 어둠 속에 서서히 멀어져갔다. 그리고는 다시 사위가 정적에 휩싸였다.

우리의 젊은이는 전율을 느꼈으나 다시 정신을 집중하기 위해 그것을 억눌렀다. 우연히 들려온 그 소리들, 인간의 그 무모한 애욕의 소리와 고통의 울부짖음은 그에게 대지와 하늘과 인간에 대한 새로운 명상을 요구했다. 그 명상 속에서 문제는 더욱더 비통해졌으며 날카로워졌다. 대지는 말한다. '운명!'이라고. 하늘은 말한다. '섭리!'라고. 그리고 그 사이를 떠도는 인류는 대답한다. '광기! 고통! 예속!'이라고. 그러나 미래의 이 대예언자는 대지의 고리와 하늘의 불꽃에 대답하듯 자신의 내부에서 한 목소리가 들려오는 것을 느꼈다. 그 소리는 '자유!'라고 말하고 있었다. 그렇다면 이 네 가지 목소리 중 어느것이 옳다는 말인가? 현자들과, 사제들과, 광인과 불행한 자들, 그리고 자기 자신의 목소리들 중에서… 아! 그 목소리들은 모두 옳았다. 하지만 모두 자신이 처한 영역에서만 의기 양양하게 진리로 행세할 뿐, 각각의 궁극적 존재 이유는 전해 주고 있지 않았다. 세 가지의 세상이, 데메테르의 가슴으로서, 별들이 발하는 빛으로서, 인간의 마음으로서 각기 부동不動으로 존재하고 있다. 하지만 그것들 간의 조화, 그것들을 균형잡게 하는 법칙을 찾아내는 자만이 진정한 현자가 될 수 있으며, 신성의 이치를 소유한 자만이 인간을 도울 수 있으리. 그 세계의 종합 속에서만이 이 '우주'의 비밀은 존재하리!

'우주'라는 단어를, 스스로 찾아낸 그 단어를 중얼거리며 피타고라스는 자리에서 일어섰다. 그 무언가에 홀린 듯한 그의 시선은 신전의 정면을 응시하고 있었다. 그 위엄 있는 건물이 다이아나의 순결한 빛을 받아 변모한 듯이 보였다. 그는 그 모습에서 이 세상의 이상적인 상을 알아본 듯 느꼈고 그가 추구하고 있는 문제의 해결을 찾았다고 느꼈다. 신전 정문 기둥의 토대와 다리와 대륜과 윗부분의 삼각형 박공이 그에게 갑자기 인간과 우주의 세 가지 성질, 신성의 통일성에 싸인 이 대우주와 소우주를 나타내고 있는 듯이 보였으며, 신성성 자체의 삼위 일체성을 보여주고 있는 듯이 여겨졌던 것이다. 그렇다, 신에 의해 지배받으며 또한 신성성이 만물 속에 깃들어 있는 이 우주는, 바로 그 신성의 4분자分子를 형성하고 있는 것이다.

피타고라스. 그는 대지와 하늘의 균형을 보았고 그 안에서 인간의 운명을 인식했다.

그래, 그것이 저기에, 저 기하학적인 선 속에 있었다. 이 우주의 열쇠가, 수의 과학이, 전 존재들의 형성을 관장하는 삼원의 법칙이, 모든 존재의 영혼의 진화를 관장하는 7의 법칙이… 그 순간 피타고라스의 눈에는 이 우주, 이 세상 전체가 성스러운 수의 리듬과 조화에 의해 움직이는 것이 또렷이 보였다. 그는 대지와 하늘의 균형을 보았고 인간의 자유가 그 사이에서 균형을 취하는 것을 보았다. 자연 세계, 인간 세계, 신의 세계가 서로서로를 지탱해 주고 서로서로를 결정해 주며 상승과 하강의 이중 움직임에 의해 우주의 드라마를 연출해 내는 것을… 그는 가시적인 세계를 감싸고 그 세계에 끊임없이 생명을 불어넣는 비가시적 세계의 작용을 보았다. 그리고 그는, 이 지상에 출현하면서 삼중의 통과 제의를 겪은 후 정화되고, 자유에 이르는 인간의 운명을 뚜렷이 인식했다. 그는 순간적인, 그러나 뚜렷한 계시 속에서 그 모든 것을 보았고, 그의 삶과 그의 과업을 보았다. 그리고 그것은 절대진리와 마주하고 있다고 느끼는 그의 정신 속에서 도저히 거부할 수 없는 확실성을 지닌 채 그에게 다가왔다. 그것은 하나의 섬광이었다. 이제는 그 절대 속에서 그의 순수 정신이 포착한 그것들을 이성에 의해 증명해 보이는 일이 남았을 뿐이었다. 그리고 그것은 한 인간이 전 생애를 바쳐, 헤라클레스와 같은 힘을 발휘해 이룩해야 할 일이었다.

하지만 그 노력에 결실을 맺게 할 학문·이치를 어디서 구할 것인가? 호머의 노래도, 이오니아의 현자들도, 그리스의 신전들도 모두 충분치 않았다.

갑자기 날개를 얻은 피타고라스의 정신은 자신의 과거로, 베일에 싸인 자신의 탄생과 어머니가 그를 향해 보인 신비스러운 사랑 쪽으로 날아갔다. 그리고 어린 시절의 한 장면이 한 치의 오차도 없이 정확하게 기억 속에 되살아났다. 기억 속에서, 어머니는 한 살이 된 그를 레바논에 있는 아도나이의 신전으로 데려가고 있었다. 그는 장엄한 산들과 거대한 숲 한가운데서 어머니의 목에 매달려 있었다. 어머니는 거대한 레몬 나무의 그늘 밑에 서 있었다. 그녀의 앞에는 흰 턱수염을 한 근엄한 사제가 어머니와 아이에게 자상한 미소를 보내며 무언가 말을 하고 있었다. 그런데 그녀의 어머니는 그에게 자주 그 대사제가 해준 말을 상기시키곤 했었다. 그 내용은 이러했다.

"이오니아의 여인이여, 그대의 아들은 지혜로움으로 인해 큰 인물이 될 것이다. 하지만 그리스는 아직 여러 신들을 모시고 있으며, 유일한 신의 이치는 이집트에서만 발견할 수 있음을 명심하라."

또렷이 떠오르는 어머니의 미소와 함께 그에게 그 말이 그대로 기억났다. 멀리 폭포 소리가 들리는 가운데 마치 또 다른 삶에 대한 꿈처럼 장엄한 풍경에 둘러싸여 노인 사제의 평화로운 얼굴을 통해 들려 나오던 그 말이. 그와 함께 그는 생애 처음으로 그 신탁의 의미를 깨달았다. 그래, 이집트로 가자! 그는 이집트 사제들의 놀라운 학식에 대한 이야기를, 그들의 굉장한 신비에 대한 이야기를 수없이 들었지만, 그들의 도움이 필요하다고 생각하지는 않았었다. 그는 이제 확연히 깨달았다. 자연의 저 깊은 근본까지 이해하려면 그들의 '신의 이치'가 필요하다는 것을, 그리고 그 '신의 이치'는 이집트의 사원에서 직접 터득하는 수밖에는 없다는 것을. 그의 어머니는 어머니로서의 본능으로 이 깨달음의 순간을 준비해 왔던 것이며, 마치 절대신의 선물처럼 그에게 그 깨달음을 가져다주었던 것이다.

그때부터 그는 이집트로 가서 깨달음을 얻으리라는 확고한 결심을 한다. 다행스럽게도 폴리크라테스는 시인이나 철학자들을 보호해 주었다. 그럼으로써 자신의 허세를 더 과시할 수 있었기 때문이었다. 폴리크라테스는 피타고라스에게 기꺼이, 이집트의 파라오인 아마시스에게로 추천의 편지를 써주었고, 이집트의 파라오는 그를 멤피스의 사제들에게 소개해 주었다. 하지만 그들은 피타고라스를 쉽사리 받아들이지 않았다. 처음에는 그를 거부했으며 수많은 어려움을 겪게 한 다음에야 그를 받아들인 것이다. 이집트의 현자들은 그리스인들이 경망스럽고 변덕이 심하다며 그들을 무시하는 경향이 있었다. 따라서 이집트 사제들은 이 젊은 사모스인이 낙담해서 물러서길 바랐다. 하지만 우리의 신참자는 놀랄 만한 끈기와 흔들리지 않는 용기를 가지고 그들이 강요하는 온갖 시련들, 그들이 고의로 행하는 더딘 수련들을 감내했다. 그는 자신의 의지로 자기 존재를 완전히 지배하지 않고서는 결코 높은 인식에 도달할 수 없다는 사실을 미리 알고 있었던 것이다.

그의 수련을 통한 통과 제의는 손키스의 대사제 밑에서 22년간이나 계속되었다. 우리는 앞서 제3권 헤르메스편에서 통과 제의에 임한 자가 겪게 되는 시험들, 유혹들, 무아지경에 대해, 그리고 명백한 죽음에 처했다가 오시리스의 빛에 의해 부활하는 과정들에 대해 이미 이야기한 바 있다. 피타고라스는 그 모든 과정을 통과하여 '말씀-빛'의 교리를, 별의 일곱 주기를 통하여 이루어지는 인간의 진화 과정을 공허한 이론으로서가 아니라 생생한 체험으로 실현했다. 그 수행 과정에서 단계가 앞으로 나아갈 때마다 새로운 시험이 닥쳤고, 그 시험은 점점 더 위험한 것이 되었다. 100번도 넘게 목숨을 걸어야 했으며, 신비의 힘을 다루는 법이나 마술과 강신술을 실제로 행사하는 법을 배우게 될 때면 그 위험은 더욱 커졌다. 모든 위대한 인물들과 마찬가지로 피타고라스는 자신의 별에 대한 믿음을 가지고 있었다. 신성의 이치로 인도하는 길이라면 그 어떤 길도 그는 마다하지 않았고 죽음에 대한 두려움도 그를 멈추게 할 수 없었으니 그는 그 너머의 삶을 믿고 있었기 때문이었다.

이집트의 사제들은 그가 엄청난 영혼의 기氣를 지니고 있다는 것, 이 세상 그 누구에게서도 찾을 수 없을 만큼의 지혜를 향한 정열을 지니고 있다는 것을 인정했을 때에서야 자신들의 값진 경험의 보물 창고를 활짝 열어주었다. 바로 그들에게서 피타고라스라는 인물이 형성되었고 그들과 하나가 되었다. 바로 거기서 그는 신성의 수학을 깊이 있게 연구했고 수의 과학과 우주의 원칙을 이해했으며 그것들을 중심으로 자신만의 방법을 통해 새로운 체계를 세웠다. 한편 이집트에서 받은 그 교육의 엄격성은 그로 하여금 인간의 의지가 지혜롭게 발휘될 때 갖게 되는 엄청난 힘과, 그 의지가 영혼과 육체 모두에 무한히 적용될 수 있다는 사실을 깨닫게 했다. 멤피스의 사제들은 그에게 "수의 이치와 의지의 기술은 마술의 두 열쇠이니 그것들이 우주의 문을 열어준다"라고 말했었다. 따라서 피타고라스가 삶이라는 하나의 과정 자체에 대한, 인간과 신의 모든 학문과 이치에 대한 높은 전망을 획득하게 된 것은 바로 이집트에서이다.

피타고라스는 이집트 성직 사회에서 정상의 위치에 올랐고, 아마 그리스로 돌아갈 생각을 하고 있었을 것이다. 그런데 그때 나일 강을 피로 물들이게 될 전쟁이 일어났고 우리 '오시리스의 대사제'는 새로운 소용돌이에 휘말리게 된다. 벌써 오래 전부터 아시아의 전제 군주들은 이집트를 멸망시키려는 욕심을 품고 있었다. 하지만 수세기에 걸친 그들의 공격은 이집트 사회의 지혜로운 제도, 성직자들의 힘과 파라오들의 정력 앞에서 무력하게 실패를 거듭했을 뿐이었다. 그렇다고는 해도 헤르메스의 이치의 산실이자 은신처인 그 아득한 왕국이 영속할 수는 없었다. 정복자 바빌론의 새로운 군주인 캄비스가 메뚜기 떼처럼 수많은 군대를 이끌고 이집트를 습격해 파라오의 그 영광스런 제도를 끝장내 버렸고, 이집트의 기원, 근본은 시간의 어둠 속으로 사라져버렸다.

현자들이 보기에 그것은 이 세계 전체의, 인류 전체의 재앙이었다. 페니키아와 그리스, 에트루리아 등의 사원들은 이집트의 성직 사회와 끊임없이 교류를 맺고 있었으며, 그로 인해 이집트는 지중해를 둘러싸고 있는 지역에서까지 수호자의 역할을 담당했다. 하지만 일단 이집트가 무너지자 전투적인 들소들의 무리가 고개를 낮춘 채 헬레니즘의 전 유역으로 밀려 들어왔다.

피타고라스는 캄비스가 이집트를 침략하는 것을 보았다. 페르시아의 전제 군주가 멤피스와 테베의 신전들을 유린하고 암몬의 신전을 파괴하는 것을 보았다. 그는 이집트의 파라오 프사멘티가 쇠사슬에 묶인 채 작은 언덕 앞까지 캄비스에 의해 끌려가는 것을, 파라오 주변에 이집트의 사제들과 왕족들이 정렬해 들어서는 것을 보았다. 그는 누더기를 입은 파라오의 딸이 귀족의 딸들과 함께 끌려나오는 것을, 또한 파라오의 아들과 젊은 청년들이 입에 재갈을 물린 채 목에 굴레를 쓰고 끌려나와 처형당하는 것을 보았다. 파라오 프사멘티는 오열을 삼키며 그 광경을 바라볼 수밖에 없었고 비열한 캄비스는 왕좌에 앉아 자신의 적수가 고통받고 있는 모습을 즐기고 있었다. 인류의 역사가 주는 잔인한 그러나 교훈적인 가르침이었다. 아, 인간 속에 어떻게 저런 잔인함이 존재할 수 있단 말인가? 그 어떤 잔인함이 사슬에서 풀려나 저토록 괴물 같은 독재로 화할 수 있는 것일까? 인간 속에 있는 그 어떤 동물성이, 많은 사람들을 제 발 밑에 무릎 꿇게 하여 저 운명의 굴레를 씌우도록 하는 것일까!

캄비스는 피타고라스를 일단의 이집트 성직자들과 함께 끌고 와 그곳에 수감시켰다. 아리스토텔레스가 온통 벽으로 둘러싸인 나라라고 표현했던 바빌론은 그 당시 꽤나 주목을 요하는 모습을 띠고 있었다. 헤브라이 예언자들이 '위대한 창부'라고 부른 바빌론은 페르시아에 의해 정복된 이후 그 어느때보다도 각종 민족 · 언어 · 신앙들이 뒤섞여 우굴거리는 소굴 같았으며 바로 그 소굴 한가운데에 아시아의 독재자들은 그들의 현란한 탑을, 바벨탑을 건설했던 것이다. 페르시아의 전통에 의하면 바빌론을 애초에 건립한 것은 전설 속의 세미라미스그리스 전설에도 등장하는 앗시리아의 여왕였다. 전설에 의하면 바로 그녀가 둘레가 85킬로미터에 달하는 웅장한 성곽을 짓게 했고, 그 안을 온갖 화려하고 장엄한 장식물로 치장하게 했다는 것이다. 그리고, 칼데아 · 앗시리아 · 페르시아 · 유태 · 시리아 · 소아시아를 모두 굴복시킨 일련의 강대한 독재 정치가 이어졌다. 그러한 전제 군주 중 한 명이 네부카드네차르였는데, 그는 유태인들을 포로로 잡아 바빌론으로 끌고 왔으며, 이집트인들은 그 거대한 도시의 한 구석에서 여전히 자신들의 신을 섬기고 자신들의 예배를 집행했다. 또한 그 유태인들은 예언자 다니엘을 왕에게 재상으로 제공할 만큼 영향력을 행사하기도 했다. 그런데 네부카드네차르의 아들인 발타자르 대代에 이르러 그 역사 깊은 바벨탑은 페르시아 왕 키루스에 의해 와해되고 이후 수세기에 걸쳐 페르시아의 지배하에 놓이게 된다.

피타고라스가 바빌론으로 끌려왔을 때, 이러한 일련의 역사적 사건들로 인해 바빌론의 성직 사회에는 세 개의 상이한 종교가 공존하고 있었다. 즉 고대의 칼데아의 사제들, 페르시아의 마술주의의 후계자들, 유태인 포로들의 정예들이 각기 다른 신을 섬기며 예배하고 있었던 것이다. 각기 다른 종교들이 화해롭게 공존할 수 있었다는 것은, 그들이 신비주의적 측면에서 공유하는 부분을 하나의 핵심으로 간직하고 있었다는 것을 증명해 주며, 그들의 공존을 가능케 한 데는 모세의 신을 확신하고 믿은 다니엘의 역할이 컸다(다니엘은 네부카드네차르 · 발타자르 · 키루스 등 3대에 걸쳐 수상 역할을 했다).

바빌론의 그러한 환경 속에서 피타고라스는 이미 크게 넓어진 자신의 지평을 더 확장했음에 틀림없다. 그는 그 각각의 교리들과 종교들을 연구했으며, 그 중 몇몇의 선지자들이 간직하고 있던 높은 종합의 학문을 습득했다. 그는 특히 조로아스터의 유산인 마술에 대해 많은 것을 배우고 익혔다. 이집트의 사제들이 신성의 이치에 대한 우주적인 열쇠를 보유하고 있었다면 페르시아의 마술사들은 그 신성의 이치와 기술을 실제로 행하는 데 있어서는 단연 앞서 있다는 평판을 얻고 있었다. 그들은 자연의 숨겨진 신비스러운 힘을 자유자재로 다룰 수 있다고들 했다. 전하는 바에 의하면 그들의 사원에서는 대낮에도 어둠이 깔렸으며 램프 불이 저절로 켜졌고, 빛에 휩싸인 살아 있는 신들의 모습을 볼 수 있었으며 천둥 소리도 들을 수 있었다. 마술사들은 자신들이 자유자재로 다루는 자연의 불을 '천상의 사자'라 불렀는데 그것은 전기를 일으키는 인자로서 그들 마음대로 농축시키거나 확산시킬 수 있었으며, 지구의 자성에 의한 기의 흐름을 마치 화살처럼 목표물을 향해 정확히 나아가게 할 수 있었다. 그들은 또한 인간의 말이 지닌, 암시적이고 잡아끄는 힘, 또한 창조적인 힘에 대해서도 특별히 연구를 했다. 그들이 정신이나 영혼을 부를 때면 이 지구상의 가장 오래된 언어에서 빌려온 단계적으로 공식이 세워진 언어를 사용했다. 정화의식과 기도 가운데 행해진 그들의 그 초혼招魂·초령招靈 행위가 뒷날 사람들이 '흰 마술'이라 부르게 된 바로 그것이었다.

따라서 피타고라스는 바빌론에서 고대 마법의 비결을 깊이 이해하고 배우게 되었다. 동시에 그는 그 전제 정치의 동굴 앞에서 중요한 모습을 하나 목도하게 된다. 그것은, 온갖 종교들이 혼란스럽게 들끓고 있는 와중에서, 온갖 성직 사회가 와해되고 변질되는 와중에서, 일단의 용감한 선지자들이 한데 모여 자신들의 학문과 믿음과 정의를 보호하고 있는 모습이었다. 다니엘이 스스로 호랑이 굴로 들어갔듯이, 언제고 잡아먹힐 위험에 처해 있으면서도 전제 군주 앞에 꼿꼿이 마주서서 그들은 절대권력의 야만성을 순화시키고 길들였던 것이다. 바로 그들의 정신적인 힘으로 하나씩 하나씩 전제 군주와 다투며 그 영역을 넓혀갔던 것이다.

이집트에서의 통과 제의, 그리고 바빌론에서의 경험을 통해 이제 사모스의 아들은, 그 시대의 그 어떤 그리스인보다도, 그에게 물리학을 가르쳤던 스승들보다도 더 위대한 대가가 되었다. 그는 이 우주 운용의 영원한 법칙을 알게 되었다. 자연은 그에게 자신의 심연을 열어 보여주었으며, 물질들을 뒤덮고 있던 베일은 그의 눈앞에서 벗겨져 자연과 인류의 경이로운 세계를 드러내 보여주었다. 멤피스의 신전에서, 바빌론의 신전에서, 온갖 종교들의 과거에 대한 비밀을, 지구 전 대륙과 각 종족들의 역사를 완전히 습득했다. 그는 유태인의 유일신 사상의 장점과 단점을, 그리스 다신주의의 장점과 단점을, 또한 힌두교의 3위설과 페르시아의 이원론의 장점과 단점을 비교할 수 있게 되었다. 그는 이 모든 종교를 위에서 비추이고 있는 빛은 동일한 진리의 빛이며, 다양한 정신의 높이에 따라, 다양한 사회의 상태에 따라 그 모습이 달라졌을 뿐이라는 것을 알았다. 그는 열쇠를, 말하자면 이 모든 교리들의 종합을 신비주의의 이치 속에서 발견했던 것이다. 과거를 감싸고 미래에도 잠긴 그의 시선은 현재를 명료하게 판단해야 했다. 그의 경험은 지금 인류가 사제들의 무지와 학자들의 물질주의와 민주주의의 무원칙에 의해 큰 재앙에 직면해 있음을 알려주고 있었다. 그리고, 전 세계가 해이 상태에 빠진 채 전제 정치가 세력을 떨치는 것을, 그 검은 구름이 무서운 태풍으로 변해 이 세계 전체로 몰아닥치리라는 것을 그는 똑똑히 볼 수 있었다.

그러니 이제는 그리스로 돌아가 자신의 임무를 수행하고 과업을 시작할 시간이 되었다.

피타고라스는 바빌론에 12년간을 묶여 있었다. 바빌론으로부터 나가려면 페르시아 왕의 명령이 필요했다. 마침 왕의 주치의를 맡고 있던 고국 사람인 데모세드가 중재를 해서 우리의 철학자는 자유를 얻을 수 있었다. 그리하여 피타고라스는 사모스로 돌아왔다. 고국을 떠난 지 서른네 해가 되었을 때였다. 그가 돌아왔을 때 사모스는 페르시아 제국 태수의 압제하에 놓여 있었다. 학교들과 사원들은 폐쇄되었고 시인들과 학자들은 마치 제비 떼처럼 페르시아의 압제를 피해 도망을 갔다. 그나마 다행이었던 것은 그의 최초의 스승인 헤르모디아스의 임종을 지켜볼 수 있었다는 것과 어머니 파르테니스를 다시 만날 수 있었다는 것이었다. 모든 사람들이 죽었으리라고 생각하고 있었지만 그의 어머니만은 그의 귀환을 철석같이 믿고 있었다. 그녀는 아폴론의 신탁을 조금도 의심하지 않았다. 그는 자신의 아들이 흰 색의 이집트 사제복을 입고 그 무언가 높은 임무를 완수하리라고 확신했다. 그는 이집트의 이시스 사원으로부터, 그녀가 델포이의 신성한 숲에서 꿈꾸었던, 그리고 아도나이의 대예언자가 레바논의 레몬 나무 아래서 약속했던, 인류의 복된 스승, 빛나는 예언자가 나오리라는 것을 잘 알고 있었다.

이제, 시올라테스의 남색 물결이 출렁이는 가운데 가벼운 일엽 편주 하나에 실려 어머니와 아들이 새로운 유랑의 길을 떠나고 있었다. 그들은 압제하에 시달리고 있는 사모스를 탈출하고 있었던 것이다. 파르테니스의 아들을 유혹하는 것은 올림포스 산의 성직의 영광도, 시인으로서의 월계관도 아니었다. 그의 과업은 보다 원대했으며, 보다 신비로웠다. 성전에 잠들어 있는 신들의 영혼을 깨우는 것, 자신의 기와 힘을 아폴론 신전에 전하는 것, 그리하여 여기저기 학문과 삶을 가르치는 학교를 세우는 것, 그 학교로부터 정치가나 궤변론자들을 배출하는 것이 아니라 진정한 어머니들과 순수한 영웅들을 배출하는 것—그것이 그의 가슴에 품고 있던 과업이었다!

3. 델포이의 신전
아폴론의 이치-예언의 이론

또다시 평원으로부터 플리티오스 강변을 따라 초원을 오르게 되면 꼬불꼬불한 골짜기에 접어들게 된다. 발걸음을 옮김에 따라 골짜기는 점점 좁아지고 풍경은 웅장해지면서 황량해진다. 그리고 마침내 뾰족한 산봉우리들에 둘러싸인 원곡圓谷에 이르게 된다. 그러면 돌연 그 어두운 골짜기 안쪽에서, 깎아지른 절벽 위에 마치 독수리 둥지처럼 자리잡은 델포이 마을이 나타난다. 멀리서 승리의 여신상들이 반짝이는 것이 보이고 청동으로 된 말들의 상像과 수많은 금상들이, 마치 도리아식의 신전을 수호하는 영웅과 신들인 양 도열해 있는 것이 보인다.

그곳이 그리스에서 가장 신성한 곳이다. 그곳에서 피티아폴로 신의 신탁을 받은 무녀들이 예언을 했으며 암픽티온 회의가 열렸다. 모든 헬레니즘 종족들은 바로 그곳 성전 주변에 예배당을 세우고 공물을 바쳤다. 또한 수많은 남자와 여자들 그리고 아이들이 멀리로부터 그곳으로 찾아와 빛의 신에게 경배했다. 그리스의 중심부에 위치해 있으며 사람들의 손이 닿기 힘들고 방어하기에 손쉬운 바위로 된 지형들이 그곳을 아주 오래 전부터 성역으로 만들었다.

그곳 신전 뒤에 있는 동굴에 갈라진 틈이 하나 있었으며, 그곳으로부터 새어나오는 차가운 김이 영감을 주고 사람을 무아지경에 빠지게 한다고들 사람들은 이야기했다. 『플루타르크 영웅전』에 나오는 이야기에 의하면 아주 오랜 옛날에 그 갈라진 틈 옆에 나이 든 목자牧者가

앉아 예언을 했다. 처음에 사람들은 그가 미쳤다고 생각했다. 하지만 그의 예언이 계속 실현되자 사람들은 그에게 주목하기 시작했다. 또한 사제들이 그곳으로 몰려들어 그 장소를 신성화했다. 바로 그로부터 피티가 그 틈 옆 삼각대 위에 앉아 예언을 내리는 제도가 생겨났다. 갈라진 틈새 깊은 곳에서 스며나오는 차가운 힘이 피티에게 경련을 일으키고 이상한 위기 상태에서 그렇듯 그녀에게 '제2의 시각'을 부여한다는 것이었다. 그 자신 엘레우시스의 사제이며 깨달음의 통과 제의를 겪은 아이스쿨로스그리스의 비극시인는 그의 『오이 메니데스』에서 피티의 입을 빌려 델포이가 처음에는 대지 모신을, 이어서 정의의 신 헤미스를, 다음에 중개의 달의 신 포에베를, 끝으로 태양신인 아폴론을 섬겼음을 우리에게 가르쳐주고 있다. 그 각각의 이름들은 수세기에 걸쳐 그곳에 존재했던 사원들을 상징적으로 표현하고 있다. 하지만 델포이 신전이 그 명성을 얻게 되는 것은 아폴론을 숭배하는 시기에 이르러서이다. 시인들의 노래에 의하면 지구의 중심이 어디인가를 알려고 했던 주피터가 두 마리의 독수리를 해뜨는 쪽과 해지는 쪽으로 날려보냈고 그들이 델포이에서 만나게 되었다는 것이다. 그렇다면 아폴론을 특히 그리스의 신으로 만들게 한, 그리고 우리에게도 설명 불가능한 빛을 전하고 있는 그 위엄과 위광은 도대체 어디에서 기인하는 것일까?

그리스의 전설이나 시인들의 노래 속에는 이 중요한 질문에 대한 답이 전혀 들어 있지 않다. 당시의 웅변가들, 시인들, 철학자들에게 물어본다 하더라도 피상적인 설명밖에는 해주지 못했으리라. 그 질문에 대한 올바른 답은 신전의 비밀 속에 머물러 있다. 그 답을 이제부터 애써 찾아보도록 하자.

오르페우스의 생각 속에서 디오니소스와 아폴론은 동일한 신성성이 각기 다르게 발현된 존재들이다. 디오니소스는 신비주의의 진리요 만물들의 근본과 속을 나타내며 그것은 선지자들에게만 열어보일 뿐이다. 그는 삶의 신비를 품고 있으며 과거와 미래의 실존을, 영혼과 육체의 관계를, 하늘과 땅의 관계를 모두 감추고 있는 신이다. 그에 비해 아폴론은 그 똑같은 진리가 지상의 삶, 사회 제도 속에 적용된 현상을 의인화한 신이다. 시와 의술과 법률에 영감을 주는 존재로서 아폴론은 예지에 의한 학문, 예술에 의한 아름다움, 정의에 의한 평화, 정화에 의한 영혼과 육체의 조화의 상징이었다. 한마디로 표현한다면 선지자들에게 디오니소스는 우주 속에서 진화 단계에 있는 신의 정신에 다름아니었으며 아폴론은 그런 신의 정신들이 지상의 인간들에게 발현된 존재였다. 디오니소스와 아폴론은 따라서 대립되는 존재라기보다는 동일한 신성성의 근본과 그것의 현상 속의 발현이라는 동전의 양면이었다. 사제들은 전설을 통하여 그 사실을 일반 백성들에게 이해시키고 있는바 그 전설은 다음과 같다.

오르페우스 시대에 바커스(디오니소스의 다른 이름)와 아폴론이 델포이의 삼각대를 놓고 그 자리를 차지하기 위한 다툼을 벌이고 있었다. 바커스는 그 자리를 기꺼이 형제에게 양보하고 파르나스 산 정상으로 물러났다. 사실상 주피터의 두 아들이 이 세계 제국을 나누어 가진 것이니, 한 명은 저세상의 신비를 지배하고 다른 한 명은 살아 있는 자들을 지배하게 된 것이다.

따라서 아폴론의 모습은, 신성성의 지상으로의 발현이라는 의미에서 태양의 말씀, 우주의 말씀으로서 인도의 비슈누, 이집트의 호루스, 페르시아의 미트라스와 같은 존재이다. 단지 아시아의 저 오래된 신비주의가 아폴론의 모습 속에서 조형적인 아름다움과 날카로운 빛을 지니고 마치 신의 화살처럼 인간의 의식 속에 더 깊이 파고들었을 뿐인 것이다.

아폴론은 델로스에게 해의 작은 섬의 깊은 어둠 속에서 솟아나왔다. 모든 여신들이 그의 탄생을 축복해 주었다. 태어나면서 그는 걸었고 활과 리라를 두손에 들었다. 그의 탄생에 바다가 헐떡였고 섬 전체가 황금 불꽃으로 빛났다. 그것은 신성한 빛의 현현이었으며 그의 찬란한 현현에 의해 질서와, 찬란함과 조화가 창조될 것이었다. 아폴론 신은 델포이 신전으로 가서 그 지방에 커다란 근심거리였던 뱀을 화살로 꿰뚫어버리고 도시에 평화를 가져왔으며 신전을 세웠다. 어둠과 악에 대해 신성의 빛이 승리하는 순간이었다. 고대의 종교에 의하면 뱀은 생명의 숙명적인 순한 고리를 상징하면서 동시에 그 고리로부터 나오는 악을 상징하기도 했다. 뱀을 죽인 아폴론은 신성의 이치에 의해 자연을 꿰뚫고 신성의 이치에 따라 자연을 길들인 선지자의 상징이며, 육신의 숙명적인 고리를 끊고 정신의 찬란한 높이에 이르게 된 선지자의 상징이다. 따라서 그에게 잘리어 사막에서 몸을 꼬고 있는 뱀 토막은 인간 속의 자연적 동물성의 상징일 것이다.

바로 여기서 왜 아폴론이 인간의 영혼과 육체의 속죄와 정화의 주인인가가 설명된다. 아폴론 자신도 자신이 죽인 뱀의 피가 튀어 8년 동안 월계수 나무 아래에서 속죄와 정화의 세월을 보냈다. 인간들의 교사敎師인 아폴론은 인간들 사이에서 함께 지내기를 즐기며 그들과 시를, 씨름을 겨루기를 좋아했다. 하지만 사람들 사이에는 일시적으로만 머물렀다. 가을이 되면 그는 북방 낙토에 있는 그의 고향으로 되돌아갔다. 영원한 새벽빛에 싸여 완벽한 행복 속에 살고 있는 그곳 사람들은 빛나고 투명한 영혼을 지닌 신비스러운 백성들이었다. 바로 그곳에 그가 진짜 좋아하는 사제들과 여사제들이 있었다. 그는 그들과 가깝고도 깊은 사이로 지내다가 인간들에게 최고의 선물이 주고 싶어지면 그 북방 낙토에 사는 빛나는 영혼 중의 하나를 지상에 태어나게 해서 인간들을 즐겁게 하고 가르치게 했다.

그는 봄이 되어 사람들이 아폴론 찬가를 부를 때면 델포이로 되돌아왔다. 깨달음을 얻은 자들의 눈에만 뜨이게 그는 흰 북방 낙토의 옷을 입은 채, 노래부르는 백조가 이끄는 마차를 타고 그곳으로 왔다. 그는 되돌아와 신전에서 살았고 피티가 그의 신탁을 전했으며 현자와 시인들이 그 신탁을 들었다. 그가 델포이 신전에 와서 지낼 때면 종달새들이 노래했고 샘물이 은빛을 반짝이며 솟아올랐다. 밝은 빛줄기와 천상의 음악소리가 사람의 마음 속으로, 그리고 자연의 핏줄 속으로까지 파고들었다.

북방 낙토에 대한 이러한 전설 속에 아폴로 신화의 신비주의적 근본이 관통하고 있다. 북방 낙토란 저세상을 말하는 것으로써 승리한 영혼들이 살고 있는 천상계이며, 별들이 온갖 색깔로 그곳을 물들이고 있다. 아폴론은 바로 그 비물질적이고 정신적인 빛을 인격화한 것으로서 태양은 그 빛의 물리적 상像일 뿐이다. 아폴론이 탄 수레를 끄는 백조들은 시인들이며 위대한 태양의 영혼을 전하는 사자使者들로서, 그들 자신의 뒤에 빛과 음악의 진동을 남기는 사람들이다. 북방 낙토의 아폴론은 따라서 저 하늘이 땅으로 하강한 것, 정신의 아름다움이 피와 살로 육화되어 나타난 것, 초월적 진실이 영감과 예견에 의해 밀려 내려온 것을 상징한다.

하지만 우리에게는 아직도 전설 속에서 베일로 남겨져 있으며, 신전 속으로 더 깊이 들어가야만 밝혀질 수 있는 의문이 하나 남아 있다. 예견, 예언은 어떤 식으로 행해진 것일까라는 의문이 바로 그것이다. 미래에 대한 예언은 정말로 가능했던 것일까? 아니면 단순한 미신에 불과했던 것일까? 우리는 바로 여기서 아폴론 신전의 비법, 델포이의 신비 중의 신비에 한 발을 내딛고 있는 셈이다.

고대에는 태양 숭배와 예언이 밀접하게 연결되어 있었다. 태양 숭배는 마술적이라 불리우는 모든 신비들을 푸는 황금 열쇠였던 것이다.

아리안족 인간들은 문명이 발생하기 시작한 무렵부터, 빛과 열과 생명의 원천으로서 태양을 향한 숭배 의식을 갖고 있었다. 하지만 현자들의 생각이 눈에 보이는 현상 너머의 최초의 동인에 대한 상념으로 이어졌을 때 그들은 우리가 지각할 수 있는 이 불, 우리가 눈으로 볼 수 있는 이 빛 뒤에 존재하는 비물질적인 불, 정신적인 빛에 대한 생각을 품게 되었다. 그리하여 그들은 이 우주의 정수이며 창조의 정신으로서의 남성적 원칙의 불과, 이 세상을 형성하는 실체적 존재로서의 여성적 원칙의 불을 구분하게 된다. 불에 대한 이러한 직관은 태고 적부터 존재했으며 우리가 방금 말한 불에 대한 개념은 온갖 신화들 속에 그대로 존재한다. 그 불은 베다의 찬가 속에서는 만물에 스며드는 우주적 불인 아그니라는 이름으로 나타난다. 또한 그 불은 조로아스터교에서 활짝 피어나 미트라스에 대한 숭배의 모습으로 그 신비를 드러낸다. 미트라스는 남성적인 불이고 미트라는 여성적인 불이다. 조로아스터는 창조주가 살아 있는 말씀을 통해 천상의 빛을 창조했다고 말한다. 미트라스 신앙에서 태양은 물질적 빛과 불을 낳는 최고의 원칙인 말씀으로서의 빛이 현상 속에 반영된 것에 불과할 뿐이다. 한편 이집트의 지하 묘지에서는 깨달음에 도달하려는 사람들이 오시리스라는 이름하에 같은 빛을 추구한다. 헤르메스가 사물의 근원을 응시하라고 요구했을 때 그것은 우선 감미로운 빛의 물결에 잠겨, 그로부터 모든 살아 있는 형체가 나오는 것을 느끼라고 요구한 것이다. 그런 후 통과제의에 입문한 자는 물질의 어둠 속에 잠긴 채 하나의 목소리를 듣게 되는 것이니 바로 그때 그는 '빛의 소리'를 알아보게 되는 것이다. 그와 동시에 깊은 곳으로부터 불이 솟아나와 혼돈이 정돈되고 어둠이 밝혀진다. 이집트의 『사자의 서』에 보면 영혼은 이시스의 배를 탄 채 이 빛을 향해 고통스럽게 헤매이고 있다. 또한 모세는 그의 창세기에 이 원리를 전적으로 채용하고 있다. '엘로힘이 말했다'라고 그는 썼던 것이다. 그런데 이 빛의 창조는 태양과 별들의 창조에 선행한다. 그것은 천지 창조의 원리에서 정신적인 빛이 물질적인 빛에 앞서 있다는 것을 의미한다. 그러한 원리를 인간적인 형태로 표현했으며 추상적인 생각들을 극화하여 표현한 그리스에서는 바로 그러한 창조의 원리가 북방 낙원의 아폴론 신화로 나타난 것이다.

　인간의 정신은 그렇게 이 우주의 내부에 대한 깊은 명상을 통해, 물질과 영혼, 물질과 정신을 이어주는 중개자로서의 관념의 불, 혹은 정신의 불을 찾아내는 데까지 이르렀다. 사실 현대 물리학들도, 우리가 이 책에서 살펴보고 있는 종교적 명상과는 방향에서 그와 비슷한 개념을 발견하기에 이르렀다. 그리고 이미 16세기에 파라셀루스16세기의 유명한 신비주의 의사. 그의 의학적 원리는 한의학과 대단히 흡사한 점이 많다는 화학적 결합과 육체의 변화를 면밀하게 연구한 결과 숨겨져 있는 우주적 인자의 존재를 인정하기에 이르렀다.오늘날의 맥이나 기의 개념과 비교하면 될 것이다 17~18세기의 물리학자들은 이 우주를 생명이 없는 기계로 간주했지만, 빛이 단순히 빛나는 물질의 방사에 의한 현상이 아니라 무게를 잴 수 없는 원소의 진동에 의한 현상이라는 것이 밝혀지면서 이 우주 공간은 무한히 미세한 인자들로 채워져 있으며 그것이 물질의 내부에까지 스며들고 열과 빛의 파랑을 전달할 수 있게 해준다는 생각이 인정되기에 이르렀다. 현대 과학이 발달하면 발달할수록 고대의 물리이론, 접신론과 가까워지는 현상을 우리는 목도하게 되는 것이다. 한편 전 생애를 바쳐 천체의 운동을 연구했던 뉴튼은 한 걸음 더 나아갔다. 그는 천체를 '센소리움 데이' 즉, '신의 뇌'라고 불렀는바, 무한히 큰 것과 마찬가지로 무한히 작은 것 속에서도 작용하는 신성한 원리의 기관으로 그것을 간주했던 것이다.

이제 우리는, 전 세기에 걸쳐 존재한 신비주의 철학의 입장에서 이 우주적 유체의 성질과 기능을 정의해 보도록 하자. 우주 창조의 바로 이 중요한 원리에 입각해서만이 조로아스터는 헤라클레이토스그리스의 철학자와, 피타고라스는 사도 바울과, 카발리즘성서에 신비적 해석을 가한 일파은 파라셀루스와 연결이 될 수 있는 것이다. 그것은 눈에 보이는 것과 눈에 보이지 않는 것의 중개자이며 정신과 물질의, 이 우주 안과 밖의 위대한 중개자이다. 대기 속에 거대한 몸체로 응집되어 있을 때면 태양의 작용하에 그것은 번개가 되어 내리친다. 땅에 흡수되면 그것은 자기의 흐름이 되어 떠돈다. 동물의 신경조직 속으로 들어가 미세해지면 그것은 그 의지를 사지에 전달하고 그 감각을 뇌에 전달한다. 게다가 그 인자들 자체가 물질적 육체처럼 살아 있는 유기체를 형성하기도 한다. 그것은 영혼이 천상에서 이루는 몸체의 조직으로 사용되며 정신이 끊임없이 조직해 내는 빛의 옷 구실을 하기 때문이다. 그것이 형성하는 영혼에 따라, 그것이 감싸는 세계에 따라 이 유체는 그 모습이 변하고 크기가 변한다. 그것은 정신을 육체화하고 물질을 정신화할 뿐만 아니라, 바로 그 자신이 하나의 영원한 신기루처럼 만물들, 인간의 의지와 사고들을 반영하는 존재 자체가 되기도 한다. 그 신비스런 유체가 형성하는 이미지의 힘이나, 지속 기간은 그것을 낳는 의지의 밀도에 의해 좌우된다. 거리를 두고 있는 인간의 의지나 생각이 서로 전달되고 암시될 수 있는 현상은, 바로 그 신비스런 유체의 존재에 의하지 않고는 설명이 불가능하다. 염력이나 텔레파시의 개념을 생각하면 이해가 될 수 있을 듯 그 유체의 존재에 의해 이 세계의 과거 모습들은 확실하지 않은 상像으로 저 천체에서 떨리고 있으며, 미래는 그 어떤 운명에 의해 이 지상으로 내려와 깃들 곳을 찾고 있는 영혼들과 함께 천체에서 산책을 하고 있다. 과거와 미래는, 그 천체를 읽어낼 수 있는 하나의 암호인 것이다. 모든 존재가 그 위에서 얽혀 짜이게 된다는 이시스의 베일과 시벨레땅과 농업의 여신의 망토의 의미는 바로 거기에 있다.

이제 우리는 천체의 빛에서 신의 모습을 발견하는 교리와, 동방과 그리스 종교에서의 태양의 말씀의 교리가 일치한다는 것을 확인한 셈이다. 그리고 그 교리가 어떻게 미래에 대한 예언과 연결될 수 있는가도 확인한 셈이다. 천체의 빛 속에 미래는 우주의 영매靈媒를 통해 드러나 있다. 천체의 빛은 사고의 움직임을 전달하는 매체임과 동시에 물질적이고 정신적인 세계의 모습을 비추이고 있는 거울이기도 하다. 이 우주적 빛, 이 우주적 동인에 견자見者의 정신이 실리는 순간 그는 그의 육체적으로 제한된 조건에서 벗어나게 된다. 그리하여 그는 그 동인 자체가 되어 시공을 초월하여 어느곳에도 존재할 수 있게 된다. 그는 속인이 볼 수 없는 인류의, 우주의 과거와 미래를 모두 꿰뚫어볼 수 있게 된다. 그의 영혼은 육체로부터 떨어져나와 무아지경 속에서 정신의 세계에 참여하게 되고 천상으로 돌아간 영혼들과도 교류하게 된다. 고대의 모든 선각자들은 이러한 제2의 시각, 정신의 직접적 시각에 대해 명확한 인식을 하고 있었다. 그리스의 시인 아이스큘로스는 그 '제2의 시각'에 대해 다음과 같이 적절히 표현했다.

이 상처들을, 틈들을 바라보아라. 너의 정신은 그것들을 볼 수 있을 터. 잠들어 있을 때 정신은 더욱 날카로운 눈을 갖게 되는 법이다. 환한 대낮에는 인간들의 시각은 그리 넓게 펼쳐지지 못하는 법이니.

무아지경에서 생기는 이 혜안慧眼의 이론이 오늘날 많은 학자나 의

사들이 깨어 있는 몽유병이나 그와 비슷한 현상들에 대해서 행한 실험들과 놀랍도록 일치한다는 사실을 또한 덧붙여 지적하기로 하자. 여기서 우리는 최근의 이런 실험들에 빗대어 단순한 투시력에서부터 완전한 무아지경에 대해 설명해 보기로 하자.

투시력이 생기는 상태는 잠든 상태나 깨어 있는 상태와는 전혀 다른 정신적 상태이다. 그 상태에서는 투시력을 가능케 하는 정신의 기능이 놀라울 정도로 증가한다. 기억은 보다 정확해지며 상상력은 보다 생생해지고 정신은 보다 깨어 있게 된다. 그리고 마침내는,—이것이 가장 중요한데—육체적 감각이 아닌 새로운 감각, 즉 영혼의 감각이 전개되기 시작한다. 최면술사의 생각이 그에게 전달될 뿐만이 아니라, 주변 사람들의 생각을 읽어내게 되고 그가 전에 전혀 가본 적이 없던 장소까지 온갖 장애물을 뚫고 들어갈 수 있게 되며 그가 전혀 알지 못하는 사람의 은밀한 삶까지 꿰뚫어보게 된다. 그의 눈은 감겨 아무것도 볼 수 없지만 그의 정신은 그의 실제의 두 눈으로 보는 것보다 훨씬 멀리까지 더 잘 볼 수 있게 되며 공간 속을 자유로이 여행하게 된다. 한마디로, 투시력이란 육체의 관점에서 보자면 비정상적인 상태이지만 정신의 관점에서 보자면 정상적이며 더 놀라운 상태이다. 그의 의식은 보다 깊어지며 그의 비전은 보다 넓어진다. 자아는 그대로 똑같이 남아 있지만 보다 높은 단계로 올라서서 그의 시선은 몸이라고 하는 기관의 벽을 넘어 보다 높은 지평까지 침투하게 되는 것이다. 최면술사의 지시대로 최면 상태에 빠져 있는 사람이 점점 더 밝은 빛의 물결이 자신을 감싸는 듯이 느끼다가, 최면 상태에서 깨어나면 마치 어둠 속으로 고통스럽게 귀환하는 듯이 느껴지는 경우가 많다는 사실은 상당히 주목할 만하다.

어쨌든 거리가 떨어져 있는 사람의 생각을 읽을 수 있으며 사물을 바라볼 수 있다는 현상은 육체와 독립적인 영혼이 존재한다는 사실을 우리에게 증명해 준다. 그런데 이 투시력은 그 양상이 수없이 다양하게 나타나며 또한 단계적으로 진행되기도 한다. 그 단계가 점점 높아짐에 따라 그에 이르기가 어려워지며 아주 예외적인 경우에만 가능한 현상이 되는 것이다. 우선 '회고'의 단계가 있다. 그 단계는 천체의 빛 속에 간직되어 있던 과거의 사건들이 견자와 공감을 일으켜 다시 생생하게 살아나는 단계이다. 이어서 문자 그대로의 '예견'의 단계. 그 단계는 미래에 일어날 일을 미리 알아보는 단계인데, 미래의 행위의 씨앗을 품고 있는 살아 있는 자의 생각을 들여다봄으로써 가능해지거나, 견자의 영혼 앞에 미래에 일어날 일을 훤히 펼쳐질 수 있게 만드는 정신의 드높은 신비적 힘에 의해 가능해진다. 끝으로 '무아지경'의 단계가 있다. 그 단계에서는 선한 혹은 악한 정신이 인간의 형체를 하고 견자에게 나타나 그와 교류를 한다. 그때 영혼은 실제로 몸 밖으로 떠나서, 그 단계에 이른 인간은 거의 죽음에 이른 것과 흡사한 상태에 빠지게 된다. 그런 황홀경에 빠졌던 사람의 증언에 의하면 그때 펼쳐지는 광경은 더 없이 찬란하고 아름다우며 온 감각은 신의 정수와 합쳐져 온통 빛과 음악에 휩싸이게 된다는 것이다. 그리고 그런 경험은 현실 내의 다른 어떤 수단을 통해서도 불가능하다는 것이다. 그때 그의 눈앞에 펼쳐진 영상이 비현실적이라는 의심을 우리는 품을 수도 있다. 하지만 보통 정도의 투시력을 획득한 단계에서 눈에 보이는 현상이, 멀리 떨어져 있거나 현재 존재하지 않는 장소나 사전에 대한 정확한 지각을 의미한다면 그 투시력이 한껏 고양된 상태에서는 우리가 비현실적이라고 생각할 수도 있을 지상^{포上}의 비물질적 현실을 볼 수 있는 능력이 획득된다고 우리는 말할 수도 있을 것이다.

우리는, 인간 영혼이 지니고 있는 그 초월적인 기능에 그 권위를 부여하고 그것이 사회적 기능을 발휘할 수 있도록 하는 것이 우리의 임무라고 생각한다. 그리고 그것이 제대로 가능할 수 있도록 하기 위해서는 이 세상의 온갖 진리를 향해 열려진 진정으로 보편적인 종교의 토대 위에서, 또한 올바른 과학, 학문의 통제하에 그것이 사용될 수 있도록 해야 하리라. 바로 그 목표를 향해 과학이 매진할 때라야 과학은 올바른 신앙과 인류를 위한 자비심을 갖추게 될 것이며 앞길도 훤히 열리게 되리라. 그렇다, 우리의 학문, 우리의 과학은 인류 전체를 향한 인식과 사랑을 그 안에서 키워나감으로써만 미래에 대한 견자가 될 수 있고 속죄를 할 수 있다. 그리고 호머가 표현했듯이 '잠과 꿈의 문'을 통해서만이 우리의 문명 사회에서 추방되어 조용히 눈물짓고 있는 신성한 영혼이 다시 우리 사회로 되돌아올 수 있게 될 것이다. 우리의 문명은 너무나 깨어 있기 때문에 오히려 영혼의 눈을 잠자고 있게 하고 있는 것이다.

어찌되었건 오늘날 학자들이나 의사들의 연구에 의해 밝혀진 투시력 현상은 고대에서 점 · 예언 · 예견들이 맡고 있던 역할이나, 지구상의 온갖 민족들이 신화나 전설로서 전하고 있는 초자연적 현상에 대해 새로운 접근이 필요함을 우리에게 증명해 주고 있다. 물론 전설과 역사, 환각 상태와 진정한 투시적 명상은 구분을 해야 한다. 하지만 소위 실증과학이라는 이름하에 인간 속에 잠재해 있는 온갖 가능성을 모두 배척해 버리는 것은 경솔한 짓이다. 투시력이 인간의 영혼이 지닌 분명한 기능이라면, 예언자들이라든가 신탁 혹은 무당을 미신의 영역으로 단순하게 몰아붙이는 짓은 용납될 수 없다. 예언이나 점은 고대의 사원들에서 사회적 · 종교적 목적을 가지고 정해진 원칙에 따라 익혀지고 행해졌다. 그것은 고대의 선지자들이 오늘날의 우리들보다 미개했기에 미신에 빠질 위험이 컸음을 보여주는 것이 아니라, 오늘날의 우리들이 잃어버린 능력을 그들이 소유하고 있었음을 보여주는 것이다. 종교들과 신비주의 전통들을 비교 연구해 보면 비록 그 적용의 형태는 수없이 다양했지만 예언·점·신탁의 원리는 동일했다는 것을 우리는 알 수 있다. 점술·예언의 기술이 그 위엄과 명성과 신임을 잃게 된 것은, 첫째는 이성의 발달(영혼의 퇴보가 아니고 그 무엇이랴!)을 인간 정신의 진보로 간주한 인간들 스스로의 잘못에서 비롯된 것이며, 다음으로는 그 능력 자체가 사회가 부패함에 따라 나쁜 일에 악용되었기 때문이다. 그리고, 그 예언술이 아주 예외적인 위대한 정신, 혹은 깨끗한 정신에게만 가능했던 능력이라는 사실 또한 빼놓을 수 없는 이유이다.

델포이 신전의 예언은 바로 우리가 지금까지 살펴본 원칙—인류애와 사회개선—에 의해 행해졌으며 사원의 내부 조직도 그에 따라 이루어졌다. 이집트의 위대한 사원들에서와 마찬가지로 델포이 신전의 예언은, 예언술과 예언의 과학학문 둘로 이루어져 있다. 예언술은 투시력이나 무아지경을 통해 멀리 떨어진 과거나 미래를 정확히 바라보는 기술이다. 예언학은 우주적 진화의 법칙에 따라 미래를 정확히 계산한다. 그 기술과 학문은 서로서로를 통제한다. 그것은 한 개인뿐만 아니라 한 민족 전체의 미래를 밝혀줄 신비주의적 백과사전에 다름아니다. 그러나 그 예언술은 앞으로 나아갈 방향을 제시해주는 데에서는 매우 유익하지만 그것이 함부로 적용될 때면 많은 문제를 낳을 수 있다. 따라서 최상의 상태에 오른 영혼만이 그것을 올바로 사용할 수 있다. 우리의 피타고라스는 이집트에서 최고의 정신이 사용할 수 있는 예언술을 깊이 익혔다. 하지만 그리스에서는 불완전하고 부정확하게 예언이 행해지고 있었다. 그렇기 때문에 역설적이게도 이집트의 신전에서는 아주 드물게 볼 수 있는 투시력이나 미래에 대한 예언술이 그리스에서는 널리 행해지고 발전되었다.

델포이 신전에서의 예언은 피티 혹은 피토니스라 불리우는 젊거나 나이먹은 여인들을 최면 상태에 빠뜨려 투시력을 부여하는 방식으로 행해지고 있었다. 그녀들의 입을 통해 나오는 혼란스런 신탁들은 사제들에 의해 해석되고 정리되었다. 오늘날의 철학자나 역사가들은 델포이 신전의 그 제도를 지적인 협잡에 의한 미신으로 간주한다. 하지만 고대의 온갖 철학들이 델포이의 예언학과 일치하고 있다는 사실 외에도 델포이의 신탁이 현실로 드러난 것이 많다는 사실―예컨대 크로이소스_{리디아의 왕으로서 갑부로 유명했음}의 운명에 대한 예언과 살라이스 섬의 전투에 대한 신탁에 대해 역사가 헤로도투스는 전하고 있다―은, 그들의 주장에 많은 의심을 품게 한다. 물론 예언술 자체도 시작이 있고 그 개화기가 있으며 그 쇠퇴기가 있게 마련이다. 클레오멘스 왕이 왕실을 찬탈하기 위해 델포이 신전의 사제들을 매수해 그 신탁을 이용했듯이, 협잡과 부패가 종국에는 그 순수 기술에 스며들게 마련이다. 플루타르크는 그의 『영웅전』에서 델포이의 신탁이 왜 중단되게 되었는지에 대해, 또한 신탁의 변질과 소멸이 고대 사회에서는 그 얼마나 큰 불행이었는지에 대해 긴 한 장_章의 글을 쓰고 있다. 우리는 변질되어 오용된 신탁의 경우를 근거로 하여 신탁 자체의 의미를 폄하하거나 의심하지는 말도록 하자.

신탁과 예언은 종교적 경건성과 과학적 깊이를 가지고 행해졌으며 진정한 성직 사회의 높이와 어깨를 나란히 하고 있었다. 델포이 신전에 새겨져 있는 아래와 같은 글을 보라.

"너 자신을 알라."

그리고 입구 높은 곳에 새겨져 있는 아래와 같은 글.

"깨끗한 손을 지니지 못한 자는 결코 여기에 접근할 수 없으리."

그 경구는, 정념·거짓·위선을 행하는 자는 이 성전의 문턱을 넘을 수 없다는 것, 그 안에는 신성의 진리가 엄숙하게 지배하고 있다는 것을 모든 방문객들에게 알리고 있다.

피타고라스는 그리스 전 지역의 모든 사원들을 돌아본 후에야 델포이로 왔다. 그는 이다 산에 있는 주피터 성전을 방문했으며 올림픽 경기도 참관을 했다. 그가 방문하는 어느곳에서나 그를 큰 스승으로 맞이했다. 델포이에서도 그를 기다리고 있었다. 델포이의 예언술이 시들해지고 있었고 피타고라스는 그 예언술에 깊이와 힘과 영광을 다시 되찾아주고 싶었다. 그가 델포이로 온 것은 아폴로의 신탁을 듣기 위해서였다기보다는, 예언의 해석에 빛을 주고 새로운 활력을 불어넣어 그 힘을 다시 일깨우기 위해서였다. 예언에 대해 영향을 미친다는 것, 그것은 바로 그리스의 영혼에 영향을 미치는 것이었으며 그리스의 장래를 준비하는 것이었다. 다행스럽게도 그는 델포이 사원에서 훌륭한 매개자를 발견할 수 있었으니, 마치 신의 섭리가 그를 위해 미리 마련해둔 것과도 같았다.

젊은 테오클레아는 아폴론의 여사제 학교의 일원이었다. 그녀는 대대로 사제가 배출돼 온 가문에 속해 있었다. 그녀는 어릴 때부터 성전의 장엄한 분위기, 예배 의식, 아폴론 찬가와 축제 등에 젖어 자라났다. 또래의 다른 여자 아이들의 눈길을 끌 만한 물건에 대해서는 생래적으로 본능적인 혐오감을 지닌 그런 소녀들 중의 하나로 그녀의 모습을 상상하면 틀림이 없을 것이다. 그녀는 수확의 여신 세레스를 전혀 좋아하지 않았고 사랑의 여신 비너스를 두려워했다. 이 지상의 존재와 관련된 무거운 분위기는 그녀의 정신을 산란하게 만들 뿐이었으며 어쩌다 눈에 뜨이는 육체적 사랑은 영혼을 범하는 것같이 여겨졌고 자신의 순결한 존재에 흠집을 주는 것처럼 생각되었다. 반대로 그녀는 신비스러운 움직임, 천체가 주는 영향들에 대해서는 이상하리만치 민감했다. 달빛이 카스탈리의 샘가에서 어두운 숲을 비출 때면 테오클레아는 달의 하얀 형체들이 그 숲 속에서 미끄러지듯 움직이는 모습을 보았다. 한낮이면 그녀는 신비스런 빛의 목소리들을 들었다. 막 떠오르기 시작하는 햇살을 받을 때면, 그 햇살이 전하는 진동에 그녀는 일종의 무아지경에 빠져 눈에 보이지 않는 성가聖歌 소리를 들었다. 하지만 그녀는 일반 대중들의 미신이나 우상 숭배에는 전혀 관심이 없었다. 그녀는 그녀가 잠들어 있을 때 만나는 존재들에 대해 아무에게도 이야기하지 않았다. 그녀는 투시안적인 본능으로 아폴론의 사제들이 그녀가 요구하는 천상의 빛을 소유하고 있지 않음을 느끼고 있었던 것이다. 하지만 사제들은 그녀가 피토니스가 될 수 있는 재능이 있음을 알아볼 만한 안목은 가지고 있었다. 그녀는 자신이 그 어떤 지상至上의 세계에 이끌리고 있다는 것을 느끼고 있었으나 그 세계로 들어갈 열쇠가 없었다. 그 입김과 그 떨림으로 그녀를 사로잡은 신들은 도대체 누구인가? 그녀는 그 신들에게 자신을 맡기기 전에 그들이 누구인가를 알고 싶었다. 위대한 영혼들이란 신의 권능에 자신을 내던지는 순간에도 그 신의 모습을 또렷이 보고자 하는 것이다.

그녀가 처음으로 피타고라스를 보고, 아폴론 성전의 기둥을 울리는 그의 장엄한 목소리를 들었을 때, 테오클레아의 영혼은 그 얼마나 깊은 전율을 느꼈으며 그 얼마나 신비스러운 예감으로 흔들렸겠는가! 그녀는 그녀가 기다리던 인도자의 모습을 그에게서 보았고 그가 그녀의 스승임을 단번에 느꼈다. 그녀는 알고 싶었다. 그를 통해 이 내면 세상을, 그녀 자신 속에 지니고 있는 그 비밀스런 세상을 알고 싶었다. 그리고 그에게 말해 달라고 하고 싶었다.

한편 피타고라스는, 그가 찾았던 영혼, 자신의 생각을 사원에서 해석해 줄 수 있는 그리고 그것을 새로운 정신과 융합할 수 있는 영혼을, 그녀를 보자마자 확실하게 알아보았다. 단 한번 눈길을 나누고 단 한번 말을 건네자마자 눈에 보이지 않는 고리가 사모스의 현자와 젊은 여사제를 연결시켜버렸다. '시인과 리라가 서로서로에게 다가가며 깊은 떨림 속에서 서로를 알아보도다'라고 노래한 시인이 누구였던가? 피타고라스와 테오클레아는 그렇게 만나서 그렇게 서로를 알아보았다.

동이 트자마자 피타고라스는 아폴론의 사제들과 긴 회합을 가졌다. 그는 사제들에게 젊은 여사제가 자신의 비밀 교육을 받게 될 것이고 거기서 새로운 역할을 부여받게 될 것이니 그녀를 그들의 회합에 받아들이게 해달라고 요구했다. 그렇게 하여 그녀는 매일 성전에서 스승이 전하는 가르침을 전수받을 수 있었다.

그 당시 피타고라스는 한창 나이였다. 그는 이집트식의 꽉 조이는 흰 옷을 입고 넓은 이마에는 붉은 띠를 두르고 정력적으로 일을 했다. 그가 말을 할 때면 그의 신중하고 느린 눈길이 상대방을 누르면서 따뜻한 빛으로 감쌌다. 그러면 그를 둘러싸고 있는 공기는 영기가 충만해 더욱 가벼워진 듯했다.

그 당시 사모스의 현자가 그리스의 종교 지도자들과 갖는 회합은 아주 중요한 의미를 띠고 있었다. 그 회합에서는 신탁과 영감에 대한 이야기만 오간 것이 아니라 그리스의 미래와 세계 전체의 운명에 대한 논의가 있었던 것이다. 그가 멤피스와 바빌론에서 습득한 인식들, 힘들이 그에게 곧 권위를 부여했다. 그에게는 그리스의 종교 지도자들에게 상급자로서 혹은 안내자로서 이야기할 권리가 있었다. 그들의 지성의 빛을 밝혀주기 위하여 그는 그의 젊은 시절부터 이야기를 시작해서, 그의 투쟁, 이집트에서의 통과 제의에 대해서도 이야기했다. 그는 이집트에 대해서, 그것이 바로 그리스의 모태이며 이 세상만큼 오래되었다고, 이집트는 마치 피라미드 안에서 상형문자에 싸여 잠들어 있는 미라처럼 민족들과 언어들과 종교들의 비밀을 간직한 채 영원하리라고 말했다. 그는 신들과 인간들의 어머니이며, 신들과 인간들을 시험에 들게 하는 위대한 이시스의 신비를 그들의 눈 앞에 펼쳐보였으며 그들을 오시리스의 빛 속에 잠기게 했다. 그런 후 그는 칼데아의 요술, 그들의 신비의 과학, 그들의 불에 대해 이야기했다.

피타고라스의 이야기를 들으면서 테오클레아는 놀라운 느낌을 맛보았다. 그가 말하는 모든 것이 그녀의 정신 속에 불꽃이 되어 새겨졌다. 그가 말해 주는 그 모든 것이 경이로우면서 한편으로는 그녀가 알고 있던 것처럼 여겨졌다. 그녀가 그에게 배우는 것은 꼭 잊혀졌던 것을 되살리는 듯이 생각되었다. 스승의 말씀들은 그녀로 하여금 마치 책을 넘기듯이 우주라는 거대한 책장을 넘기게 하는 것 같았다. 그녀는 이제 더이상 신들의 모습을 인간 모습의 상像 속에서 찾지 않았고 이 세상 만물과 정신을 이루고 있는 그들의 정수精髓에서 찾았다. 그녀는 새로 찾은 신들과 함께 공간 속을 떠돌고 오르내렸다. 그리고 이따금 자신의 몸에서 오는 한계를 넘어 무한 속으로 자신이 확산되는 것을 느꼈다. 이리하여 그녀의 상상력은 차츰차츰 불가시不可視의 세계로 접어들었으며 그녀의 영혼에 새겨져 있는 과거의 모습들이 그 세계만이 진정하고 유일한 현실이며, 눈에 보이는 세계는 외관일 뿐이라고 말하고 있었다. 그녀는 자신의 눈이 열려 그 보이지 않는 세계를 직접 읽을 수 있게 되리라고 느꼈다.

그녀가 그런 높은 경지를 헤매고 있을 때 스승이 갑자기 그녀를 이 땅으로 끌어내렸다. 그가 이집트의 현실적 불행에 대한 이야기를 시작했던 것이다. 그는 이집트 학문의 위대함에 대해 이야기한 후에 그 위대함이 페르시아의 발길에 짓밟힌 사실을 말해 주었다. 그는 캄비스의 광포함에 대해, 약탈된 사원에 대해, 불태워진 성서들에 대해, 죽거나 흩어져버린 오시리스의 사제들에 대해, 아시아의 온갖 종족들을 정복하고 중앙 아시아와 인도까지 침범해 갔으며 이제 유럽을 무너뜨릴 기회만 노리고 있는 페르시아 제국의 전제 정치에 대해 이야기해 주었다. 그렇다, 검게 뭉친 구름에서 벼락이 내리듯이 이 무서운 태풍은 그리스로도 밀어닥칠 것이 분명했다. 둘로 나뉘어져 있는 그리스는 이 무서운 충격에 대처할 준비를 해왔는가? 그런 태풍이 닥치리라는 것을 예상조차 안하고 있지 않은가! 그리스 백성들은 그 운명을 피할 수 없을 것이며 끊임없이 깨어서 경계하지 않는다면 신들도 그들을 버릴 것이다. 헤르메스의 현명한 국가인 이집트마저도 6,000년의 번영을 누린 그 국가마저도 무너져버리지 않았던가? 아! 그리스여, 아름다운 이 오니아여, 그대는 그보다 훨씬 쉽게 무너질 수도 있으니! 태양의 신이 신전을 버리고 야만인들이 그 신전을 뒤엎어 그 폐허 위에서 양떼들이 풀을 뜯어먹게 될 날이 오리니….

이 불길한 예언을 듣고 테오클레아의 낯빛이 고통스럽게 변했다. 그녀는 두팔로 신전의 기둥을 끌어안고 깊은 생각에 잠겼다. 마치 그리스의 무덤 앞에 애도하는 고통의 신의 정령 같았다. 그때 피타고라스가 말을 계속했다.

"하지만 바로 거기에, 사원 깊은 곳에 묻어 두어야 할 비밀이 있느니라. 선각자들은 제 마음대로 죽음을 당겨부르기도 하고 밀쳐내기도 한다. 마술로 의지들의 고리를 형성하면서 선각자들은 민중들의 생명도 연장할 수가 있다. 그 숙명적인 시간을 늦추는 것, 그리스를 영원히 반짝이게 하는 것, 그리스 위에 아폴론의 말씀이 빛나게 하는 것, 그게 바로 우리들이 할 일이다. 백성들이란 그들의 신들이 만든 존재들인 것,

하지만 신들은 자신들의 이름을 부르는 자들 앞에만 그 모습을 드러낸다. 아폴론이 누구인가? 이 세상에 영원히 현현하고 있는 유일신의 말씀이다. 진실은 신의 영혼이며 빛은 신의 몸이다. 현자들, 견자들, 예언자들만이 그 빛과 진리를 볼 수 있다. 뭇인간들은 그 그림자밖에 보지 못한다. 우리가 영웅 혹은 반신이라 부르는 영광된 정신들이 무리를 이루어 그 빛 속에 살고 있다. 그것이 바로 아폴론의 진정한 몸이요 선지자들의 태양이니, 그 광선이 없다면 그 어떤 위대함도 이 땅에 임하지 못한다. 자석이 철을 잡아끌 듯이 우리의 생각, 우리의 기도, 우리의 행동을 통해 우리는 신의 영감을 끌어들인다. 그러니 그대들이여, 그리스에 아폴론의 말씀을 전하라. 그리하여 그리스는 불멸의 빛으로 반짝이게 되리니!"

이런 강론을 통해 피타고라스는 델포이의 사제들에게 자신들의 임무를 깨닫게 했다. 테오클레아는 말 없이 집중해서 그 강론들을 흡수했다. 그녀는 스승의 생각에 의하여, 스승의 의지에 의하여 마치 느리게 변신하는 주술에라도 걸린 듯 눈에 띄게 그 모습이 변해 갔다. 그녀는 놀란 노인 사제들이 보는 가운데서 머리카락을 풀어헤치더니 그것을 모두 잘랐다. 커다랗게 뜬 두 눈, 예전과는 다르게 변한 두 눈은 이미 자신의 궤도를 돌며 눈부시게 빛나는 태양과 별들을 응시하고 있는 듯했다.

어느날 그녀는 스스로 깊은 잠, 그러나 의식은 깨어 있는 잠에 빠져들었다. 다섯 명의 예언자들이 그녀를 둘러싸고 있었으나 그들이 말을 건네거나 그들이 그녀의 몸을 건드려도 무감각한 상태에 있었다. 그때 피타고라스가 그녀에게 다가와 말했다.

"일어나라. 그리고 내 생각이 그대를 보내는 곳으로 가라. 자 이제 그대는 피토니스가 되었노라!"

스승의 목소리에 그녀는 몸 전체를 떨면서 천천히 몸을 일으켰다. 그녀의 눈은 감겨 있었으나, 그녀는 내면을 통해 보고 있었다. 피타고라스가 물었다.

"그대 지금 어디에 있는가?"

"올라갑니다. 계속… 계속…."

"이제는?"

"오르페우스의 빛 속을 헤엄치고 있습니다."

"미래 속에 무엇이 보이는가?"

"커다란 전쟁들… 청동으로 된 사람들… 흰 승리의 여신들… 아폴론이 성전으로 되돌아오고, 내가 그의 목소리가 되고! 하지만 그대, 그의 사신인 그대는 아아 나를 떠나는군요… 아폴론의 빛을 이탈리아에 전하러…."

견자見者는 눈을 감고 음악소리와 같은 목소리로 숨을 헐떡이며, 하지만 박자에 맞추어 오랫동안 이야기했다. 그런 후 갑자기 오열을 내뱉으며 사자死者처럼 쓰러졌다.

이렇게 하여 피타고라스는 테오클레아의 가슴 속에 가장 순수한 가르침을 쏟아넣었고 그녀는 신들의 숨결을 전하는 리라 악기가 되었다. 그녀는 일단 영감을 받은 상태에 이르면 스스로 하나의 불꽃이 되어 자신의 과거 운명 속을, 미래 속을, 보이지 않는 속을 자유자재로 떠돌았다. 그녀의 그 놀라운 능력을 통해 피타고라스의 가르침은 더욱 더 빛을 발할 수 있었으며, 사제들은 경탄과 열광 속에서 새로운 신앙의 활력을 되찾았다. 이제 델포이 신전은 영감을 받은 피토니스와 신성의 과학과 예술에서 깨달음을 얻은 선지자들을 갖게 되었다. 델포이는 다시 생명과 활력의 중심이 될 수 있었던 것이다.

피타고라스는 1년 내내 그곳에 머물렀다. 사제들에게 그의 교리의 모든 비밀과 비법을 전수해 주고 테오클레아를 그의 말을 전하는 대리인으로 완성시킨 후에야 그는 마그나크레키아(이탈리아 남부에 있었던 그리스의 여러 식민 도시를 향해 떠났다.

4. 피타고라스의 교리

크로토나이탈리아 남부의 도시는, 타렌테 만 끝에 위치한 바다를 마주하고 있는 도시였다. 그 도시는 시바리스기원전 510년에 멸망한 이탈리아 남부의 그리스 도시와 함께 이탈리아 남부에서 가장 번창했던 도시였다. 도리아 식의 건축물과, 올림픽 경기에서의 승리, 뛰어난 의술 등이 그 도시의 자랑거리였다. 하지만 그러한 것들은 세월과 더불어 사라지고 말 덧없는 번영에 불과했다. 만일 크로토나가, 피타고라스파라는 이름으로 알려진 위대한 신비주의 철학파들에게 안식처를 제공하는 영광을 갖지 않았더라면 그 도시의 문화는 사람들 사이에서 쉽사리 잊혀지고 말 았을 것이다. 피타고라스가 세운 그 학파는 플라톤 학파의 모태로 간주되며 뒤이은 모든 이상주의적, 혹은 관념주의적 학파의 선조로 간주되기도 한다. 피타고라스 학파의 후계자들이 매우 훌륭했다 할지라도 그 최초의 선조들이 많은 면에서 후계자들보다 뛰어났다. 플라톤 학파는 매우 불완전한 통과 제의에 의해 유래되었으며 스토아 학파는 이미 진정한 전통과는 단절되어 있었다. 고대와 현대의 온갖 철학 체계들이 그들 나름대로 알맞은, 그리고 스스로 그에 흡족해하는 사변思辨에 근거해 있다면 피타고라스의 교리는 '경험과학'에 근거하여 '삶의 완벽한 생성'을 목표로 하고 있는 것이었다.

마치 사라져버린 도시의 폐허처럼, 이 위대한 스승의 생각이나 체계의 비밀들은 오늘날 땅 속 깊이 묻혀버렸다. 하지만 이제 우리가 그것을 힘들여서 되살려보기로 하자. 그것은 우리에게는, 신과 만나는 철학의 핵심, 모든 종교들과 철학들의 비법 속으로 들어가, 이시스의 베일 한 구석을 그리스 천재의 혜안에 기대어 엿볼 수 있는 기회가 될 것이다.

피타고라스가 이곳 그리스의 식민지를 활동 무대로 삼은 데는 몇 가지 이유가 있다. 그의 목표는 그가 선택한 몇몇 제자들에게 신비주의의 교리를 전하는 것만이 아니라 그 원칙을 젊은이들의 교육과 국가의 생활 전체에 적용하는 데에도 있었다. 그 계획을 실행하기 위해서는 성직자가 대상이 아니라 일반인이 대상인 통과 제의 기관을 설립하여 그를 바탕으로 철학적·종교적 이상과 부합하는 방향으로 정치 제도를 차츰차츰 변화시켜나갈 필요가 있었다. 하지만 그리스나 펠로폰네소스의 그 어떤 공화국도 그의 그런 개혁을 그대로 받아들일 리가 없었다. 그들은 피타고라스에게 국가 반역 음모의 혐의를 씌워 기소할 것이 뻔했다. 하지만 타렌테 만에 있는 그리스 도시들은 민중 선동의 바람이 덜 스며들어 있었고 훨씬 자유로웠다. 과연 피타고라스가 예상했던 대로 그의 개혁안은 크로토나의 원로원에서 대단히 호의적인 반응을 얻는다.

또한 그가 고의로 그리스 본토에서 벗어난 곳을 택했다는 점도 지적해야 한다. 인류 사고의 전개 및 진화 과정을 한눈에 살펴볼 능력이 있던 그는 헬레니즘 문명의 몰락을 예견했으며 과학적 종교의 원칙들을 다른 인간정신 속에 심어놓으려 했던 것이다. 타렌테 만에 그의 학교를 세움으로써 그는 신비주의적 생각을 이탈리아에 널리 퍼뜨릴 수 있었고, 동양 지혜의 순수한 정수를 그의 교리라는 소중한 단지에 담아 서양 백성들에게 전할 수 있었던 것이다.

이웃 시바리스의 쾌락적인 삶에 어느 정도 물들기 시작한 크로토나에 도착하자 피타고라스는 그곳에서 진정한 혁명을 이룩했다. 신플라톤주의 철학자인 포르포리우스의 묘사에 의하면 크로토나에 도착했을 당시의 피타고라스의 행동은 철학자라기보다는 마술사에 가까웠으며 그것은 우선 사람들의 주의를 끌기 위한 그의 계획적인 행동이었다. 그는 아폴론 신전에 젊은이들을 모아놓고는 웅변으로 그들을 방탕으로부터 이끌어냈다. 그리고 여인들을 주노의 신전 앞에 모아놓고 보석으로 치장한 그들의 화려한 옷을 벗어던지고, 그들의 귀금속을 신전에 바치게끔 했다. 그는 그의 가르침의 엄격함을 자비로움으로 감쌌으며, 그의 지혜로부터는 남에게 쉽게 전파되는 정열이 솟아나왔다. 그의 뛰어난 용모, 그의 몸에서 배어나오는 기품, 그리고 그의 매력적인 음성이 또한 사람들을 쉽게 끌어들일 수 있게 했다. 여인들은 그를 주피터와 비교했으며 젊은이들은 아폴론 같다고들 했다. 그는 대중들을 사로잡고 이끌었으며, 대중들은 그의 이야기를 들으면서 미덕과 진리에 자신들이 반하게 되는 것을 보고 놀랐다.

크로토나의 원로원은 그의 이러한 영향력을 보고 처음에는 매우 불안해했다. 원로원은 피타고라스에게, 왜 그런 행동을 하며 대중들을 길들이기 위해 그가 어떤 방법을 사용하는지, 그들 앞에 나와 해명하라고 촉구했다. 피타고라스의 입장에서는 자신의 교육관을 피력하고, 그의 교육제도가 크로토나에 위협이 되기는커녕 오히려 크로토나의 문명을 공고히 하는 계기가 될 수 있다는 것을 설명했다. 그가 자신의 계획안에 부호들과 대다수의 원로원 의원들을 끌어들일 수 있게 되자 그는 제자들을 교육할 수 있는 기관을 세우자고 정식으로 제의했다.

'평민의 통과 제의 단원들'이라 이름붙일 수 있을 그 기관의 사람들은 계획에 의해 세워진 건물 안에서 공동생활을 하지만 일반 시민으로서의 생활과 완전히 격리되지는 않는다. 그리고 그들 중에서 선생이 될 만한 사람들은 아이들에게 물리학과 심리학, 종교학을 가르친다. 한편 젊은이들은 선생들에게 수업을 받으며 여러 단계로 되어 있는 통과 제의 수련을 거친다. 그들은 우선, 공동생활의 규칙을 준수하며 하루종일 선생들의 감시하에 보낸다. 학교에 입회하길 원하는 자들은 그들의 재산을 재산 관리인에게 모두 위탁해야 하고 언제고 그 단체에서 탈퇴할 때면 되찾을 수 있다. 한편 그 기관에는 여성들을 위한 지부가 따로 있어 여성의 의무에 알맞게 조정된 다른 교육을 받는다(통과 제의 수련은 똑같이 부가된다).

그의 그 계획은 크로토나의 원로원들에게 전폭적으로 지지받았고 몇 년이 지나지 않아 거대한 주랑柱廊과 아름다운 정원에 둘러싸인 건물이 마을 근처에 세워졌다. 크로토나 사람들은 그 건물을 음악의 신 뮤즈의 사원이라 불렀는데 그 건물 중앙, 스승의 소박한 거소 옆에는 뮤즈 신에게 바쳐진 한 사원이 있었다.

이리하여 피타고라스 학회가 탄생하였다. 그 학회는 교육기관인 동시에 학문을 연구하는 아카데미였으며 위대한 선지자의 지도를 받는 작은 도시의 모델이기도 했다. 이론과 실천을 통해, 학문과 예술의 결합을 통해, 그곳에서는 학문들 중의 학문을 익혔으며, 영혼과 지성의 마술과도 같은 조화가 이루어졌다. 그리고 그곳의 피타고라스 학회 회원들은 그들의 그 학습을 철학과 종교의 비법을 터득하는 길이라고 여겼다. 그 피타고라스 학파에 대해 우리는 비상한 관심을 가지고 있는 바, 그것은 성직 사회의 통과 제의를 일반인들에게 적용한 주목할 만한 시도였기 때문이다. 그것은 헬레니즘과 기독교의 종합을 미리 실행해 보인 예로서 높은 학문의 열매를 삶이라는 나무에 접목시켰다. 그리하여 그것은 절대의 진리를 현실 속에 생생하게 실현시킨 예로서, 바로 그런 실천을 통해 깊은 신앙을 일반인들에게 불러일으킬 수 있었던 것이다. 비록 그 실현 기간은 짧았지만 지극히 중요한 학회로서 아주 풍요로운 모범을 보여주고 있는 것이다.

그것이 어떠한 것이었는가를 알아보기 위해 우리는 한 신참자와 함께 피타고라스 학회에 발을 들여놓고, 한발짝 한발짝씩 그의 통과제의 과정을 뒤쫓아가 보기로 하자.

시험

언덕 위 실편백 나무와 올리브 나무들 사이에서 흰 건물이 빛나고 있었다. 나란히 줄지어 선 주랑과 정원과 체육관이 보였다. 그리고 뮤즈의 신전이, 둥글게 형성된 기둥들 사이에 우아한 모습으로 우뚝 솟아 있었다. 바깥쪽 정원의 언덕에서는 마을과 항구와 광장이 한눈에 내려다보였다. 멀리 만灣이 마치 유리잔 속에 파묻힌 것처럼 날카로운 양쪽 단애斷涯 사이에 펼쳐져 있었고 이오니아의 남빛 바다가 저 멀리 수평선까지 이어져 있었다. 이따금 다양한 색깔의 옷을 입은 여인네들이 집으로부터 나와 실편백 나무가 심어진 왼쪽 길을 따라 바다 쪽을 향해 줄지어 가는 모습이 보였다. 수확의 여신 세레스 신전의 제의에 참석하러 가는 여인들이었다. 또한 오른쪽으로는 아폴론 신전에 참배하러 가는 흰 옷 입은 남자들의 모습이 이따금 보이기도 했다. 피타고라스의 학회는 따라서, 여인과 대지의 깊은 신비를 품고 있는 위대한 여신과, 남자와 하늘의 신비를 드러내 보여주는 태양의 신의 보호를 받는 위치에 존재해 있다고 할 수 있었다.

피타고라스 학교는 일반 대중들의 도시 위에, 그리고 도시 밖에, 마치 선택된 도시처럼 세워져 있었다. 경건에 휩싸인 그 고요함이 젊은 이들의 고결한 본능을 유혹했지만 그 안에서 무슨 일이 일어나고 있는지 정확히 알고 있는 사람은 없었다. 다만 그 학교에 들어가기가 쉽지 않다는 것만은 누구나 알고 있었다. 천연적인 방어막에 둘러싸여 있는 그 학교의 문은 언제고 열려 있는 셈이었지만, 정문에 헤르메스의 상이 있어 그 받침대에 이런 글씨가 새겨져 있는 것을 볼 수 있었다.

'에스카토 베베로이Eskato Bébéloi, 독신자瀆神者는 물렀거라!'

모든 사람들은 이 신비의 명령을 존중했다.

피타고라스 학교의 신입생이 되는 것은 지극히 어려웠으니, 그 학교에 들어가길 원하는 젊은이들은 일련의 시험을 거쳐야만 했다. 부모의 손에 이끌려, 혹은 선생들 중 한 명의 손에 이끌려 그곳에 온 젊은이는 우선 체육관으로 데리고 가서 그 나이에 알맞은 운동과 놀이에 참여하게 했다. 거기서 젊은이는 그 체육관이 도시의 체육관과는 전혀 다르다는 것을 한눈에 알아볼 수 있었다. 거기에는 격렬한 외침 소리도 떠들썩한 집단들도 없었으며, 자신의 힘을 과시하는 몸짓도 없이, 신중하게 생긴 젊은이들이 둘씩둘씩 주랑 주변을 거닐거나 원형 경기장에서 조용히 놀고 있는 모습만이 보일 뿐이었다. 그들은 신참자에게 경계의 눈초리를 보내거나 심술궂은 웃음을 짓는 일 없이 마치 그가 자기네들 멤버의 한 사람인 양 온화하게 받아들여 그들의 대화에 거리낌없이 끼어들게 했다. 원형 경기장에서는 달리기와 투원반 경기가 벌어지고 있었다. 또한 도리안식의 춤 비슷한 모사模寫 투기 경기가 벌어지기도 했다. 하지만 피타고라스는 몸과 몸을 직접 부딪치는 격투기는 엄격히 배제해 버렸다. 신체적 힘이나 민첩성을 가지고 의기양양하게 만들거나 남을 향한 시기심이나 증오심에 젖게 만드는 것은 쓸데없는 짓이며 위험하기까지 하다는 것이 피타고라스의 생각이었다. 우의에서 출발한 미덕을 실천할 수 있는 젊은이를 양성하기 위해서는, 마치 야수처럼 상대방을 깔아 뭉개면서 모래판을 뒹구는 운동부터 시작하는 것은 옳지 않다는 것이 그의 생각이었다. 그의 생각에 진실한 영웅이란 용기를 가지고 싸우는 사람이었지 분노에 의해 싸우는 사람이 아니었으며, 증오는 한 사람을 그 어떤 적보다도 못한 상태에 빠뜨리는 법이었다. 신참자는, 그보다 고참들―그러나 역시 신참자들―의 입을 통해 여러 번 반복해서 스승의 이 첫번째 가르침을 귀담아 들었다. 스승의 그 가르침을 전한 후에 고참들은 이 신입생에게 자유로이 자신의 의견을 말하거나 반박할 기회를 주었다. 고참들에게 고무되어 어리숙한 신참은 곧 자신의 진짜 성격을 여지없이 발휘한다. 고참들은 그의 이야기를 경청하면서 칭찬도 가끔 해주는데, 그러면 기분이 좋아진 신참자는 장광설을 늘어놓으며 제 기분 내키는 대로 이야기 주제도 확대한다. 그 사이 선생들은 그 옆에서 전혀 끼어들지 않은 채 조용히 경청한다. 그리고 피타고라스가 소리 없이 나타나 그의 행동과 말을 관찰한다. 그는 특히 젊은이의 몸가짐과 웃음에 특별한 주의를 기울인다. 피타고라스의 생각에 의하면 웃음은 그 사람의 성격을 그대로 드러내 보여주며, 사악한 자가 제 아무리 그럴듯하게 꾸민 웃음을 지어보이려 해도 그 사악함은 그대로 웃음을 통해 드러나게 마련이었다. 또한 그는 사람의 용모에 대한 연구가 깊어서, 어떤 사람의 관상을 보면 그의 영혼까지도 읽어낼 줄 알았다.

그러한 면밀한 관찰을 통해 스승은 자신의 제자들이 어떤 인물인가를 정확하게 파악한다. 그런 지 몇 달 후에 결정적인 시험을 치른다. 그 시험은 이집트의 통과 제의 시험에 기반을 두고 있었지만 훨씬 완화된 시험이었고 한편으로는 그리스 풍토에 맞게 변형된 것이었다. 그리스인들의 감수성으로는 멤피스나 테베의 지하 묘지에서 행해지는 시험을 도저히 감당해 낼 수 없으리라고 판단하고 피타고라스가 새로운 방식을 고안해낸 것이다.

우선 초심자를 마을 주변에 있는 동굴에서 하룻밤을 지내게 한다.

그곳에는 괴물들이 살고 있으며 무서운 유령들이 출몰한다고 초심자에게 미리 알려준다. 혼자서 그 음침한 분위기를 견뎌낼 만한 힘이 없어서 그 집에 들어가기를 거부하거나 날이 밝기 전에 도망간 초심자는 학교의 통과 제의를 견디어내기에는 너무 나약한 자로 간주되어 집으로 되돌려 보내진다. 한편 정신적 시험은 더욱 엄격했다. 어느날 새벽 사람들은 예고도 없이 신참자를 황량하고 썰렁한 방안에 가두어버린다. 그리고는 그곳에 상징적 글씨가 새겨진 돌판을 집어넣고는, 피타고라스가 정한 몇 가지 상징의 의미를 풀어보라고 차갑게 명령한다. 예컨대 "원에 내접해 있는 삼각형은 무엇을 의미하는가?"라든지, "구에 포함돼 있는 12면체는 왜 우주를 이해하는 열쇠로서 해독문자가 될 수 있는가?" 따위의 질문이 돌 위에 적혀 있는 것이다. 그는 열두 시간을 한 병의 물과 마른 빵만으로 견디며 그 문자와 씨름한다. 그런 후 그는 고참들이 모여 있는 방으로 인도된다. 스승으로부터, 불행한 신참자를 가차없이 조롱하라는 명령을 이미 받고 있는 그들 앞에 기가 꺾여 침울해진 신참자가 마치 죄인처럼 나타난다. 그러면 그들이 말한다.

"자, 여기 새로운 철학자가 나타나셨군. 저 얼굴 좀 봐, 영감을 받아 빛으로 반짝이네. 이제 우리에게 자기가 했던 명상에 대해 이야기해줄 거야. 자, 네가 발견한 것을 감추지 마. 그렇게 해야 너는 모든 상징들을 일주一周해서 깨닫게 될 거야. 이제 한 달만 더 지내면 위대한 현자가 될 수도 있겠는걸?"

그 순간 스승은 깊은 주의를 기울여 신참자의 태도와 용모를 관찰한다. 거의 굶은 데다 빈정거리는 말투에 짓눌려서, 또한 도대체 수수께끼 같은 질문을 하나도 이해하지 못했다는 것이 부끄러워서 신참자는 자신을 억제하느라 굉장한 노력을 하게 된다. 어떤 친구는 화를 참지 못해 눈물을 흘리기도 하고 빈정거리는 말투로 대답을 하는 경우도 있다. 또한 심한 경우에는 학교와 스승과 제자들에 대해 욕설을 퍼부으면서 글자가 새겨진 돌들을 쪼개버리는 경우도 있다. 그때 피타고라스가 그들 앞에 나타나 조용히 이렇게 말한다.

"자존심에 대한 시험을 잘 치루지 못했으니, 그대가 그토록 욕하는 이 학교로 다시 돌아오지 않기를 바란다. 우리 학교의 기본적인 덕목은 스승들에 대한 존경과 상호 애정이니라."

쫓겨난 후보자는 부끄러움에 젖어 물러나는데, 그렇게 쫓겨난 자들 중의 일부는 피타고라스 학회의 적이 되었으니, 후에 대중들을 선동하여 학회를 공격하고 학회에 커다란 재앙을 몰고 온 실론도 그 중의 하나였다. 하지만 온갖 굴욕과 공격을 꿋꿋하게 이겨내며 제 아무리 부추김을 받아도 정확하게 올바른 성찰을 한 다음에 대답을 한 후보자는, 또한 지혜를 얻기 위해서는 수백 번이라도 더 시험을 받을 준비가 되어 있다고 대답한 후보자는 당당히 생도로 받아들여져 이제는 동료가 된 고참들의 열렬한 환영을 받았다.

제1단계-준비(생도와 피타고라스의 생활)

이제, 준비파라스제이에라 불리우는 수련 생활이 시작되는데 최소한 2년간 지속되었으며 필요한 경우에는 5년까지도 연장이 되었다. 그 과정에 놓인 학생들에게는 침묵을 지켜야 한다는 절대적 규율이 강요되었다. 그들에게는 선생의 강의에 반박을 한다거나 가르침에 대해 논의를 벌일 권리가 없었다. 존경하는 마음으로 선생의 가르침을 받아들인 다음 혼자 오랫동안 그 가르침에 대해 숙고하는 것이 그가 할 수 있는 유일한 일이었다. 이 규칙을 학생들의 마음에 심어주기 위해, 긴 베일을 쓴 채 손가락을 입술에 대고 있는 '침묵의 뮤즈' 상像을 그들에게 보여주었다.

피타고라스는 젊은이들에게 만물의 시초와 끝을 이해할 수 있는 능력이 있다고 생각하지 않았다. 진리의 의미가 무엇인가를 젊은이에게 제대로 전달하기도 전에 변증법을 행하고 추론을 행하게 만드는 것은 머릿속이 비어 있는, 잘난 체하는 궤변론자를 만드는 짓이 되기 십상이라는 것이 그의 생각이었다. 그가 중요시한 것은, 인간의 가장 원초적이고 탁월한 기능이라고 할 수 있는 직관直觀을 키우는 일이었다. 그를 위해 그는 신비스러운 일이나 어려운 일을 가르쳐주지 않았다. 그는 인간의 자연스런 감정, 이 세상에 태어나면서 인간이 지녀야 할 최초의 의무들에 대해 이야기해 주었고 그것들이 우주의 법칙들과 어떠한 연관이 있는가를 넌지시 암시해 줄 뿐이었다. 그가 젊은이들에게 제일 먼저 가르쳐준 것은 부모를 향한 사랑이었다. 그는 부모를 향한 사랑을 키워주기 위해 아버지를 이 우주의 위대한 창조주인 신과 비교했고 어머니는 너그럽고 자애로운 자연과 비교했다. 그는 "아버지만큼 존경할 만한 존재는 없다. 호머는 주피터를 신들의 왕이라 부르기도 했지만 그의 위대함을 드러내 보여주기 위해 그를 신들과 인간들의 '아버지'라고 불렀다"라고 말했다. 그리고 그는 천상의 존재인 시벨이 별들을 낳고 데메테르가 지상의 과일과 꽃들을 낳듯이 어머니는 기쁨 속에서 아이를 낳는다고 말해 주었다. 따라서 아버지와 어머니의 모습에서 신성이 이 지상에 발현되어 나타난 모습을 볼 수 있어야 한다는 것이 그의 가르침이었다. 그는 또한 한 사람의 조국애는 어릴 때에 그가 어머니를 향해 품었던 사랑으로부터 온다는 것을 가르쳐주었다. 부모란 일반인들이 생각하는 것처럼 우연히 주어지는 것이 아니라 운명과 필연이라는 미리 주어진 최고의 명령에 의한다는 것이었다.

그는 부모들은 존경해야 하지만, 친구는 선택해야 한다고 말했다. 학교에서는 학생들을 그 친한 정도에 따라 둘씩둘씩 묶어주었다. 그 중 나이가 적은 학생은 나이 많은 학생에게서 본받을 만한 미덕을 찾아야 했고, 그들은 보다 나은 삶을 향해 서로서로에게 자극이 되어야 했다. 그는 "친구는 또 다른 자신이다. 친구를 신처럼 공경해야 한다"라고 말했다. 피타고라스의 규율은 초학년 학생들에게 스승에 대한 절대복종을 강요하는 한편, 친구 간의 우정 표시나 교류에 있어서는 절대적 자유를 보장했다. 우정이란, 삶에 있어서의 정서 배양이나 이상을 향한 열정을 북돋는 데 근간이 되며 온갖 미덕을 함양하는 촉진제 구실을 한다는 것이 그의 생각이었다.

그러한 규율과 자유 속에서 한 개인의 내적 에너지가 함양되면 그 정신에 생기가 돌고 시적이 되어, 규칙을 애정으로 받아들이게 되며 구속이 아니라 오히려 개성을 긍정하는 작용을 하게 된다. 피타고라스가 원했던 것은 복종이 하나의 동의로 바뀌는 일이었다. 게다가 그러한 정신적·도덕적 가르침은 철학적 가르침을 미리 준비하는 것과도 같았다. 사회적인 의무나 이 우주의 질서에 대해 공감을 느끼도록 만듦으로써, 이 우주를 지배하고 있는, 눈에 보이지 않는 조화스런 힘을 느낄 수 있게 했기 때문이었다.

그러한 방식으로 학생들의 정신은, 눈에 보이는 현실에 각인되어 있는 눈에 보이지 않는 질서를 발견해 내는 데 익숙해지게 되어갔다. 아침부터 저녁까지 학생들의 귓전에는 리라의 악기 소리에 맞추어 아래와 같은 노래가 울렸다.

불사의 신들을 진정으로 찬양할지니
그리하면 너의 신앙을 얻으리라.

이 짧은 경구는, 표면상으로는 다양한 신들이 그 근본에 있어서는 같다는 생각, 그 신들은 결국 이 우주 속에서 작용하는 정신의 힘, 생명의 힘과 일치한다는 사실을 압축해서 보여주고 있다. 따라서 현자들은 각자 자기 조국의 신들을 숭배하면서, 그 본질을 각기 상이한 세속적 관념과 연결시킬 수 있다. 모든 신앙에게는 관용을, 인간성의 이름으로는 만백성의 통일을, 신비의 과학하에서는 종교들의 통합을 주장할 수 있는 것이다. 다름을 인정하되 다른 것 속에서 통일된 모습을 본다는 이러한 새로운 생각들이, 마치 석양의 장엄한 풍경 속에서 흘낏 신성의 징조를 느끼듯이 학생들의 머리에 희미하게나마 새겨지기 시작했다. 그런 가운데 황금 리라 소리는 가르침을 계속했다.

은총을 베푼 영웅들과, 반신인 존재들의 정신을 기억하고 공경하라.

이 시구 속에서 학생들은 신성의 베일을 통해 인간의 영혼이 빛나는 것을 보게 된다. 천상의 길이 마치 둘둘 감긴 빛타래로서 빛나고 있음을 느끼게 되는 것이다. 영웅들과 반신과 같은 존재들을 공경함으로써 학생들은 미래의 삶에 대한 원리와 이 우주적 진화의 법칙에 대해 심사숙고할 수 있게 된다. 물론 이 큰 비밀을 학생들에게 직접 가르치지는 않는다. 단지, 인류의 안내자이면서 보호자였던 뛰어난 존재들에 대해 말해 줌으로써 인간 정신의 단계, 그 진보의 가능성들을 암시하고, 자신과 인류의 미래에 대해 진정으로 성찰할 수 있는 길을 마련해 주는 것이다. 선생들은 또한 그 위대한 존재들이 인간과 신성을 맺어 주는 중개자가 될 수 있다고, 영웅적이고 신성한 미덕들을 실천함으로써 그들을 통해 점차 신성에 가까이 갈 수 있다고 가르쳤다.

"그런데 그 눈에 보이지 않는 정령들과는 어떻게 소통이 가능할까? 영혼은 어디에서 오는가? 어디로 가는가? 죽음의 그 어두운 신비는 왜 존재하는가?"

학생들이 조리 있게 그런 질문을 던지는 것은 아니었지만 선생들은 학생들의 시선 속에서 그런 질문을 읽어내고는, 이 지상에 존재했던 투사들, 사원 속에 세워져 있는 조각상들, 하늘에서 영광을 입은 영혼들을 보여줌으로써 그 대답에 대신했다.

고대의 신비의 근간에서, 모든 신들은 결국 유일한 최고의 신으로 연결되었다. 바로 그것이 이 우주의 신비를 푸는 열쇠였는데, 그 열쇠에 접근하는 것은 문자 그대로 직관에 의해서만 가능했다. 피타고라스 학회의 선생들은 음악과 숫자의 힘에 대해 학생들에게 설명을 해줌으로써 그 열쇠에 접근할 수 있는 직관을 키우도록 했다. 선생들의 가르침에 의하면 숫자는 만물의 신비를 품고 있으며 신은 음악과 같은 우주적 조화 자체였다. 7현금의 일곱 가지 음조에 의해 이루어지는 신성의 일곱 가지 양태가 빛의 일곱 가지 색깔, 일곱 개의 혹성과 일치하며, 모든 물질적·정신적 생명 속에서 형성되는 일곱 개의 존재 양태와 일치한다. 그 일곱 개의 음조가 지혜롭게 어울릴 때 그 음은 영혼과 어우러져 진리의 숨결과 호흡을 같이하며 우주의 조화에 발맞출 수 있게 해주는 것이다.

학생들의 영혼의 정화는 그런 은밀한 가르침 가운데 우주의 은밀한 조화, 호흡과 그들을 가까이 하고자 하는 가르침 속에서 진행된다. 그리고 이러한 영혼의 정화 과정에 발맞추어 육체의 정화가 있게 되는데, 그것은 엄격한 위생학과 도덕적 수련을 통해 이루어진다. 자신의 정념을 극복하는 것, 그것이 수련생들에게 부과된 제1의 임무였다. 정념의 과도한 분출을 막음으로써 자기 존재를 조화롭게 만들 수 없으면 신성스런 조화에 대해 숙고할 수 없었기 때문이었다. 하지만 피타고라스적인 삶의 이상이 곧 고행스런 삶과 일치되었던 것은 아니었으니,

그는 결혼을 하나의 성(聖)스러운 의식으로 간주했다. 하지만 수련생들에게는 순결과 절도가 엄격하게 요구되었다.

"너 자신이 너 자신보다 열등한 존재가 되어도 좋다고 생각하지 않는 한 관능적 욕구에 몸을 내맡기지 말라"라고 스승은 말했다. 그는 관능이라는 것을 사이렌(뱃사공을 노래로 홀려 난파하게 만드는 바다의 인어 요정)의 노랫소리에 비유했다.

"관능은 사이렌의 노랫소리와 같아, 그에 홀려 다가가면 죽음을 면할 수 없으며 뼈가 잘리고 몸이 부서져 물결에 떠다니게 되는 것과 같은 쾌락이다. 진정한 기쁨이란 영혼 속에서 천상의 조화를 느끼게 해주는 뮤즈의 콘서트와 같은 것이다."

피타고라스는 영혼의 깨달음에 들려는 여인들의 미덕에 대해서는 신뢰를 했지만 자연 상태의 여인은 무시했다. 여자와 가까이 할 수 있는 날은 언제냐고 제자가 물어오면 그는 좀 비꼬는 투로, "평화와 안식에 지쳐 싫증이 났을 때겠지"라고 말하곤 했다.

피타고라스 학교에서의 낮 동안의 생활은 아래와 같이 짜여져 있었다. 작열하는 둥근 태양이 이도니아의 푸른 물결 위로 떠올라 뮤즈 신전의 기둥들을 황금빛으로 물들일 때면 피타고라스의 젊은 제자들은 아폴론 찬가를 부르며 남성적인 성무(聖舞)를 추었다. 그리고 엄격히 목욕재계를 한 후에 말 없이 사원을 산책한다. 매일 아침의 깨어남이 마치 하나의 순결한 부활의 의식과도 같았다. 영혼은 하루의 시작을 맞아 명상에 잠겨야 했고, 오전 수업이 시작될 때까지 순결함을 간직해야 했다. 수업은 숲에서 진행되었다. 신성의 숲 속 나무그늘에서 학생들은 선생 주변에 모여 수업을 들었다. 정오가 되면 학생들은 영웅들과 인류의 은인들에게 감사의 기도를 했다. 점심 식사는 빵과 꿀과 올리브 등으로 간소하게 해결했다. 그리고 오후에는 체육이 있었고, 그 이후 오전에 들은 수업에 대한 연구와 명상으로 시간을 보냈다. 해가 진 후에는 함께 모여 기도하면서 우주 창조의 신들에 대한 찬가를 노래했다. 천상의 주피터와, 섭리의 신 미네르바, 사자의 수호신인 타이아나에 대해 그들은 예배했다. 그 사이 안식향·만나향 등 향들이 피워져, 찬가와 뒤섞인 그 향기가 황혼 속에서 서서히 하늘로 올랐다. 하루 일과는 저녁 식사와 함께 끝이 났는데, 저녁 식사 후 가장 젊은 수련생은 가장 나이 든 수련생이 해주는 교재의 강독을 듣기도 했다.

샘물처럼 맑으며 구름 한 점 없는 아침 하늘처럼 밝은 피타고라스 학회의 나날들은 그렇게 흘러갔다. 1년간의 생활은 커다란 별자리 축제의 리듬에 맞추어졌다. 예컨대 북방 정토의 아폴론이 돌아와 세레스의 신비를 기리는 날 밤이 되면, 수련생과 온갖 등급의 통과 제의 입문자들, 그리고 여자와 남자들이 구별 없이 모였다. 상아로 된 리라를 켜는 젊은 처녀들의 모습도 보였으며 성가를 부르는 기혼 여성들도 볼 수 있었다. 이러한 거대한 축제에 참여함으로써 수련생은 신비스러운 힘의 존재, 저 깊고 투명한 하늘과 이 우주를 지배하는 전능한 우주적 법칙의 존재를 예감하게 된다. 결혼식이나 장례식이 벌어질 때면 분위기는 보다 친근하게 마련이었지만 장엄하기는 마찬가지였다.

수련생이 자의적으로 학교 밖으로 나가 세속적인 삶으로 돌아가길 원하거나, 교리상의 비밀을 남에게 폭로하는 일이라도 있게 되면—그런 일은 한 수련생에게 단 한 번밖에 일어날 수 없다. 그는 다시는 받아들여지지 않기 때문이다—사람들은 마치 그가 죽은 것처럼 그의 무덤을 만들었다. 그리고 스승은 말했다.

"그는 죽은 자들보다 더 진짜로 죽은 것이다. 왜냐하면 그는 나쁜 삶 속으로 돌아갔기에. 그의 육신은 사람들 사이에서 거닐고 있겠지만 그의 영혼은 죽은 것이다. 그를 애도하자."

그리고 살아 있는 자를 위해 세워진 그 무덤이 그 자신의 유령이 되어 마치 하나의 불길한 전조처럼 그를 괴롭혔다.

제2단계-정화(숫자:신들의 계보)

피타고라스가 수련생을 이제 자기의 거처까지 들어올 수 있게 하여 제자의 반열에 놓게 되는 날, 바로 그날은 이른바 행복한 날, '황금의 날'이었다. 그때부터 수련생은 스승의 뒤를 따르며 직접적인 관계를 맺을 수 있었다. 그리고 그는 충실한 신자에게만 출입이 허락된 스승의 거처의 안쪽 뜰까지 들어갈 수 있게 되었다. 진정한 통과 제의가 이제 시작되는 것이다.

그 통과 제의는 숫자의 신비 과학 속에 포함된 원칙으로부터 이 우주적 진화의 단계에서 인간의 영혼이 최후에 도달하게 되는 상태에 이르기까지의 신비스런 원리를 완벽하게 합리적으로 보여주는 데 그 목적이 있었다. 숫자의 과학은 이집트와 아시아의 사원에서는 아주 다양한 이름하에 전해지고 알려졌다. 또한 과학이 모든 신비 원리의 열쇠가 되는 것이었기 때문에 그 과학은 일반 속인들에게는 철저히 감추어졌다. 신비 세계의 대수학이라 불리워질 만한 숫자들, 문자들, 기하학적 현상들은 소수의 선지자들에게만 이해가 되었던 것이다.

피타고라스는 그가 직접 쓴 『히에로스로고스신성의 말씀』라는 책에서 이 과학을 체계화시켰다. 지금 그 책은 우리에게 전해지지 않고 있지만 그의 후계자들인 필로라우스 · 아르키타스 · 히에로클레스의 저술들과 플라톤의 『대화편』을 통하여, 또한 아리스토텔레스와 감블리고 등의 글을 통하여 우리는 그 원칙을 알 수 있다.

피타고라스는 자신의 제자들을 수학자들이라 불렀는데 그것은 그의 최고 단계의 가르침이 숫자의 원리로부터 출발했기 때문이었다. 그가 말하는 숫자란 단순히 추상적인 양의 개념을 의미하는 것이 아니라 최고의 능동적이고 본질적인 미덕이 우주적 조화 속에 실현되어 있는 원천이었다. 숫자들을 깊이 이해하고, 그것들의 의미를 구별하고, 그것들의 작용을 설명함으로써 피타고라스는 합리적인 신통계보학, 혹은 신학을 설립했다고 볼 수 있다.

하나의 신학이 진정한 것이 되려면 모든 학문들에게 원칙을 제공할 수 있어야 한다. 다른 학문들을 종합하지 못했을 때 신학은 그 이름에 걸맞는 역할을 했다고 볼 수가 없다. 피타고라스가 숫자의 과학이라는 이름으로 구체화한 신학의 원리는 이집트의 사원에서 '신성의 말씀'이라는 이름하에 행해졌던 신비의 원리와 똑같은 것이다.

스승의 손에 이끌려 그 신성의 과학에 발을 들여놓게 된 제자는, 그 숫자의 과학이 이 광대한 우주 속에서 운용되는 이치를 파악하기 이전에 자신만의 힘으로 그 원칙에 대해 심사숙고해야 했다. 그것은 이 신성의 원리가 단순한 추상적 원리가 아니라, 자기 존재 자체가 이 우주의 원리 속으로 스며들고 같이 융합되면서 터득해야 하는 구체적 진리였기 때문이다.

그 구체적 진리를 터득하는 일, 그 구체적 진리를 껴안고 그와 한몸이 되는 일은 하루아침에 이루어지지 않는다. 정신과 의지가 합치되는 그 어려운 단계에 도달하기 위해서는 점진적으로 이루어지는 오랜 동안의 수련기간이 필요하다. 창조의 말을 다룰 수 있는 단계에 이르기 전에―그에 도달하는 경우란 그 얼마나 드문가!―신성의 말씀들을 한 자 한 자, 한 음절 한 음절씩 더듬더듬 반복해서 읽고 닦아야 했던 것이다.

피타고라스는 그 교육을 통상 뮤즈의 신전에서 행했다. 그의 요구와 지시에 의해 세워진 그 건물은 그의 거처 바로 옆 닫혀진 정원 안에 있었다. 제2단계에 오른 제자들만이 스승과 함께 그곳에 들어갈 수 있었다. 원형으로 되어 있는 신전 내부에는 대리석으로 된 아홉 개의 뮤즈 상像이 있었다. 그 한가운데는 신성의 과학과 신의 계보의 중심을 상징하는 헤스티아베스타, 주방의 여신가 있었고 그 주변으로 신비주의의 뮤즈들이 전통적이고 신화학적인 이름 외에 신비의 과학과 신성의 예술의 이름을 가지고 서 있었는데, 그 뮤즈 상들은 천문학부터, 인간의 삶 속에서의 구체적 학문인 의학과 물리학, 도덕에 이르기까지 온갖 동식물과 광물들을 두루 상징하고 있었다.

우주의 비밀과 조직이 한눈에 새겨진 이 성소로 제자들을 이끌고 온 후에 피타고라스는 『말씀의 책』을 열고 신비주의의 가르침을 시작했다.

"여기 있는 뮤즈들은 신성한 힘이 지상에 새겨진 초상일 뿐이다. 그대들은 이제 그 신성한 힘의 불멸성과 숭고한 아름다움을 스스로 체득해야 한다. 그대들은 스스로 이 우주 중심의 불에, 신성의 정신에 잠겨 그들과 함께 빛을 발하는 존재가 되어야 한다."

그런 후 피타고라스는 그가 지니고 있는 강력한 마술의 힘으로, 그들의 머리에 손을 얹어 제자들을 형태와 실체가 있는 이 세상으로부터 벗어나게 했다. 그는 시간과 공간을 지우고 그들을 자신과 함께 위대한 모나드만물의 소인(素因), 창조된 것이 아니라 애초부터 존재하는, 전 존재의 정수 속으로 내려가게 했다.

피타고라스는 우주의 조화의 최초 구성물을 '하나'라 했다. 그것은 만물을 관통하는 남성적 불陽이며, 스스로 움직이는 정신이며, 보이지 않는다. 그것은 보이지 않으나 변화하는 삼라만상 속에 스며들어 있다. 피타고라스의 후계자 중 하나인 필로라우스는 이렇게 썼다.

"본질은 그 자체 인간에게 모습을 감추고 있다. 인간은 유한한 것이 무한한 것과 결합되어 있는 이 세상의 사물밖에는 알지 못한다. 그런데 인간은 그 사물들을 어떻게 인식하는가? 바로 자신과 이 세상 사물들 사이에 존재하는 관계와, 조화, 공통의 원칙에 의해서이다. 그 원칙은 '하나'로부터 나오며 그 '하나'의 본질에 의해 인간은 척도와 지성을 획득하게 된다. 그것은 주체와 대상 사이의 공통된 척도이며, 바로 성스러움에 참여하게 되는 만물의 이성이다."

그 초월적 수학에서는 무한에 영零을 곱하면 '하나'가 된다. 영은 비존재가 아니라 결정되지 않은 존재인 것이다. 그때 무한은 불변의 존재가 아니라, 마치 제 꼬리를 물고 있는 뱀의 형상처럼 이 세상 변화 속에 들어와 있다. 그 무한이 결정되는 순간 그것은 무수히 많은 수들을 만들어낸다.

그런데 그 절대존재, 포착 불가능한 존재에게 어떻게 다가갈 수 있는가? 그 누가 이 시간의 지배자, 태양들의 영혼, 지성의 원천을 보았다고 할 수 있는가? 아니다, 그것은 보는 것이 아니다. 그 절대존재와 결합함으로써만 우리는 그 본질에 들어갈 수가 있다. 통과 제의란 위대한 존재와 닮음으로써 위대한 존재에 다가가는 과정이다. 위대한 존재를 본 자는, 스스로 위대한 존재가 되어 위대한 존재와 함께 새로 태어나는 존재에 다름아니다, 라고 그는 가르쳤다.

"그대들이라는 존재, 그대들의 영혼은 하나의 작은 소우주가 아닌가? 하지만 그 안에는 온갖 폭풍우가 휘몰아치고 있고 갈등이 만연하고 있다. 그러니 그것들을 하나의 조화 속에 통일된 실체로 만드는 것이 필요하다. 그때라야, 오직 그때라야 신이 그대들 의식으로 내려온다. 오직 그때라야 그대들이 신의 권능에 참여할 수 있으며, 그대의 의지대로 베스타의 제단에 불을 피울 수 있으리라!"

따라서 눈에 보이지 않는 실체인 신은 하나이면서 무한을 품고 있고, 아버지라는, 창조주라는 이름을 하고 있다.

그런데 신성의 기능은 이집트의 선지자들이 무덤에서 죽은 듯이 누워 있을 때 그의 눈앞에 피어나는 신비스런 백련꽃과도 흡사한 것이다. 그것은 처음에는 빛나는 하나의 점이었다가 하나의 꽃처럼 열려 그 백열白熱하는 중심부가 수천 잎을 가진 빛의 장미처럼 활짝 피어오른다.

피타고라스는, 위대한 모나드는 창조적 디아드2分子로서 활동한다고 말했다.태일太一, 혹은 태극에서 음양으로 나뉘는 원리로 보면 쉽게 이해할 수 있을 듯 신이 현현하는 순간 그는 이미 이중의 존재이다. 보이지 않는 본질과 보이는 실체의 결합으로서 이중이며, 활동적인 남성의 원칙과 수동적인 여성적 원칙의 결합으로서 이중이다. 창조적 디아드는 따라서 영원한 남성양과 영원한 여성음의 결합을 나타낸다. 오르페우스는 이러한 생각을 시적으로 표현한 바 있다.

주피터는 신성한 남편이자 아내이니….

모든 다신교 전통은 기본적으로 이러한 생각에 근거해 있어, 그 전통 내에서 신성성이 때로는 남성의 형태로 때로는 여성의 형태로 표현되는 것이다.

그런데 이 살아 있는 자연, 신성의 위대한 아내인 이 자연이 단순한 지상의 존재가 아니라 그 안에 육신의 눈으로는 안 보이는 천상의 성질을 이미 포함하고 있다면, 역으로 저 태초의 빛의 세계 역시 이 지상과 분리되어 있는 것이 아니라 그 안에 전 존재의 온갖 정신들과 영혼들을 포함하고 있다. 따라서, 모든 위대한 존재는 이미 모순되는 것들 간의 결합으로 되어 있다. 우리 인류에게 여성성은 자연을 나타낸다. 그리고 신의 완벽한 형상이란 남자 하나가 아니라 남성과 여성의 결합이다. 바로 그 때문에 남성과 여성 사이의 어찌할 수 없는 숙명적 이끌림이 있게 되는 것이다. 바로 그로부터 사랑의 도취가 있게 되는 것이며, 완전한 사랑의 도취 속에서, 영원한 남성신과 영원한 여성신이 완벽히 결합하는 듯한 절정의 행복을 맛보게 되는 것이다. 고대의 모든 선지자들과 마찬가지로 피타고라스가 이렇게 말한 것은 바로 그 때문이다.

"이 지상에서 그리고 저 하늘에서, 여인이여 영광을 입으라. 여인은 우리에게 이 위대한 여인, 이 위대한 대자연을 이해하게 해주노니! 여인의 신성함에 의해 우리는 이 세계의 위대한 영혼으로 인도될 수 있으며, 그 위대한 영혼이 인간들의 영혼을 낳고, 보존하고, 소생케 하노라."

모나드하나가 신의 본질을 나타낸다면 디아드둘는, 이 세상을 발생시키고 생성해 가는 신의 기능을 나타낸다. 디아드는 세상을 낳고 신이 시간과 공간 속에 피어나게 한다.

그런데 실제의 세계는 3중적이다. 인간이 육체와 영혼과 정신의 결합으로 이루어져 있듯이, 이 세상도 자연 세계, 인간 세계, 신의 세계, 즉 3중으로 이루어져 있다. 트리아드셋으로 된 하나는 따라서, 이 세상 만물을 구성하는 법칙이며, 생명을 이해하는 진정한 열쇠이다. 트리아드의 법칙은 삶의 모든 단계에서 작용하고 있다. 조직세포의 형성에서부터 동물적 신체의 물리적 형성에까지, 혈액 순환계와 뇌척수계의 기능에까지, 또한 인간의 초물리적 형성과 우주와 신의 초물리적 형성에 이르기까지 트리아드의 법칙이 지배한다. 트리아드는 경탄에 사로잡힌 영혼에게 마치 마술처럼 이 우주의 내부 구조를 보여주며 소우주와 대우주의 무한한 교감을 보여준다.

인간과 우주의 근본적인 교감을 통해 이 법칙을 설명해 보기로 하자.

피타고라스는 인간의 정신이 신으로부터, 불사적이고 눈에 보이지 않으며 능동적인 성격을 부여받았음을 인정했다. 정신이 그 자체 독립적으로 활동할 수 있는 것은 그 때문이다. 그는 육신을 죽을 운명을 지닌, 분리 가능한 수동적 부분이라고 칭했다. 그는 우리가 영혼이라 부르는 것은 정신과 밀접한 관련이 있지만, 우주적 유체流體로부터 온 제3의 원소로 이루어져 있다고 생각했다. 영혼은 따라서, 정신이 스스로 제 모양을 갖추고 깃들어야 할 또 다른 몸이다. 이 몸이 없다면 물질로 된 육신은 활동할 수 없으며 생명이 없는 하나의 덩어리에 불과할 뿐이다. 영혼은 자신이 찾아가 생명을 불어넣은 육신의 형태와 비슷한 모양을 하게 되며, 그 육신이 죽음을 맞이하더라도 살아남는다. 그때 그 영혼은, 피타고라스의 표현에 의하면(플라톤도 그 표현을 그대로 이어서 사용했다), '섬세한 수레'가 되어, 정신의 선악도에 따라 정신을 저 높은 신성의 지역으로 태워가거나 아니면 이 어두운 물질 세계로 다시 떨구어 놓게 된다.

그런데, 인간 영혼의 운명이 그를 저 높은 곳으로 이끌 정신과 그를 붙잡아 놓으려는 육신의 유혹 사이에서 싸우듯이, 인류의 정신도 이 자연 세계, 동물 세계와 순수 정신의 신성 세계 사이에서 싸우고 방황하며 진화해 나간다. 그리고 인류에게 벌어지고 있는 일은 언제나 다양하고 새로운 형태로 이 지상 전체에서 그리고 태양계 전체에서 벌어진다. 이 순환의 원을 한 번 무한대까지 확장해 보자. 베일을 하나하나 벗기면서 신성의 기능을 천착해 들어가면, 광활한 심연 속에서 마치 별들이 꽃피어나듯, 트리아드와 디아드가 모나드의 어두운 깊이 속에서 서로 감싸고 있는 모습을 상정할 수 있을 것이다. 저, 광활한 우주의 끝에 트리아드와 디아드와 모나드가 또한 함께 존재한다고 우리는 유추할 수 있는 것이다.

지나칠 정도로 단순하게 요약해 버린 이 내용에서 우리가 다시 한 번 확인할 수 있는 것은 피타고라스가 3이라는 숫자에 대해 부여한 중요성이다. 우리는 3의 법칙이 신비주의 과학의 초석을 이룬다고까지 말할 수 있다. 모든 위대한 종교적 지도자들은 그것을 확실히 의식하고 있었으니, 조로아스터의 한 신탁은 이렇게 말하고 있다.

　　3이라는 숫자가 우주를 지배하고 있으며
　　모나드는 우주의 원리이다.

　피타고라스의 비견할 수 없는 공적은 그 원칙을 그리스 정신에 따라 명확하게 표현해낸 데 있다. 이제 우리는 그 원칙하에 어떻게 학문들의 분류가 가능하며 우주 창조론과 인간 심리학이 세워질 수 있는가를 살펴볼 예정이다.

　우주의 3원성이 신의 단일성 혹은 모나드 속에 응축될 수 있는 것과 마찬가지로 인간의 3원성도, 인간의 육체와 영혼과 정신의 온갖 기능들을 살아 있는 통일성 속에서 실현하는 '자아의 의식'으로 응축될 수 있다. 그런데 인간은 자신의 통일성을 상대적으로밖에는 실현하지 못한다. 왜냐하면 자신의 전 존재에 작용하는 인간의 의지가 본능·영혼·지성에 동시에 균등하게 작용할 수는 없기 때문이다. 따라서 이 우주라든가 신 자체는 인간이 지닌 이 세 거울에 어떻게 비추이느냐에 따라 단계적으로 그 모습이 나타날 뿐이고, 완전한 통일성 속에서 나타나는 경우는 매우 드물다.

　1. 본능을 통해서, 또한 감각의 만화경을 통해서 본다면 신은 그 나타나는 모양에 따라 그 수가 많고 무한하기까지 하다. 다신론·범신론

적인 믿음이 그로부터 나온다.

2. 합리적 영혼을 통해서 보면 신은 이중적이다. 즉 정신과 물질로 되어 있다. 조로아스터교나, 기타 여러 종교들의 이원론의 근간은 그것이다.

3. 순수 지성을 통해서 보면 신은 정신·영혼·육체의 3중의 모습으로 우주의 모든 삼라만상에 나타난다. 인도의 3신 숭배(브라마·비슈누·시바)나 기독교의 3위 일체(성부·성자·성령)는 거기서 기인한다.

4. 그 모든 것을 포섭하는 의지를 통해서 보면 신은 유일하며, 모세의 엄격한 신비론적 유일신 사상의 원칙이 그것이다. 그때, 가시적 세계에서 나와 절대의 세계로 향하게 되는데, 그 세계에서 절대자 하느님이 오로지 이 세상을 지배하고, 이 세상은 먼지 같은 존재가 되기 쉽다.

종교들이 다양한 것은, 인간이 자신의 존재에 비추어 상대적이고 유한한 정도의 신성을 실현하고 있기 때문이다. 그에 반해 신은 매순간 우주의 조화 속에서 세 개의 세계 통일성을 실현한다.

피타고라스는 이어서 신성 발현의 테트라그람네 글자로 된 낱말이라는 뜻에 대해서는 물론이고 숫자의 신비에 대한 가르침을 보다 깊이 행했다. 피타고라스는 우주의 기본 원칙들은 모두 처음의 네4 숫자에 포함되어 있다고 말했다. 우주의 다른 존재들은 그것들을 곱하거나 더해서 만들어진다는 것이다. 이 우주를 구성하는 무수히 많은 존재들이 애초의 세 개의 힘, 즉 물질·영혼·정신의 결합에 의해 이루어지며, 거기에 신의 창조적 의지가 더해지는 것과 마찬가지라는 것이다. 한편 피타고라스는 특히 7이라는 숫자와 10이라는 숫자에 커다란 중요성을 부여했다. 3과 4가 더해진 숫자인 7은 인간과 신성의 결합을 의미한다. 그것은 예언자, 위대한 선지자들의 숫자로서, 진화의 법칙을 보여준다. 최초의 네 개의 숫자를 합해서 만드는 10이라는 숫자(1+2+3+4)는, 완벽을 가리키는 숫자인데, 그것은 새로운 통일성 속에서 결합되는 완성된 모든 신성의 원칙들을 나타낸다.

제3단계-완성(우주 창조론과 심리학:영혼의 진화)

스승으로부터 학문의 원칙들을 전수받음으로써 제자는 첫번째 통과 제의를 통과하여 그의 정신의 눈을 덮고 있는 두터운 물질의 베일을 벗겨낼 수 있게 된다. 하지만 숫자의 과학은 대大 통과 제의의 전조에 불과했다. 그러한 원칙들로 무장한 채 이제는 절대의 높이로부터 자연의 깊이로 내려가 만물의 형성 속에 개입되어 있는 신성의 의지를 파악하고 이 세상을 통하여 영혼이 진화하는 과정을 습득해야 하는 것이다. 신비주의에 있어서의 천지 창조론과 심리학은 삶의 가장 위대한 신비를, 가장 위험한 비밀을 건드린다. 그래서 피타고라스는 그 가르침을 한밤중 저 바닷가 세레스 신전의 테라스에서, 이오니아 해의 물결의 속삭임이 들리는 가운데, 그리고 멀리 우주의 별들이 반짝이는 가운데 행했다. 혹은 이집트식 램프가 부드럽고 안온한 빛을 내고 있는 성전의 지하 묘소에서 가르침을 베풀었다. 여인들도 밤의 이 모임에는 참여했다. 또한 이따금 델포이나 다른 신전에서 온 사제나 여사제들이 그들의 경험에 대해 이야기해 주어 스승의 가르침을 뒷받침하기도 했다.

이 세상의 물질적 진화와 정신적 진화는 반대 방향으로 진행되지만 그 둘은 상호 밀접한 관련이 있어, 그 둘을 함께 살펴야 이 세상을 설명할 수 있다. 물질적 진화는 신이 이 세상의 영혼에 의해 물질 속에 발현되는 것을 나타낸다. 정신적 진화는 개인적인 모나드들 속에서 의식이 가다듬어지는 과정과, 애초에 그의 정신의 시원지였던 신성한 정신에 다시 합류하려는 노력을 보여준다. 따라서 이 세상을 물질적 관점에서 본다는 것과 정신적 관점에서 본다는 것은 각기 상이한 대상을 바라보는 태도가 아니라 이 세상을 대립되는 두 극점에서 바라본다는 것을 뜻한다. 지상의 관점에서 바라본다면 이 세상에 대한 합리적 설명은 물질적 진화에 의해 시작되어야 한다. 이 세상은 우리에게 물질의 모양으로 나타나기 때문이다. 하지만 이 우주 삼라만상에 깃든 우주적 정신의 작용을 바라보고 개인적 모나드들의 전개 과정을 추적하다 보면 우리도 모르게 정신적 관점을 지향하게 되어 우리로 하여금 사물의 안과 밖, 표면과 이면을 넘나들게 한다.

피타고라스의 천지 창조론의 근간이 되는 그의 천문학을 살펴보면, 더욱이 상징적인 관점에서 살펴보면, 그가 지동설을 주장했음을 확인할 수 있고 아리스토텔레스는 그 사실을 실증적으로 증명하기도 했다. 피타고라스는 제3단계에 오른 제자들에게 지구의 이중 움직임에 대해 가르쳤다. 현대 과학적인 정확한 측량이 없이도 그는 멤피스의 사제들과 마찬가지로 혹성들이 태양 주위를 돌고 있음을 알고 있었다. 그는 혹성들이 지구를 지배하고 있는 법칙의 지배하에 놓여 있음을 알고 있었고 따라서 제각각 이 우주 속에 자신의 등급이 있다는 것을 알고 있었다. 그는 이 우주의 중심에 불을 위치시켰고, 태양은 그 불의 반영이었다.

피타고라스의 말에 의하면 이 가시적인 세계, 별들이 떠 있는 저 하늘은 세상의 영혼의 진화 과정에서 일시적으로 나타났다 사라지는 형상에 불과했으며, 그 우주 운용의 힘은 신으로부터 나왔다. 그 신의 법칙에 의해 어떤 존재들은 이 세상의 형성에 참여하기도 하고 또 어떤 존재들은 우주적 잠이나 신성의 꿈 속에서 물질 속의 그 등급에 따라 육화되어 깨어나기를 기다리기도 한다. 각각의 혹성들이 신의 생각의 다양한 표출 양식이므로, 제각각 이 혹성계에서 자신의 역할을 맡고 있는바, 고대의 현자들은 혹성들의 이름을, 각기 자신의 기능을 발휘하고 있는 신들의 이름과 일치시켰던 것이다.

천체를 대상으로 이 우주의 법칙에 대해 설명을 한 후 피타고라스는 제자들에게 이집트와 아시아의 종교적 전통에 대해 말해 주었다. 그는 융합 당시의 지구가 본래 가스로 가득찬 대기에 둘러싸여 있었으며 차츰 냉각되면서 액화돼 바다의 형태를 갖게 되었다고 설명했다. 물론 그는 이러한 생각들이 하나의 지식으로 주어지는 것이 아니라 제자들 자체가 하나의 우주가 되어 구체적 통과 제의로 습득되어야 한다고 생각했다. 그 방법 중의 하나가 우주의 진리를 우주적 표현을 통해 전해 주는 것으로서 예를 들면, 바다는 사투르누스농경의 신, 토성의 눈물로 형성되었다고 가르치는 식이었다.

그는 신비주의의 원칙에 따라 이 지구상의 생물 출현에 대해 설명했다. 신비주의의 원리는 동물 종족의 변모를 인정한다. 하지만 자연의 도태 원리에 의해서만 동식물의 종의 변화가 있게 되는 것이 아니라, 천상의 힘에 의해 지구가 받게 되는 충격과, 살아 있는 모든 존재가 눈에 안 보이는 힘에 의해 받게 되는 충격의 법칙에 의해서이기도 하다고 설명했으며, 그것이 첫번째 요인이기도 했다. 하나의 새로운 종種이 지구상에 출현하는 것은, 어떤 주어진 시대에 어떤 유형의 영혼들이(영혼의 종족이라고 해도 되리라) 고대 종족의 후예들 속으로 들어와 그들을 그 영혼의 모양에 따라 새로 주조하고 변화시키기 때문이다. 신비주의의 원리는 지구상의 인간 출현도 그런 식으로 설명한다. 지구 진화의 관점에서 본다면 인간은 지구상 종족 중 최후의 가지에 속하며 앞선 모든 종족들 중 가장 진화한 존재라는 영광을 누리게 된

피타고라스.
「아테네 학당」(일부), 라파엘로, 1510~1511.

다. 하지만 순전히 지구 진화의 관점에서 인류의 등장을 설명하는 것은 어딘가 충분하지 못하다. 지구상의 모든 존재의 출현은 눈에 안 보이는 힘이 지구에 가하는 충격에 의하지 않고는 그 설명이 불충분할 수밖에 없다. 지구상의 인간 출현은, 그에 앞서 인류 종족에 대한 천상의 지배를 전제로 한 것이며, 그 영혼이 지상의 다른 존재들 속에 육화肉化되어 새로운 존재인 양 탄생하게 된 것이다.

고대의 이집트에서 교육을 받은 피타고라스는 지구가 겪은 커다란 변혁들에 대해 정확한 개념을 가지고 있어 그것들을 제자들에게 들려주었다. 인도와 이집트의 선지자들은 홍인족이 문명을 꽃피웠던 지구 남반구의 대륙에 대해 알고 있었다. 그리스인들은 그 대륙을 아틀란티스라고 불렀다. 그 선지자들은 대륙이 침몰했다 나타나는 원인을 여러 각도로 설명했는데 그들은 그들의 설명 원칙에 따라 인류가 여섯 번의 대홍수를 겪었다고 인정했다. 그리고 그 주기가 반복되면서 인류가 지구상에서 큰 종족으로 자리잡게 되었다고 보았다. 각 문명들은 부분적으로 붕괴의 길을 걷기도 했지만 인간의 기능은 전반적으로 상승해 왔다는 것이다.

그리하여 오늘날의 인류가 있게 되었다. 하지만 우리가 태어나면서 부동의 터전으로 잡은 이 지구, 그 자체 공간 속을 떠돌고 있는 이 지구, 바다 밑으로 가라앉았다가 다시 떠오르곤 하는 이 대륙들, 왔다가 사라지는 온갖 종족과 문명들, 이 모든 것들 위에 커다란, 영원한 신비가 언제나 살아 있으니, 그것은 바로 영혼의 문제이다. "나는 이 세상에 속해 있지 않다. 이 세상에 속해 있는 존재라는 것만으로는 나를 다 설명할 수가 없기 때문이다. 나는 지구로부터 온 것이 아니며, 어디론가 간다. 하지만 어디로?" '영혼의 운명'의 신비, 다른 모든 신비들을 품고 있는 영혼의 신비에 대한 질문이 풀리지 않은 채 남아 있는 것이다.

피타고라스는 이어서 가르쳤다. 가시적인 세계의 천지 창조론은 우리를 지구의 역사에 대해 생각하게 한다. 하지만 지구의 역사 자체는 우리를 인간 영혼의 신비의 문제로 이끈다. 바로 그 영혼의 신비의 문제에 와닿았다는 것은 성전들 중의 성전에, 비밀들 중의 비밀에 우리가 손을 대었다는 것을 의미한다. 일단 영혼의 의식이 깨어나기만 하면 그것만으로도 영혼은 놀라운 모습 자체가 된다. 하지만 그렇게 깨어난 영혼도 불 밝혀진 자기 존재의 표면에 불과하며, 아직 존재의 깊은 곳에는 파헤치기 어려운 어두운 심연이 남아 있다. 그 알 수 없는 깊이 속에서, 신성을 부여받은 영혼은 매혹에 사로잡힌 시선으로 모든 삶들과 모든 세계들을 응시한다. 영원성이 한데 묶은 과거와 현재와 미래를 모두. 그 심연은 바로 자신의 내면의 심연이었던 것이다.

"너 스스로를 알라. 그리하면 너는 이 우주와 신들을 알게 되리라."

바로 여기에 선지자들의 비밀이 있다. 하지만 보이지 않는 우주의 광막함 속에서 이 좁은 문으로 들어가려면, 우리 속의 정화된 영혼의 삶을 일깨워야 하고, 영적 존재의 횃불을 들어야만 한다.—이상이 피타고라스의 가르침이었다.

이런 식으로 피타고라스는 물리 세계의 창조에 대한 가르침으로부터 정신 세계의 창조에 대한 가르침으로 넘어갔다. 지구의 진화 과정을 설명한 후에 그는, 이 세상을 통한 영혼의 진화에 대해 이야기해 주었다. 이 원리는 영혼의 윤회라는 이름으로 알려진 원리인데, 피타고라스의 신비주의 원리 중에서는 후대의 사람들이 가장 곡해했고 이해하기 힘들었던 원리이기도 하다. 플라톤마저도 조심스러워서였던지 혹은 자신이 알고 있는 모든 것을 말하면 안 된다는 서약 때문이었는지 피타고라스의 영혼의 윤회에 대한 가르침을 때로는 과장되게, 때로는 엉뚱하게 전해 주고 있을 뿐이다. 영혼이 일련의 실존 단계를 거쳐 상승했다가 다시 태어난다는 것은 신비주의적 교리에서 거의 공통적인 원리이며 교리이다. 그것은 인간 정신의 탄생이라는 깊은 신비와 밀접한 관련을 맺고 있으며 인간의 미래 운명과 관계되는 것이기도 하다.

피타고라스의 제자들은 인간 정신의 비밀에 관계되는 영혼 윤회의 가르침을 일종의 전율 속에서 받아들였다. 피타고라스의 말에 의해 마치 느린 주술呪術에 의해서인 양, 무거운 물질들은 그 무게를 잃었고, 지상의 사물들은 투명해졌으며 천상의 사물들이 정신에 보이게 되었다. 그리하여 스승 주위에 모인 사내와 여인들은 가슴 두근거리는 감흥 속에서 스승이 들려주는 '천상에서의 영혼 이야기'에 귀를 기울였다.

인간의 영혼이란 무엇인가? 거대한 이 세상 영혼의 한 조각이며 신의 정신의 한 불씨이다. 인간의 영혼이 장차 신성한 의식의 헤아릴 수 없는 찬란함 속에서 피어나게 되어 있다면 그것이 신비스럽게 갓 태어나던 때는 물질 조직이 형성되던 근원까지 거슬러 올라간다. 그리고 현재의 인간 속의 모습이 되기 위해서는 수없이 많은 존재들의 단계를 거쳐야만 한다. 그 어떤 인간의 영혼이든 그것이 사람 속에 깃들게 되기 위해서는 수백만 년 동안 식물계나 낮은 식물계를 통해 진화해야 하며 그 동안에도 언제고 그 영혼을 뒤따라오는 개별적 원칙을 간직하고 있어야만 한다.

생명계의 단계를 조금씩 높여감에 따라 의식의 불꽃이 조금씩 피어나기 시작하고 영혼은 육체로부터 자유로워진다. 광물과 식물의 유체流體적 영혼은 땅의 원소와 맺어져 있으며 동물의 영혼이 대지의 불에 강력하게 이끌려 동물의 몸으로부터 떠난 후에도 얼마 동안 대지에 머물다가 다시 다른 동물의 몸으로 들어가는 데 반해, 인간의 영혼만이 하늘로부터 와서 죽음 이후에 다시 그곳으로 돌아간다.

그러나 하늘로부터 온 영혼, 수백만 년 동안 낮은 원소적 영혼의 상태에 머물면서도 신의 섭리를 잃지 않고 인간의 영혼으로 변신에 성공할 그 영혼이 다시 우리가 알고 있는 인간의 모습으로 태어나기 위해서는 아직도 그 얼마나 오랫동안 떠돌아야 하고, 별들의 주기를 통과해야만 하는지! 인도와 이집트의 신비주의 전통에 의하면 현재의 인류를 구성하고 있는 개인들은, 물질의 밀도가 지구보다 옅은 다른 별에서 그 실존을 시작했으리라고 한다. 그때 인간의 몸은 거의 증기 상태에 가까웠고 영혼의 육화는 쉽고 가볍게 이루어졌다는 것이다. 인간의 초기 단계인 그 상태에서는 직접적으로 정신을 지각하는 기능이 보다 강력하고 섬세했을 것이며 반대로 이성과 지성은 겨우 태어나는 단계에 있었을 것이다. 반육신·반정신 상태의 그 단계에서는, 인간은 정신을 볼 수 있으며 보이는 모든 것이 황홀하고 매력적이며 듣는 모든 것이 음악이었을 것이다. 생각도 않았고 그 무엇을 원치도 않았을 것이며 음악을, 모든 빛을 마시며 죽음으로부터 삶으로, 삶으로부터 죽음으로 마치 꿈처럼 떠돌았을 것이다. 그것이 바로 오르페우스가 '사투르누스의 하늘'이라 일컬은 것이다. 헤르메스의 교리에 의하면, 인간은 보다 밀도가 있는 별에서 육화를 이루어야 물질화된다. 보다 밀도 있는 별에서 육화를 이루면서 인류는 정신의 감각을 상실하게 되는데, 대신 점점 더 강해지는 외부 세계와 싸움을 하면서 강력하게 이성과 지성과 의지를 발전시키게 된다. 지구가 바로 이 물질로의 하강 과정에서 제일 마지막 단계에 속하는 별인바 모세는 그것을 '천국에서의 나아감'이라 불렀고 오르페우스는 '달 아래로의 추락'이라고 일컬었다. 그러기에, 인간은 그 동안 상실하게 된 정신의 감각을, 지성과 의지의 훈련을 통해 회복함으로써만 힘겹게 자신이 떠나온 곳으로 다시 올라갈 수 있다. 헤르메스와 오르페우스의 제자들은, 인간이 자신의 행동에 의해서 신성을 의식하고 소유하게 되는 것이 바로 그때라고 말했으며 그때서야 인간은 신의 아들이 된다고 말했다. 인간은 저절로 신의 아들인 것이 아니며, 인간의 영혼의 상승도 저절로 이루어지는 것이 아니니, 수많은 종교들이 깨달음의 길에서 높은 정신적 수행을 요구하게 되는 것도 그 때문이다.

피타고라스의 가르침은 계속 이어진다. 그렇다면 본래의, 생겨날 때의 영혼이란 어떠한 것인가? 그것은 지나가는 숨결이요 떠도는 씨앗이며 이 삶 저 삶으로 옮겨다니며 바람을 맞는 새와 같다. 하지만 수백만 년 동안 난파된 배처럼 떠다니다가 비로소 '신의 딸'이 되는 것이니 그때 영혼은 하늘 외에는 그 어느것도 자신이 속할 수 있는 곳으로 여기지 않게 된다. 그러니 그리스의 시인들이 영혼을, 한때는 땅위에 애벌레로 있다가 나중에 날아다니게 되는 나비와 같은 곤충에 비교한 것은 단순한 수사가 아니라 깊은 상징적 의미가 있는 것이다. 도대체 몇 번을 유충으로 있다가 몇 번을 나비가 되어 날게 되는 것인가? 영혼은 결코 그것을 알 수 없다. 하지만 자신에게 날개가 있음은 느낀다! "그것이 바로 인간 영혼의 저 비할 바 없이 아찔한 과거이다. 자 이제 영혼의 현재 상태를 설명하고 그 미래를 엿보기로 하자."

피타고라스는 이어 지상의 삶 속에서의 영혼의 상태에 대한 가르침을 전한다.

신성을 부여받아 탄생한 영혼은 지상의 삶 속에서 어떤 상황에 있는가? 그에 대해 조금이라도 깊이 생각을 해보면 그보다 이상하면서도 비극적인 존재는 없을 것이다. 영혼이 이 지상의 무거운 공기 속에서 힘겹게 깨어나자마자 영혼은 육신 깊은 곳에 파묻히게 된다. 영혼은 육신을 통해서만 보고 생각할 수 있을 뿐이지만 육신은 영혼이 아니다. 하지만 인간의 육신 속에서 육신과 함께 영혼이 성장하면서 그 속에 가냘프게 떨리는 빛, 그 무언가 눈에 보이지 않는 비물질적 존재가 같이 커가는 것을 느낀다. 그것이 영혼의 정신이요, 영혼의 의식이다. 그렇다, 인간은 본능적인 언어 속에서도 자신의 몸과 영혼을, 자신의 영혼과 정신을 구분해 사용하는 것으로 보아 자신 속에 세 가지 성질이 존재하고 있음을 선천적으로 느끼고 있다. 하지만 그때부터 영혼의 괴로운 싸움은 시작된다. 육체에 사로잡혀 괴롭힘을 당하고 있는 영혼은, 뱀처럼 자신을 감싸고 있는 그 육신과 자신을 부르는 눈에 안 보이는 정령 사이에서 발버둥치는 것이다. 그런데 그 정령의 존재는 그 날개소리와 희미하게 사라져가는 빛을 통해서만 느낄 수 있을 뿐이다. 영혼은 때로는 육체에 완전히 사로잡혀 육체의 감각과 정념을 통해서만 세상을 보게 되기도 한다. 영혼은 육체와 함께 피비린내 나는 분노 속에서 뒹굴기도 하고 관능적 타락의 두터운 연기에 사로잡히기도 한다. 그리하여 눈에 안 보이는 정령의 깊은 침묵 때문에 스스로 괴로워하는 상태에 이르기까지 한다. 한편 영혼은 눈에 안 보이는 존재에 이끌려 육신의 존재를 까맣게 잊어버리는 경우도 있다. 그리하여 육신이 영혼을 괴롭힘으로써 자신의 존재를 알리게까지 되는 것이다.

하지만 내면의 목소리가 영혼에게 언제나 말한다. 육신과 맺어진 끈은 죽음을 통해 끊어질 수 있는 데 반해 영혼과 그 눈에 안 보이는 방문객 사이에 맺어진 줄은 끊을 수 없는 것이다. 그러나, 영혼은 싸우고 있는 두 존재 사이에서 흔들리며 행복과 진리를 갈구하지만 소용이 없다. 덧없이 지나가는 육신의 감각, 자신으로부터 멀어져가는 생각들, 신기루처럼 변화하는 세상 속에서 스스로를 찾으려 하지만 헛수고일 뿐이다. 지속되는 것은 아무것도 찾을 수 없는 고통이 계속되어, 구하려 하면 할수록 고통만 더해 가고 그에 도달할 수 없다는 확신만 더해 가는 신성의 존재 자체를, 나아가 자신의 존재 자체를 의심하는 일이 그때 벌어진다. 영혼은 영혼임을 포기하고 육신에 자신을 맡김으로써 무지 속에 빠져버리고, 인간의 모순은 조화가 불가능한 절대적 조건이 되며, 인간의 갈증은 풀어줄 길 없는 영원한 고통이 된다. 그리하여 영혼은 탄생과 죽음이라는 숙명적 고리 안에 갇히게 되고 인간은 그 두 어두운 심연 외에는 아무것도 볼 수 없게 된다. 삶의 불꽃은 탄생의 문을 통해 들어오면서 밝혀졌다가 죽음의 문을 통해 나가면서 꺼져버린다. 그러나 과연 영혼도 그렇게 되는가? 영혼이 육신의 운명과 같은 길을 걷는 것이 아니라면 영혼은 어떻게 되는가?

"인간이 죽은 후에 영혼은 어찌 되는가?"

이 비통한 질문에 대한 철학자들의 대답은 아주 다양하다. 하지만 접신론에 입각한 선지자들의 대답은 그 근본에 있어서 한결같다. 그리고 그 대답은 모든 종교들에 근본적으로 들어 있는 생각과 일치한다. 신비주의적 전통과, 선지자들이 정신적으로 겪은 바에 의해 주어지는 답은 바로 이러한 것이다.

네 안에서 활동하고 있는 것, 네가 영혼이라 부르는 것은 네 육신의 분신이면서 그 자체 불사의 정신을 품고 있는 또 하나의 가벼운 몸이다. 정신은 영혼의 활동에 따라 형성되고 짜인다.

피타고라스는 그것을 '영혼이라는 섬세한 수레'라고 부르면서, 영혼이 죽음 후의 정신을 데리고 가기 때문이라고 덧붙인다. 정신의 몸으로서의 영혼은, 정신과의 대비하에서는 정신을 감싸고 있지만 그것은 육신에 생명을 부여하기도 하는 것이다. 그는 이야기를 계속했다.

죽어가는 자나 죽은 자의 환영 속에서는 육신의 분신인 영혼의 모습이 보인다. 견자見者나 예언자도 영혼의 모습을 볼 수 있지만 그러기 위해서는 특별한 신경 상태를 필요로 한다. 그때 견자의 정신 상태, 신경 상태는 정신 질환자의 상태와 비슷해진다. 또한 정신의 몸인 영혼의 힘, 영혼의 높이는 그것이 감싸고 있는 정신의 질에 따라 한없이 다양하게 나뉘어진다. 이 천체의 몸, 정신의 몸은 그것이 통과하는 환경에 따라 변화하고 정화된다. 정신이 영혼에 틀을 주고 정신의 모양에 따라 그것을 영원히 변모시키며, 결코 영혼을 떠나지 않는다.

이것이 피타고라스가 가르친 것인바 지상에서와 마찬가지로 하늘에서도 활동하는 정신은 하나의 기관器官을 가지고 있다는 것이다. 그 기관이 바로 살아 있는 영혼이라는 것이다. 피타고라스는 이어서 죽음에 임박했을 때 어떤 일이 벌어지는가에 대해 설명을 했다.

죽음의 순간이 다가오면 영혼은 머지않아 자신이 육신과 분리되리라는 것을 예감한다. 그때 영혼은 자신의 지상에서의 실존을 아주 짧은 시간에 명료하게 다시 반추해 본다. 그리고 드디어 목숨이 끊어지는 순간 영혼도 그 의식을 잃는다. 그러나, 그 영혼이 성스럽고 순수하다면 정신의 감각이 이내 깨어난다. 영혼은 죽기 이전에, 다른 세상의 존재를 어떤 식으로든 느낀다. 그리하여 말없는 축복 속에서, 멀리서 아련하게 들리는 목소리를 느끼며, 눈에 보이지 않고 희미한 광선에 의해 땅은 이미 그 밀도를 잃어버리게 되는 가운데, 이윽고 영혼이 차가워진 육신으로부터 빠져나가는 순간 영혼은 해방의 기쁨에 싸인 채 자신이 이전에 속해 있던 정신계로 빛에 휩싸여 올라가게 된다.

하지만 생애 동안 물질적 본능과 더 높은 곳을 향한 열망 사이에서 찢김을 경험했던 보통사람들의 영혼에게 있어서는 사정이 다르다. 그때의 영혼은 마치 악몽 속의 마비 상태에서처럼 반半 의식 속에서 깨어난다. 이제 더이상 팔을 뻗을 수도 없고 소리를 지를 수도 없으면서 육신에 갇혔던 삶을 기억하고 괴로워한다. 그 영혼은 빛의 세계로 날아가는 것이 아니라 어둠과 빛의 경계선에서 존재하게 되는 것이다. 그 영혼이 알아볼 수 있는 유일한 것은 방금 자기가 빠져나온 시신, 다시 그 안으로 들어가고 싶은 욕망을 한없이 부추기는 그 시신뿐이다. 그 육신을 통해 이제까지 살아왔으며 자신이 어떻게 될지 알 수 없겠기 때문이다. 그는 다시 그 육신으로 들어갈 수 있는 길을 고통스레 찾아보지만 소용이 없다. 내가 살아 있는 건가? 죽은 건가? 영혼은 그 무엇인가 보려 하고 그 무엇인가를 더듬어보려 한다. 하지만 아무것도 보이지 않고 아무것도 잡히지 않는다. 어둠이 그를 감싸고 있으며 주변이나 그 자신이나 온통 혼돈뿐이다. 그리고 단 하나, 그를 잡아끌며 그를 두렵게 하는 것이 있으니 자신이 빠져나온 껍질에서 나는 불길한 인광燐光이 바로 그것이다. 그리고 악몽은 다시 시작된다.

그러한 상태는 몇달 간 혹은 몇년간이고 지속될 수 있다. 그 지속 기간은 영혼이 물질적 본능의 힘을 어느 정도 가지고 있는가에 달려 있다. 어쨌든, 선한 영혼이건 사악한 영혼이건 지옥에 속할 영혼이건 천상에 속할 영혼이건, 그 영혼은 서서히 자신의 의식을 되찾고 자신의 새로운 상황을 인식한다. 그리고 그때부터 아직도 무거운 상태에 있는 영혼이 대기의 보다 높은 단계로 올라가려는, 자신을 잡아끄는 대지로부터 벗어나 그의 본래의 곳으로 돌아가려는 힘겨운 싸움이 시작된다. 영혼이 그런 어려운 싸움에 빠져 있는 상태, 그 기간이 종교나 신화에서는 각기 다양한 이름으로 불리우는바, 모세는 호레브라고 불렀고 오르페우스는 에레보스암흑의 신라고 불렀으며, 기독교에서는 연옥, 혹은 '죽음의 그늘이 드리워진 골짜기'라고 불렀다. 또한 그리스의 선지자들은 그것을 '헤카테의 심연'이라고 불렀다. 그 상태에서 빠져나오려면, 영혼은 여행을 시작하기 전에 지상의 불순함을 털어버리는 정화의 과정이 필요하다.

우리는 여기서, 피타고라스가 묘사하고 있는, 영혼이 지상의 묵은 때를 벗고 순수한 상태에 이르는 과정에 대한 설명은 생략하기로 하자. 단지 영혼이 자신의 본래 모습을 되찾는 것은 바로 신의 존재 앞에 서게 되는 것을 의미한다는 것, 그때 영혼은 더이상 아무런 장애도 느끼지 않게 된다는 것만을 지적하기로 하자. 그때 영혼은 저 높은 곳, 빛을 향해 올라가, 생성·번식의 고리에서 벗어나게 되는 것이다.

그 천상에서의 영혼의 삶은 지구의 두터운 물질성에 갇혀 있는 우리의 정신이 인식하기에는 아주 어려우나 선지자들은 그것을 볼 수 있고 견자들의 영혼은 그것을 직접 경험한다. 우리 인간들의 거친 이미지나 불완전한 언어로 천상에서의 영혼의 삶을 그려내려고 해도 헛수고일 뿐이지만, 살아 있는 각자의 영혼은 신비의 깊이 속에서 그 삶의 씨앗을 느낀다. 우리의 현재 상태에서 그 삶을 실현하는 것은 불가능하지만, 신비의 철학은 그에 도달하기 위한 심리적·정신적 상태를 규정하고 있다. 우리의 눈에 보이지 않는 천상의 존재는 신비주의 전통의 비밀 속에서는 자주 등장하는 것이다. 피타고라스는 그것을 '지구의 상대편'이라고 불렀으며 플라톤은 『파이돈』의 끝부분에서 길게 그 '정신의 대지'에 대해 서술하고 있다. 플라톤의 말에 의하면 그 '정신의 대지'는 공기처럼 가벼우며 공기보다 가벼운 대기에 둘러싸여 있다. 그리고 '저세상-영혼의 세상'에서 각각의 영혼들은 각자 개성을 간직하고 있다. 영혼은 지상에 존재하던 기간 동안의 것들 중 고상한 것만 간직하고 다른 것들은 망각의 강에 흘려보내는데 시인들은 그것을 '레테의 물결'이라고 일컬었다. 그 때를 벗어버림으로써 인간의 영혼은 돌아왔다는 인식을 획득하게 되는 것이다.

이 세상의 영혼인 시벨레가 그를 반가이 껴안는 그 돌아온 고향에서 영혼은 자신의 꿈, 지상에서 수없이 좌절되었다가 다시 시작하곤 하던 자신의 꿈을 실현한다. 그 꿈은 그 영혼이 지상에서 기울였던 노력, 지상에서 그가 획득한 빛의 정도에 따라 완수되지만 한편 그 꿈 자체로 지상에서 꾸었던 꿈보다는 몇백 배 큰 꿈이 된다. 지상의 삶 속에서 짓눌려 있던 희망들이, 신성스런 삶이 다시 시작되는 여명기에 활짝 피어오르는 것이다. 그렇다, 지상에서는 아주 짧은 순간 영광을 느끼고 짧은 순간 순수함을 유지했다 할지라도 저세상에서는, 지상에서 벗어났던 그 짧은 순간이 수없이 반복되고 연장되는 것이다. 그렇다, 매혹적인 음악, 무아지경의 사랑, 남을 향한 자비의 순간에 얼핏 우리가 느끼는 행복감이란, 그 천상에서 장엄하게 울리는 교향곡의 한 편린인 것이다.

과연 그 영혼의 삶, 그것은 기나긴 하나의 꿈에 불과하다고, 장엄한 하나의 환각에 불과하다고 말할 수 있을까? 하나의 영혼이 자기 자신 속에서 느끼며 다른 영혼들과 신성의 품에서 소통하며 실현하는 그 삶보다 더 진짜인 삶이 있다고 말할 수 있을까? 필경 이상론자, 초월론자일 수밖에 없는 선각자들은, 이 지상에서 우리가 보고 만지는 실제적 현실-사물들이란, 천상의 미, 천상의 사랑, 정신적 절대진리를 감추고 있는 겉모습에 불과할 뿐이라고 생각해 왔다. 자신의 삶의 목표가 영원한 아름다움, 영원한 사랑, 영원한 진리인 그들에게 그 영원한 존재들만이 살고 있는 저세상이란 덧없이 변화하는 지상의 삶보다 더 확실한 현실인 것이다.

영혼에서의 천상의 삶은 그 영혼의 등급이나 힘에 따라 수백 년 혹은 수천 년 동안 지속된다. 하지만 그 중에서도 생식의 순환 고리에서 벗어난 영혼들만이 완전하고 숭고한 상태에 이를 수 있다. 그 영혼들은 스스로 날개를 갖게 되어 이 세상을 지배하는 빛이 된다. 하지만 그에 이르지 못한 영혼들은 다시 생명의 윤회라는 절대법칙에 따라 이 세상에 다시 태어나 새로운 시련을 겪게 되고, 다시 이 세상에서의 삶에 따라 더 높은 단계로 올라가거나 더 낮은 곳으로 추락하게 된다.

지상에서의 삶이 그러하듯이 정신적 삶 역시 시작이 있고 절정기가 있으며 쇠퇴기가 있다. 정신의 삶이 쇠잔해지면 영혼은 무거움과 현기증과 우울을 느끼게 된다. 그리고는 어찌할 수 없는 힘에 의해 그는 다시 지상에서 부르는 소리, 그 고통의 소리들에게로 이끌린다. 그 욕망은 물론 신성의 삶을 떠나야 한다는 커다란 고통과 함께한다. 하지만 시간이 되면 결국 절대적 법칙은 수행된다. 무거움이 증가하고, 영혼 스스로 빛이 흐려진다. 그 영혼은 이제 다른 영혼들을 베일을 통해서만 볼 수 있게 될 뿐이며, 점점 더 두터워만 가는 그 베일은 그 영혼이 영원한 빛의 세계로부터 분리될 순간이 임박했음을 느끼게 해준다. 영혼에게는 다른 영혼들의 슬픈 작별의 소리가 들려온다. 그리고 친했던 영혼들이 흘리는 자애로운 눈물방울이 그의 가슴에 천상의 이슬방울처럼 스며든다. 그 이슬방울은 그가 천상을 떠나 추락을 한 뒤에도 그가 이제는 보이지 않고 알 수 없는 옛날의 그 지순했던 행복을 그에게 상기시키고, 그에게 끊임없는 갈증을 느끼게 해줄 것이다. 그때, 그는 약속을 한다. 꼭 '기억할 것'이라고… 저 어둠의 세상에서도 빛을 꼭 기억할 것이며, 저 거짓 세상에서도 참을 꼭 기억할 것이며, 저 증오의 세상에서도 사랑을 꼭 기억할 것이라고… 그리하여 영혼은 다시 이 지상으로, 탄생과 죽음의 심연으로 오게 되는 것이다. 하지만 그에게 아직 천상의 기억이 완전히 사라진 것은 아니니 아직 그가 볼 수 있는 날개 달린 천사가 그의 어머니가 될 여자를 지정해 주고, 영혼은 그 여자의 뱃 속 태아에게로 들어가게 된다. 그리고, 이 지상의 삶에서 가장 헤아릴 수 없는 신비의 아홉 달, 영혼이 다시 육화되는 신비의 아홉 달, 신비스런 모성애가 형성되는 아홉 달이 있게 되는 것이다.

영혼이 육신과 결합했다가 다시 떠나게 되는 그 우주의 법칙 속에서 삶과 죽음은 우리가 일상적으로 인식하는 양극단의 의미를 벗어버리고 새로운 의미를 부여받게 된다. 윤리에 입각한 이 새로운 우주의 법칙은 삶과 죽음을 서로 상응하게 해주는 것이다. 지상에서의 탄생은 정신의 관점에서는 죽음이요, 또한 죽음은 현상으로의 부활이다. 영혼의 그 기나긴 삶의 전개 과정에서 지상의 삶과 정신적 삶을 번갈아 겪는 것이 필요한 법이며, 그 두 상이한 삶은 각기 다른 쪽 삶의 결과이면서 설명이 되어준다. 이 우주의 진리를 깊이 터득한 자는 그 누구건 신비의 핵심에, 통과 제의의 중심에 서게 되는 것이다.

그런데, 영혼이 그 죽음과 삶을 넘나들면서 단절되지 않은 연속된 삶을 살고 있다는 것을 도대체 누가, 어떻게 증명할 수 있단 말인가. 영혼 스스로 이전의 삶에 대한 기억을 상실하고 있는 것이 아닌가 하고 물어볼 사람이 있을 것이다. 우리는 이렇게 대답할 것이다. 깨어 있을 때의 당신과 잠들어 있을 때의 당선이 똑같은 사람이라는 것을 누가 어떻게 증명해 줄 수 있는가? 깨어 있을 때의 당신이 꿈 속의 당신을 기억 못하고 꿈 속의 당선이 깨어 있을 때의 당신을 기억 못한다고 해서 당신은 당신이 아닌가?

당신은 아침마다 죽음에서 깨어날 때와 비슷하게 야릇하고 설명 불가능한 상태로부터 깨어나, 마치 소생한 듯 하루를 지내고 밤이 되면 다시 그 무無의 심연 속으로 빠져든다. 하지만 그 상태를 진정으로 무의 상태라고 말할 수 있는가? 그렇지 않다. 당신은 꿈을 꾸기 때문이다. 그리고 당신의 꿈은 당신이 잠들기 전에 겪고 보았던 현실만큼 생생하고 사실적이다. 당신의 두뇌에 생리학적인 변화가 일어나 영혼과 육신의 관계가 바뀌었고 그 결과 정신적 관점의 변화가 있게 되었을 뿐이다. 당신은 여전히 똑같은 당신이지만 다른 환경 속에서 다른 방식의 삶을 경험했을 뿐인 것이다. 최면술에 걸린 사람은 그 잠 덕분에 우리에게는 마치 기적처럼 보이는 능력을 발휘한다. 하지만 그 능력은 육신이라는 무거운 짐, 무거운 압박에서 벗어난 영혼이 발휘하는 정상적이고 자연스런 기능이다. 최면에 걸렸던 사람이 일단 깨어나면 그는 그가 그 '명중明證한 잠'에 빠진 상태에서 보고 말하고 했던 일을 전혀 기억하지 못한다. 하지만 그가 다시 잠에 빠지면 그는 깨어나기 이전의 그 꿈 속에서 일어났던 일을 정확하게 되짚어내며 때로는 너무나도 정확하게 앞으로 어떤 일이 일어날 것인가를 예언하기도 한다. 그는 마치 두 가지의 명백하게 구분되는 의식을 번갈아 갖게 되는 것 같고, 두 종류의 다른 삶을 번갈아 사는 듯이 보인다. 하지만 그는 여전히 동일한 인물이며 그가 겪은 두 가지의 삶은 모두 제각각 일관성을 갖고 있다.

고대의 시인들이 잠을 '죽음의 형제'라고 부른 것은 바로 그런 심오한 뜻을 드러내기 위해서였다. 영혼의 긴 삶에서 볼 때 죽음은 끝이 아니라 다시 깨어나기 위한 하나의 과정으로서 깨어남과 잠 사이에는 망각의 베일이 드리워져 있을 뿐, 우리의 지상에서의 삶이 번갈아 두 종류의 부분으로 나뉘어 있듯이 영혼은 그 장대한 우주적 진화의 과정에서 육체 속의 삶과 정신적 삶, 지상의 삶과 천상의 삶을 반복하고 있는 것이다.

그런데, 영혼의 진화 전개를 위해서는, 한 존재에서 다른 존재로 넘어갈 때 망각의 강인 레테의 강물이 필요하다. 망각이라는 축복의 베일이 우리의 과거와 미래에 드리운다. 하지만 언제고 그 망각은 완벽한 것이 되지 못하고 미세한 빛이 그 베일 사이를 통과한다. 선천적으로 타고난 직관, 기억들에 의해 우리는 어렴풋이 앞서 있던 삶을 느낀다. 우리는 희미한 기억, 신비스러운 충동, 이전에 살았던 신성의 삶이 미래에 다가오리라는 예감을 지니고 태어난다. 온화하고 부드러운 부모 밑에서 아주 격정적인 아이가 태어난다. 격세유전隔世遺傳만으로 그것을 설명할 수 있을까? 아주 비천한 삶을 살고 있는 사람의 정신 속에서 도저히 설명 불가능한 신앙과, 고상한 성격, 생각을 자주 발견한다. 천상의 삶에 대한 기억과 약속, 그것 말고 더 확실하게 그것을 설명할 방법이 있는가? 그의 영혼이 간직하고 있는 천상의 삶에 대한 기억이 이 지상의 삶이 주는 고통, 지상의 삶에 대한 모든 설명보다 한결 강력하기 때문이라고 말하는 것 외에 더 좋은 이유를 댈 수 있는가? 영혼이 그 기억을 간직하려 애쓰는가 혹은 그것을 포기하는가에 따라 영혼이 승리하는가 굴복하는가가 결정된다. 진정한 믿음이란 바로 이 영혼 자체의 말없는 성실성이다. 피타고라스는 모든 접신론자들과 마찬가지로, 육신으로서의 삶의 의지를 완성하는 필수적 과정으로, 천상의 삶을 정신이 성장하여 완성되는 과정으로 간주했던 것이다.

그렇게 삶들은 끝이 나는 것이 아니라 이어진다. 그리고 그 이어지는 삶들의 모양은 각기 다르다. 하지만 겉보기에 달라지는 그 삶들, 각자 자신들의 법칙과 운명에 따라 움직이는 그 삶들을 관통하는 하나의 법칙이 있으니 그것을 우리는 '삶들의 반향'이라고 부를 수 있을 것이다. 브라만교나 불교에서는 그것을 업보, 혹은 인과응보라고 부른다. 그 법칙에 따르면 한 삶 속에서 행해졌던 모든 것들은 숙명적으로 다음 대의 삶 속에 반향된다. 인간은 인간으로 태어나기 이전의 전생에서 발전시켜 온 본능과 능력을 가지고 태어날 뿐만 아니라, 한 걸음 더 나아가 그 영혼이 어떤 모습으로, 즉 사람이 아닌 어떤 동물이나 식물로 이 세상에 다시 태어날 것인가도 그가 전생에서 그의 자유를 선하게 혹은 악하게 사용했느냐에 의해 결정된다. '그 어떤 말, 그 어떤 행동도 영원 속에서 그 메아리를 갖는다'라고 속담은 전하고 있다. 그 속담은 신비주의의 원리를 한치도 어김없이 전하고 있다. 피타고라스에게 있어서, 운명적으로 주어지는 것 같은 불행들, 고통들, 비정상들, 불평등들 같은 각각의 삶의 모습은 전생의 삶에 대한 보상이나 징벌이라는 사실로 설명이 가능했다. 범죄에 가득찬 삶은 속죄의 삶을 낳고 불완전한 삶은 시련과 시험의 삶을 낳는다. 좋은 삶은 또 다른 좋은 삶을 낳고 보다 우수한 삶은 창조적인 사명을 낳는다. 한 개인이 생애에 받게 되는 상벌의 법칙이 불완전한 것인 반면 이 영혼의 삶, 그 기나긴 영겁의 삶 속에서의 상벌의 법칙은 한치도 어긋남이 없다. 그리고 이러한 일련의 과정을 통해 영혼은 보다 높은 정신성을 향해 나아갈 수도 있고, 야수성 혹은 물질성으로 후퇴할 수도 있다. 영혼이 점차 상승함에 따라 영혼은 다시 자신이 태어날 대상을 택할 능력을 점점 더 가질 수 있게 된다. 열등한 영혼은 자신의 선택 없이 뒤따르게만 된다. 중간의 영혼은 자신에게 제시된 대상들 중에서 하나를 고른다. 우월한 영혼에게는 임무가 부여되고 그는 자신의 임무를 스스로 택한다. 전통에 의하면 서열이 가장 높은 선지자들, 인류에게 신성의 예언을 행한 존재들은 자신의 지상에서의 전생을 뚜렷이 기억하고 있는 존재들이다. 석가모니는 무아지경에 들었을 때 자기 과거의 삶 전체를 한꺼번에 볼 수 있었다고 전해지며, 피타고라스는 자기의 전생이 어떠했는지를 신들에게 물어서 알아내곤 했다고 사람들은 전하고 있다.

우리는 이 영혼의 삶—이제 우리가 삶들이라고 복수로 불러야 할 그 삶—에서, 영혼은 뒤로 물러설 수도 있고 앞으로 나아갈 수도 있다고 말했다. 바로 그 사실에서 인간에게 야릇한 전율을 불러일으키는 중요한 진리가 하나 나오게 된다. 영혼의 그 온갖 삶들 속에는 끊임 없이 싸움이 존재하고 영혼은 언제나 선택을 해야 하며 결정을 해야 한다. 그런데 일련의 여러 삶을 거쳐 점차 상승해 가는 영혼에게, 선과 악에 대한 의식이 더없이 명증한 상태에 이르러 이제 마지막 한 번의 도약, 마지막 한 번의 노력만 하면 다시는 물러서게 되지 않을, 이제부터는 정상頂上의 길만 걷게 되는 그런 순간, 그런 삶, 그런 해, 그런 날이 오게 된다. 마찬가지로 하강만을 계속하는 사악한 영혼의 궤적에도 그런 결정적인 지점이 존재한다. 그리고 그것을 건너는 순간 그는 결정적으로 무감각해진다. 그리고 끝내는 인간성 자체를 상실한다. 인간은 악마가 되고 그의 내부에 존재하는 모나드는 또 다시 수없이 많은 실존을 거쳐, 그 힘든 상승 과정을 거쳐 다시 높은 곳에 이르려는 고통스러운 노력을 다시 시작해야만 한다. 신비주의의 원리에서 바라본 지옥의 모습이 바로 그것이니, 종교들이 가르치는 지옥의 모습보다 더 생생하게 우리에게 다가오지 않는가?

다시 말하지만 영혼은 그가 겪을 일련의 삶을 통해 상승할 수도 있고 하강할 수도 있다. 지상의 인류가 걷는 행적은 신의 질서에 속하는, 저 높은 곳을 향한 점진적 상승의 길 위에 놓여 있다. 고대의 신비주의는 이 사실을 아래와 같이 간략하게 요약해 보여준다.

동물은 인간의 친척이요, 인간은 신들의 친척이다. (피타고라스)

　이러한 정신의 진보가 일률적으로 인류 전체에게 진행되는 것은 아니다. 그것은 반복적인 주기를 통해 진행되며 그 주기 안에 각각의 민족, 인종의 운명이 포함되어 있다. 각각의 민족, 인종에게는 나름대로의 청년기 · 장년기 · 노쇠기가 있는 것이다. 그 주기에 따라 이 지구를 지배하는 인종은 뒤바뀌지만 인류 전체는 앞으로 나아간다. 그런데 고대의 선지자들은 그 시야를 훨씬 확대하고 있다.

　그들은 오늘날의 인류를 포함한 많은 종족들이 다른 별로 옮아가 그곳에서 새로운 주기의 삶을 시작할 날이 오리라고 인정하고, 예언하고 있다. 그런 날이 수백만 년 후가 될지도 모르지만 그때 삶의 모습은 우리의 상상을 훨씬 초월한 것이 되리라는 것은 확실하다. 플라톤은 그때가 되면 신들이 실제로 인간들의 신전에 함께 살게 될 것이라고 그 삶의 모습을 일부 규정하고 있다.

　자 그렇다면, 신비주의의 원리에 따른 인간, 혹은 인류의 궁극적 목표는 어디인가? 그토록 수많은 삶과 죽음과 재생, 그토록 수많은 잠과 고통스런 깨어남을 겪은 후에 영혼이 도달할 종착지는 과연 있는 것일까? 선지자들은 그렇다, 라고 말한다. 영혼이 결정적으로 물질에 대해 승리를 거두게 될 때, 온갖 정신 기능을 발전시켜 영혼이 그 자신 속에서 삼라만상의 끝과 원칙을 찾아내게 될 때, 그때, 우리는 육신을 통해 다시 태어날 필요가 없어지고, 영혼은 신의 지성과 완벽하게 결합하여 신성의 상태에 이르게 되는 것이다. 우리는 각각 지상의 삶을 겪은 후에 겨우 영혼의 정신적 삶을 예감할 뿐인데, 이 완전한 삶, 우리의 정신이 겪게 될 온갖 종류의 삶 뒤에 오게 될 이 삶을 우리는 어떻게 상상할 수 있을까? 그렇다, 상상하기는 어렵다 하더라도 이 하늘 중의 하늘은 마치 강물이 흘러 바다에 이르듯 앞서 존재했던 삶들에 대한 하나의 축복으로 존재한다. 피타고라스에게 있어서, 인간이 신의 위치에 오르는 것은 무의식에 완전히 잠겨버리는 것을 의미하는 것이 아니라, 최상의 순수한 의식 속에서 행하는 창조적 활동을 의미한다. 인간의 육신의 삶은 육신이 사라진 후의 영혼의 삶에 대비되어 하찮은 것이 되는 것이 아니라 육신의 삶 자체가 영혼의 삶이 될 수 있는 것이다. 순수한 정신이 된 영혼은 자신의 개성을 상실하는 것이 아니라, 오히려 그 개성을 완성하는바, 그 영혼은 신에게서 자신의 원형과 하나가 된다. 그 순수한 영혼은 그가 지나온, 그가 살았던 모든 전생들을 기억하며, 그것들이 우주를 모두 껴안고 이해하는 그 최고의 단계에 오르기까지의 과정들로 여겨진다. 그 상태에 이르면 피타고라스가 말했듯이 인간은 이미 인간이 아니다. 그는 반신半神이 되는 것이다. 왜냐하면, 그는 이 광활한 우주 전체를 채우고 있는 신의 그 이루 다할 수 없는 빛을 그의 존재로부터 반사하고 있기 때문이다. 그 반신적 존재에게 안다는 것, 그것은 할 수 있다는 것이며, 사랑한다는 것은 창조한다는 것이며, 존재한다는 것, 그것은 진리와 아름다움의 빛을 발한다는 것이다.

그 종착점은 결정적인 것인가? 정신의 영원성, 그 불멸의 내세來世는 우리의 시간과는 다른 척도를 가지고 있지만 그에도 역시 단계가 있고 기준이 있으며 주기가 있다. 단지 그 개념이 완전히 우리 인간의 기준에서 벗어나 있을 뿐이다. 하지만, 우리는, 그 숭고한 상태에 오른 정신은 결코 이제 뒤로 물러서는 법이 없다는 것, 눈에 보이는 세계가 변하면서 흘러가더라도 이 가시적 세계의 궁극적 존재 이유이고 그 원천이면서 하구河口인 그 비가시적 세계는 불멸이라고 단언할 수 있다.

피타고라스는 그 불멸의 존재에 대해 말하면서 '신성의 영혼'에 대한 이야기를 끝냈다. 현자의 입술에서 나온 마지막 말은 그가 입을 닫은 뒤에도, 뚫고 들어가기 어려운 하나의 진리가 되어 지하 묘지 주변의 정적 속에 감돌고 있었다. 모두 삶에 대한 꿈 속에 잠겼다가 평화롭게 그 잠에서 깨어난 듯 느꼈으며 가없는 삶의 부드러운 대양大洋에 떠 있는 듯 느꼈다. 석유 등불이 여신 페르세포네의 조상을 은은하게 비추고 있어 마치 위대한 스승의 이야기가, 위대한 스승이 이야기해 준 삶이 이 성소 주변에서 실현되고 있는 듯했다. 피타고라스의 목소리에 취한 여사제의 빛나는 얼굴에는 이루 다할 수 없는 아름다움이 떠올라 있어, 그의 가르침이 그대로 육화된 듯이 보였다. 그리고 제자들은―종교적 전율에 사로잡혀―말없이 바라보고 있을 뿐이었다.

잠시 후 스승과 제자들은 지하 묘지를 떠나 세레스의 정원으로 올라왔다. 별들이 아직 빛나고 있는 저 하늘가에서 이제 막 바다를 하얗게 물들이기 시작하려는 여명의 신선함이 그들을 맞았다.

제4단계-신의 위치에서(대가:통과 제의에 든 여인들/사랑과 결혼)

우리는 피타고라스와 함께 고대 통과 제의의 정상에까지 올랐다. 그 정상에서 바라보면 지구는 죽어가는 별로서 어둠 속에 잠겨 있는 듯이 보인다. 바로 그 정상에서 언제나 변함 없는 전망이 열리고 신의 질서 하에 움직이는, 펼쳐지는 이 세계가 보인다. 그것은 일종의 무아지경이다. 하지만 인간을 명상에 잠기게 하거나 무아지경에 빠지게 하는 것이 피타고라스의 가르침의 최종 목표는 아니다. 스승은 제자들을 우주라는 광대한 지역으로 이끌었고 그들을 불가시不可視의 심연에 잠기게 했다. 진정한 선지자라면 그 무서운 여행으로부터 이 경이로운 땅으로 보다 더 강인한 존재가 되어 돌아와 삶의 시련을 이겨내야 한다.

그리하여, 정신의 통과 제의에 이어서 그 무엇보다도 가장 어려운 의지의 통과 제의가 이어진다. 이제 제자들은 자신들이 깨우친 진리를 자신의 내부로 깊이 내려보내야 하고 그것을 실제의 삶에서 행해야 하는 것이다. 피타고라스에 의하면 그 이상에 도달하기 위해서는 세 가지의 수련 및 수양이 필요하다. 첫째 정신 속에서 진리를 발견할 것, 둘째 영혼을 미덕으로 채울 것, 셋째 육체를 깨끗이 할 것 등이 바로 그 요구이다. 그에 의하면 학자의 섭생법은 절제를 통해 육체를 순수하게 하는 것이어야 한다. 육체적 요구에 과도하게 응하는 것은 천체에 하나의 흠집을 만들 듯—그것은 바로 영혼의 조직체이다—흔적을 남기고 이어서 정신에도 상처를 준다. 영혼이 깨끗하려면 영혼을 담는 육신이 우선 깨끗해야 하는 것이다. 이어서 영혼은 지성에 의해 용기·희생·헌신·믿음으로, 한마디로 말해 미덕으로 무장되어야 하며 그것을 제2의 천성으로 삼을 수 있게 돼야 한다. 마지막으로 지성은 학문 혹은 과학에 의해 지혜에 도달해야 하는데, 지혜에 도달해서야 선과 악을 확실히 구분할 수 있으며 이 세상 전체에서뿐만이 아니라 가장 하찮은 존재에게서도 신의 모습을 볼 수 있다. 바로 그 높이에서 인간은 대가大家가 되며, 그에게 충분한 에너지가 있다면 새로운 기능과 능력을 소유할 수 있는 상태에까지 나아간다. 그때 영혼의 내밀한 감각이 열리고 그의 의지는 다른 사람들 속으로까지 도달한다. 천상의 영혼의 신비한 힘까지 그의 것으로 만들어 그것을 의지에 의해 활동시킴으로써 그는 거의 기적에 가까운 일을 행할 수 있게 되는 것이다. 그는 자신의 손을 사람의 머리 위에 얹거나, 혹은 단순히 자신의 모습을 나타내는 것만으로도 환자의 병을 고칠 수 있다. 그리고 그는 자신의 눈길만으로도 사람들의 생각을 꿰뚫어볼 수 있다. 그리고 때로는 깨어 있는 상태에서 멀리 떨어진 곳의 일도 볼 수 있다. 그는 생각과 의지를 집중해서 개인적 공감에 의해 맺어져 있는 인물에게 말을 건네거나, 그들 앞에 자신의 모습을 나타낼 수 있다. 죽어가는 자, 혹은 죽은 자의 모습이 친근한 사람에게 나타나는 것은 그것과 똑같은 현상이다. 단지, 죽어가는 자나 죽은 자의 영혼이 실현하는 그런 전이 현상이 무의식적인 욕망에 의해 이루어지는 데 반해 대가는 그 현상을 지극히 건강한 상태에서, 그리고 의식이 또렷한 상태에서도 행할 수 있다. 이윽고 대가는 우월하고 빛나는 불가시의 존재에 둘러싸여 있음을 느끼게 되는데, 그들이 그에게 힘을 주고 그의 임무를 완수하는 데 도움을 준다.

대가의 위치에 오른 사람은 매우 드물며 최상의 능력을 획득한 경우는 더더욱 찾아보기 어렵다. 우리가 그리스 전체를 통틀어도 그런 대가는 셋뿐이었다고 말할 수 있다. 즉 헬레니즘 시기의 오르페우스와, 그리스 절정기의 피타고라스와 쇠퇴기의 아폴리니우스가 그 셋이다. 오르페우스는 그리스 종교에 영감을 불어넣은 위대한 인도자였다. 피타고라스는 신비주의 과학을 체계화했고 철학 유파를 만들었다. 아폴리니우스는 쇠퇴기의 대중적 마술사였으며 도덕적 금욕주의의 길을 열었다. 이 셋은 모두 그 정도와 뉘앙스의 차이는 있지만 신성의 빛을 발하고 있다. 영혼을 구원하겠다는 정열적 정신, 관용과 엄격함의 이중적인 면모를 지닌 길들일 수 없는 에너지의 화신들이다. 하지만 그 평온한 얼굴을 너무 가까이 대하지 말라! 그들은 그 고요함 속에서 불타고 있으니….

피타고라스는 제1의 반열에 오른 대가大家의 모습으로 우리에게 나타나며, 그 대가는 자신의 깨달음을 보다 과학적인 명증성과 철학적인 체계를 가지고 우리에게 제시했던 것이다. 하지만 그 자신은 자신의 제자들 중 한 명도 대가의 반열에 올리지 못했고 또 그렇게 하려고 하지도 않았다. 한 위대한 시대는 언제나 그 근원에 위대한 인도자를 가지고 있다. 그 제자들과 그 제자들의 제자들은 마치 자성을 띤 것처럼 모여들어 이 세상에 스승의 생각을 전파한다. 따라서 피타고라스는 제4단계의 가르침에서 제자들을 대가의 반열에 오르게 하려고 애쓰는 대신, 자신의 가르침을 삶에 적용시키는 법을 가르쳤다.

세상 만물의 근본을 이해하지 못하는 자에게 '선과 악의 기원'은 이해하기 힘든 신비로 남아 있게 된다. 또한 인간의 궁극적 운명을 대면하지 않은 채 세워지는 도덕이란 언제나 공리적이 되거나 불완전한 것이 되기 마련이다. 더욱이, 언제나 정념의 노예 상태에 빠져 있는 사람의 사고나 행동을 자유롭다고 말할 수 없으며, 영혼이나 신의 존재를 믿지 않은 채 삶은 그저 출생과 사망이라는 두 심연 사이에 가로놓여 있다고 믿는 사람에게 자유란 존재하지 않는다. 전자는 영혼이 정념에 매여 있는 속박 상태에 있으며 후자는 지성이 물질 세계에 그쳐 있음으로 해서 또 다른 속박 상태에 있는 것이다.

그러나 진정한 종교인, 진정한 철학자에게 있어서는 사정이 전혀 다르다. 그는 자신의 존재 자체의 삼위성三位性 속에서 그리고 자기 의지의 통일성 속에서 진실을 실현한다. 그는 우리 눈에는 보이지 않는 세계인 빛나는 성령의 세계를 보며 신성의 법칙이 지배하고 있는 영혼의 그 어려운 여정을 본다. 그리고 그는 그 자신의 명암 속에서 본능적 세계에 잠겨 있으면서 신성한 세계의 정상頂上을 두드리는 인류의 이중성을 본다. 따라서 그는 자유인이다. 왜냐하면, 인간이 진실과 잘못을 알아볼 수 있는 순간 그에게는 선택의 자유가 주어지기 때문이다. 신의 '섭리'에 합류해서 진리를 실현하느냐, 혹은 잘못을 따름으로써 '운명'의 법칙에 떨어져 버리느냐를 선택할 수 있는 자유. 지성적 행동에 의지의 행동이 합치하는 순간 정신의 세계가 솟아나온다. 우리의 정신은, 악은 인간을 물질의 숙명성 속으로, 탄생과 소멸의 숙명성 속으로 내려가게 하는 것이며 선은 성령의 신성한 법칙을 향해 올라가게 하는 것이라는 점을 본능에 의해 막연히 느낀다. 우리 정신의 진정한 운명은 자기 자신의 노력에 의해서 보다 더 높은 곳으로 오르는 데 있다. 하지만 그것을 실현하기 위해서는 더 낮은 곳으로 내려가지 않는 자유 또한 있어야 한다. 정신이 올라감에 따라 자유의 원은 무한히 확장된다. 정신이 내려감에 따라 그 원은 무한히 작아진다. 올라갈수록 우리는 자유로워진다. 왜냐하면 빛 속으로 들어갈수록 선을 향한 힘을 획득할 수 있기 때문이다. 내려갈수록 우리는 노예가 된다. 왜냐하면 매번의 추락마다 진실을 향한 지성과 선을 수용할 능력이 줄어들기 때문이다. 운명은 과거를 지배하고(거기엔 자유가 없다), 자유는 미래를 지배하며 섭리는 그 둘 모두를, 달리 말해 언제나 존재하는 현재, 우리가 영원이라 부를 수 있는 그 현재를 지배한다. '운명'과 '자유'와 '섭리'가 결합된 활동의 결과 무수히 많은 숙명들, 영혼의 지옥들, 천국들이 나온다. 신의 법칙에 반ᅜ한 악은 신의 작품이 아니라 인간의 작품이기에, 상대적이고 표면적이며 일시적일 수밖에 없다. 신의 법칙과 일치하는 선만이 실제적으로 영원히 존재한다. 델포이의 사제들이나 선지자들은 이 심오한 생각을 일반 백성들에게 전하려 하지 않았다. 그들이 제멋대로 곡해해서 남용할 우려가 있었기 때문이다. 신비주의에서는 이 원리를 '디오니소스의 찢김'을 통해 상징적으로 표현하지만 속인들에게는 '신의 고통들'이라는, 그들이 도저히 이해하기 힘든 베일 속에 가려서 보여줄 뿐이다.

종교나 철학에서 가장 크게 논의되었던 것도 바로 선과 악의 기원에 관한 문제였다. 우리는 방금 신비주의의 교리에 의해 그 비밀의 열쇠를 찾았다. 그런데 거기에서 파생되는 사회적으로 아주 중요한 또 하나의 문제가 있는바 그것은 '인간 조건의 불평등'에 관한 문제이다. 악이나 고통을 본다는 것은 그 자체로 괴로운 일이다. 그리고 그 악이

나 고통이 퍼져 모든 증오, 모든 잔학, 모든 부정의 근원이 된다는 사실도 덧붙일 수 있다. 여기서도 신비주의의 심오한 원리가 우리의 어두운 지상에 평화와 희망의 밝은 빛을 가져다준다.

인간의 영혼들, 인간 조건들, 인간의 운명들이 그토록 다양한 것은, 영혼이 겪게 되는 삶이 여러 번이라는 것, 영혼은 여러 번에 걸쳐 다시 태어나게 되어 있다는 사실 외에는 합당한 설명이 불가능하다. 인간이 이 세상에 단 한 번 처음으로 태어나는 것이라면 자신에게 순전히 우연처럼 닥쳐오는 그 많은 악들을 어떻게 설명할 수 있는가? 어떤 존재들은 그들을 숙명적으로 비참과 굴욕으로 이끌게 될 조건에서 태어나는 데 반해 다른 인간들은 복된 운명을 타고난다는 사실에 대해 어떤 설명이 가능할까? 그런 사실 앞에서, 세상엔 정의만 존재한다고 부르짖을 수 있는가? 정의가 이 땅에서 실현된다고 주장할 수 있는가? 그러나 우리가 이미 전생에서 다른 삶들을 살았었고 우리가 지금 죽음 후의 또 다른 삶을 살고 있는 것이며, 그 모든 삶들을 통해 소생과 반향의 법칙이 지배하고 있다면, 그때, 저 영혼들의 다양함, 인간 조건과 운명의 다양함은 바로 전생들의 결과이며 그 우주 법칙이 다양하게 적용된 결과라고 우리는 말할 수 있지 않을까? 그렇다, 인간 조건의 차이는 전생의 삶들에서 영혼의 자유를 잘못 사용한 결과이고 지성의 차이는 인간 정신의 다양한 진화 단계의 증거인 것이니, 반동물적인 야만의 정신으로부터 성자의 천사 상태, 더 나아가 정령들의 신성성까지 수많은 등급이 그 차이에 새겨져 있는 것이다. 그 운명은, 그 차이는 숙명이되 숙명이 아니다. 인간 영혼의 삶을 보지 못하고 지상에서의 일회적 삶에 집착하는 자에게 그것은 숙명이며, 더 긴 영혼의 삶을 바라보는 자에게는 영혼의 자유를 획득하기 위해, 더 한 단계 높은 곳으로 올라가기 위해 싸워야 할 그런 순간인 것이다.

사실상 이 지구는, 이 지상의 삶은 하나의 항해하는 배와 같아서 거기 살고 있는 우리는 아주 먼 곳으로부터 와서 수평선 멀리 점점이 사라져 가는 존재이다. 신비주의의 윤회 원리는, 가장 부러운 행복한 삶에 대해서와 마찬가지로 가장 괴로운 불행한 삶에 대해서도 그 존재 이유, 그 존재의 근원을 제공해 준다. 그리고 정신적이고 물질적인 고통은 영혼의 삶이 겪었던 전생의 삶들이 더없이 다양한 것처럼 그 양상이 너무나 다양하다. 우리는 이렇게 말할 수 있을 것이다. 그 영혼이 겪었던 전생의 삶에 따라, 재생한 삶의 질과 서열이 정해지는 것이다, 라고. 리시스가 『황금 운율』에서 약간의 베일을 드리운 채 노래한 것이 바로 그 진리이다.

> 그대는 알게 되리라. 인간들을 삼키고 있는 온갖 악들,
> 그것들은 그들이 선택한 결과라는 것을. 그리고 불행한 자들,
> 그들은 자신 속에 그 원천을 지니고 있으면서, 너무 멀리서 선善을 찾고 있음을.

이 신비주의 교리는, 동포애, 인류의 연대감을 악화시키기는커녕 오히려 그것들을 강화시킨다. 우리는 서로 모두에게 도움과 공감과 자비를 빚지고 있다. 왜냐하면 우리가 지금 도달해 있는 정도는 다르더라도, 커다란 운명의 법칙에 함께 놓여 있는 존재이기 때문이며, 또한 그 정도는 다르더라도 신성의 빛, 천상의 빛을 공유하고 있기 때문이다. 그 운명 안에서는 고통도 신성한 것이다. 그것은 영혼들의 시련의 도가니이므로. 공감은 신성하다. 그것은 우리에게 모든 사람들을 묶어 주고 있는 보이지 않는 신비의 고리이므로. 그렇다, 현자와 성자들, 예언가와 선지자들은, 자신들 역시 우주적 진화 속에서 나왔음을 알고

있는 사람들 속에서 빛을 발하며 그들과 공감하고 하나가 된다. 그리하여 인간은 수없이 다양한 존재이면서 하나인 존재가 된다.

인간들 사이에는 각 개인이 지닌 원래의 본질 때문에 차이가 존재하지만, 우리가 방금 보았듯이 그 정신의 진화 단계에서 어디에 도달해 있는가에 따라서도 다양한 갈래가 있게 된다. 그 관점에 의해 우리는 인간들 사이의 무수히 미묘한 차이점을 두루 포괄하는 네 단계의 분류를 행할 수 있다.

1. 대부분의 인간들에게 있어서 그들의 의지는 육신 안에서만 활동한다. 우리는 그들을 '본능인들'이라 일컬을 수 있다. 그들은 육체 노동에 적합할 뿐만 아니라, 그들의 지성을 물질적인 세계에서 발휘함으로써 상업이나 공업에도 역시 어울린다.

2. 다음 단계는, 의지와 의식이 영혼 속에 살고 있는 단계로서, 감수성이 지성에 의해 촉진되어 발휘되며 그 결과 오성悟性을 낳는다. 그들은 '영혼인' 혹은 '열정인'이라 부를 수 있다. 기질상 그들은 군인·예술가·시인이 되는 데 알맞다. 문학·예술·학문에 종사하는 대부분의 사람들은 이에 속한다. 그들은 그들이 지닌 정열에 의해 변형된, 따라서 상대적인 관념에 사로잡혀 산다. 그들에게는 순수 관념의 세계, 절대 보편의 세계는 보이지 않는다.

3. 훨씬 드문 경우인 제3의 단계의 인간들은, 그 의지를 순수 지성 상태에서 사용하고 정열의 지배나 물질의 지배에서 벗어나 자신들의 개념에 보편성을 주려고 한다. 그들은 '지식인'들이다. 그런 인간들이 조국을 위한 순교자가 되거나 일급의 시인이 되며, 특히 진정한 철학자나 현인이 될 수도 있다. 피타고라스나 플라톤은, 인간은 그런 철학자나 현인들이 통치해야 한다고 했다. 그 부류의 인간들에게서 정열의

불꽃이 사라진 것은 아니다. 정열이 없다면 아무것도 할 수 없기 때문이다. 정열은 정신 세계에서의 불이나 동력 역할을 한다. 단지 그들에게 있어서 정열이 지성에 봉사하는 역할을 한다는 것이, 정열에 지성이 봉사하는 전 단계의 인간들과 다를 뿐이다.

4. 인간의 가장 높은 이상으로서, 지성이 영혼과 본능을 절대적으로 지배하며, 자신의 의지로 자신의 존재 자체를 지배한다. 그 모든 기능을 소유함으로써 그는 위대한 대가가 될 수 있다. 그는 인간의 3원성 속에서 통일성을 실현하여, 모든 인간보다 우위에 있으면서 모든 인간들과 동등하다. 자신의 힘, 우주의 힘을 자신 안에 응축시킴으로써 자신의 의지를 남에게 투사하기도 하는 창조적 마술을 발휘한다. 역사상 그런 인간들은 '대가들' '위대한 선지자들' '원초적 인간들' '위대한 정령들'로 불리웠으며, 그들은 인류를 변모시킨다. 그들의 존재는 너무 드물어서 인류의 역사에서 손가락으로 꼽을 수 있을 정도이다. 마치 저 천상의 별처럼 신의 섭리가 그들을 드문드문 심어놓았을 뿐이다.

사실상 이 마지막 범주는 보편적인 인간들에 대한 일반 분류에서는 벗어난다. 하지만 다른 세 범주는 인간 사회가 균형을 잡기 위해서는 모두 필요한 인간형들이다. 세 범주의 인간들을 고려해서 각각 그에 알맞는 기능을 제공해 주지 못하는 사회, 각자의 기능이 발전할 수 있는 방편을 마련해 주지 못하는 사회는 유기적인 사회라고 할 수 없다. 베다 시대 인도의 브라만들이 사회를 셋으로 나누어 카스트 제도를 둔 것은 바로 그 기능상의 원칙하에서였던 것이 틀림없다. 하지만 세월이 흐르면서 그 올바르고 풍요로운 3분分은 성직자 계급에게 특권을 주는 귀족 정치로 변모한다. 직업상의 천직, 각 개인의 성향에 따른 기능적 분류가 세습적 지위로 바뀌어버리는 것이다. 그렇게 변질된 카스트 제도가 필연성 없이 화석화되어 버리자 곧이어 돌이킬 수 없는 인도의 몰락이 뒤따랐다. 그에 반해 파라오 통치하에서 한결 유연하게 열려 있는 카스트 제도를 운영하고 있던 이집트는 성직자가 되기 위한 엄격한 통과 제의의 원칙, 시민과 군인이 되기 위한 그에 알맞는 시험의 원칙을 보유하고 있었기에 제도의 변화 없이도 5,000~6,000년간을 지속할 수 있었다(그러나 그 제도는 신분 간의 이동이 가능하다는 의미에서 얼마나 유연한 제도인가!). 한편 그리스는 그 변하기 쉬운 기질 때문에 귀족 정치에서 민주 정치로, 이어서 전제 정치로 재빠르게 변신을 해왔다. 그리스는 마치 열병에 걸렸다가 마비 상태에 빠지고 다시 깨어나 열병에 걸리는 환자처럼 악순환을 거듭해 왔다. 아마 그리스인들이 이룩한 유례를 찾아보기 힘든 업적들을 위해서는 그런 식의 흥분 상태가 필요했었는지도 모르겠다. 동방의 심오하면서도 모호한 현자들의 생각을 명백한 언어로 옮긴 일, 예술에 의한 미의 창조, 비밀스럽고 직관적인 통과 제의에 뒤이은 합리적이고 열린 과학의 설립 등등 그리스인들이 해놓은 일들은 그들의 그러한 기질에 적합한 일들이었던 것이다. 사회적으로 그리고 정치적으로 말해서, 그리스는 언제나 그런 상태를 왔다 갔다 했다고 볼 수 있다. 하지만 그러한 그리스에는 피타고라스가 있었다. 그는 대가의 자질을 갖고 사회를 지배하는 근본적 원칙을 세웠으며 자신이 발견한 진리에 따라 사회 개혁을 시도했다. 그러나, 어쩌랴! 그 시도가 행해진 땅이 그토록 변덕 많은 그리스였던 것을! 우리는 곧 이어 피타고라스와 그의 학파가 그리스 민주주의의 폭풍우에 의해 어떻게 난파당하게 되는가를 살펴보게 될 것이다.

신비주의 원리의 정상에서 바라볼 때에 이 세상은 영원성의 리듬에 따라 움직인다. 하지만 그 천상의 빛에 의해 밝혀진, 혹은 그 빛이 함께 하고 있는 지상의 삶, 지상의 인류 역시 신비스러운 리듬을 비밀스레 간직하고 있다. 우리는 무한히 큰 것을 무한히 작은 것 안에서도 볼 수 있다. 피타고라스가 제자들에게 어떻게 영원한 진리가 남성과 여성의 결합, 즉 결혼을 통해 발현되는가를 보여주었을 때, 그들이 느낀 것은 바로 그 대우주와 소우주의 은밀한 교감이요, 소통이었다. 그들이 무수히 이야기 들은 성자들의 아름다움, 그들이 무한 속에서 느낀 영원한 진리를 그들은 바로 지상의 삶의 핵심 속에서도 발견하게 된 것이며, 신은 성性과 사랑의 위대한 신비 속에서 그들에게 다시 솟아오르게 되었던 것이다.

고대인들은 오늘날 우리들이 너무나 무시하고 있는 중대한 진리를 이해하고 있었다. 그것은 여인이 아내와 어머니로서의 역할을 충실히 수행하기 위해서는 특별한 통과 제의가 필요하다는 사실이었다. 오늘날, 여인이 아내로서, 어머니로서 갖게 되는 역할은 자연적 본능으로 여겨지고 있으며 여성에 대한 교육은 사회 진출의 도구로 여겨지고 있다. 하지만 우리가 앞서 살펴보았듯이 이 세상 인간의 영혼은 가장 낮은 동물성으로부터 가장 높은 신성성까지 무수히 많은 단계가 있으며 여성도 예외는 아니다. 따라서 고대에는 순전히 여성만을 위한 특별한 통과 제의 의식이 별도로 마련되어 있었다. 여성이 각 가정에 마련된 제단의 여사제 구실을 맡고 있던 인도에는 그러한 의식이 존재하고 있었다. 이집트에는 그 교육이 이시스의 신비 체험과 관련이 있었다. 또한 오르페우스는 그리스에서 조직적으로 그러한 의식을 마련했다. 디오니소스의 신비 속에, 주노와 다이아나와 미네르바와 세레스 같은 여신 예배에 그 의식이 존재했던 것이다.

그 통과 제의 의식은, 상징적 제의와 한밤중의 축제에 이어, 나이 든 여사제나 대사제에 의해 특별한 가르침을 받는 식으로 진행되었으며, 그 가르침은 결혼 생활의 가장 내밀한 부분들과 관련이 있었다. 그들은 성적 관계에 대한 충고와 규율을 전해 주었고, 행복하게 임신하기에 적합한 1년 중, 혹은 한 달 중의 어느 기간을 알려주었다. 또한 임신 중에 여인이 육체적으로나 정신적으로나 건강을 유지하여 아이의 창조가 신성의 법칙하에 완수될 수 있는 법을 가르쳐주는 데에 아주 큰 중요성을 부여했다. 한마디로, 결혼 생활학과 어머니 되는 법을 가르쳤다고 볼 수 있다. 그리고 어머니 되는 법은 아이가 태어난 후 꽤 오랜 기간까지의 여성의 태도를 포함하고 있었다. 아이는 일곱 살이 될 때까지 어머니의 방에 머물며—그 방에 남편의 출입은 금지되었다—어머니의 지도를 받았다. 고대의 현자들은, 아이는 연약한 식물과 같은 존재로서 그 아이가 쇠약해지지 않고 건강하게 자라려면 어머니의 따뜻한 분위기가 필요하다고 생각하고 있었다. 아버지는 아이를 흉하게 만들 뿐이며, 아이를 꽃피우기 위해서는 어머니의 입맞춤과 포옹이 필요하고, 아이의 영혼을 밖에서 오는 타격으로부터 보호해 주기 위해서는 여인의 강력하게 감싸는 사랑이 필요하다고 현자들은 생각했다. 여인이 진정으로 한 가정의 여사제가 될 수 있었던 것, 삶의 신성한 불의 수호자인 한 가정의 베스타 여신이 될 수 있었던 것은—그 여신은 감싸고 있는 대상에 대하여 그 얼마나 온화하고 자애로우며, 그 대상을 공격하는 자에 대하여 그 얼마나 강인한가!—고대인들이 신성하게 여겼던 어머니로서의 그 역할을 드높은 자부심을 가지고 수행했기 때문이었다. 따라서 고대 그리스 로마 시대에 있어서 한 종족의 용모가 잘생겼다거나, 어느 세대가 특별히 힘이 강력하다거나, 어떤 가문의 대代가 오래 이어져온다거나 하는 것은 모두 이 여성에 대한 통과 제의 의식 때문이라고 생각되었다.

따라서 피타고라스가 자신의 학회에 여성을 위한 분과를 만들면서 한 일은 이전에 있었던 제도와 의식을 보다 순화시키고 심화시킨

일 뿐이었다. 그에 의해 교육을 받은 여성들은, 여성들의 역할이 지녀야 할 최고의 원칙들과 규범들을 전수받았다. 그는 여성들에게, 두 영혼의 결합인 완벽한 결혼을 통해 사랑이 어떻게 변모하는가를 가르쳤다. 남성은 그 힘에 있어 창조자의 원칙과 정신을 보여주지 않는가? 여성은 그 능력에 있어 자연과 일치하며 그 힘에 있어 대지의 신성의 실현을 보여주지 않는가? 그러니, 이 두 존재가 서로 완벽하게, 그 육신도 혼도 정신도 완벽하게 결합될 때, 그 둘이 전 우주의 축소판이 되는 것이 아닌가? 그런데 신을 믿기 위해서는 여성은 남성 속에 신이 살아 있는 것을 보아야 한다. 그리고 그렇게 되기 위해서는 남성은 통과 제의를 겪고 깨달음을 얻어야 한다. 그만이, 삶에 대한 심오한 지혜에 의해, 그의 창조적 의지에 의해 여성의 영혼에 수태를 시킬 수 있으며, 여성을 '신성한 이상'에 의해 변모시킬 수 있다. 그리고 사랑받는 여인은 바로 그 신성한 이상, 자신을 사랑하는 남자의 영혼에 비추이는 것이면서 한편 자신의 떨리는 영혼, 섬세한 감각, 그 깊은 예견의 힘에 의해 한층 배가된 그 '신성한 이상'을 남자에게 되비추임으로써, 그녀가 이번엔 그의 이상이 된다. 그녀는 사랑의 힘으로 자신의 영혼 속에서 그의 이상을 실현해 보이는 것이다. 그녀에 의해 그 이상은 실제로 생생하게 살아나게 되고 피와 살을 부여받는다. 그렇다, 이상과 관념을 현실화시키는 것은 바로 사랑의 힘이다. 남성이 욕망과 의지로 그 무언가를 창조한다면, 여성은 사랑에 의해 그것을 물질적으로, 또한 정신적으로 잉태하는 것이다.

연인으로서, 아내로서, 어머니로서, 또한 한 가정의 사제로서 여성이 맡고 있는 중요한 역할은 남성의 역할에 조금도 뒤지지 않으며 남성보다 오히려 신성성에 가까이 있기까지 하다. 왜냐하면 사랑한다는 것은 자신을 잊는다는 것이며, 자신을 잊고 집착에서 벗어난다는 것은 신성성에 가까이 갈 수 있는 전제 조건이기 때문이다. 자기 자신을 잊고 사랑에 빠지는 여인은 언제나 숭고하다. 여인은 그러한 자기 소멸을 통해 천상의 존재로 부활하게 되며, 불멸의 빛을 발하게 된다.

사랑은 문학의 오래된 주제였으며 수세기 전부터는 더욱 그러하다. 하지만 진정한 사랑은, 육체의 아름다움에 의해 불붙은 순전히 감각적인 사랑도 아니며, 추상적이고 관습적인 '이상'에 대한 맥빠진 숭배도 아니다. 완전한 자유 상태에서 마음껏 나래를 편 감각적인 동시에 정신적인 사랑이 진정한 사랑이다. 남성과 여성은 종종 사랑 안에서조차 싸움을 별여왔다. 남성의 에고이즘과 야수성에 대한 여성의 반란, 여성의 그릇됨과 허영에 대한 남성의 멸시. 그리하여 육신의 울부짖음, 관능에 희생된 자의 무기력한 분노와 방탕한 삶에 빠져버리기. 그러한 상태에서는, 관습과 사회제도에 의해 억제가 가해지면 질수록 더욱 더 정욕과 육체적 사랑에의 이끌림이 무서울 정도로 강력해질 뿐이다. 그런 사랑 속에는 온갖 파란이 다 연출되며 정신의 붕괴가 있게 되고 비극적인 재앙이 있게 된다. 오늘날의 소설과 드라마에서 우리가 쉽게 보게 되는 것은 그러한 사랑이다. 피곤에 지친 남성들이 그 어느곳에서도 신神을 발견하지 못하고 여성과의 사랑 속에서 헛되이 구원을 찾는 형국이라고 해도 좋을 것이다.

여성을 향한 사랑에서 구원을 찾는 것, 그것은 훌륭한 일이다. 하지만 그가 그녀 안에서, 또한 그녀가 그 안에서 구원을 얻는 것은, 위대한 진리들에 대한 깨달음을 통해서만 가능하다. 서로서로를 무시하고 마침내 자기 스스로까지 무시하는 영혼들, 때로는 서로 저주하면서 등을 돌리는 그 영혼들 사이에는, 헛된 결합을 통해 진정한 행복을 찾으려다 그것이 불가능함을 느끼고는 절망에 빠지게 되는, 그런 영원한 갈증 같은 것만이 존재하게 될 뿐이다. 하지만, 비록 수많은 오류와 방탕을 낳더라도 그런 절망적인 가운데에서의 갈증은 필요하며, 그 갈증은 무의식적인 신성성의 요구의 결과이기도 하다. 그 갈증이 없다면, 남성과 여성이 하나로 융합되어 신성성이 실현될 가능성마저 사라져버린다. 남성과 여성이 스스로를 발견하고, 그윽한 사랑과 깨달음을 통해 서로서로를 발견하게 될 때에, 그 결합은 뛰어난 창조적 힘이 되어 빛을 발하게 될 것이다.

정신적 사랑, 영혼끼리의 정열적 사랑은 문학에서 별로 다루어지지 않았고 우리의 일반적 의식에서도 크게 무시되고 있지만 고대에는 그것이 진정한 사랑이었고, 그 진정한 사랑을 위해서는 남성이나 여성 모두 영혼을 깨우는 과정, 정신을 고양시키는 과정을 필요로 했다. 그래서 종교 혹은 철학적 전통 속에는 통과 제의 의식을 거친 여인의 자취가 남아 있다. 우리는 이미 피타고라스에게 영감을 준 피토니스라는 여예언자를 알고 있고, 그리스 서정시인 핀다로스의 행복한 라이벌이었던 여사제 코린느의 모습을 볼 수 있다. 또한 플라톤의 향연에는 사랑의 숭고함을 보여주는 여인으로 신비스러운 디오티베가 등장한다.

이런 예외적인 인물들의 예외적인 역할은 차치하고라도, 그리스의 여인들은 가정에서 진정한 성직자의 역할을 충실히 수행했다. 우리가 그 조각품을, 그 노래를, 그 숭고한 행위들을 찬양하는 그리스의 예술가들, 시인들, 영웅들은 바로 그리스 여인들의 창조적 작품들이다. 사랑의 신비 속에서 그들을 품은 것도 그녀들이며, 미를 향한 욕구로서 그들을 가슴 속에서 주조해 낸 것도 그녀들이며, 어머니의 날갯짓 아래 그들을 품어 부화하게 만든 것도 그녀들이다. 진정한 깨달음을 얻은 남자와 여자에게, 아이의 창조는 무한히 아름다운 뜻을 지니며 보다 위대한 중요성을 지닌다는 사실을 또한 지적하기로 하자. 아이의 영혼이 이 세상에 태어나기 전에 이미 존재했었다는 것을 아는 아버지와 어머니에게, 임신은 그 자체로 하나의 신성한 행위가 된다. 그것은 하나의 영혼을 지상으로 부르는 행위인 것이다. 그렇게 다시 인간으로 육화된 영혼과 어머니 사이에는 거의 언제나 상당한 정도의 유사성이 존재한다. 왜냐하면 사악하고 빗나간 여인들은 악마적인 정신을 불러들이는 데 반해, 온화한 어머니는 신성한 정신을 끌어들이기 때문이다. 우리가 기다리고 있는 그 새로운 영혼, 오게 될 것이며 이윽고 오고 만 그 영혼—그토록 신비스럽게, 또한 그토록 확실하게—, 그것은 바로 신성스런 존재가 아닌가! 그 영혼의 탄생, 그 영혼의 육신 속으로의 갇힘은 고통스러운 일이다. 그 영혼과 그가 떠나온 하늘 사이에 두터운 베일이 드리워져 그 영혼이 하늘에 대한 기억을 지워버린다면! 그러니 그 영혼에 새로운 거처를 마련하고, 그 육체의 감옥을 부드럽게 만들어주고, 그 영혼이 겪을 시련을 완화시켜 주는, 그리하여 영혼에게 그 두터운 베일 사이로 천상의 빛이 스며들게 만드는 어머니의 임무여, 어찌 성스럽고 신비하지 않다 할 수 있겠는가!

이렇게 하여, 절대의 깊이 속에 존재하는 신성의 삼위 일체로부터 출발한 피타고라스의 가르침은 삶의 한가운데 존재하는 인간의 삼위 일체로 끝이 났다. 그리하여 저 높은 곳에서 이상理想의 아름다움에 입각한 한 사회의 토대를 마련했던 것이니, 그의 가르침을 받은 자들은 그 토대 위에 세워진 건물의 돌 하나하나가 되었다.

5. 피타고라스의 가족
학회의 운명

　스승의 가르침을 따르는 여인들 중에 뛰어난 미모의 여인이 한 명 있었다. 그녀 아버지의 이름은 브론티노스였고 그녀의 이름은 테아노였다. 그 당시 피타고라스의 나이는 60줄에 다다르고 있었다. 하지만 피타고라스는 아직 정정한 힘을 보유하고 있었다. 젊디젊은 영혼, 사명을 위해 타오르는 불꽃이 그를 빛나게 했고 나이보다 훨씬 젊어보이게 했다. 그는 자신의 정신적 삶에서뿐만 아니라 자연의 감추어진 기氣로부터 힘을 길어올 줄 알았다. 예순의 나이에 그는 인생의 황혼기에 든 것이 아니라 절정에 올라 있었던 것이다.

　테아노는, 피타고라스로부터 뿜어져 나오는 거의 초자연적인 광채에 의해 그에게 끌렸다. 그녀는 제대로 이해할 수도 없으면서 스승 곁에서 신비에 대한 설명에 귀를 기울였다. 그리고 자신을 감싸는 진리의 빛, 따뜻한 열기에 그녀는 자신의 영혼이 자신 저 깊은 곳에서 서서히 피어오르는 것을 느꼈고, 그 개화가 바로 그의 가르침, 그의 말, 그의 존재 자체로부터 오는 것임을 알았다. 그리고 그녀는 말없는 가운데 스승을 향한 가없는 열광과 정열적 사랑에 사로잡혔다.

　피타고라스는 특별히 그녀에게 관심을 보인 적이 없었다. 그는 모든 제자들에게 고루 애정을 주었던 것이다. 그는 자신의 학교와, 그리스와 이 세계의 미래에 대해서만 몰두해 있었다. 많은 대가들이 그러했듯이 그는 자신의 과업을 위해 여인을 포기했었다. 자신이 영향을 준 많은 영혼들, 자신을 아버지처럼 존경하며 말 없는 가운데 모두를 결속하게 하는 인간적 공감대에 싸여 자신에게 사랑의 향기를 보내고 있는 그 영혼들을 눈앞에 두고 있다는 것, 그것이 그에게 만족을 주었고 그 만족감이 관능적 쾌락과 행복과 사랑을 대신할 수 있었다.

그런데 어느날 그가 페르세포네의 지하 묘지에서 학교의 미래에 대해 생각에 젖어 있을 때, 그 아름다운 처녀, 그가 특별히 말을 건네본 적이 없는 테아노가 그에게 나타났다. 그녀는 그의 앞에 무릎을 꿇더니 바닥에 닿을 정도로 머리를 조아리고 스승에게―전능한 스승에게―자신의 몸과 영혼을 괴롭히며 갉아먹는 불가능한 사랑으로부터 자신을 해방시켜 달라고 간청했다. 피타고라스는 그녀가 사랑하는 사람의 이름이 무엇이냐고 물었다. 오랫동안 망설인 끝에 테아노는 그것은 바로 스승이라고 대답했으며, 모든 것을 스승의 처분에 맡길 준비가 되어 있다고 말했다. 피타고라스는 아무 대답도 하지 않았다. 스승의 무응답에 용기를 얻은 처녀는 고개를 들어 간절한 눈길을 스승에게 보냈다. 그 눈길로부터는 삶의 정기와, 스승에게 모든 것을 바치겠다는 활짝 열린 영혼의 향기가 뿜어져 나오고 있었다.

현자는 흔들렸다. 그의 감각이라면 그는 그것을 누를 수 있었다. 그의 상상력, 그것을 그는 제압할 수 있었다. 하지만 그녀의 영혼의 빛은 그의 영혼 깊이 파고 들었다. 정열에 의해서 성숙한 이 여인, 절대적 헌신의 생각에 의해 변화한 이 여인에게서 그는 동반자의 모습을 보았고, 자신의 과업이 보다 완벽하게 실현되리라는 것을 느꼈다. 피타고라스는 감동에 젖은 몸짓으로 처녀를 일으켰으며, 테아노는 스승의 눈길에서 그들의 운명이 영원히 하나로 결속되었음을 읽을 수 있었다.

테아노와의 결혼을 통해 피타고라스는 자신의 과업을 실현함에 있어 하나의 보증을 얻은 셈이나 마찬가지였다. 그 두 삶의 결합은 더할 나위없이 완벽했다. 그 예 하나. 어느날 스승의 부인에게 누군가가, 한 번 남자와 관계를 맺은 후에는 얼마동안 몸가짐을 깨끗하게 하고 있어야 하냐고 물었다. 그러자 그녀가 대답했다.

"당신 남편하고라면야 당장이라도 괜찮아요. 다른 남자하고라면 영원히지요."

여인들은, 그런 식으로 대답을 할 수 있으려면 피타고라스의 부인이 되어 테아노가 그를 사랑하듯이 피타고라스를 사랑하는 수밖엔 없다고들 말했다.

그녀들의 생각은 옳았다. 피타고라스와 테아노는, 결혼이 사랑을 성스럽게 만드는 것이 아니라 사랑이 결혼을 정당화해 준다는 것을 보여주었다. 테아노는 그렇게 완벽하게 남편의 생각 속으로 들어가 그가 죽은 후에 피타고라스 학회의 중심 역할을 했으며, 어느 그리스 철학자는 숫자의 원리에 대한 그녀의 의견을 하나의 권위로서 인용하기도 했다. 그녀는 두 아들과 딸을 한 명 낳았는데, 아들 중의 한 명인 텔라우게스는 엠페도클레스그리스의 유명한 철학자의 큰 스승이 되어 신비의 교리를 전수해 주었다.

피타고라스의 가족은 피타고라스 학회에서 하나의 진정한 전범이 되었다. 사람들은 그들의 집을 세레스의 신전이라 불렀고 그 집의 뜰을 뮤즈의 사원이라고 불렀다. 피타고라스의 딸인 다모는 어느 면으로 보아도 그 부모에 그 딸이라는 소리를 들을 만했다. 피타고라스는 자신의 몇몇 필사본을 그녀에게 맡겼다. 가족 이외의 사람에게는 아무에게도 건네주어서는 안 된다는 엄명을 덧붙이면서였다. 피타고라스 학회가 흩어져버린 후에 다모는 극도로 궁핍한 처지에 빠지게 되었다. 그때 누군가가 비싼 대가에 그 원고를 넘길 것을 요구했지만 아버지의 의지에 충실했던 그녀는 끝내 그것을 넘겨주지 않았다.

피타고라스는 크로토나에서 30년을 살았다. 그리고 20년 동안에 이 비범한 사내는 하나의 권위를 획득했으니, 사람들은 그를 반신半神이라고 부르면서도 조금도 어색한 표정을 짓지 않았다. 그가 누렸던 권위는 참으로 경탄할 만한 것이, 그 어떤 철학자도 그와 비슷한 경지에 오른 적이 없었다. 그의 권위는 크로토나뿐만 아니라 다른 모든 소도시 국가들에게까지 큰 영향을 미쳤다.

피타고라스는 진정한 의미에서의 개혁가였다. 크로토나는 그 당시 귀족 정치 제도를 가지고 있었다. 귀족들로 구성된 '1,000인 의회'가 입법권을 행사하면서 행정부를 감독했다. 한편 크로토나에는 민의회도 존재했지만 그 권한은 제한되어 있었다. 하나의 국가에는 질서가 있어야 하고 조화가 있어야 한다고 생각한 피타고라스는 과두 정치적소수의 우두머리 지배 압박이나 선동 정치적인 혼돈을 좋아하지 않았다. 그는 도리아식의 제도를 그대로 받아들이면서 거기에 하나의 주요 기구를 도입하려고 했다. 하지만 그 근본 생각은 아주 대담한 것이었다. 그것은 정치적 권력 기관의 상위에 과학적 권력 기관을 하나 더 두는 것으로서 그 기관이 국가 현안의 중심이면서 최상급의 토의 기관 구실을 하는 것이었다. 그런 취지하에 그는 '1,000인 의회' 위에 다시 '300인 의회'를 두어 1,000인 의회 의원 중에서 우수한 인재를 뽑고, 자기 학교의 통과 제의를 통과한 인물을 보충하여 그 의회를 구성했다. 피타고라스가 원했던 것은, 이집트의 성직 사회만큼 높은 위치에 있으나 그보다는 덜 신비스럽고 과학적인 행정부를 국가의 제일 머리 위에 두는 것이었다. 그가 잠시 실현했던 그런 정부는 정치에 관여했던 모든 선지자들에게는 하나의 이상적 꿈이 되어 남게 되었다. 국가 행정부에 통과 제의와 시험의 원칙을 도입하는 것, 그리하여 이 최상의 종합을 통해 민주주의적 선거의 원칙을 지성과 미덕을 갖춘 선택된 인물에 의해 구성된 행정부와 조화시키는 것.

'300인 의회'는 따라서 일종의 정치적이고 과학적이고 종교적인 모임이었다. 그리고 그 의원들은 마치 신비에 대한 절대적인 비밀을 서약하듯이 그 우두머리인 피타고라스 앞에서 그들의 임무에 대해 근엄한 선서를 했다. 일종의 '정치 비밀 결사' 단체라 할 '300인 의회' 형식은 크로토나를 모태로 해서 마그나그레키아 전체로 퍼져나갔다. 그곳의 부유한 섬도시 국가들에 끼친 피타고라스의 영향은 우리의 상상을 초월할 정도였다. 그가 나타나는 곳마다 그는 질서를 잡았고 정의를 세웠으며 화합을 이끌어냈다. 그가 얼마나 크게 현실적으로 은총을 베풀었는가는 그가 어느 도시에 나타나기만 하면 사람들이 "저이는 가르치려고 온 게 아니야. 우리를 다스리려고 왔어"라고 말했다는 사실에서도 알 수 있다.

한 위대한 정신, 위대한 영혼이 막강한 영향력을 행사하게 되면, 그 영향력이 공략할 여지조차 없이 완벽하면 할수록 더욱 무서운 질투와 더욱 난폭한 증오가 한편에서 일어나게 마련이다. 피타고라스의 제국이 4반 세기 동안 지속되어 이 지칠줄 모르는 대가의 나이가 아흔에 이르렀을 때 드디어 반동의 움직임이 시작되었다. 그리고 그 반동의 불씨는 크로토나의 라이벌이었던 시바리스로부터 튀었다. 그 당시 시바리스에서는 민중 봉기가 일어나 귀족당이 패배하게 되었다. 그러자 500명의 망명자들이 크로토나에 은신처를 요구했고 시바리스 정부는 그들의 반환을 요구했다. 크로토나의 관리들은 그들의 반환 요구에 응하려 했으나 피타고라스가 개입하여 막았다. 송환 요구가 거절되자 시바리스는 크로토나에 대해 전쟁을 선포했다. 하지만 피타고라스의 제자들, 특히 저 유명한 역사ㄱ± 밀론의 지휘를 받은 크로토나 군대는 시바리스 군대를 완전히 격파해 버렸다. 도시는 함락되어 철저히 노략

질당했고 남김없이 파괴되어 사막처럼 변해 버렸다. 피타고라스가 그런 식의 앙갚음을 허락했으리라고는 인정하기 어렵다. 그런 식의 앙갚음은 그나 모든 선지자들의 원칙에서 벗어나는 것이기 때문이다. 단지 피타고라스도 밀론도 승리에 취한 군대, 이전부터 존재하던 질투와 시바리스의 그 부당한 공격에 편승하여 더욱 사나와진 군대의 고삐 풀린 듯한 격정을 억누를 수가 없었던 것이다.

개인적인 것이건 집단적인 것이건, 모름지기 복수라고 하는 것은 걷잡을 수 없는 감정의 폭발을 동반하게 되는 법이다. 네메시스_{인간의 오만과 부덕을 벌한 응보의 여신}의 불꽃은 정말로 가공할 만한 것이다. 그런데 그 불꽃의 결과가 피타고라스와 그의 학회에 떨어지고 말았다.

시바리스를 점령한 후에 민중들은 그 땅을 자신들에게 나누어주기를 요구했다. 그리고 그 땅을 얻는 데서 만족하지 않고 민주당은 정치 개혁을 요구했다. '1,000인 의회'와 '300인 의회'의 모든 특권을 폐지하고 보통 선거만을 유일한 권위로 인정하자는 것이었다. '1,000인 의회'에 속해 있었던 피타고라스의 제자들은 그들의 원칙에 어긋날 뿐만 아니라 그들 스승의 피땀어린 과업을 뿌리째부터 흔들게 될 그 개혁에 당연히 반대했다. 그런데 이때 이미 피타고라스의 제자들은, 그들의 신비와 그들이 지닌 우월성에 의해 촉진된 민중들의 말 없는 증오의 표적이 되어 있었다. 그들의 정치적 태도는 선동 정치에 의한 분노를 부추겼으며 한 개인이 피타고라스에 대하여 가지고 있던 증오가 그 분노를 폭발시켰다.

실론이라고 하는 자가 전에 학교에 들어온 적이 있었다. 제자들을 받아들이는 데 아주 엄격했던 피타고라스는 그의 난폭하고 거만한 성격을 보고는 그를 쫓아냈다. 이 쫓겨난 후보생은 그 이후 증오에 찬 적대자가 되었다. 대중의 여론이 피타고라스로부터 등을 돌리기 시작하자 그는 거대한 대중 조직인, 피타고라스 학회에 대립되는 클럽을 조직했다. 그는 주요한 대중 지도자들을 자기편으로 끌어들이는 데 성공하자 그 모임을 거점삼아 혁명을 준비했다. 그 목표는 물론 피타고라스파를 몰아내는 데 있었다. 격정에 들떠 있는 대중들을 앞세운 채 실론은 민중 법정에 올라가 『신성의 말씀히에로 로고스』이라는 제목이 붙어 있는 피타고라스의 비밀의 책을 (미리 훔친 것이었다) 읽어 내려가기 시작했다. 물론 미리 변조하고 왜곡시킨 것이었다. 몇몇 웅변가들이 나서서 동물들에게까지도 사랑을 베푸는 피타고라스의 침묵의 형제들을 옹호했지만 돌아오는 것은 청중들의 웃음 소리뿐이었다. 실론은 피타고라스의 교리문답서가 인간의 자유에 위해를 가한다고 공격했다. 그 선동가는 아울러 이렇게 덧붙였다.

"그 정도가 아닙니다. 도대체 자칭 반신半神이라는 이 사람, 스승이라는 이 사람은 도대체 누구란 말입니까? 누구든 그에게 맹목적으로 복종해야만 하고 오로지 제자들에게 명령만 내리는 사람. 제자들은 그저 '스승이 한 말씀이다!' 라고만 앵무새처럼 되뇌이고… 그는 바로 크로토나의 독재자, 그것도 가장 나쁜 음험한 독재자인 것입니다. 민중에 대한 멸시에서가 아니라면 저 피타고라스의 제자들은 어떻게 자기네들끼리만 저렇게 똘똘 뭉쳐 있을 수 있단 말입니까! 그들은 '왕은 백성의 목자여야 한다'는 호머의 말을 늘 입에 달고 다닙니다. 그렇다면 우리들, 우리 백성들은 그들에게 양떼에 불과하단 말입니까? 그렇습니다. 저들 모임의 존재 자체가 우리 민중의 권리에 대한 영원한 음모가 될 것입니다. 그것을 파괴하지 않는 한 크로토나에는 자유란 존재하지 않습니다!"

민중의회 의원 중 한 명이 정의감에서 소리쳤다.

"그들을 처단하기 전에 최소한 피타고라스와 그의 제자들을 불러와 우리 법정에서 변호를 하게 합시다."

그러자 실론이 소리높여 대답했다.

"그 피타고라스 일당들에게 언제 공적인 일을 판단하고 결정할 권리를 주었습니까? 도대체 그들이 무슨 권리로 자기의 말을 들어달라고 할 수 있단 말입니까! 그들은 우리들에게서 정의를 행할 권리를 박탈할 때도 우리와 상의하지 않았습니다. 자, 그러니, 이제 여러분이, 우리가, 그들의 말을 듣지 않고 그들을 몰아낼 때입니다!"

그의 말이 끝나기가 무섭게 우레와 같은 박수 소리가 터졌고 사람들은 점점 더 흥분이 고조되어 갔다.

피타고라스 학회의 중요한 멤버들 40명이 밀론의 집에 모여 있던 어느날 저녁, 실론은 자기 패거리들을 선동하여 모았다. 그들은 집을 포위했다. 스승과 함께 모여 있던 피타고라스 학회 회원들은 문 앞에 방어벽을 만들었다. 하지만 격노한 군중들은 거기에 불을 붙였고 건물은 곧 불길에 휩싸였다. 피타고라스를 포함해 그의 수석 제자 서른여덟 명이 그 자리에서 불에 타거나 군중들에게 맞아 죽었다. 그들 중 아르시프와 리시스만이 겨우 그 학살을 피할 수 있었다.

이렇게 하여 자신의 드높은 지혜를 구체적 정치에 적용하려 했던 위대한 현자, 신성한 인간이 사라졌다. 피타고라스파 회원에 대한 학살은 크로토나와 타렌테 만 전체에 민주주의적 혁명의 도화선이 되었다. 피타고라스 교단은 그렇게 사라졌다. 하지만 그 잔해들이 시실리아와 그리스로 퍼져 위대한 스승의 말씀을 여기저기에 심어놓았다. 학살을 피한 리시스는 에파미논다스그리스의 유명한 철학자의 스승이 되었다. 다시 새로운 혁명이 일어난 다음에 뿔뿔이 흩어졌던 피타고라스파 회원들은 이탈리아로 들어갈 수 있었지만 다시는 정치 단체를 결성하지 않는다는 조건하에서였다. 하지만 그들은 놀라운 우애로 다시 뭉쳐 마치 한가족처럼 지냈다. 물론 정치 활동은 하지 않았다. 그렇게 재결성된 교단은 2,500년간 지속되었다. 그리고 위대한 스승의 생각, 스승의 가르침은 오늘날까지도 살아서 이어져 오고 있다.

피타고라스 사후에도 그가 그리스에 끼친 영향은 대단한 것이었다. 우리는 그가 델포이 신전에 새로운 힘을 주었으며 사제들의 권위를 더욱 공고히 했고, 피토니스라는 실제 모델을 통해 신탁의 전통을 세웠다는 사실을 알고 있다. 그 내적인 개혁 덕분에 성전이 다시 활기를 띠기 시작했고 사제들의 영혼이 새로이 깨어나면서 델포이는 그리스의 정신적 지주가 되었던 것이다. 페르시아 전쟁에서 그리스가 파멸의 위기에서 벗어날 수 있었던 것도 바로 델포이 신전에 살아 있는 아폴로 신의 젊음 때문이었고, 많은 시인들은 앞다투어 그것을 노래했다. 그렇다, 그 무서운 페르시아 전쟁중 그리스인들 곁에 함께 하고 있던 것은 아폴로의 숨결이었다. 기적을 낳은 종교적 열광이 산 자와 죽은 자 모두에게 깃들었고, 전승비를 빛나게 했고 무덤을 금빛으로 물들였다. 다른 모든 사원들이 노략질을 당했어도 델포이 신전만은 우뚝 서 있었다. 그리고 델포이를 지켜낸 것은, 피타고라스가 30년 전 그곳에 나타나 성전에 불을 지폈기 때문이었다. 델포이 신전의 신화와 함께 피타고라스의 이름은 성전에서 영원히 살아남아 있는 것이다.

우리는 여기서, 철학 전통에서 피타고라스가 끼친 업적과 영향에 대해서도 이야기할 필요를 느낀다. 피타고라스 이전에는 물리학자와 윤리학자가 따로따로 존재했었다. 피타고라스는 윤리와 과학과 종교를 보다 큰 안목에서 종합했다. 크로토나의 위대한 철학자는 근본적인 진리의 창조자는 아니었지만 그 진리들을, 신비주의적 진리들을 과학적 체계 속에서 찬찬히 정리한 사람이었다.

우리와 함께 끈기 있게 이 위대한 스승의 뒤를 밟아온 사람은 그의 원리의 핵심에서 유일한 진리가 빛나고 있음을 이해할 수 있을 것이다. 그 유일한 진리의 빛은 온갖 철학들과 종교들 속으로 흩어져나간다. 하지만 중심은 언제나 거기에, 피타고라스의 가르침 속에 있다. 그 진리에 도달하려면 어떻게 해야 할까? 관찰과 합리적 추론만으로는 충분치 않다. 관찰과 추론 외에 전술 직관이 더해져야 한다. 피타고라스는 큰 스승이었으며 제1의 반열에 속하는 선지자였다. 그는 정신을 꿰뚫어볼 수 있었으며 신비의 과학에 이르는 열쇠를, 정신의 세계에 이르는 열쇠를 가지고 있었다. 그리고 지적이고 정신적인 영혼의 그 초월적 기능에, 그는 물리 세계에 대한 미세한 관찰을 덧붙였고, 그의 높은 이성에 의해 인간의 관념들을 훌륭하게 분류했다. 우주의 과학이라는 건조물을 그만큼 총체적으로 세울 수 있었던 인물은 아무도 없었던 것이다.

사실상 그가 세운 그 위대한 건조물은 파괴된 적이 없다. 피타고라스로부터 자신의 형이상학의 원리를 빌려온 플라톤은 그것을 하나의 체계적 관념으로 만들었다. 알렉산드리아 학파는 그보다 몇 계단 더 올라가서 존재한다. 그리고 현대의 과학은 그 건물의 기초를 더 단단히 해준다. 그리고 수많은 철학의 학파들, 종교적 · 신비적 교파들이 그 건물의 여러 방들을 각기 점하고 있다. 하지만 그 어떤 철학도 그 전체를 감싸안아 본 적이 없다. 우리가 이제까지 해온 것은 그 조화와 통일성 속에서 그 전체 를 다시 발견하려는 것이었다.

제 7장

플라톤
엘레우시스의 신비

인간들은 사랑의 신을 에로스라고 부른다. 사랑엔 날개
가 있기에. 신들은 사랑을 프테로스라고 부른다. 사랑
은 날개를 부여하는 미덕을 가지고 있기에.

—플라톤, 『향연』

천국에서는 배운다는 것, 그것은 본다는 것이다. 지상
에서는, 그것은 기억하는 것이다. 신비를 통과한 자여
행복하도다. 그는 삶의 시원始原과 꽃을 알았으니.

—핀다로스

1. 헬레니즘 황혼기의 선지자 플라톤

　피타고라스에게서 그리스의 가장 위대한 선지자의 모습을 발견하고, 그를 통해 종교적 · 철학적 진리의 근본을 살펴본 이상 우리는 플라톤에 대해서는 이야기를 하지 않고 넘어갈 수도 있었을 것이다. 왜냐하면 플라톤은 피타고라스와는 다른 진리를 발견했다기보다는 그 진리를 보다 대중적이고 보다 변형된 형태로 보여주었을 뿐이기 때문이다. 하지만 우리가 잠시(아주 짧은 기간 동안) 이 아테네의 숭고한 철학자에게 들렀다 가야 하는 이유를 설명해 보기로 하자.

　그렇다, 모든 종교들과 철학을 종합해 주고 그의 모태가 되는 원리가, 분명히 존재한다. 그 원리는 세월이 흐르면서 진화하고 심오해지지만 그 근원과 핵심은 동일한 것이다. 우리는 피타고라스를 통해 그 커다란 줄기를 발견한 셈이다. 하지만 그것으로 충분할까? 절대 그렇지 않다. 근본에서 동일한 그 진리가 인종이나 시대에 따라 왜 다양한 형태를 띠게 되는지 그 섭리의 이유에 대해서도 우리는 물어야 한다. 그리하여 인류의 진정한 인도자들이었던 위대한 선지자들의 계보를 만들 수 있어야 한다. 그때 그들 각자가 지니고 있는 힘은 다른 선지자들의 존재에 의해 더욱 배가될 것이며, 바로 그 진리가 표명되는 다양성 한가운데서 진리의 통일성이 더욱 확실하게 드러날 것이다.

　세상 만물이 다 그러하듯이 그리스에도 여명기가 있었고 절정기가 있었으며 쇠퇴기가 있었다. 그것이 세월의, 인간의, 민족의 법칙이며

플라톤

땅과 하늘의 법칙이다. 오르페우스가 여명기의 선지자였고 피타고라
스가 한낮의 선지자였다면 플라톤은 헬레니즘 문명 황혼기의 선지자
였다. 그리고 플라톤 시대를 물들였던 황혼기의 짙은 붉은 빛은, 새로
운 여명, 인류의 새로운 여명의 장밋빛이기도 했다. 플라톤은 피타고
라스를 이어받았다. 그러나 한낮의 선지자가 마련한 통과 제의와 황혼
기의 철학자가 마련한 통과 제의 의식은 그 형태가 다르다. 우리가 여
기서 플라톤을 잠시 살펴보고 가는 것은, 그 다른 형태 속에서도 살아
숨쉬는 동일한 진리를 한눈에 알아볼 수 있게 하기 위해서다.

2. 플라톤의 청년기
소크라테스의 죽음

플라톤은 아테네에서 태어났다. 그 청년의 눈에 아테네는 수평선 끝이 안 보이는 배와도 같았다. 사방으로 열려 있는 아티카고대 아테네의 영토였던 지방는 마치 뱃머리처럼 에게 海로 돌출해 있었으며 둥글게 자리잡은 섬들에게 명령을 내리는 여왕과도 같았고 짙푸른 물결을 타고 앉은 인어와도 같았다. 플라톤은 그 아름다운 도시의 아크로폴리스 아래에서 성장했다.

하지만 플라톤의 유년기와 청년기를 감싸고 있는 정치적 지평은 암울하고 불안했다. 스파르타와 아테네 간의 집요한 펠로폰네소스 전쟁이 있었고 그것이 그리스의 와해를 재촉하고 있었다. 플라톤이 태어나던 해기원전 429년는, 그리스 정치에서 가장 위대한 인물이었던 페리클레스가 죽은 해였다. 그는 공명정대한 인물이었고 빈틈없는 인물로서 헬레니즘 문명을 완벽하게 대표할 수 있는 사람이었다. 플라톤의 어머니는, 미래의 철학자가 태어나기 전에 그녀가 목격했던 광경을 플라톤에게 틀림없이 이야기해 주었을 것이다. 스파르타가 아테네를 공격했다. 국가적 존립의 위기에 처해 있던 아테네는 겨울 내내 싸움을 벌였고 그때 수호신 역할을 한 것이 페리클레스였다.

하지만 이 행동하는 인간, 위대한 현실적 정치인이 죽은 후에, 그와 함께 살아왔던 그리스에는 과연 무엇이 남을 수 있을 것인가? 아테네 내부에는 선동 정치로 인한 알력이 극에 달해 있었다. 외부적으로는 스파르타의 침입이 언제나 턱밑의 위협으로 존재하고 있었고, 육지와 바다에서는 끊임 없이 전쟁이 있었으며 페르시아 왕의 황금이 호민관과 행정 관리들의 손아귀에 부패의 상징처럼 떠돌고 있었다.

페리클레스가 죽자 그의 뒤를 이은 인물이 알시비아드였다. 모험을 좋아하는 정치가이면서 모사꾼이었던 그는 웃고 즐기는 가운데 조국을 파멸로 이끌었다.

따라서 플라톤의 청년기 그리스 하늘은 암울한 빛을 띠고 있었다. 스물다섯 살이 되었을 때 그는 아테네가 스파르타에 의해 함락되는 것을 보았다. 그리고 스파르타의 장군 루산드로스가 제 고국으로 입성하는 것을 보아야 했다. 그것은 바로 아테네의 독립 상실을 의미했다. 그는 폐허가 된 조국에서 승리한 적군이 부르는 노래 소리를 들어야만 했다. 그리고 이어서 30명의 독재자가 이어졌고 압제와 박해가 이어졌다.

그 모든 광경들이 플라톤의 젊은 영혼을 슬프게 했지만, 그의 영혼을 뒤흔들지는 못했다. 그의 영혼은 아크로폴리스 광장 위의 하늘만큼이나 부드럽고 맑았으며 열려 있었던 것이다.

플라톤은 큰 키에 어깨가 넓은 청년이었다. 그는 신중했고 명상적이었으며 말수가 적었다. 하지만 일단 그가 입을 열면 섬세한 감수성과 매력적인 감미로움이 그의 말로부터 발산되었다. 그에게는 두드러진 점도, 지나친 점도 없었다. 날개 달린 듯한 우아함과 자연스러운 겸손함이 그의 정신의 진지함을 감추고 있었고 거의 여자 같을 정도의 부드러움이 그의 강인한 성격을 덮는 베일 구실을 하고 있었다.

하지만 그의 영혼에서 가장 독특하게 두드러지는 것은 그 영혼이 태어나면서 영원성과 신비스러운 협정을 맺은 듯이 보인다는 것이었다. 그렇다, 그의 커다란 눈을 들여다보고 있으면 그 속에 영원한 그 무엇이 살아 있는 듯이 보였다. 눈에 보이는 변화하는 형상들, 그 불완전한 형상들 뒤에서, 그의 눈에는 보이지 않는 완전한 형상, 영원히 빛나는 형상이 나타나 있는 듯했다. 바로 그 때문에 젊은 플라톤은 자신이 어느날 철학자가 되리라는 것을 의식하지도 못한 상태에서, 이미 절대관념이상의 실재와 그것의 편재성을 의식하고 있었던 것이다. 바로 그 때문에 여인들이, 장례 수레가, 군대가, 축제가, 그의 눈앞에서 출렁이는 것을 보면서도 시선은 마치 다른 것을 보고 있는 듯한 채 이렇게 말하곤 했던 것이다.

"저들은 왜 울고, 저들은 왜 저렇게 즐거운 환호성을 지를까? 저들은 존재하고 있다고 믿고 있지만 그렇지 않다. 나는 왜 태어나고 죽는 것에 애착을 느끼지 못하는 것일까? 왜 나는 영원히 태어나지도 않고 영원히 죽지도 않는, 그러나 언제나 존재하는 '불가시不可視의 존재'만을 사랑하는 것일까?"

사랑과 조화, 바로 거기에 플라톤 영혼의 근원이 있었다. 하지만 어떤 조화이고 어떤 사랑인가? 영원한 미美를 향한 사랑이요, 이 우주를 껴안는 조화였다. 영혼이 위대하고 심오할수록 그 영혼은 자기 자신을 아는 데에 많은 시간을 보내는 법이다. 그가 최초로 열광해 빠져든 것은 예술이었다. 그는 부모가 모두 스스로 왕족의 후예임을 내세우는 유복한 집안 태생이었다. 따라서 그의 청년기는, 한 사회가 쇠퇴기에 처했을 때 보여주는 온갖 호사스러움과 유혹에 둘러싸인 아테네 부호로서의 삶, 바로 그것이었다. 그는 그런 생활에 과도함도 없이, 그렇다고 지나치게 몸을 사리지도 않은 채 젖어들었다. 그는 자기와 비슷한 부류의 사람들과 어울리며 훌륭한 유산을 즐겼고 많은 친구들에 둘러싸여 칭송을 받으며 지냈다. 그는 그의 작품 『페드라』에서 여러 측면에 따른 사랑의 정열을 묘사한 바 있는데, 그 묘사가 너무도 훌륭해서 구구절절 우리의 흥분을 자아내기에 충분했다고 한다. 그 중 우리에게는 단 한 구절이 남아 있는데, 그 한 구절만 해도 사포그리스의 유명한 여류 시인의 시구만큼 열정적인 것이어서 마치 바다 위 하늘에 떠 있는 별들만큼 빛으로 가득차 있다.

"나는 하늘이 되기를 원하노니, 내 온 존재가 당신을 바라볼 눈이 되기 위해서라오."

미의 온갖 양식과 형태들을 관통하는 최상의 절대미를 추구하면서 그는 미술과 음악과 시에 빠져들었다. 그리고 그 중 시가 그의 온갖 요구에 부응하는 듯이 보였다. 그는 마침내 그의 욕망을 하나로 고정시켰다. 플라톤은 거의 모든 장르를 놀라울 만큼 손쉽게 익히는 재주를 지니고 있었다. 그는 연애시, 주신 찬미의 시, 서사시, 비극·희극 등 모든 장르에 있어서 똑같은 섬세함과 감수성을 가지고 밀도 있는 작품을 썼다. 또 하나의 소포클레스가 되어 쇠퇴기에 있는 아테네 연극을 부활시키기에 부족한 점은 하나도 없었다. 그는 실제로 그런 야망에 이끌렸고 친구들이 그를 북돋웠다. 스물일곱이 되었을 때 그는 여러 편의 비극을 써서는 그 중의 하나를 콩쿠르에 보낼 예정이었다.

플라톤이 아카데미의 뜰에서 젊은이들과 대화를 나누고 토론을 벌이던 소크라테스를 만난 것은 바로 그 시기였다. 소크라테스는 정의와 불의에 대해서, 미와 선과 진에 대해서 이야기했다. 우리의 시인은 철학자에게 다가가 귀를 기울였고, 다음날도 또 그 다음날도 그의 곁으로 다시 왔다. 몇 주가 지나지 않아 그의 정신에 큰 혁명이 일어났다. 행복한 젊은 청년, 시적 영감에 가득 찬 시인은 이제 더이상 자신의 현재 모습을 있는 그대로 인정할 수 없게 되었다. '영혼의 산파'라고 불리우는 철학자의 말 아래서, 또 하나의 플라톤이 태어났다. 도대체 무슨 일이 일어났던 것일까? 그 무슨 요술에 의해서 사티로스반인반수 모습의 숲의 신의 얼굴을 한 이 철학자는 그 잘생기고 재주 있는 청년 플라톤을 사치와 관능과 시로부터 끄집어내어, 위대한 체념, 위대한 자기 포기의 길, 현자의 길로 들어서게 한 것일까?

단순 소박해 보이면서도 기인奇人인 사람, 그가 바로 소크라테스였다. 조상彫像 제조인의 아들이었던 그는 청소년기에 미의 세 여신상을 조각하기도 했다. 하지만 그는 곧이어, 대리석을 조각하기보다는 영혼을 조각하는 것이 낫다며 끌을 놓았다. 그리고 평생을 지혜를 추구하며 살았다. 체육관, 광장, 극장에서 젊은이들, 예술가들, 철학자들과 대화하는 그의 모습을 언제나 볼 수 있었다. 그 당시 아테네에는 궤변론자들이 메뚜기떼처럼 몰려들고 있었다. 선동가들이 진정한 정치인의 위조물이듯이, 검은 마술사가 진정한 선지자의 위조물이듯이 궤변론자들은 철학자의 위조물이면서 철학자를 부정하는 자들이었다. 그리스의 궤변론자들은 다른 곳의 궤변론자들보다 훨씬 섬세했으며 논리가 정연했고 신랄했다. 그런 부류의 사람들은 한 문화의 쇠퇴기에는 언제나 등장하는 법이었다. 마치 썩어가는 육신에 벌레가 기생하듯 그들은 퇴폐적인 문화에 기생하는 존재들이었다. 그들은 신과 영혼, 말하자면 절대진리와 지고至高의 삶을 부정했다. 소크라테스 시대의 궤변론자들은 진리와 오류 사이에는 차이가 없다고 말했다. 그들은 힘이외의 다른 정의는 없으며 각 주체의 의견 외에 다른 진리 역시 없다고 말하면서 그 어떤 생각도 증명해 낼 수 있다고 자부했다. 그리하여 그들은 스스로 방탕한 삶을 살면서 비싼 돈을 받고 젊은이들을 가르쳐, 그들을 음모와 방탕과 난폭함으로 몰고 갔다.

소크라테스는 마치 교육받기를 원하는 무식한 사람처럼 특유의 어수룩함과 부드러운 표정을 하고 궤변론자들에게 접근했다. 하지만 호의로 가득찬 두 눈의 한편에서는 정신이 반짝이고 있었다. 그리고는 질문과 질문이 이어지면서, 그들이 애당초 주장했던 바와는 전혀 다른 이야기를 할 수밖에 없게 만들었고, 자기가 지금 말하고 있는 것에 대해 아무것도 모르고 있다는 것을 자신도 모르는 사이에 인정하게 만들었다. 이어서 소크라테스는 우주의 과학을 소유하고 있다고 자부하고 있는 궤변론자들이 실은 재치 있는 말장난만 늘어놓을 뿐 그 어떤 것의 원칙도, 그 어떤 현상의 원인에 대해서도 전혀 아는 바가 없음을 은연중에 밝혀버렸다. 그는 그런 방식으로 궤변론자들을 침묵으로 몰아넣은 후에도, 승리자인 양 의기양양해하지 않았다. 그는 오히려 그렇게 성실한 답변으로 가르침을 준 데 대해 감사한다고 웃으며 말하고는 '자신이 아무것도 모른다는 것을 아는 것이 진정한 지혜의 출발'이라고 덧붙였다. 그렇다면 소크라테스 자신은 무엇을 믿으며 무엇을 확신하는 것일까? 그는 신들을 부정하지 않았다. 그는 일반 시민들과 똑같이 신들을 숭배했다. 단지 그는, 신들은 그 성질상 침투 불가능한 것이며, 학교에서 배우는 물리학과 형이상학으로는 아무것도 이해할 수 없음을 고백한 것이었다. 중요한 것은 정의와 진리를 믿고 그것을 삶에 적용하는 것이라고 그는 말했다. 그의 입에서 나오는 말은 대단한 힘을 가지고 있었는데, 그것은 그 자신이 바로 자신이 하는 말의 모범이 되었기 때문이었다. 그는 흠잡을 데 없는 시민이었으며, 용감한 군인이었고, 공명정대한 심판관이었으며, 신의 있는 친구였고, 자신의 온갖 정열을 지배할 줄 아는 사람이었다.

이렇게 도덕과 정신 교육의 방법은 시대와 환경에 따라 그 모양을 달리한다. 피타고라스는 깨달음의 길에 들어선 그의 제자들을 우주 창조의 저 드높은 정신과 마주치게 했다. 아테네에서 소크라테스는 광장에 나선 채 정의와 진실에 대해 이야기함으로써 동요하고 있는 사회를 바로잡고 다시 세우려 했다. 그리고 그 둘은, 한 명은 저 높은 원칙으로부터 내려오는 질서를 통해, 다른 한 명은 저 높은 곳으로 올라가는 과정을 통해 동일한 진리를 설파하고 있었던 것이다. 피타고라스가 드높은 통과 제의 의식의 방법과 원칙을 제시했다면 소크라테스는 과학과 학문의 시대가 열리고 있음을 예고했다.

진리의 대중 전파자로서의 역할을 자임한 소크라테스는 엘레우시스아테네 북서쪽 지역의 신비엘레우시스에 존재했던 통과 제의 의식에 참여해 깨달음을 얻는 과정을 거부했다. 하지만 그는 엘레우시스의 신비가 가르치는 전적이고 지고한 진리를 확고히 믿고 있었다. 그가 그 진리에 대해 말할 때면 그 선량한 소크라테스의 얼굴이 마치 신의 영감에 사로잡힌 목자의 얼굴처럼 변했다. 눈이 빛났고, 달변이던 그의 입에서는 만물의 근원을 밝히는 빛나는, 그러나 단순한 문장들만이 흘러나올 뿐이었다.

왜 플라톤은 이 인물에 그토록 매혹당하고 흔들렸던 것일까? 그는 소크라테스를 보면서 선善이 미美보다 우위에 있음을 이해한 것이다. 미는 예술이라는 신기루 속에서만 진실을 실현하는 데 반해, 선은 영혼 저 깊은 곳에서 진실을 실현한다는 것을 깨달은 것이다. 진정한 정의가 무엇인가를 목도하게 된 순간 플라톤의 영혼 속에서는 그 휘황찬란하게 빛나던 예술에 대한 열광이 그 빛을 잃고 보다 신성한 꿈에게 그 자리를 내주게 된 것이다.

소크라테스는 그에게 그가 이전까지 생각해 왔던 미와 영광이, 다른 영혼들을 진리로 이끌면서 활동하고 있는 영혼의 미와 영광보다 열등하다는 것을 보여주었다. 소크라테스의 말을 들으며 그는 예술의 온갖 화려함이란 결국 헛된 진리를 한순간 거울에 비추이게 하는 것일 뿐임을 알게 되었다. 빛나는 영원한 미, 절대의 미(그것은 진리에 다름 아니다)에 대한 생각이 플라톤의 영혼을 사로잡고, 변화하는 헛된 미에 대한 집착을 끊어버렸다. 바로 그 때문에 플라톤은 그때까지 그가 사랑해 왔던 모든 것을 버리고, 젊음의 절정에 있을 나이에 소크라테스에게 자신을 의탁했던 것이다. 미에 대한 진리의 위대한 승리였으며 그것은 인간 정신사에 있어서 헤아릴 수 없는 결과를 낳게 되었다.

하지만 플라톤의 친구들은 그의 내부에서 일어난 그 변화를 감지할 수 없었다. 그들은 여전히 비극에 대해서 운문으로 토론을 벌이는 그의 모습을 기대하고 있었다. 그는 친구들을 집으로 초대해서 거대한 향연을 베풀었다. 그의 친구들은 그의 느닷없는 초대에 어리둥절해했다. 그런 식의 향연은 너무나 예외적이었던 것이다. 하지만, 음악의 신 뮤즈와 미의 세 여신이 사랑의 신 에로스와 함께하는 그 호사스러운 초대를 마다할 이유는 아무것도 없었다.

플라톤은 그 하룻밤의 향연을 위해 막대한 돈을 지출했다. 식탁은 정원에 차려졌다. 아테네에서 가장 아름다운 세 명의 고급 매춘부도 그 자리에 참석했다. 향연은 밤새 계속되었다. 그들은 사랑 찬가와 바커스 찬가를 노래했다. 이윽고 친구들이 플라톤에게 주신을 찬양하는 시 한 구절을 낭송하라고 청하자 그가 웃으며 일어나 말했다.

"이 향연이 내가 그대들에게 베푸는 마지막 향연이라네. 나는 오늘부터 인생의 즐거움을 버리고 지혜의 길을 좇아 소크라테스의 가르침을 받을 것이라네. 자 모두들 잘 듣게. 나는 이제부터 시와도 작별이네. 내가 추구하는 진리를 표현하기에는 미흡하다고 생각했기 때문이지. 나는 더이상 한 줄의 시도 짓지 않을 것이며 그대들이 보는 앞에서 내가 이제까지 지은 시들을 모두 태워버리겠네."

놀라움과 항의의 목소리가 여기저기서 터져나왔으며 술과 흥겨움에 붉게 물든 친구들의 얼굴에는 경악과 분개의 표정이 떠올랐다. 또한 믿을 수 없다는 듯 멸시의 코웃음이 들려오기도 했다. 모두들 플라톤의 계획을 미친 짓이거나 무엇에 홀려서 하는 짓이라고 생각했다. 그리고 헛소리 집어치우고 다시 제정신으로 돌아오라고 재촉했다. 하지만 플라톤은 웃으면서 부드럽게 자신의 결심은 확고하다며 이렇게 덧붙였다.

"이 이별의 축제에 이렇게 모두 참석을 해주어서 고맙네. 하지만 이 제부터는 새 생활을 나와 함께 할 친구들만 가까이 하겠네. 이제부터 는 소크라테스의 친구만이 나의 진정한 친구라네."

그 말 한마디가 마치 화려한 꽃밭을 한순간에 얼어붙게 만드는 듯 했다. 그 말은 기쁨에 들떠 있던 친구들의 얼굴에, 마치 장례식에 참 석한 사람들처럼 슬프고 당황한 기색이 떠오르게 만들었다. 먼저 고 급 매춘부들이 슬그머니 자리에서 일어나더니 집주인에게 성난 눈초 리를 보내며 가마에 올랐다. 친구들은,—궤변론자들도 많이 섞여 있었 다—빈정거리듯이 가벼운 말투로 "안녕 플라톤! 행복하시길! 우리에게 다시는 오지 않겠지! 안녕! 안녕!"이라고 말하며 자리를 떠났다. 그 주 변에는 단지 두 명의 친구만 남았다. 그는 그 충실한 두 친구의 손을 잡더니, 반쯤 빈 포도주병들, 술잔들 사이에 뒤섞여 여기저기 구르고 있는 플루트와 리라를 뒤로 한 채 그들을 집 안으로 인도했다. 그곳에 는 한 작은 제단이 마련되어 있었고 그 위에는 파피루스 두루마리들이 피라미드처럼 쌓여 있었다. 플라톤이 그때까지 썼던 모든 시 작품들이 었다. 시인은 한 손에 횃불을 들더니 웃으면서 거기에 불을 붙였다. 그 리고는 "불카누스불의 신여 내게로 오라. 플라톤은 그대를 필요로 하노 라"라고 말했다.

불꽃이 사그라지자 세 명의 친구는 눈물을 글썽이며 미래의 그들 스승에게 작별을 고했다. 하지만 혼자 남은 플라톤은 눈물을 흘리지 않았다. 그는 이제 자신이 찾아갈 소크라테스를 생각했다. 여명의 빛 이 집들의 테라스들과 사원의 기둥들과 지붕을 물들였고, 곧이어 아크 로폴리스 꼭대기의 미네르바의 모자 위에 최초의 빛을 반짝이게 했다.

3. 플라톤의 통과 제의
플라톤의 철학

플라톤이 소크라테스의 제자가 된 지 3년 만에 소크라테스는 아레이오스파고스아테네의 형사 법정에 의해 사형 선고를 받고는 처형되었다.

소크라테스의 처형에 관한 이야기만큼 사람들 입에 자주 오르내린 역사적 사건은 거의 없다. 하지만 소크라테스의 처형을 결정한 아레이오스파고스의 결정이 정말로 그릇된 것이었느냐에 대해서는 이론이 분분하다. 심지어는 신을 부정한 소크라테스가 아테네의 근본까지 뒤흔들었으며 결국엔 국가의 이익에 위배되는 인물이었으므로 아레이오스파고스의 결정은 나름대로 옳은 것이었다는 견해가 우세하기까지 하다. 하지만 그러한 주장에는 두 가지 결정적인 오류가 들어 있다. 그 오류가 무엇인가를 직접 지적하기 전에, 우선 플라톤의 작품인 『소크라테스의 변명』을 번역하면서 빅토르 쿠쟁이 서문에서 쓴 글을 인용해 보기로 하자.

아누토스소크라테스 시대 아테네의 정치인는 존경할 만한 사람이었다는 사실을 우리는 지적해야 한다. 그의 결정은 옳았다. 균형잡히고 절제 있는 아레이오스파고스가 내린 결정에서 우리에게 놀라운 점이 있다면 소크라테스가 그토록 늦게서야 기소되었다는 점, 그의 처형 결정이 더 많은 다수의 동의를 얻지 못했다는 점뿐이다.

「소크라테스의 죽음」,
다비드, 1787.

그 자신 철학자이기도 했던 쿠쟁의 견해가 옳다면 국가의 안녕, 올바른 정치라는 이름하에 철학과 종교 자체를 처단해야 할 것이다. 소크라테스가 국가의 안녕에 위험한 존재였다고 말하는 것은 철학이 사회의 근본을 뒤흔드는 것이라고 말하는 것과 같으며, 그가 신을 부정했다고 말하는 것은 종교가 진리의 탐구와는 무관하다고 말하는 것과 같기 때문이다.

소크라테스의 죽음을 놓고 대다수의 역사가와 철학자가 간과하고 있는 중요한 사실이 있다. 그리스에서는 철학자에 대한 박해가—매우 드문 일이었지만—사원으로부터 온 것이 아니라 언제나 정치적 이유로부터 왔다는 사실이다. 헬레니즘 문화 시대에는, 오늘날처럼 철학과 종교 사이에 알력이 존재하지 않았다. 철학과 종교 사이의 대립이 첨예하게 된 것은 훗날(기원후 2세기경) 기독교 신비주의가 철저하게 탄압을 받게 되면서이며 그 이후 소위 정통 기독교 교리는 철학자를(진리의 탐구자를!) 교회의 이름으로 악마와 동일시해 왔다. 헬레니즘 시대에, 탈레스 같은 철학자는 이 세상은 물로부터 형성되었다고 조용히 말했다. 헤라클레이토스는 불이라고 말했고 아낙사고라스는 태양이야말로 작열하는 거대한 불덩어리라고 했으며 데모크리토스는 모든 것은 원자로부터 나온다고 주장했다. 하지만 그 주장 때문에 동요하는 사원은 없었다. 사원의 사제들은 그들이 주장하는 바를 모두 알고 있었으며, 그 이상의 깨달음도 간직하고 있었기 때문이다. 그리고 그들은 또한 소위 신을 부정한다고 주장하는 철학자들도 국가 전체의 신앙을 송두리째 파괴할 수는 없다는 것, 더 나아가 진정한 철학자는 선지자들과 마찬가지 방식으로 신을 믿고 있으며 자연 속에 깃든 신성, 가시적인 것 속의 비가시적인 존재를 보고 있다는 사실을 알고 있었다. 그때 진정한 종교와 진정한 철학을 맺어주는 끈 구실을 했던 것이 바로 신비주의의 원리였다. 헬레니즘문화를 올바로 이해하려면 그 당시 종교와 철학 간의 그러한 관련에 대한 이해가 선행되어야 한다.

그렇다면 소크라테스를 기소한 것은 과연 누구인가? 펠로폰네소스 전쟁을 일으킨 자들을 저주했던 엘레우시스의 사제들은 소크라테스를 비난하는 소리를 입 밖에 낸 적도 없다. 델포이의 신전은 한 인간에 대해 보일 수 있는 최대의 찬사와 경의를 소크라테스를 향해 보냈다. 아폴로 신의 신탁을 받은 무녀는 "그보다 더 자유롭고, 올바르고, 양식 있는 사람은 없다"라고 말했다고 크세노폰은 전하고 있다. 따라서 '젊은 이를 타락하게 만들며 신을 믿지 않는다'라는, 소크라테스에게 붙여진 두 가지 죄목은 구실에 불과하다. 그 중 두 번째 죄목에 대해 우리의 피고는 재판정에서 당당하게 말했다.

"나는 나의 정신을 믿는다. 그러니 당연히 나는 이 우주의 위대한 정신인 신들을 믿어야 하지 않겠는가?"

그렇다면 우리의 현자는 왜 그 비할 바 없는 미움을 받게 되었던 것일까? 그는 불의를 타파했고 위선을 벗겼으며 헛된 주장 속에 들어 있는 거짓을 밝혀내었다. 사람들이란 모든 악덕과 모든 무신론은 쉽게 용서하면서, 그 악덕과 무신앙을 들추어내는 사람은 참아내지 못하는 법이다. 진정한 신성 모독자들이 군림하고 있던 아레이오스파고스가, 자신들이 범하고 있는 죄목을 소크라테스에게 덧씌워 그를 처형한 것은 그 때문이다. 플라톤의 책에서 생생하게 되살아난 소크라테스의 증언은 단순 명료하면서도 당당하다.

"나를 향한 그토록 위험스런 반감을 유발한 것은 아테네인들 사이에서 현자를 찾으려는 나의 헛된 노력 바로 그것이었다. 그로 인해 나를 향한 그토록 수많은 중상모략이 터지게 되었던 것. 내 이야기를 듣고는 내가 모든 것을 알고 있으며 사물의 이치를 모르는 자의 무지를 벗겨내리라는 것을 그들이 알아낸 것. 수많은 음모자들, 치밀한 계획 하에 나를 모략하고, 또한 감언이설로 그 모략을 포장하여 당신들을 유혹할 수 있었던 것. 그리하여 당신들의 귀를 허위에 가득찬 소문으로 채울 수 있었던 것."

결국 재능이 없는 비극 시인들, 사악하고 광신적인 벼락 부자들, 염치 없는 선동 정치가들이 가장 훌륭한 인물을 사형에 처했다. 그리고 바로 그 죽음이 그를 불멸로 만들었다. 그는 이렇게 자랑스럽게 재판관에게 말할 수 있었다.

"나는 나를 기소한 자들 그 누구보다도 신들의 존재를 믿는다. 이제 나는 죽고 당신들은 살아 있음으로서 우리가 헤어질 시간이 되었다. 우리들 중 누가 더 나은 운명을 갖고 있다고 말할 수 있을까? 아무도 알 수 없으리라. 신을 제외하고는."

진정한 종교와, 국가의 종교적 상징들을 동요시키기는커녕 소크라테스는 그것을 확고히 하려고 온갖 노력을 다했다. 만일 그의 조국이 그를 이해했더라면 그는 조국을 위해서 위대한 지주支柱가 될 수 있었을 것이다. 그는 마치 예수처럼 그의 사형 집행인들을 용서하며 죽음을 맞았고 인류에게 순교한 현자의 모범이 되었다. 그는 개인적 통과 제의와 열린 과학의 도래를 예고한 인물이었던 것이다.

진리를 위해 죽음을 택한 소크라테스의 모습, 영혼의 불멸성에 대해 그가 제자들과 나눈 대화의 마지막 모습은 플라톤의 가슴 속에 가장 아름다운 광경으로, 가장 성스러운 신비로 아로새겨졌다. 그것이 그의 최초의, 위대한 통과 제의였다. 후에 그는 물리학을 연구하고 형이상학에 몰두했으며 다른 학문에도 손을 뻗쳤지만 그는 언제나 소크라테스의 제자로 남아 있었다. 그는 또한 스승의 입을 빌려 자기 생각의 보물들을 담음으로써 우리에게 생생한 모습을 전해 주고 있다. 소크라테스의 모습은 시인을 철학자로 변모시킨 그 열광의 불꽃처럼 제자의 순수한 이상이 되었다. 플라톤이 50세가 되어서야 학교를 열었고 80세가 되어 죽음을 맞이했다는 것을 우리가 알고 있으면서도 그의 모습이 항상 젊게 떠올려지는 것은 그 깊은 사고 속에서도 언제나 스승을 향한 그 순진성의 불꽃이 타오르고 있었기 때문이다.

플라톤은 소크라테스로부터 커다란 자극을 받았고 삶의 원칙을 배웠으며, 정의와 진실을 향한 굳센 믿음을 전수받았다. 한편 그는 '엘레우시스의 신비통과 제의'를 통해 자기 학문의 실체를 세울 수 있었다. 그의 천재성은, 그 '엘레우시스의 신비'에 시적인 동시에 변증법적인 새로운 형태를 부여하여 우리에게 소개해 준 데 있다. 물론 그는 통과 제의 의식을 엘레우시스에게서만 받은 것이 아니다. 소크라테스가 죽은 후에 그는 여기저기 여행을 했다. 그는 소아시아의 여러 철학자들에게 가르침을 받은 후 이집트로 가서 사제들과 교분을 맺고 이시스의 통과 제의를 받았다. 그는 피타고라스처럼 대가大家에 오를 만큼 최상 단계의 통과 제의에까지는 이르지 않았다. 그는 제3단계의 통과 제의를 겪음으로써, 영혼과 육체에 대한 명증한 지혜와 정신을 획득할 수 있었던 것이다.

그후 그는 이탈리아 남부로 가서 피타고라스의 제자들을 만난다. 피타고라스가 그리스 제1의 현자임을 그는 알고 있었던 것이다. 그는 거액을 주고 그 위대한 스승의 원고 한 편을 손에 넣는 데 성공한다. 피타고라스의 신비주의 전통을 그렇게 직접 접하게 됨으로써, 그는 위대한 스승으로부터 그의 철학 체계의 뼈대와 모테를 빌려올 수 있었다.

아테네로 돌아온 플라톤은 아카데모스아카데미라는 이름의 유명한 학교를 세운다. 소크라테스의 과업을 잇기 위해서는 진리를 널리 전파할 필요가 있었던 것이다. 하지만 피타고라스가 이중, 삼중의 베일로 싸놓은 비밀들을 공공연하게 드러내놓고 가르칠 수는 없는 노릇이었다. 비밀에 대한 서약, 신중함이 그 신비의 직접적인 드러냄을 가로막았고, 또한 그의 가르침의 목표도 그 신비를 일반인들에게 완전히 드러내는 데 있지 않았다. 플라톤의 『대화편』을 통해 우리에게 전해지고 있는 신비주의의 원리는 따라서 상당히 은폐된 것이며 완화된 것으로서, 야릇한 포장, 논리적인 변증법, 또는 전설과 신화와 우화의 모습으로 우리에게 나타난다. 피타고라스가 행했던 것처럼 하나의 총체적이고 웅장한 건조물로 나타나는 것이 아니라 부분부분 파편적으로 숨어 있는 그 진리를 우리는 우리의 힘으로 다시 재건립하는 수밖에 없다.

플라톤은 소크라테스와 마찬가지로 아테네의 젊은이들, 사교계 인사들, 웅변가들, 궤변론자들 사이에 있었다. 그는 자신의 고유한 무기로 그들과 싸워야 했다. 그런데 그의 재능은 바로 거기에 있었다. 그에게는 마치 독수리처럼 변증법의 그물에서 벗어나 대담하게 숭고한 진리로 날아오르는 재주가 있었다. 그의 대화들은 날카롭고 독특한 매력을 발산하고 있는바, 델포이와 엘레우시스적인 종교적 열광과 함께 놀라운 명석함, 아테네풍의 신랄함, 심지어는 심술궂음과 빈정거림까지도 엿볼 수 있는 것이다.

플라톤의 저술들에서 근간이 되고 있는 신비주의적 교리들이 어떻게 흩어져 있는가를 발견하기란 그다지 어려운 일이 아니다. 페드라에서 나타나고 있는 원리는 피타고라스의 '신성한 숫자'의 원리와 같은 계보를 이루며, 『국가론』은 신비주의적 우주 창조론을 아주 모호하고 복잡하게 보여주고 있다. 영혼의 진화와 이동에 관한 원리는 거의 모든 플라톤의 작품들을 관통하고 있지만, 『향연』과 『파이돈』에서 특히 뚜렷하게 나타나고 있다. 우리는 베일을 쓴 프시케(인간 영혼의 운명)가 얼마나 아름답고 감동적으로 그 사이를 날아다니고 있는지 단번에 알아볼 수 있는 것이다. 우리는 앞부분에서, 이 우주의 열쇠는 저 높은 곳에서부터 낮은 곳까지, 대우주로부터 소우주까지, 신성으로부터 인간 존재로까지 '3원성의 원칙'하에 놓여 있음을 알아낸 바 있다. 피타고라스는 '신성의 4분자'의 상징하에 그 원리를 훌륭하게 요약해 보여주었다. 살아 있는, 영원한 이 '말씀'의 교리가 바로 선지자의 그 사원, 이 세상 만물의 바다 위에 세워져 있는 난공불락인 성채의 마법의 원천이며 위대한 비법 중의 비법이다. 플라톤은 그 비법을 그의 가르침을 통해 드러낼 수도 없었고 드러내고자 하지도 않았다. 우선은 신비에 대한 침묵의 서약이 플라톤의 입을 막았다. 이어서, 그 비법을 전해 주어도 그 누구도 그것을 이해할 수 없었을 것이며, 이 세상의 생성 원리를 품고 있는 그 신비를 제멋대로 곡해하여 모독했을 것이다. 도덕의 타락과, 정치적 정열의 과도한 분출을 억제하고 그와 싸우기 위해서는 다른 것이 필요했다. 그리하여, 이전에 위대한 예언자들, 진정한 선각자들 앞에서만 찬란하게 열렸던 그 문, 저세상으로, 다른 세상으로 가는 문이 플라톤 이후에 닫혀버리게 되었던 것이다.

플라톤은 세 세상의 원리를 세 가지의 개념으로 대치했는데, 그 개념이, 체계화된 통과 제의의 문이 닫혀버린 이래 몇천 년 동안 최상의 숭고한 목표에 도달하기 위한 세 가지 길로 간주되어 왔다. 그 세 개념 이란 각자 인간 세계, 신성 세계와 관련되는 개념이었다. 그 개념들은 그 무엇이든 그에 적용할 수 있는 추상적 개념들이라는 장점을 가지고 있으며, 바로 그 점에 진리의 대중 전파자로서의 플라톤의 뛰어남이 존재한다. 그는 '진실'과 '미'와 '선'의 세 개념을 동일 선상에 놓음으로 써 이 세상에 찬란한 빛줄기를 선사한 것이다. 그 세 개념을 하나하나 밝혀냄으로써 그는 그 세 빛이 같은 핵심에서 나온 빛이라는 것, 그것 들이 합쳐져 다시 그 빛이 나온 핵심이자 근원, 즉 신을 형성한다는 것 을 보여준 것이다.

선善, 다시 말해 정의를 추구하면서 영혼은 정화된다. 그리하여 진리 를 알게 될 준비가 이루어진다. 선의 추구는 영혼의 진보를 위한 첫 번 째 필수불가결한 조건이다. 미美를 추구하고 미에 대한 개념을 넓혀가 면서 영혼은 정신적인 미, 관념적인 빛이면서 만물의 모태이고 형태를 낳으며 신의 실체이자 기관인 미에 도달한다. 그리하여 이 세상의 영혼 과 합류하면서 인간의 영혼은 날개가 돋는 것을 느낀다. 진실의 관념을 추구하면서 영혼은 순수 영혼 속에 포함된 원칙인 순수 본질에 이른다. 영혼은 자신을 지배하고 있는 원칙과 신의 원칙이 일치하는 것을 느끼 면서 불멸성을 획득한다. 영혼의 완성이며, 영혼의 신격화이다.

인간 정신이 걸어야 할 이 위대한 길을 열어 보여줌으로써 플라톤 은 각종 철학자들의 협소한 체계와 분파적인 종교들 너머에서 '관념 (혹은 이상)의 범주'를 정의내리고 창조했는데 그 관념의 범주가 그후 로부터 오늘날까지 체계화된 통과 제의 의식의 역할을 대신해 오고 있 다. 그는 신에게로 향하는 세 가지의 신성한 길을 개척했다. 오르페우 스와 피타고라스 그리고 헤르메스와 함께 신전 내부에 깊숙이 들어감 으로써 우리는 플라톤이라는 뛰어난 천재에 의해 세워진 그 길이 그 얼마나 광활하고 올바른 길인가를 판단할 수 있을 것이다. 통과 제의에 대한 올바른 인식만이 플라톤의 관념론이상론을 올바로 이해할 수있게 해준다.

관념론이란, 고독 속에서 스스로의 존재에 대해 질문하고, 자기 내면의 소리와 기능에 의해서 천상의 존재에 대해 판단하는 영혼이, 신성의 진리들의 존재를 대담하게 긍정하는 것을 말한다. 통과 제의란영혼의 경험에 의해서, 정신에 대한 직접적인 목격을 통해서, 내적인부활에 의해서 동일한 진리에 스며들어가는 것을 뜻한다. 그 둘 모두숭고한 단계에서 영혼이 신성 세계와 소통하게 되는 것을 말한다.

관념이상은 하나의 윤리이며, 시학이며, 철학이다. 통과 제의는 하나의 행동이며 하나의 비전이고, 숭고한 진리의 현현이다. 관념은 신성한 조국고향에 대한 꿈이며 그리움이다. 통과 제의는 그 잃어버린 고향에 대한 명증한 회상이며 소유 자체이다.

관념의 범주를 설정함으로써 선지자 플라톤은 직접적인 통과 제의가 사라져버린 시대의 인간들, 하지만 고통스럽게 진리를 열망하고 있는 인간들에게, 수백만의 영혼들에게 하나의 은신처를 제공한 셈이며 축복에 이르는 길을 마련해 준 셈이다. 그렇게 해서 플라톤은 철학을 미래의 성전에 이르는 출입문으로 만들었고 선량한 모든 사람들을그 문으로 향하게 했다. 수많은 그의 제자들(이교도이건 기독교도들이건)의 관념론은 우리에게 위대한 통과 제의를 앞에 둔 대기실처럼 보이는 것이다.

플라톤의 사상이 그토록 높은 지지를 받았고 빛나는 힘을 발휘할수 있었던 것은 그 사상이 지닌 그런 위대함과 중요성 때문이다. 그리고 그 힘은 신비주의에 근원을 두고 있다. 플라톤이 세운 아카데모스가 몇 세기 동안 이어져 알렉산드리아 학파에까지 연장될 수 있었던 것도 그 때문이다. 또한 초기 교황들이 플라톤에게 찬사를 보낸 것도 그 때문이다.

소크라테스의 제자가 아크로폴리스의 그늘 아래 숨을 거둔 지도 2,000년이 더 흘렀다. 기독교, 야만인의 침입, 중세·근대·현대가 이 세상 위로 흘러갔다. 하지만 고대는 그 재 위에서 언제고 부활했다. 후에 피렌체에 세워진 학교에는 '플라톤의 아카데미'라는 이름이 붙었으며, 오늘날까지도 플라톤의 이름은 우리 곁을 떠나지 않고 있다. 언제나 소박한 모습으로, 하지만 영원한 젊음의 빛을 발하면서 플라톤은 우리에게 신비에 이르는 길, 영혼이 소생하는 새로운 길을 보여주고 있다. 언제고 인간의 모습 속에 생생하게, 그리고 아름답게 신비를 담으려 했던 그리스 정신이 낳은 플라톤은, 시대와 환경의 변화에 수동적으로 적응했던 인물이 아니라, 시대와 환경의 변화에 발맞추어 절대 진리를 전하려 했던 능동적인 인물이었다.

제8장

예수
그리스도의 사명

나는 법을 폐지하고 예언자들을 멸하러 온 것이 아니다. 나는 그것들을 완수하러 왔다.

—마태복음 17장

빛이 이 세상에 있었고 세상은 빛을 위하여 만들어졌는데도 세상은 빛을 알아보지 못했다.

—요한복음 1장 10절

동쪽에서 번개가 치면 서쪽까지 번쩍이듯이 사람의 아들도 그렇게 나타날 것이다.

—마태복음 24장 27절

1. 예수 탄생기의 세상

　시대는 암울했고 하늘은 잔뜩 흐려 있었다.

　선지자들의 노력에도 불구하고 유일신 사상은 아시아와 아프리카와 유럽에서 힘을 발휘하지 못하고 오히려 쇠퇴의 기미를 보일 뿐이었다. 그것은 그 어떤 정신적인 높이를 꾸준하게 유지하기 어렵다는 인간성 자체의 약점에서 기인한다. 고대의 선지자들은 이 자연 만물 속에 깃들어 있는 신성성을 뚜렷이 의식하고 있었지만 신들의 다양성은 최고의 숭고한 신, 순수한 성령의 지배하에 있다는 생각을 또한 하고 있었다. 그리스의 델포이와 엘레우시스는 여러 신들과의 만남과 그것에 입각한 정신적 교훈들을 가르쳤으나 그와 동시에 이 드높은 통일성도 함께 가르쳤다. 하지만 오르페우스와 피타고라스와 플라톤의 제자들은 정치가들의 이기주의, 궤변론자들의 비속함, 일반 군중들의 맹목적 정념의 벽에 부딪쳐 좌초할 수밖에 없었다. 그리스의 사회적·정치적 와해는 종교적·정신적·지적 와해에서 기인하는 것이다. 최고의 신의 현현이면서 태양의 말씀인 아폴론은 침묵할 수밖에 없었다. 더이상 신탁도, 영감靈感도 존재하지 않았고 진정한 시인도 나타나지 않았다. 지혜의 신 미네르바와 신의 섭리는 방탕하게 변해 버려 신비를 모독하고 현자들과 신들을 비웃는 백성들 앞에서 두터운 베일을 쓸 수밖에 없었다. 게다가 신비 자체도 부패해 버렸다. 엘레우시스의 통과 제의에 사기꾼이나 아첨꾼들까지 받아들였던 것이다.

영혼이 그 투명성을 잃고 무거워지면 종교는 우상 숭배가 되어버리고, 정신이 물질화되면 철학은 회의주의로 떨어져버린다.

종교에 있어서의 미신화, 철학에 있어서의 불가지론의 기승, 정치에 있어서의 타락과 이기주의, 필경은 전제 정치로 떨어지고 말 무정부주의적 정신의 만연, 이러한 것이 이집트와 아시아의 신비를 불멸의 미의 형태로 우리에게 전해 주었던 그리스의 상황이었다.

그런데 그런 위기의 시기에 우리가 진정으로 기억하고 기려야 할 인물이 하나 있다면 그는 바로 알렉산더 대왕이다. 아버지 필립포스와 마찬가지로 사모트라케의 통과 제의를 받은 바 있는 이 위대한 정복자는 아리스토텔레스의 제자이긴 하지만 그의 정신 세계로 보아서는 차라리 오르페우스의 정신적 계보에 속한다고 보는 것이 옳다. 마케도니아의 아킬레스라고 할 수 있는 알렉산더 대왕이 앗시리아를 통해 인도까지 진출하면서 세계 제국을 꿈꾸었던 것은 사실이다. 하지만 그것은 백성의 탄압이나 종교와 학문을 파괴하면서 세계 정복을 노린 케사르의 방법과는 다른 것이었다.

그의 야심은 학문적·과학적 권위에 기대어 종교들의 종합을 꾀하고 그를 통해 아시아와 유럽을 화해시키는 것이었다. 그러한 생각에 그는 아리스토텔레스를 아테네의 미네르바라고 칭송했으며 예루살렘의 여호와와, 이집트의 오시리스, 인도의 브라마를 동일한 신성성에 깃든 선지자의 가르침으로서 받아들였다. 그는 승리에 취해, 그리고 꿈에 잠겨 죽었지만 그의 생각은 그가 죽은 후에도 살아남았다. 그가 만든 알렉산드리아는, 동방의 철학들, 유태교와 헬레니즘이 이집트의 신비주의를 요람으로 한데 뒤섞인 곳으로서, 그리스도의 부활의 말씀을 기다리는 중심이 되었던 것이다.

그리스를 천상에서 비추고 있던 두 신 아폴론과 미네르바가 그 빛을 잃고 수평선으로 내려오자 폭풍우 몰아치는 그 하늘 위로 위협적인 신호가 나타났으니, 바로 로마라는 무서운 존재였다.

그리스가 정신적 타락을 겪고 있었지만 그래도 델포이 성전과 엘레우시스 신전에 대해서는 여전히 존경을 간직하고 있었다. 하지만 로마에서는 그 근본에서부터 학문과 예술이 천대받았다. 로마에도 누마 같은 에트루리아에서 통과 제의를 받은 현명한 왕이 있어 신탁 예언집을 들여와 헤르메스의 신비를 전하려 했으나 원로원 의원들의 야심에 찬 반대에 부딪쳐 그가 죽은 후 그의 기도는 좌절하고 만다. 그는 백성에 의해 선출된 사법 제도를 창안했으며 여기저기 신전을 세웠고 전쟁을 일으킬 권리를 외교 담당 사제관들에게 종속시켰다. 누마 왕은 로마의 정치 제도에 신성의 과학을 도입하려 했던 인물이었다. 하지만 그는 엄밀한 의미에서 로마의 정신을 소유한 사람이었다기보다는 에트루리아의 통과 제의 정신을 소유한 사람이었다고 보는 것이 옳다.

누마가 죽은 후에 로마 원로원은 신탁 예언집을 불사르고 제관의 권위를 박탈했으며, 종교가 정치적 지배의 도구에 불과했던 이전의 모습으로 되돌아갔다. 그리하여 모든 백성들을 그들의 신들과 함께 삼켜 버리는 괴물이 되었던 것이다. 로마는 골 지방과 이집트와 유태와 페르시아에서 신비주의의 전통을 최후로 간직하고 있던 선지자들을 무참히 도륙했다. 그들도 신을 숭배하는 척하고 있었지만 실상은 그들의 상징인 늑대를 숭배했을 뿐이다. 그리고 핏빛이 어린 그 로마의 여명기에 로마를 대표하는 이 늑대의 최후의 아들이 나타났으니 그의 이름이 바로 케사르였다. 케사르, 그와 함께 로마는 거의 모든 민족을 점령했으며, 그는 모든 권능의 화신이 되었다. 케사르는 전제 군주가 되는 것에 만족하지 않고 왕관 위에 대주교의 관까지 덮어 썼다. 그리고 후에는 자신을 신격화하기에 이르렀다.

케사르와 함께 로마는 거의 전 세계로 세력을 펼쳤다. 하지만 로마에 의해 정복당한 민족들 중에는 신의 백성임을 자처하는, 로마의 기질과는 정반대되는 기질을 가진 백성들이 있었으니, 바로 이스라엘 백성이었다.

내란에 의해 지쳐버린, 3,000년에 걸친 노예 생활에 의해 짓밟힌 이스라엘이 그 굴하지 않는 신앙을 간직해 온 것은 어디에서 기인하는 것일까? 어떻게 하여 이 정복당한 백성이 그리스의 쇠락과 로마의 호사스러움에 맞서, 머리에는 잿더미를 뒤집어쓴 채로 두눈에는 무시무시한 분노를 담은 채 하나의 예언자처럼 우뚝 설 수 있었던 것일까? 자신의 목을 짓밟고 있는 지배자들 앞에서 도저히 회복 불가능한 파멸이 눈앞에 다가왔는데도 결국 상대방이 패배할 것이며, 종국에는 자신들이 승리할 것이라는 그 믿음은 어디에서 기인하는 것일까? 그것은 하나의 위대한 생각이 그들 안에 함께 하고 있었기 때문이다. 그리고 그 생각은 모세에 의해 전수받은 것이다. 그들 십이 부족은 모세의 후계자인 여호수아의 지도하에 "이에브여호와가 우리의 유일한 신이라는 증거이다"라는 글자가 새겨진 기념비를 세웠던 것이다.

이스라엘이 어떻게 해서 유일신 사상을 그들의 기반으로 삼게 되었는지에 대해서는 '모세편'에서 우리가 이미 살펴본 바 있다. 모세는 그 유일신 사상을 세우느냐 못 세우느냐에 인류의 장래가 달려 있다고 생각했다. 그 유일신 사상을 지키기 위해 그는 상형문자로 된 한 권의 책을 썼고 성궤를 만들었으며 사막에서 먼지처럼 흩어져 있던 부족을 부추겼다. 그의 그 기도에 맞서 팔레스타인의 모든 민족들이 공모를 꾀했으며 심지어는 유태 민족 내부에서도 반란이 있었다. 그리하여 그가 쓴 책은 성직 사회에서도 제대로 이해되지 못했고 그가 만든 성궤는 적에게 탈취되었다. 그리고 수백 번도 더 이스라엘 백성은 모세가 남겨준 사명을 잊을 뻔했다.

그 모든 위기에도 불구하고 그 백성들은 어떻게 여전히 그 유일신 사상의 충실한 신도로 남아 있을 수 있었을까? 어떻게 하여 모세의 생각이 불火의 문자가 되어 이스라엘 백성의 이마와 가슴에 새겨져 있게 되었을까? 우리는 과감하게 대답할 수 있다. 그것은 예언가들 때문이며 예언자를 낳는 제도와 전통이 계속되어 왔기 때문이라고. 예언가의 전통은 모세에게로까지 거슬러 올라간다. 헤브라이 백성은 어느 시대에건, 심지어 그들이 흩어져버렸을 때도 '나비'라고 하는 예언자를 가지고 있었다. 하지만 그 예언가 제도가 하나의 조직적인 형태로 나타나는 것은 사뮤엘 시대에 이르러서이다. '네비임'이라는 예언자 학교를 세워 이제 갓 태어난 왕권과 타락해 가기 시작하는 성직 사회에 맞세운 것이 바로 사뮤엘이다. 그는 그 학교를 세움으로써 모세의 신비주의 전통과 종교적 사고들을 수호할 수 있었다.

예언이나 점은 고대 어느 사회를 막론하고 다양한 형태하에 존재했었다. 하지만 이스라엘의 예언가 전통은 유일신 사상을 보유하고 있음으로 해서 보다 큰 넓이와 크기를 보여준다. 신과의 직접적인 소통을 의미하는 이 예언술은 흔히 생각하듯이 단순한 미신이 아니라 성령의 우주적 법칙을 천명해 보여주는 것에 다름아니다. 예언이 진정으로 무엇을 의미하는가를 알아보기 위해 에스왈드의 『예언』 서문의 한 부분을 좀 길지만 인용해 보자.

이 세상을 지배하는 전면적인 진실들, 달리 말해 '신의 생각들'은 변하지 않으며 공격 불가능한 것이고, 이 세상 만물들이나, 인간의 의지나 행동들의 변전變轉과는 독립되는 것이다. 인간은 원래 그 진리들에 참여하고 그것을 이해하고 그것을 자유로이 행동으로 보여주게끔 되어 있다. 거기에 인간 고유의 진정한 임무가 있다. 하지만 성령의 말씀이 육신으로 된 인간에게 스며들기 위해서는 인간은 역사의 충격에 의해 그 근본까지 흔들리지 않으면 안 된다. 그제서야 영원한 진리가 하나의 빛줄기로서 용솟음친다. '여호와는 살아 있는 신이다'라는 말이 신약에 자주 나오는 것은 그 때문이다. 인간이 신의 부름에 귀기울일 때 그에게 새로운 삶이 우뚝 솟아나 그는 더이상 고독하지 않게 된다. 그는 신과 소통을 하게 되고 진리들과 함께 살게 되며 하나의 진리로부터 다른 진리로 무한히 나아갈 수 있는 것이다. 그러한 새로운 삶 속에서 그의 생각은 이 우주의 의지와 합치된다. 그는 현재에 대한 명증한 시선을 갖게 되며, 신의 섭리에 따라 이 세상을 읽을 수 있게 된다. 그러한 내적 경험을 겪은 자가 바로 예언가이니, 필경 다른 사람들에게는 신의 대변자 구실을 하게 되는 것이다. 그의 생각은 하나의 비전이 되어 그의 영혼으로부터 진실이 용솟음친다. 예언적인 진실의 드러남은, 역사 속에서는 진리가 갑자기 번개나 벼락처럼 번쩍이며 울리듯이 나타난다.

구약 속의 엘리야·이사야·에제키엘·예레미야 등의 예언가가 힘을 빌려오는 것은 바로 그 우주적 깨달음을 통해서이다. 그들은 그들이 묵고 있는 동굴 속에서 혹은 왕들의 궁전에서 스스로 영원으로 가는 오솔길이 되었으며 이스라엘의 수레와 기사가 되었다. 가끔 그들은 혜안으로 왕들의 죽음, 왕국의 몰락을 예언했다. 그 예언을 통해 그들은 이스라엘의 진정한 임무, 인류에게서의 정의의 궁극적 승리에 대한 믿음을 조금도 물러서지 않고 이어왔다. 바로 그들 덕분에 수많은 외적의 침입을 당하면서도 이스라엘의 신앙의 근본은 조금도 흔들리지 않았던 것이다.

로마가 이스라엘을 지배하게 되고 헤롯 왕이 통치를 하게 되었을 때 구세주의 모습은 모든 사람들의 마음을 사로잡았다. 유태의 예언가들이 구세주를 정의, 순교자, 진정한 신의 아들의 모습으로 떠올렸다면 유태의 백성들은 다윗 왕이나 솔로몬 왕, 마카베 왕의 모습을 그리고 있었다. 그 모습이야 어찌되었건 이스라엘에 영광을 되찾아줄 그 메시아를 모두 믿고 기다리고 간절히 부르고 있었으며, 그것이 바로 예언자들의 행동이 가져다 준 힘이었다.

로마의 역사가 로마 사회의 내적·외적 운명에 따라 필경 케사르로 귀결되었듯이 이스라엘의 역사는 신의 섭리에 따라 필경 예수 그리스도에 닿았고 예언가들은 그 신의 섭리를 가시적으로 천명한 사람들이었다.

그러나 로마의 화려한 승리가 결국은 케사르라는 전제 군주를 낳았다면 이스라엘은 붕괴의 한가운데에서 메시아주의를 낳았으니 역사의 표면과 이면에서 작용하는 신비의 힘을 다시 한번 느끼게 해주는 것이다.

어쨌든 이스라엘 백성들 간에는 메시아를 향한 막연한 기다림이 널리 퍼져 있었다. 악이 횡행하는 가운데 전 인류는 구세주의 도래를 예감했다. 수세기 전부터 신화는 신성한 아기에 대한 꿈을 키워왔다. 신전에서는 신비 속에서 그 이야기를 해왔다. 점성술가들은 구세주가 도래할 날을 계산했다. 무녀들은 소리높여 이교도 신의 추락을 예언했다. 선지자들은 언젠가 이 세계가 신의 아들의 지배하에 놓일 것이라고 예고했다. 지상 전체가 하찮은 사람들, 가난하고 불쌍한 사람들의 편에 설 정신적 왕을 기다리고 있었다.

그 아이는 언제 태어나게 될 것인가? 그 어느 신성한 세계로부터 그 영혼은 이 지상으로 올 것인가? 어떠한 사랑의 섬광으로 그는 이곳으로 내려올 것인가? 그 어떤 놀라운 순수성으로, 그 어떤 초인적인 에너지로 그 영혼은 자신이 떠나온 천상에 대한 기억을 간직하게 될 것인가? 그 어떤 장엄한 노력으로 그는 이 지상으로부터 도약해서 인류를 그 천상으로 끌어올릴 것인가?

그 누구도 그에 대해 정확히 말할 수는 없었지만, 그래도 기다리고 있었다. 그 당시 헤롯 왕은, 유태 나라를 대량 학살장임과 동시에 자신의 위세를 과시하는 호사로운 궁전으로 만든 후에, 그리고 그 위세에 빛나는 통치 후에 임종의 고통 속을 헤매고 있었다. 그 전제 군주는 수없이 저지른 죄의 응보를 받듯이 무서운 병으로 신음하다가 숨을 거두었다. 그가 죽기 전에 그의 일곱 부인은 이미 송장에 가까워진 그를 버리고 도망갔으며 그의 가신들마저 그를 저버렸다.

이렇게 유태의 마지막 왕이 죽었다. 바로 그 순간 인류 미래의 정신적 왕이 태어났으니 이스라엘의 소수의 선지자들은 깊은 어둠 속에서 겸허하게 그의 지배를 준비하고 있었다(헤롯 왕의 죽음과 예수의 탄생 시기는 상징적으로 일치한다고 보는 것이 옳다).

2. 마리아, 예수의 탄생과 성장

　예수가 베들레헴에서 태어났다는 설이 있기도 하지만 예수의 가계와 유년기에 대한 후대의 전설이 마련되는 과정에서 오류가 발생한 듯하고 실제로는 나자렛에서 태어났다고 보는 것이 옳을 듯하다. 그리고 기독교도에게 최초이자 가장 큰 신비인 예수의 영혼이 개화한 곳, 즉 그가 유년기를 보낸 곳은 분명히 갈릴리의 황량하고 구석진 장소이다. 그는 우리가 마리아라고 부르지만 본래 이름은 미리암인 목수 요셉의 아내에게서 태어났다.

　전설은 예수의 탄생에 대해 수많은 경이로운 기적들로 감싸고 있다. 그 전설에 많은 미신들이 덧붙어 있는 것도 사실이지만 우리가 잘 모르고 있는 '정신적 진리'들을 포함하고 있는 부분도 많다. 그 중 하나가 예수 탄생 이전에 이미 그가 어머니에 의해, 어머니의 욕구에 의해 예언자적 운명을 부여받았다는 전설이다. 그리고 비슷한 전설이 구약의 여러 영웅들이나 예언자들에게서도 나타난다. 그 점에 있어서는 삼손과 사뮤엘의 이야기를 다시 한번 읽어보는 것이 흥미로울 것이다.

　천사 한 명이 삼손의 어머니에게 나타나 그녀가 곧 아이를 갖게 될 것인즉 "그 아들을 낳거든 그 머리에 면도칼을 대지 마라. 그 아이는 모태에서부터 이미 하느님께 바쳐진 나자르인이다. 그 아이가 비로소 이스라엘을 불레셋 사람들 손에서 건져낼 것이다"(판관기 13장 305절)라고 말한다. 한편 사뮤엘의 어머니는 신에게 아들을 간청하기까지 한

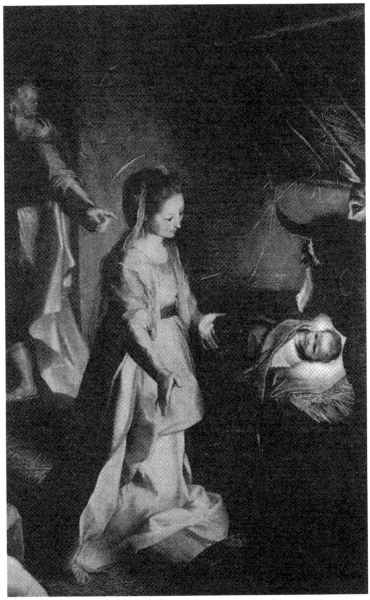

「예수 탄생」, 페데리코 바로치, 1590년경.

다. "엘카나의 아내인 한나는 자식이 없었다… 한나는 마음이 아파 흐느껴 울며 신에게 애원하였다. 그녀는 서원을 하며 빌었다. '이 계집종의 가련한 모습을 굽어 살펴주십시오. 이 계집종을 저버리지 마시고 사내 아이 하나만 점지해 주십시오. 그러면 저는 그 아이를 야훼께 바치겠습니다. 평생 그의 머리를 깎지 않도록 하겠습니다.'" (사뮤엘 상 1장 11~20절) 그런데 그 어원상으로 추적해 볼 때 사뮤엘삼-유-엘이라는 이름은 '신의 내적인 영광'을 의미한다. 자신이 잉태하여 곧 낳게 될 자식에게서 빛을 느낀 어머니는 그를 '주의 보이지 않는 본질'로 간주하는 것이다.

예언자들의 탄생과 관련된 이 부분은 대단히 중요한 부분이다. 그것은 이스라엘에 생생하게 살아남아 있던 신비주의 전통 속으로 들어가 기독교 전설을 올바로 이해할 수 있게 해주기 때문이다. 한나의 남편인 엘카나는 물론 육신에 있어서는 사뮤엘의 아버지이다. 하지만 그 정신의 아버지는 영원한 존재인 하느님이다. 우리는 유태인의 이러한 표현을 통해 그들이 '영혼이 미리 존재한다'는 신비주의 원리를 자신들의 것으로 삼고 있었음을 알 수 있다. 영감을 받은 여인이 지고의 영혼에게 간청하여 그 영혼을 자기의 가슴으로 받아 예언자를 이 세상에 내놓는다. 공식적인 신앙에서는 완전히 배제되었으며 유태인들에게 베일에 싸여 전해진 이 교리가, 구약 선지자들의 비밀스런 전통의 일부를 이루고 있는 것이다. 예레미아의 아래와 같은 말은 그 사실에 대한 확실한 확인이며, 후에 예수 자신도 바리새인들에게 그런 말을 전하고 있다.

내가 받은 하느님의 말씀은 이러했다. 내가 너를 너의 어머니 가슴 속에 만들어주기 전에 난 너를 이미 알아보았다. 네가 그 어머니 가슴을 떠나기

전에 나는 너를 축성하여 주었고 너를 예언자로 삼았다. (예레미아 1장 4절)

내 그대들에게 진실로 이르노니, 아브라함이 있기 전에 내가 있었노라.
(요한복음 8장 58절)

초기 기독교 사회에서는 예수가 요셉과 마리아 사이에서 태어난 아들이라는 것을 별 무리없이 받아들였던 것 같다. 그것은 마태가, 예수가 다윗 왕의 후손이라는 것을 보여주기 위해 요셉의 가계家系를 무리에게 소개하고 있는 사실로 보아 확인이 된다. 영혼의 강림과 부활이라는 신비주의 전통에서 볼 때 예수가 요셉과 마리아 사이에서 태어난다는 사실은 하나도 이상할 것이 없는 것이며, 사뮤엘의 탄생과 예수의 탄생은 동일한 맥락에 놓일 수 있는 것이다. 후에 예수의 탄생에 보다 초자연적인 요소가 강화되고 가미되어, 유년기의 삶에 대한 전설이 나타나게 된 것이다.

우리가 유태교의 전통과 기독교 전설에서 신비주의적 의미를 읽어낸다면 우리는 다음과 같이 말할 수 있다. 섭리에 의한 활동, 보다 정확히 말한다면 정신 세계의 물결이 보통사람들이 탄생할 때보다는 뛰어난 사람이 태어날 때 더욱 크게 작용하는 법이다. 따라서 그런 경우 유전적인 법칙만으로는 설명하기 불가능한 요소가 더욱 많이 개입되게 마련이다. 그 정신 세계의 물결은 이 세상의 모양을 바꿀 임무를 갖고 태어난 대예언자의 경우에는 더욱 강력하게 된다. 신성한 임무를 위해 선택된 영혼은 신성의 세계로부터 온다. 그것은 영혼이 자유로이, 의식적으로 행한 일이다. 하지만 그 영혼이 이 지상에 등장하기 위해서는 그 영혼이 깃들 터전을 선택해야 하고, 뛰어난 어머니의 부름이 필요하다. 한편, 그 어머니는 그 정신에 의해 자신의 영혼이 지닌 욕구와, 그 삶의 순결성으로 인해 자신의 육신과 자신의 피 속에, 하느님의 아들이 될 운명을 타고 난 영혼이 깃들게 된 것을 예감하고 그 영혼을 부르고 받아들이게 된다. 지상에서 깃들 곳을 찾는 영혼의 절대성에, 그것을 받아들이는 영혼의 순결성이 완벽하게 결합되는 것이다. '성처녀-성모'라는 고대의 관념 속에 들어 있는 깊은 진실은 바로 그러한 것이다. 인도에서는 크리슈나의 전설 속에 그러한 생각이 확실하게 나타나 있다. 성서의 마태복음과 누가복음에는 그러한 진리가 시적으로 변용되어 보다 단순하게, 하지만 여전히 경탄할 만하게 나타나 있다.

"하늘로부터 오는 영혼에게 탄생은 죽음이다"라고 그리스도가 오기 500년 전 엠페도클레스는 말했었다. 정신과 영혼이 제 아무리 숭고하더라도 그것이 일단 육신에 깃들게 되면 과거에 대한 기억은 잠정적으로 모두 사라져버린다. 그것이 일시적인 영혼의 죽음이며, 일단 육신에 깃든 영혼은 그 죽음으로부터 다시 태어나야만 한다. 그리고 그 근원이 드높으면 드높을수록 잠들어 있는 힘과 본래의 모습을 되찾고 자신의 임무를 또렷이 인식하려는 노력은 더욱 커야 할 수밖에 없다.

심오하고 부드러운 영혼이 개화하기 위해서는 조용함과 평화가 필요하다. 예수는 갈릴리의 평온함 가운데서 성장했다. 그의 영혼이 첫 번째 받은 인상은 부드럽고 엄격하면서 경건한 것이었다. 나자렛 마을은 몇 세기가 흐르는 동안에도 조금도 변하지 않았다. 바위 위에 층층이 세워진 집들은 여행객들의 말에 따르면 석류나무와 포도나무 숲 가운데 여기저기 흩뿌려진 하얀 상자 같았다. 그리고 그 사이를 비둘기들이 날아다녔다. 그 마을 위를 산의 싱싱한 공기가 덮고 있었고 저 멀리 높은 곳으로는 지평선이 펼쳐져 있었다. 그 장엄한 마을의 외부 광경에 경건하고 가부장적인 가정의 분위기가 어우러지고 있었다. 어린 아이에게 가정은 마치 사원과도 같았다. 그리스 집 안에서는 밝은 옷음 소리가 새어나오고 요정의 모습들이 장식되어 있는 데 반해 유태의 가정은 엄격한 율법이 지배하고 있었고 들르는 사람도 경건한 예언자들뿐이었다. 하지만 아이들을 향한 사랑으로 굳게 뭉친 부모의 자애심이 온통 정신적인 삶에 가득찬 이 가정의 삶을 따뜻하게 했고 밝게 만들었다.

예수가 최초의 가르침을 받은 것, 아버지와 어머니의 입을 통해 성서들에 대해 알게 된 것은 바로 그런 분위기에서였다. 유년기부터 신으로부터 선택받은 백성의 기나긴 고난에 찬 운명이 그의 눈앞에 펼쳐졌다. 그 분위기와 교육하에서 하느님은 항상 어린아이의 영혼 앞에 존재해 있었으며, 그 하느님은 별들이 떠 있는 저 하늘뿐만이 아니라, 하느님의 영광을 비추이는 촛대 속에, 아버지의 말씀과 어머니의 말 없는 사랑 속에도 존재해 있었다. 예수는 호기심이 많아 질문을 많이 했다. 아들의 날카로운 질문 앞에서 아버지는 입을 다물었다. 하지만 어머니는 긴 속눈썹 아래의 꿈에 잠겨 있는 듯한 눈을 들어 호기심에 찬 아들의 눈을 그윽히 바라보며 이렇게 대답했다.

"신의 말씀은 예언가들만이 보고 들을 수 있단다. 언젠가는 에세네의 현자들, 카르멜 산과 사해에서 고독하게 지내는 그들이 네게 대답을 해줄 것이란다."

어린 예수는 또한 또래의 아이들과도 어울렸다. 우리는 그의 조숙함에서 오는 야릇한 위엄 때문에 또래의 친구들 사이에서 윗사람 대접을 받는 그의 모습을 쉽게 상상해 볼 수 있다. 또한 유태 교회당에 참석해 율법학자들과 바리새 교파들 사이에서 벌어지고 있는 논쟁에 귀를 기울이거나, 스스로 그 논쟁에 참여하는 모습도 그려볼 수 있다. 또한 이 율법학자들의 그 메마른 논쟁에 반감을 느끼는 그의 모습도 그려볼 수 있다. 그런가 하면 그는 수많은 종족과 종교가 오갔던 갈릴리의 수도 세포리스를 찾아가 많은 이교도들과도 접촉을 했을 것이다. 그는 또한 페니키아의 마을을 방문해서 그들의 삶 가운데에서 터져나오는 관능적 쾌락의 외침을 듣고 번뇌와 연민에 사로잡혀 몸을 떨기도 했을 것이다. 그리고 마리아의 아들은 해방감에 젖어 고향의 산으로 되돌아왔을 것이다. 그는 나자렛의 바위 위에 앉아 갈릴리의 광활한 지평선을 바라보며 질문을 던진다. 그리고 눈앞에 펼쳐진 광경 속에서, 그 산들, 마을들에서 민족의, 인류의 운명을 본다. 그의 질문은 이러한 것이다.

"저들은 그 누군가를 기다리고 있는 것인가?"

하지만, 예수의 영혼을 둘러싸고 있는 외부 세계가 그에게 아무리 큰 인상을 남겼다 할지라도, 그 모든 외부 세계는 필설로 다하지 못할 그 자신의 내면 세계 앞에서는 초라해질 뿐이었다. 그 절대적, 지고의 진리가 어두운 물 속으로부터 피어나는 밝은 꽃처럼 그 자신 내부에서 피어났다. 그것은 마치 그가 홀로 명상에 잠겨 있을 때면 자신의 내부에서 저절로 밝아오는 빛과도 같았다. 그럴 때면 모든 사람들과 사물들이, 그것들이 멀리 있건 가까이 있건 상관없이 투명해져 그 내부의 본질을 드러내고 있는 듯이 여겨졌다. 그는 그때 그 생각들을 읽었고 그 영혼들을 보았다. 그리고 그때 그의 기억 속에서 자신이 함께했던 저 신성한 존재들의 모습이 떠올랐다. 그 경이로운 영상들이 그의 꿈에 자주 나타났고 그의 영혼과 현실 사이에 놓여, 그의 의식 자체가 이중으로 분열되었다. 그리고 그 무아지경의 정점에 올랐을 때면, 그는 번개 같은 빛에 이끌려 작열하는 태양 속에 잠기는 듯이 느껴지기도 했다. 그는 그 황홀경에서, 이루 표현하기 어려운 부드러움과 정신의 힘을 얻었다. 그때 그는 자신이 모든 존재와, 전 우주와 그 얼마나 조화로운 상태에 있음을 느꼈던 것인지! 이 신비스러운, 그러나 다른 모든 것들보다 친근하고 생생하게 느껴지는 이 빛, 그 자신의 내부로부터 용솟음쳐나와 자신을 저 먼 공간으로 데려가, 자신의 영혼이 그 신비한 떨림 속에서 모든 영혼들과 결합되는 것을 느끼게 해주는 이 빛은 도대체 무엇인가? 그것이 바로 영혼들과 이 세상의 원천이 아닌가?

그는 그 원천을 '하늘에 계신 아버지'라고 명명했다.

사랑의 빛 속에서 신과 하나가 되는 이 타고난 감정에 바로 예수의 원초적이고 위대한 계시가 존재한다. 내면의 목소리가 그것을 그의 내부 깊은 곳에 가두라고 말한다. 그러나 그것이 그의 전 생애를 밝혀주게 된다. 그것이 그에게 이루 다할 수 없는 확신을 준다. 그것이 그를 부드러우면서 불굴의 정신의 소유자로 만들었다. 그것이 그의 생각을 다이아몬드로 된 방패처럼 해주었고 그의 말씀을 빛의 칼로 만들었다.

깊이 감추어져 전해지지 않던 유년기·청년기의 이 신비로운 경험, 신비로운 삶은 예수의 실제 삶과 완전히 일치한다. 누가는 복음서에서 열두 살 때의 예수의 모습을 이렇게 전한다. '힘과, 은총과, 지혜가 점점 커져갔다'고. 예수에게서의 종교적 의식은 외부 세계와는 절대 무관한 생래적인 것이다. 그의 그 본래 타고난 예언자로서의, 구세주로서의 의식은 외부의 충격에 의해서, 그 시대의 분위기에 의해서, 그리고 예수의 독특한 통과 제의와 기나긴 내부의 연마를 통해서 깨어난다. 그리고 복음서 여기저기에 그 과정의 흔적이 남아 있다.

그가 겪은 최초의 정신적 충격은 그가 부모와 함께 처음으로 예루살렘을 여행했을 때 오게 되며, 누가가 그에 대해 전해 주고 있다. 이스라엘이 자랑하는 이 도시는 유태인들의 종교적 열망이 살아 숨쉬는 중심지였다. 그 도시가 겪는 불행은 오히려 그 정신을 고양시킬 뿐이었다. 그 곳에 무덤이 쌓이면 쌓일수록 희망이 발산된다고 말할 수 있을 정도였다. 잇따른 폭군들에 의해 예루살렘은 수많은 수난을 겪었다. 그들의 치하에서 핏물이 강물이 되어 흘렀으며 로마의 병사들은 이스라엘인들을 거리에서 닥치는 대로 학살했다. 로마의 앞잡이였던 헤롯 왕은 그토록 수많은 범죄를 저지르고, 성직 계급을 노예로 만든 후에, 역설적이게도 솔로몬이 했던 것보다 더 장엄한 사원을 건축했다. 그 모든 일을 겪고도 예루살렘은 여전히 성지로 남아 있었다. 예수가 즐겨 읽었던 『이사야』에서 이사야는 그 도시를 "그 앞에 백성들이 머리 조아리는 영원한 약혼자"라고 하지 않았던가. 그리고 그는 "사람들은 너의 성벽을 '구원'이라 부른다. 네 위에서 떠오르는 찬란함에 모든 국가가 네게 오리라"라고 말했다. 예루살렘과 여호와의 사원을 보는 것, 그것은 모든 유태인들의 꿈이었으며 특히 유태가 로마의 지배하에 들어간 이후에는 더더욱이 그러했다. 그래서 모든 지역으로부터 예루살렘으로 사람들이 모여들었다.

예수는 최초의 순례 여행에서, 산 위에 마치 하나의 성채처럼 자리 잡은 거대한 성벽으로 된 도시를 보았을 때 이상한 압박감이 자신의 영혼을 짓누르는 것을 느꼈다. 거대한 안토니아 탑이 사원을 굽어보고 있었으며, 손에 창을 든 로마 병사들이 그 위에서 감시를 하고 있었다. 그는 사원의 계단을 올라갔다. 그리고 바리새인들이 호사로운 복장을 한 채 거닐고 있는 장엄한 대리석 주랑을 올려다보았다. 그리고 문 쪽으로 다가가 안으로 눈길을 돌리자 금과 보석으로 치장한 옷을 입은 성직자들이 눈에 들어왔다. 그 모습은 그의 꿈 속에 보이던 사원도 아니었고 그의 가슴 속에 들어 있는 하늘과는 너무나도 거리가 멀었다.

잠시 후 그는 백성들이 거닐고 있는 도시의 거리로 내려갔다. 그의 눈에 들어오는 것은 피폐한 거지의 얼굴, 내전을 겪으면서 찌들 대로 찌든 표정들, 죽음의 두려움에 사로잡힌 영혼들이었다. 그는 도시 문을 통해 밖으로 나갔다. 그곳은 예루살렘의 공동 묘지였다. 더 앞으로 나아가니 마실것, 먹을것을 구하는 일단의 비참한 사람들이 있었다.

그때 예수는 자문했다.

"이 모든 고통을 하나도 치유하지 못한다면 이 사원이나 사제들, 찬가들, 제의들이 모두 무슨 소용이란 말인가?"

그리고 갑자기 끝없는 눈물이 시내를 이루듯이 흐르는 가운데, 그의 가슴 속에 이 영혼들, 이 도시, 이 백성, 더 나아가 전 인류의 고통이 넘쳐흘렀다. 그리고 그는 이해했다. 이 시선들, 이 절망에 빠진 시선들이 결코 그의 기억에서 사라져서는 안 된다는 것을. 고통, 인류의 고통은 그의 어두운 동반자로서 그의 곁을 함께 걸으면서 "나는 당신을 결코 떠나지 않을래요"라고 말하고 있었다.

그는 슬픔과 번뇌에 사로잡혀 그곳을 떠났다. 그리고 다시 빛나는 갈릴리 산 정상에 올랐을 때 그의 마음 속 깊은 곳에서 이런 외침이 들려왔다.

"하늘에 계신 아버지시여!… 나는 알고 싶나이다! 나는 고치고 싶나이다! 나는 구원하고 싶나이다!"

3. 에세네인들
요한 밥티스트-유혹

예수가 알고 싶은 것들, 그것을 배우는 것은 에세네인들을 통해서만 가능할 뿐이었다.

복음서에는 예수가 세례 요한을 만나 그로부터 신의 사제직을 양도받게 되기까지의 행적이나 그에게 일어났던 일에 대해서는 완전히 침묵으로 일관하고 있다. 예수가 예루살렘 방문 후에 곧바로 확고부동한 교리를 갖추고, 예언자와 구세주로서 갈릴리에 나타난 것으로 되어 있는 것이다. 하지만 예수가 진정한 구세주로서의 임무를 느끼기 전까지는 긴 진전 단계와 통과 제의의 과정이 있었다고 보는 것이 옳을 것이다. 그리고 그 통과 제의는 그 당시 이스라엘에서 예언가의 삶으로서의 진정한 전통을 지니고 있는 단체에서 받았음이 확실하며 그들이 에세네파였다.

그런데 복음서는 물론 예수 자신도, 동시대의 모든 종교 교파들에 대해서 유례없이 자유롭게 공격을 가했으면서 왜 에세네파에 대해서는 언급을 하지 않았던 것일까? 또한 사도들과 복음서의 저자들도 그에 대해서 입을 닫았던 것일까? 그것은 예수는 물론 예수의 사도들이 에세네파들을 자신의 동료로 간주했으며, 그들과 신비에 대한 비밀 서약을 했기 때문이다.

에세네파는 예수의 시대에 사뮤엘에 의해 조직된 예언자 단체들 중 마지막 단체였다. 팔레스타인의 횡포에 의해, 그리고 세속적 야망에 물든 다른 유파의 성직 집단에 의해 그들은 거의 반 은둔 상태에서 조용하게 지냈다. 그들은 그들의 선임자들처럼 더이상 투쟁의 길에 나서지 않고 신비주의 전통을 손상되지 않게 간직하는 것으로 만족하고 있었다.

에세네파의 중요한 중심지는 둘로 나뉘어 있었다. 하나는 이집트의 마오리스 호수가에 자리잡고 있었으며 다른 하나는 사해死海의 엔가디에 자리잡고 있었다. 하지만 예수 당시에는 거의 여기저기 뿔뿔이 흩어져 있는 형편이었다. 그들 스스로 붙인 에세네라는 이름은 시리아어 '아사야'에서 온 것인데 '의사'라는 뜻이었다. 그들은 대중들 앞에서 육체와 정신의 병을 치료하는 사람들로 자처하고 있었던 것이다.

에세네파의 규칙은 매우 엄격했다. 그 회에 가입하려면 1년간의 수련 기간을 필요로 했다. 그 기간 동안 그 자질이 충분히 인정되면 그제서야 목욕재계가 허락되지만 단체의 스승들과 곧바로 직접 접촉하게 되는 것은 아니었다. 정식으로 회원이 되려면 2년간의 새로운 시험을 겪어야만 했다. 그런 후 단체의 의무를 엄밀히 준수할 것과 비밀을 절대로 누설하지 않아야 한다는 엄중한 서약을 하고서야, 아주 장엄한 분위기에서 베풀어지는 공동 식사에 참여할 수 있었다. 예수에 의해 설립된 성찬식의 원시 형태라 할 수 있는 그 식사는 기도와 함께 시작해서 기도로 끝났다. 그리고 거기서 모세와 여러 예언자들의 성서에 대한 해석을 했는데, 그 성서의 해석에 있어서나 통과 제의에 있어서나 3중의 의미가 있었고 세 단계가 있었다. 그런데 놀라운 것은 에세네파의 조직이 피타고라스의 조직과 매우 비슷하다는 것이다. 하지만 그런 조직은 통과 제의가 존재했던 곳 어디에서나 발견된다는 것이 또한 사실이기도 하다. 여기서 우리가 덧붙일 것은 에세네파들도 '영혼의 선험적 존재'라는, 영혼의 불멸성의 원인이자 결과인 오르페우스와 피타고라스의 원리를 주장했다는 것이다. 그들은 이렇게 말했다.

"아주 미세한 창공으로부터 내려온 영혼은 자연적 매력에 의해 육신 속으로 이끌려 마치 감옥 속에 갇혀 있듯 그 안에서 지낸다. 오랫동안 노예처럼 갇혀 있던 육체로부터 해방되면 영혼은 기쁘게 날아오른다."

소집단으로 나뉘어 팔레스타인 전역과 이집트, 그리고 호레브 산으로까지 흩어져 지냈지만 에세네 교파들은 진정으로 마음을 터놓고 환대했다. 예수가 훗날 제자들과 함께 이 마을 저 마을로, 이 지역 저 지역으로 여행을 하면서 언제고 잠자리를 확실히 마련할 수 있었던 것은 그들 덕분이었다.

예루살렘이 보여주는 겉보기에 호사스러운 신앙에는 아무 관심을 못 느꼈고 사두가이인의 완고함과 바리새인의 오만함에도 실망한 예수는 자연스럽게 에세네인들에게 끌렸다. 요셉이 너무 이른 나이에 죽자 이미 어른이 된 예수는 한결 더 자유로운 몸이 되었다. 그리고 그의 형제들이 아버지의 직업을 이어받아 가계를 이끌어갔다. 그의 어머니는 그가 은밀히 엔가디로 떠나도록 해주었다. 엔가디의 에세네 교단에서 형제처럼 반갑게 받아들여진 예수는 그의 뛰어난 자질과 기본적으로 타고난 자비심, 거기다 그의 전 존재를 감싸고 도는 신성한 기운 덕분에 에세네파 스승들이 주는 가르침을 쉽게 자기의 것으로 할 수 있었다. 그런데 그가 에세네파로부터가 아니었다면 받을 수 없었을 아주 중요한 가르침을 받았으니 그것은 예언가들의 신비주의적 전통 및 그 전통이 역사적으로, 종교적으로 어떻게 진행돼 왔느냐 하는 것이었다.

그 가르침을 통해 그는, 유태교의 공식적인 교리와 고대 선지자들의 진정한 지혜 사이에 얼마나 큰 심연이 가로놓여 있는지, 온갖 종교의 진정한 모태라 할 수 있는 그 선지자들의 지혜가 정치 권력과 성직자의 사기 행각에 의해 결집된 이기주의, 증오, 탐욕의 정신, 그 악의 정신에 의해 얼마나 박해를 받아왔는가를 알게 되었다. 그는 창세기가 그 상징 체계의 봉인 아래 우주 창조와 신에 관해 심오한 의미를 담고 있는 것을 알게 되었다. 그는 엘로힘의 나날들, 원소들의 분출을 통한 이 세계의 영원한 창조와 형성의 나날들에 대해 생각했고 떠도는 영혼들의 근원과 영혼의 신으로의 귀환에 대해 생각했다. 또한 그는 모세의 생각이 지닌 위대함에, 여러 국가들의 종교적 통합에 대해 생각하고 그를 위해 유일신 사상을 창조해 백성 안에 그 신앙을 심으려 한 모세의 위대함에 놀랐다.

이어서 그는 인도에서 이미 크리슈나에 의해 설파된 바 있으며, 이집트에서는 오시리스의 사제들에 의해, 그리스에서는 오르페우스와 피타고라스에 의해 설파된 '신성한 말씀'의 원리를 전수받았다. 그 '신성한 말씀'의 원리는 '인간의 아들과 신의 아들의 신비'라는 이름하에 예언가들에게 널리 알려져 있는 원리였다. 그 원리에 의하면 신이 가장 드높은 모습으로 현현하는 것은 인간에게서였다. 하지만 인류의 지상에서의 진화 과정에서 신은 인간의 복수성과 불완전성으로 인해 흩어지고 조각나며 훼손된다. 신은 고통받고, 내적인 투쟁을 벌이게 되는데 그때 신은 '인간의 아들'이다. 그때 완전한 인간, 신의 가장 심오한 생각의 현현인 완벽한 인간은 그의 내부 깊은 곳에 숨겨져 있다. 그러나 때가 되어 인류를 구렁텅이에서 끌어내 보다 높은 곳으로 이끄는 것이 절실해질 때면, 신성에 의해 선택된 인간이 나타나 인류를 저 드높은 권능으로, 드높은 지혜로, 드높은 사랑으로 인도하게 된다. 그때 그 신의 현현인 '빛의 말씀'으로서 선택된 인간은 '인간의 아들'에서 '신의 아들'로 바뀐다. 수많은 시대의 수많은 민족들에 '신의 아들들'이 있었다. 하지만 이스라엘에서는 모세 이후에 신의 아들이 출현하지 않았다. 그래서 모든 예언가들은 메시아를 기다렸다. 또한 견자들은 이번의 메시아가 천상의 이시스, 신의 영원한 아내의 아들이리라고들 말하기도 했다. 왜냐하면 이번의 메시아는 사랑의 빛을 모든 인류에게 비추일 것이며, 그 빛은 이 지상에서 아직 아무도 본 적이 없는 찬란한 빛이리라고 생각했기 때문이었다.

사해의 황량한 벌판에서 에세네의 족장을 통해 그 비밀스런 이야기를 전해 들은 갈릴리의 젊은이는 놀라울 만한 경이에 휩싸인 동시에, 그 이야기들을 그 자신이 모두 알고 있었던 것처럼 느끼기도 했다. 이러한 계시 앞에서, 그가 수없이 읽고 명상에 잠겼던 예언가들의 말들이 이 나자렛 젊은이의 눈에 마치 한밤중에 번쩍이는 번개처럼, 새롭고 무서운, 그리고 심오한 불꽃이 되어 타올랐다. 그 선택받은 '인간의 아들'이자 '신의 아들'은 누구이며 그는 언제 이스라엘로 올 것인가?

예수는 몇년간을 계속 에세네인들과 지냈다. 그는 그들의 규율을 지키며 그들과 함께 자연의 비밀을 연구했고 신비스러운 힘에 의한 치료술을 익혔다. 그는 자신의 정신을 발전시키기 위해 감각을 완전히 길들였다. 하루도 인류의 운명과 자신에 대해 명상하지 않고 지내는 날이 없었다.

그가 그곳에서 깊은 비밀 속에 제4단계의 통과 제의를 받던 날 밤은 에세네파들에게나 새로운 대가에게나 기념할 만한 밤이었다. 사람들은 산을 깎아 만든 동굴에 모여 있었다. 그곳에는 작은 제단과 돌로 된 의자가 하나 놓여 있었다. 교파의 우두머리가 장로들과 함께 참석을 하고 있었다. 가끔 두세 명의 통과 제의를 겪은 여자 예언자들이 그 모임에 참석하기도 했다. 예수가 최상 단계의 통과 제의를 받던 날도 그녀들 몇이 참석했다. 횃불과 종려나무 가지를 든 채 그녀들은 흰 옷을 입은 새로운 선지자에게, 마치 '천상의 남편이자 천상의 왕'의 모습을 그에게서 예감했다는 듯이 경배를 했다. 이어서 족장이, 통례대로 100살이 넘은 노인이 그에게 최고의 통과 제의의 상징인 홍금으로 된 성배聖杯를 내밀었다. 그 안에는 신의 영감의 상징인 '하느님의 포도로 된 포도주'가 담겨 있었다. 그 포도주 잔은, 예언자로서의 사명을 맡을 수 있다는 확실한 표시가 보이는 사람에게만 건네주는 잔이었다. 하지만 그 사명이 어떠한 것인지는 그 누구도 지정해 줄 수가 없었다. 그것은 그 스스로 찾아야 할 것이었다. 그것이 통과 제의에 든 선지자들의 법칙이었다. 그 어느것도 밖으로부터 주어지는 것은 없으며 스스로 안에서 찾아야 할 것이었다. 그때부터 그는 자유였다. 그는 자신의 행동의 주인이었으며, 스스로 예언자가 되어, 자신을 심연 속으로 던져넣거나 혹은 저 정상으로 실어갈 수도 있을 성령의 바람에 인도될 것이었다.

찬양과 기도와 축성의 말이 끝나고 나자렛 예수가 잔을 잡았을 때는 새벽의 희미한 빛이 뾰족한 산봉우리를 거쳐 에세네인 처녀들의 흰 옷 위에 어른거리고 있었다. 그 햇살이 창백한 갈릴리인의 얼굴을 비추었을 때 젊은 여사제들은 자신도 모르게 몸을 떨었다. 그의 그 아름다운 얼굴 위로 커다란 슬픔이 떠올라 있었기 때문이었다. 그의 그 초점 없는 시선은 이미 실로암의 고통받는 사람들에게로 가 있었던 것일까? 아직 계속되고 있는 그 고통 속에서 그는 자신의 나아갈 길을 이미 보았던 것일까?

그 당시 요단 강가에서는 세례 요한이 설교를 하고 있었다. 그는 에세네파가 아니라 유태 종족의 대중적 예언가였다. 강인한 신앙심에 이끌려 사막으로 나아간 그는 돌 사이에서 단식과 고행을 하며 힘든 생활을 자청해서 하고 있었다. 햇빛에 그을린 몸에는 고행자의 옷 대신에 낙타 가죽으로 만든 거친 옷을 걸치고 있어 스스로 백성이 겪어야 할 고행을 상징하고 있는 듯했다. 그는 이스라엘의 비참을 깊이 느끼고 해방을 기다리고 있었던 것이다. 당시 유태교의 생각 속에는 메시아가 복수와 심판의 화신으로 나타나 백성을 구출하고 로마를 몰아낼 것이며, 죄인을 벌한 후 예루살렘으로 당당하게 입성하여 평화와 정의의 이스라엘 왕국을 우뚝 세우리라는 믿음이 지배하고 있었다. 세례 요한이 그리던 메시아도 그런 것이었다. 그는 백성들에게 메시아의 재림이 가까이 다가왔음을 알렸다. 그리고 마음을 회개하여 메시아를 맞을 준비를 하라고 설교했다. 팔레스타인 전 지역으로부터, 심지어는 더 멀리로부터 메시아의 강림을 알리는 이 성자의 설교를 들으려고 사람들이 달려왔다. 그의 목소리에 이끌린 사람들은 그곳에 천막을 치고 매일 그의 설교를 들으며 메시아가 나타나기를 기다렸다. 많은 사람들이 성전聖戰을 개시하라는 메시아의 명령만을 기다리고 있었다.

자신의 내부에서 예언자로서의 소명이 차츰 커지는 것을 느끼면서도 여전히 자신의 길을 찾고 있던 예수는, 이제 그를 스승처럼 따르는 몇 명의 젊은 에세네인과 함께 요단 강가 사막으로 왔다. 세례 요한을 보고 그의 이야기를 들은 후 세례를 받을 생각에서였다. 그는 그 예언자에 대한 복종과 존경을 통해 이 세상에 나아가 자신 속에서 잠자고 있는 이스라엘의 영혼을 깨우기를 갈망했던 것이다.

그는 온통 털에 뒤덮인, 사자와 같은 얼굴을 한 남루한 행색의 고행자가, 양가죽과 나뭇가지로 뒤덮인 초라한 천막들 한가운데, 나무로 된 설교단 위에 서 있는 것을 보았다. 그의 주변으로는 수많은 군중들―세리稅吏들과 헤롯의 병사들과 예루살렘의 레위교도들과, 심지어는 아랍인들까지 사막에서 그들을 잡아끄는 목소리에 끌려 운집해 있었다. 그 사이로 벼락치는 듯한 목소리가 울렸다.

"행실을 고쳐라, 주님의 길을 준비하라, 그의 길을 세워라."

그는 바리새인들과 사두가이인들을 '살모사 무리'라고 불렀다. 그는 '도끼가 이미 나무 뿌리를 내려치기 시작했'고 말했다. 그리고 '나는 그대들을 물로만 세례를 주지만 메시아는 불로써 세례를 주리라'고 말했다. 저녁이 되자 그 거대한 군중이 요단 강가의 작은 만으로 몰려가 세례 요한으로부터 물의 세례를 받는 것을 예수는 보았다. 그도 세례 요한에게 가까이 갔다. 세례 요한은 예수를 몰랐고, 그에 대해 아는 바도 전혀 없었지만 그의 복장을 보고 그가 에세네파인 것을 알았다. 예수가 고개를 들자 그 설교자의 눈과 갈릴리인의 두 눈이 마주쳤다. 사막의 용감한 설교자는 놀라울 정도로 부드럽게 빛나는 그의 시선과 마주하자 몸을 떨면서 자신도 모르게 이렇게 내뱉었다.

"그대가 메시아안가?"

신비스러운 에세네인은 아무 대답 없이 고개 숙여 두 팔을 가슴에 포개면서 축성을 요구할 뿐이었다. 세례 요한은 절대적 침묵이 에세네 예언자들의 법칙임을 잘 알고 있었다. 그는 경건하게 두 손을 내밀어 축성을 했다. 그런 후 나자렛 예수는 동료들과 함께 강가의 갈대 숲으로 사라졌다.

세례 요한은 그가 떠나는 모습을 의혹과, 내밀한 기쁨과 깊은 우울이 뒤섞인 기분으로 바라보았다. 저 미지의 사람의 눈에서 발견한 그 빛, 전 존재를 비추는 듯한 그 빛 앞에서 자신의 과학, 자신의 예언자적 기다림은 과연 무엇일까? 아! 저 젊고 잘생긴 젊은이가 만일 메시아라면 그는 자기가 고대하던 때가 되었음을 보고 무한한 기쁨에 젖을 수 있으리라! 하지만 그렇다면 자신의 역할은 이제 끝이 나고 그는 침묵을 지켜야 하리라. 그날부터 그는 '그는 커져야 하고 나는 작아져야 한다'는 생각을 담은 설교를 보다 깊고 감동스런 목소리로 전하기 시작했다. 그는 늙은 사자의 슬픔과 무력함, 이제 울부짖기에는 너무 지친 채 조용히 죽음을 기다리며 엎드려 있어야 할 늙은 사자의 비애를 느끼기 시작했다.

'그대가 메시아인가?'

세례 요한의 그 질문은 예수의 영혼에도 메아리쳤다. 의식이 개화하기 시작한 이래로 그는 자신의 내부에서 신을 발견했고 하늘의 왕국의 존재를 확신했다. 이어서 인류가 겪고 있는 고통이 그의 마음 속에서 번뇌에 찬 비명을 지르게 했다. 에세네의 현자들은 그에게 종교들의 비밀과 신비의 과학을 가르쳤다. 그들은 인류의 영혼의 타락과 구세주를 향한 기다림을 보여주었다. 하지만 인류를 그 타락으로부터 건져낼 힘은 어디서 올 것인가? 바로 그때 세례 요한의 직접적인 부름이 마치 시나이 반도 위로 내리치는 벼락처럼 그에게 던져졌던 것이다.

'그대가 메시아인가?'

예수는 자기 자신의 저 깊은 존재 내부에 대해 더 깊은 명상에 잠김으로써만 그 질문에 대답할 수밖에 없었다. 바로 그 이유로 인해 마태가 상징적인 전설의 형태로 요약해 보여주는 40일간의 단식, 40일간의 은거가 있게 된다. '유혹'은 사실상 예수의 생애에 있어서의 이 커다란 '위기'를 나타내는 것이며, 그것은 모든 위대한 선지자들이나 예언자들이 자신의 과업을 실행에 옮기기 전에 반드시 거쳐야 할 과정이기도 했다.

엔가디 위쪽 에세네인들이 깨와 포도를 재배하고 있는 곳에 작은 오솔길이 하나 있었고 그 오솔길은 작은 동굴로 이어져 있었다. 그 동굴에 들어 있는 것은 마치 독수리 둥지처럼 깎아지른 절벽 위 심연 속에 있는 것과 같았다. 저 밑으로는 포도밭이 보였고 사람들의 집이 보였으며 저 멀리는 꼼짝 않고 있는 잿빛의 사해死海와 모아브의 황량한 산들이 눈에 들어왔다. 그곳은 에세네인들이 '고독의 시험'을 치르기 위해 이용하는 장소였다. 예수는 그곳에 은거했다.

그는 우선 그의 정신 속에서 인류의 전全 과거를 되짚어보았다. 그리고 현재의 상황에 대해 심각한 무게를 두고 명상에 잠겼다. 로마가 세상을 삼키고 있다. 그와 함께 페르시아의 마술사들은 아리만조로아스터교에서의 악의 신의 지배를 소리높여 부르고 있고 예언가들은 사탄의 지배를 외치고 있다. 어둠이 이 지상의 영혼인 인류를 침범해 오고 있다. 이스라엘 백성은 모세로부터, 순수한 영혼의 종교를 세워 그것을 다른 나라, 다른 민족에게 가르쳐 영원히 승리하라는 숭고한 임무를 부여받았다. 이스라엘의 왕들과 백성들은 그 임무를 수행했는가? 그 임무를 충실히 의식하고 있던 예언가들은 이구동성으로 말한다. '아니다!'라고. 이스라엘은 로마의 압제하에 신음하고 있다. 그렇다면 바리새인들이 아직 꿈꾸고 있는 것처럼 힘에 의해, 반란에 의해 이스라엘의 덧없는 왕국을 다시 세워야 하는가? 스스로 다윗의 자손임을 선언하고 이사야와 같이 '나는 사람들을 내 분노 속에서 때려 눕히리라, 나의 분개 속에 그들을 취하게 하리라, 그들의 힘을 땅에 눕게 하리라'고 외쳐야 하는가? 새로운 마카베 왕이 되어 스스로 대사제의 지위에 올라야 하는가?

예수는 그것을 시도할 수도 있었다. 그는 세례 요한의 목소리에 듣고 일어날 준비가 되어 있는 민중들을 보았으며 그가 자신의 내부에서 느끼는 힘은 그보다도 훨씬 강했던 것이다! 하지만 폭력에 대항한 폭력은 옳은 것인가? 검은 검의 지배에 대해 종지부를 찍을 수 있는가? 그것은 그늘 속에서 먹이를 노리고 있는 어둠의 세력에게 새로운 병사들을 제공해 주는 것은 아닌가?

그보다는, 이제까지 몇몇 성전에만 특권적으로 주어졌으며 몇 안 되는 선지자들만이 알고 있던 진리에 이르는 길에 그들이 도달할 수 있게 하는 것, 그들이 내적인 계시에 의해 신의 지성 속으로 들어올 수 있도록 마음을 열어야 하지 않을까? 말하자면 하늘의 왕국에 대해 설교하고, 왕의 지배를 은총의 지배로 바꾸며, 인류의 영혼을 새롭게 태어나게 해서 인류를 그 근본부터 변모시켜야 하지 않을까?

하지만 승리는 누구의 것이 될 것인가? 사탄인가 신인가? 무시무시한 힘으로 이 지상을 지배하고 있는 악의 정신이 될 것인가, 저 천상의 무리들 속에 군림하고 있으며 조약돌 속의 불꽃처럼 인간의 가슴 속에 잠자고 있는 저 신의 정신이 될 것인가? 신전을 가리고 있던 베일을 찢고 비어 있는 성전을 보여준 뒤, 그리하여 헤롯과 케사르에 맞설 때, 예언자의 운명은 어찌될 것인가?

하지만 그렇게 해야 한다! 하느님의 목소리가 저 높은 곳으로부터, 또한 예수의 저 깊은 가슴으로부터 들려왔다. '일어나라, 그리고 말하라!'

예수는 열렬하게 기도하기 시작했다. 그러자 불안감과 고통이 점차 엄습해 오기 시작했다. 그가 천부적으로 지니고 있던 경이로운 천복天福이 사라지고, 어두운 심연 속으로 빠져드는 듯한 느낌이었다. 검은 구름이 그를 감쌌다. 그 구름 속에는 온갖 종류의 그림자들이 우글거리고 있었다. 그 속에서 그는 그의 형제들, 에세네의 스승들, 어머니의 그림자를 보았다. 그림자들은 그에게 차례차례 말하고 있었다.

"불가능을 꾀하다니 무모하도다! 그대는 무엇이 그대를 기다리고 있는지 모르는가! 포기하라! 물러서라!"

그러자 그의 내면의 목소리가 대답했다.

"해야 한다."

그는 그렇게 며칠 밤과 낮을 때로는 서서, 때로는 무릎꿇고, 때로는 땅에 머리를 조아리며 내면의 싸움을 계속했다. 그리고 그가 더 깊은 심연 속으로 내려갈수록 그를 둘러싸고 있는 구름은 더욱 짙어졌다. 그는 이름붙일 수 있는 무서운 그 무엇인가에 가까이 와 있음을 느꼈다.

이윽고 그는 명증한 무아지경, 황홀경의 상태에 빠졌다. 그의 의식 깊은 부분이 깨어나 만물 속에 살아 있는 성령과 소통했고 꿈의 투명함 속에서 과거의 미래와 영상들이 생생하게 살아났다. 외부의 세계는 사라졌고, 눈은 감겼다. 견자는 자신의 존재 속으로 넘쳐흐르는 존재의 빛 아래에서 절대의 진리를 응시했다.

천둥이 울렸다. 산이 그 밑둥까지 흔들렸다. 마치 저 아득한 공간으로부터인 듯 회오리바람이 불어와 견자를 예루살렘 사원의 꼭대기로 실어갔다. 지붕과 첨탑이 황금과 순은의 숲처럼 대기 속에서 빛나고 있었다. 찬가가 울려퍼졌다. 향의 물결이 온갖 제단들로부터 올라와 예수의 발 아래에서 회오리쳤다. 축제옷을 입은 백성들이 사원의 주랑을 채우고 있었으며 여인들이 그를 향해 열렬한 사랑의 찬가를 부르고 있었다. 트럼펫이 울렸고 수많은 목소리들이 이렇게 외치고 있었다.

"구세주에게 영광을! 이스라엘의 왕에게 영광을!"

그때 저 밑에서 또 다른 목소리가 들렸다.

"그대가 나를 숭배한다면 그대는 왕이 되리라."

"그대는 누구요?"라고 예수가 말했다.

다시 바람이 허공을 가로질러 예수를 어느 산 꼭대기로 실어갔다. 그의 발 밑으로는 지상의 왕국이 은은한 황금빛 속에 잠겨 있었다. 저 밑에서 목소리가 다시 들려왔다.

"나는 정신들의 왕이며 지상의 군주이다."

"나는 그대가 누구인지 알고 있다. 그대는 무한히 수많은 형태를 하고 있으니 그대의 이름은 사탄이다."

그때 구름 위에 군림하고 있는 왕관을 쓴 전제 군주의 모습이 나타났다. 희미한 후광이 그를 감싸고 있었으며, 그 얼굴은 창백했고 그 시선은 도끼날처럼 빛나고 있었다. 그가 말했다.

"나는 케사르다. 몸을 굽히기만 하라. 그러면 너의 왕국을 모두 네게 주리니."

예수가 그에게 대답했다.

"물러서라, 유혹자여! 나는 영원한 나의 신만 섬길지니!"

그러자 곧 그 환영이 사라졌다.

다시 엔가디의 동굴에 홀로 있게 된 예수가 말했다.

"그 어떤 표지로 내가 저 지상의 힘을 물리칠 수 있겠나이까?"

그러자 하늘에서 목소리가 들려왔다.

"인간의 아들의 표지에 의해서이니라."

"제게 그 신호를 보여주십시오."

그때 빛나는 성운星雲이 지평선으로부터 나타났다. 그것은 십자가 모양을 이룬 네 개의 별이었다. 갈릴리의 예수는 이집트에서 흔히 쓰였으며 에세네인들에 의해 보존된 옛 통과 제의의 표지임을 알아볼 수 있었다. 삶과 죽음의 상징인 동시에 부활의 상징으로서 그 표지는 수많은 지하 납골당들과 무덤들과 사원들에 나타나 있었다. 그 찬란한 십자가가 마치 견자 예수의 마음에 이끌리듯 점점 커지면서 가까이 다가왔다. 네 개의 별들은 권능과 영광의 태양처럼 불타올랐다. 이어서 천상의 목소리가 들려왔다.

"여기에 생명과 불멸의 신비스런 표지가 있느니라. 인간들은 옛날에 그 표지를 간직하고 있었도다. 하지만 지금은 잃어버렸도다. 그대는 그것을 인간들에게 돌려주길 바라는가?"

"그러길 원하옵나이다"라고 예수가 대답했다.

"자, 그렇다면 보아라! 이것이 너의 운명이다."

갑자기 네 별이 꺼졌다. 밤이 되었다. 지하에서 천둥이 울려 산들을 흔들었고, 사해로부터 어두운 산 하나가, 그 위에 검은 십자가가 세워진 산 하나가 올라왔다. 그 십자가 위에는 죽음에 임박한 사내가 못박혀 있었다. 악마와 같은 군중들이 산을 뒤덮고 조롱에 찬 울부짖음을 그에게 던지고 있었다.

"당신이 메시아라면, 달아나보시지!"

견자 예수는 두 눈을 크게 뜬 채 뒤로 넘어졌다. 그 십자가에 못박힌 남자는 바로 자기 자신이었던 것이다.

그는 이해했다. 승리를 거두기 위해서는, 그 자신에 의해 현현해서, 그를 불길하게 심문하듯이 눈앞에 나타난 이 고통받는 그의 분신과 하나가 되어야만 한다는 것을… 이 텅 비어 있는 무한한 공간에 매달리듯이 불확신 속에 매달려 있던 예수는 십자가에 못박힌 자의 고통과, 인간들이 주는 모욕과, 하늘의 침묵을 동시에 느꼈다. 천사의 목소리가 말하고 있었다.

"그대, 그것을 붙잡을 수도 있고 물리칠 수도 있도다."

벌써 그 환영이 여기저기 가물거리고 있었으며 십자가도 거기 매달려 있는 사람과 함께 희미해지고 있었다. 그때 예수는 제 곁에 있는 실로암 우물가의 환자들을 다시 볼 수 있었으며, 그 뒤로 절망에 빠진 한 무리의 영혼들이 두 손 모아 애원하고 있음을 보았다.

"그대 없이는 우리는 갈 곳이 없나이다. 우리를 구하소서! 사랑할 줄 아는 그대여!"

그러자 예수는 천천히 일어나더니 사랑에 가득찬 두 팔을 벌리며 소리쳤다.

"내게 십자가를! 그리하여 이 세상이 구원되기를!"

이어 예수는 그의 사지가 찢겨나가는 듯한 아픔을 느끼며 무서운 비명을 질렀다. 동시에 검은 산이 내려앉고 십자가가 사라졌다. 감미로운 빛이, 신의 축복이 견자에게 넘쳐흘렀고 저 드높은 창공으로부터 힘찬 목소리가 울려왔다.

"사탄은 이제 더이상 주인이 아니로다! 죽음은 거꾸러졌도다! 인간의 아들에게 영광을! 신의 아들에게 영광을!"

예수가 그러한 환영으로부터 깨어났을 때 그의 주변에 변한 것은 아무것도 없었다. 떠오른 태양이 엔가디 동굴 벽을 금빛으로 물들이고 있었다. 따뜻한 이슬이 천사의 눈물처럼 그의 발치를 적시고 있었고 사해로부터는 안개가 피어올랐다. 하지만 예수는 더이상 이전의 그가 아니었다. 그의 의식의, 저 깊이를 알 수 없는 심연 속에서 하나의 결정적인 사건이 완수되었다. 그는 자기 삶의 수수께끼를 풀었고, 평화를 정복했으며, 위대한 확신이 그의 내면에 자리잡았다. 자신의 지상적 존재를 깨뜨려버림으로써 새로운 의식이 빛을 발하며 솟아 올랐다. 그는 되돌이킬 수 없는 자기 의지의 작용에 의하여 자신이 메시아가 되었다는 것을 알았다.

곧이어 그는 에세네인의 마을로 다시 내려왔다. 그는 세례 요한이 헤롯 안티파스에게 채포되어 마케루스 성채에 투옥된 사실을 알게 되었다. 그 불길한 전조에 그는 무서움을 느끼기는커녕, 이제 때가 되었으며 이번엔 자신이 활동해야 한다는 신호로 읽었다. 그는 에세네인들에게 갈릴리에서 '하늘 왕국의 복음'을 설교하러 가겠다고 선언했다. 그것은 위대한 신비를 이제 평범한 사람들에게도 알리겠다는, 선각자들의 교리를 그들에게 보여주겠다는 선언이었다. 석가모니가 자비심과 동정심에 충만해 갠지스 강가에서 설법을 베풀었던 이래로 그 누구에게서도 볼 수 없었던 대담한 생각이요, 행동이었다. 석가모니와 똑같은, 인류를 향한 위대한 연민이 예수를 사로잡았다.

「세례자 요한의 체포」, 미라플로레스의 거장, 1490.

4. 예수의 드러난 삶
백성의 가르침과 신비주의적 가르침-기적들, 사도들과 여인들

이제까지 우리는 예수의 생애 중에서 복음서의 어둠에 잠겨 있거나 전설의 베일에 싸여 있던 부분을 밝혀보려고 애를 쓴 셈이다. 나는 어떤 통과 제의를 통해, 그리고 어떤 사고와 영혼의 전개 과정을 거쳐 위대한 나자렛인이 메시아 의식에 도달하게 되었는가를 밝혔다. 한마디로 나는 예수 그리스도의 내면의 탄생에 대해 그 행적을 뒤밟아본 것이다. 그것이 일단 밝혀진 이상, 내게 앞으로 남은 일은 그다지 어렵지 않은 일뿐이다. 예수의 드러난 삶의 행적에 대해서는 복음서에 자세히 나와 있다. 그리고 그 다양하고, 때로는 모순되며 때로는 이리저리 땜질한 듯한 그 이야기들 속에는, 그러나 그의 사고와 행동을 묶어주는 통일된 원리가 지배하고 있다. 우리가 이제부터 행하려는 것은, 예수의 역할을 신비주의적 전통과 진리에 의해서 밝혀내려는 일, 그의 이중의 가르침, 즉 일반인을 향한 가르침과 제자들을 향한 신비주의적 가르침의 의미를 보여주는 일이다.

이미 유명해진 에세네인, 사해 연안으로부터 갈릴리 조국으로 돌아와 천국의 복음을 설교하려는 그는 그 어떤 새로운 것을 마련하고 있었던 것일까? 그는 어떻게 하여 이 세상의 얼굴을 바꾸려 하는 것일까? 예언가들의 생각은 이제 그에게서 모두 완성되었다. 그는 자신이 부여받은 천부적 자질의 도움을 받아, 그의 명상, 그의 내적인 투쟁, 그의 끝없는 고통과 가없는 기쁨 속에 정복한 그 천상의 왕국을 이제 사람들과 함께하려는 것이다. 그는 모세의 옛 종교가 저세상 높이 들어올린 종교의 베일을 이제 찢어내려고 온 것이다. 그는 이렇게 말하려고 온 것이다.

"믿어라, 사랑하라, 행동하라, 그리고 희망이 너희들 행동의 영혼이 되게 하라. 이 지상 너머에는 영혼들의 세상이 있으며 보다 완전한 삶이 있다. 나는 그것을 잘 알고 있는데 나는 그로부터 왔기 때문이다. 내 이제 너희들을 그곳으로 인도하리라. 하지만 그 천국을 열망하는 것만으로는 충분치 않다. 그에 도달하려면 여기, 우선 너희들 안에서, 이어 전 인류에게서 그것을 실현하지 않으면 안 된다. 무엇으로? 사랑으로, 능동적인 자비로."

이리하여 젊은 예언가가 갈릴리에 나타났다. 그는 자신이 메시아라고 말하지 않았다. 그는 유태 교회당에서 율법과 예언가들에 대해 토론을 벌였다. 그는 게네사레트 호수가에서, 어부들의 배 위에서, 샘가 옆에서, 푸르른 오아시스에서 설교를 했다. 그는 안수 기도로, 시선으로, 심지어는 그의 출현만으로도 병자들을 치료했다. 수많은 군중들이 그의 뒤를 따랐으며 이미 많은 제자들이 생겼다. 그는 제자들을 일반 백성들 사이에서, 어부들과 세리들 사이에서 뽑았다. 그는 제자들을 고를 때 종교적 지도자들에게 천부적 선물로 주어진 제2의 눈, 심안心眼을 사용했다. 하나의 영혼을 꿰뚫어보기 위해서는 단 한 번의 눈길만으로도 족했다. 그 이외의 다른 시험은 필요도 없었으니, 그가 '나를 따르라!'고 말하면 누구나 그를 따랐다. 단 한 번의 몸짓으로 그는 수줍어하는 자, 망설이는 자를 그의 곁으로 오게 할 수 있었다. 그는 그들에게 이렇게 말했다.

"고생하며 무거운 짐을 진 자들아, 다 내게로 오라. 내가 편히 쉬게 하리라. 내 멍에는 자연스럽고 내 짐은 가벼우니라."

그는 그의 제자들에게 서약도 신앙 고백도 요구하지 않고 단지 자신을 사랑하고 믿을 것만 요구했다. 그는 재산을 공동 관리하는 공동체를 실현했으나 절대적 규칙에 의해서가 아니라 사람들 간의 우애의 원칙에 의해서 유지될 수 있도록 했다.

예수는 이렇게 자신이 이끄는 작은 집단 내에서, 결국은 이 지상에 건립할 천상의 왕국을 실현했다. 그 왕국의 모습은 그가 산에서 설교하는 이미지 속에 그 싹이 보이는바, 그 이미지는 다음과 같다. 언덕 위에 스승이 앉아 있다. 미래의 선지자들이 그의 발치에 앉아 있다. 낮은 곳에서는 백성들이 그의 입으로부터 나오는 말을 열심히 받아들인다. 이 새로운 예언자는 무엇을 말하고 있는가? 단식을? 고행을? 속죄를? 아니다. 그는 이렇게 말한다. "정신이 가난한 자여, 복이 있을지니 천국이 그들의 것이로다! 눈물 흘리는 자여, 복이 있나니 그들은 위안받을 것이로다."

이어서 그는 네 가지 힘겨운 덕목을 실행하도록 설교한다. 타인들에 대한 겸양과 슬픔, 마음 속에 가득한 선량함, 정의를 향한 갈증 등이 그것으로서 그 덕목들이 지닌 놀라울 만한 힘을 가르친다. 이어서 능동적이고 힘찬 미덕의 차례가 된다. 긍휼심, 마음의 순수함, 선량한 행동, 정의를 위한 순교가 바로 그것으로서 "마음이 순수한 자여, 복이 있을지니 그들은 신을 보게 되리라"는 말이 뒤따른다.

마치 황금종 소리처럼, 스승의 그 말은 별이 떠 있는 하늘을 듣는 이들의 눈앞에서 열어보이는 듯했다. 그들이 그의 말씀에서 발견하는 것은 가엾도록 수척한 여인 같은, 고행복을 입고 있는 미덕들이 아니라 솔로몬의 영광까지도 그 빛으로 무색하게 해버릴 만한 천복으로, 빛나는 성처녀로 변한 그런 미덕들이다. 그 아름다운 광채를 발하는 미덕들이 모두의 가슴에 은은히 스며들어 천국의 향기로 가득차게 한다.

다시 말하지만 그 천국이 저 먼 하늘에서 피어난 것이 아니라, 설교를 듣는 이의 깊은 마음 속에서 피어난다는 것이 무엇보다 경이로운 일이며, 그것이 예수가 백성들에게 새롭게 가져온 선물이었다. 그들은 서로서로를 놀란 눈으로 바라본다. 그 정신으로 가난한 자들이 단번에 그렇게 풍요롭게 바뀔 수 있다니. 모세보다 강하게 영혼의 마술이 그들의 마음을 두드리고, 불멸의 샘이 그로부터 솟아난다.

예수의 민중들을 향한 가르침은, "천국이 너희들 안에 있도다!"라는 한마디에 모두 포함되어 있다. 그가 그 천국에 이르기 위해, 그 더할 나위 없는 행복에 이르기 위해 필요한 방법을 가르쳐준 이상, 그가 그들에게 이상한 일을 요구해도 조금도 놀라지 않는다. 악을 향한 욕망을 없앨 것, 욕보인 자를 용서할 것, 원수를 사랑할 것. 그의 가슴에서 넘쳐나는 사랑의 강물은 하도 강력해서 그들을 모두 끌어들인다. 그의 앞에서는 그 모든 일이 쉬워보인다.

놀랄 만큼 새로우며, 대담한 가르침이 아닐 수 없었다. 갈릴리의 위대한 예언자는, 내면적인 영혼의 삶이 모든 외적인 실천들을 위에서 굽어보게 한 것이며, 가시적인 것 위에 비가시적인 것을 놓은 것이며, 지상의 행복 위에 천국을 겹쳐놓은 것이다. 그는 신과 암몬시리아의 황금의 신 사이에서 선택을 하라고 명령한다. 그리고 자신의 교리를 이렇게 요약해 말한다.

"네 이웃을 너 자신같이 사랑하라. 천국에 계신 너희 아버지가 완전하듯이 너희도 완전하도록 하라."

이상이 예수가 공적으로 준 정신적·도덕적 가르침이었다면 그는 그 가르침을 설명할 수 있는 내밀한 원리로서의 신비주의적 전통에 대한 가르침을 그의 제자들에게 베풀었음이 분명하다. 기독교의 신비주의적 전통은 2세기 이래로 교회에 의해 극심한 탄압을 받아왔기 때문에, 대부분의 신학자들은 이중, 삼중의 의미를 지닌 그리스도의 말씀을 제대로 이해하지 못하고 문자 그대로의 의미로만 해석해 온 것이 사실이다. 인도와 이집트, 그리고 그리스의 신비주의 교리를 깊이 터득한 사람에게는, 그리스도의 말씀 속에 숨어 있는 신비주의적 생각에 의해 그의 작은 말들 하나하나뿐만이 아니라 그의 전 생애가 얼마나 활발하게 되살아날 수 있는가를 금방 이해할 수 있다. 그런 신비주의적 사고는 마태·마가·누가의 세 복음서에 이미 보이며 요한의 복음서에서 일관되게 흐르고 있다. 여기서 그 근본이 될 만한 것을 하나 예로 들어 풀어보기로 하자.

예수가 예루살렘을 지나고 있었다. 그는 여전히 교회에서 설교하지 않고 병자들을 치료하며 친구들 집에서 가르침을 베풀었다. 바리새인이었던 니코데모는 새로운 예언자가 출현했다는 이야기를 이미 듣고 있었다. 그를 만나고 싶은 호기심이 간절하게 일자 자기 동료들 눈에 띄는 것이 두려워 그는 갈릴리 예언자가 묵고 있는 곳에서 은밀한 면담을 청한다. 예수가 허락했고 밤에 예수의 거처에 도착한 그가 말했다.

"스승이여! 우리는 당신이 신으로부터 온 박사라는 것을 잘 알고 있습니다. 신이 함께하지 않는 한 아무도 당신이 이룬 기적 같은 일을 행할 수 없기 때문입니다."

예수가 그에게 대답한다.

"진실로, 진실로 내 그대에게 이르노니 한 인간이 새롭게 태어나지 않는다면 그는 신의 왕국을 볼 수가 없느니라."

니코데모는, 한 인간이 제 어머니의 품으로 들어가 다시 태어나는 일이 가능하냐고 묻는다. 예수가 대답한다.

"내 진실로 네게 이르노니, 한 인간이 물과 정신으로부터 태어나지 않는다면 그는 신의 왕국으로 들어갈 수가 없느니라."

예수는 이 짧은 상징적인 말을 통해 '재생'이라는 고대의 신비주의 교리를 요약하고 있다. 물과 정신에 의해 태어난다는 것, 물과 불의 세례를 받는다는 것은 통과 제의의 두 단계, 인간 정신의 내적 진화 과정의 두 단계를 표시한다. 여기서 물은 정신적으로 감지된, 달리 말해 추상적으로 인식된 진리를 말한다. 진리에 대한 그런 정신적 인식의 물에 의해 영혼이 정화되며 정신의 싹이 자라나게 된다.

정신에 의한 재탄생, 혹은 불에 의한 세례는 그 진리가 의지와 화합되어, 그 자체 모든 행동의 피와 영혼이 되는 것을 의미한다. 그로 인해 물질에 대한 정신의 완벽한 승리가 오게 되어 내면의 감각이 열리고 진실을 향한 직관이 열리며 영혼과 영혼이 직접 교류할 수 있게 된다. 따라서 물에 의한 세례는 재탄생의 시작이며 불 혹은 정신에 의한 세례는 완전한 재탄생이고 영혼의 완전한 변모이며, 그때 육신의 요소들도 변하게 되어 근본적 재생이 이루어지게 되는 것이다.

여기까지가 니코데모와 예수 사이에 오간 대화의 지상적 의미이다. 하지만 그 대화에는 또 다른 깊은 의미가 숨어 있다. 인간의 구성에 대한 신비주의적 교리라 할 수 있을 원리가 그 대화에 들어 있는 것이다. 다시 반복하지만 그 원리에 의하면 인간은 육체·영혼·정신의 세 부분으로 되어 있다. 불멸하며 나뉠 수 없는 것이 정신이고, 멸하고 분해될 수 있는 것이 육체이며, 영혼은 그것들을 연결시키면서 신들의 세계에 참여한다. 인간이 정신의 부름에 따르느냐 혹은 육체의 부추김을 따르느냐에 따라 육신은 유체화되기도 하고 두터워지기도 하며, 결합되기도 하고 해체되기도 한다. 따라서 물리적인 죽음이 있은 이후에 대부분의 인간들은, 본래 천상의 몸으로서 그 몸에서 불순물들을 떼어내게끔 되어 있는 영혼의 죽음, 우리가 두 번째 죽음이라 부르는 것을 겪을 수밖에 없다. 반면에 완벽하게 다시 태어난 인간, 이 지상에서부터 정신의 몸을 미리 갖추고 있던 인간은 그 안에 이미 천국을 소유하고 있어 자신을 이끄는 곳으로 날아간다.

그런데 물은 고대 신비주의에서는 무한히 변모 가능한 유체적 물질을 상정하며 불은 정신을 상징한다. 물과 정신에 의한 재탄생에 대해 말하면서 예수는 인간 정신이 겪을 수 있는 이 이중의 변신에 대해 말한 것이며, 인간이 죽은 후에 그를 기다리고 있는 유체적인 막, 그것이 있어야만 순수한 정신과 영광스러운 천국으로 들어갈 수 있는 그 막에 대해 말한 것이다.

> "육肉에서 나온 것은 육이며, 정신에서 나온 것은 정신이다. 바람은 제가 불고 싶은 대로 분다. 그러나 너는 그 소리를 듣고도 그것이 어디로부터 왔는지 어디로 가는지 모른다. 정신으로 태어난 사람은 누구든지 이와 마찬가지이다." (요한복음 3장 6절~8절)

예루살렘의 밤의 정적 속에서 예수는 니코데모에게 이와 같이 말했다. 그들 사이에 놓인 작은 램프불이 두 사람을 희미하게 비추고 있었다. 하지만 갈릴리 스승의 두 눈은 어둠 속에서도 신비스러운 빛을 발하고 있었다. 때로는 한없이 부드러운, 때로는 타오르는 듯한 저 두 눈을 바라보며 어찌 영혼을 믿지 않을 수 있겠는가? 바리새인은 자신이 책 속에서 익힌 과학이 와르르 무너지는 것을 느꼈다. 하지만 그는 새로운 세상을 보았다. 그는 갈색의 머리카락이 어깨를 뒤덮고 있는 예언자의 눈에서 광선을 보았다. 그는 그 존재로부터 뿜어져 나오는 강렬한 열기가 자신을 잡아당기고 있음을 느꼈다. 그는 마치 심령 자기心靈磁氣에 의한 후광처럼, 세 개의 작은 흰 불꽃이 그의 이마 위로 나타났다가 사라지는 것을 보았다. 그러자 그는 그때 성스러운 정신, 즉 성령의 바람이 그의 가슴 위로 지나가는 듯이 느꼈다. 감동에 젖은 니코데모는 말없이 집으로 돌아갔다. 그는 계속 바리새인들 사이에서 살아갈 것이지만, 그 마음 속 깊은 곳에서는 예수의 신봉자로 남아 있을 것이었다.

그 가르침으로부터 중요한 점을 하나만 더 지적하기로 하자. 물질주의적 관점에서 본다면 눈에 보이지 않는 영혼은 존재하지 않는다. 또한 일반적인 관념론자들은 영혼을 육체와 관련 없는 추상적 존재로 본다. 그러나 신비주의의 교리에 의하면 물질적 육체는, 천상에 존재할 때의 자신의 모습과 비슷하게 그 물질적 육체를 형성하려는 영혼의 끊임없는 활동의 결과이다. 예수가, 자신이 행하는 기적에 대한 설명으로 이 교리를 전한 것은 바로 그 때문이다. 그 교리는 사실상 예수 자신에 의해, 혹은 예수 이전과 이후에도 소수의 대가나 성자들에 의해 행해졌던 기적적인 치료술에 대한 설명이 될 수 있는 것이다. 일반적으로 의사들은 인간 육체의 병에 대해 육체 자체를 다루어서 치료를 행한다. 하지만 대가나 성자들은 그 자체의 정신적 기氣를 중심으로 직접 환자의 영혼과 소통하고 그를 통해 환자의 몸과 소통한다. 심령술에 의한 환자의 치료 원리는 바로 그것과 똑같은 것이다. 예수는 모든 인간들에게 존재하는 기의 힘으로 시술을 행했다. 하지만 그가 보다 드높은 함량을 지니고 있었던 것은 보다 강력하게 응축된 기를 사용할 수 있었기 때문이다. 그는 그의 용서의 힘, 영혼을 치유하는 힘을 증거하기 위해 율법학자들이나 바리새인들에게 육체 치료술을 가르쳤다. 몸의 병에 대한 치료는 이와 같이 그의 영혼 치유를 위한 하나의 연관 구실을 했으며 그로 하여금 "일어나서 걸어보아라"라고 육신과 영혼에게 동시에 명령할 수 있게 해준 것이다.

어쨌든 예수는 고통받는 육신에 균형을 취해 줄 능력이 있었고, 영혼을 보다 나은 상태로 올라가게 할 능력이 있었다. 플로티누스신플라톤주의 철학자는 "진정한 마술이란 사랑이다. 증오가 그 반대의 마술이듯이. 마술사들이 그들의 미약과 홀림을 통해 활동시키려는 것은 사랑과 증오이다"라고 썼다. 가장 높은 의식 속에서의 사랑, 지고의 힘을 지닌 사랑, 그것이 그리스도의 마술이었다. 수많은 제자들이 그의 내밀한 가르침에 참여했다. 하지만 새로운 종교를 지속시키기 위해서는, 그가 건립하려고 하는 정신적 교회의 초석이 될 일단의 활동적인 제자들이 필요했다. 그리하여 사도의 제도가 생겼다. 그는 사도들을 에세네인들 중에서 뽑지 않았다. 그가 필요로 한 것은 정력적이고 순수한 정열의 소유자들이었으며, 또한 자신의 종교를 일반 백성들의 마음 속에 심어 주고 싶었기 때문이었다.

예수의 사도들은, 예수의 말씀에 감화되어, 그가 하는 일에 감복해, 또한 그의 정신과 빛에 감싸여 스승을 이 촌락에서 저 촌락으로 따라 다녔다. 예수는 차츰차츰 그들의 생각을 넓혀주었다. 하지만 예수는 자기 자신이나, 자신이 할 일, 자신의 미래에 대해서는 깊은 침묵을 지켰다. 그는 사도들에게 하늘의 왕국이 가까이 왔으며 메시아가 곧 강림하리라고만 말해 주었다. 하지만 사도들 사이에서는 벌써, "바로 저 분이셔!" 하는 소근거림이 일었고 남에게도 그 사실을 반복해서 말했다. 그러나 예수 자신은 스스로를 단순히 '인간의 아들'이라고만 칭했다. '인간의 아들'이 곧 '신의 아들'이라는 신비주의적 의미는 그 자신도 모르는 채 '고통받는 인류의 사자使者'임을 스스로 밝히고 싶어서였던 듯싶다. 그는 "늑대들은 굴을 가지고 있다. 하지만 '인간의 아들'은 머리를 누일 곳이 없다"라고 말했던 것이다.

사도들이 아직 메시아에 대해 품고 있던 생각은 일반 유태 백성이 품고 있는 생각과 같았다. 그 순진한 생각 속에서 그들은 예수가 왕이 되어 왕관을 쓰고 자신들이 대신이 되는 정치 제도와 같은 왕국을 꿈꾸고 있었다. 그 생각을 없애버리는 것, 그 생각을 머리부터 발끝까지 변하게 하는 것, 사도들에게 진정한 메시아를, 정신의 왕국을 보여주는 것, 그가 아버지라 부르는 숭고한 진실, 그가 성령이라 부르는 지고의 힘氣, 안 보이는 가운데 모든 영혼들을 묶어주는 그 신비스러운 기가 그들에게 통할 수 있게 하는 것, 그의 말씀, 그의 삶과 죽음을 통해 진정한 신의 아들을 보여주는 것, 그들과 모든 인류가 자신과 형제이며 그들이 원한다면 그는 언제나 그들과 함께 있다는 신념을 심어주는 것, 그들의 희망 속에 저 거대한 하늘을 열어보일 수 있을 때라야 그들을 떠나는 것, 그것이 예수가 사도들에 대해 품고 있는 엄청난 계획이었다. 그들은 그 모든 것을 믿게 될 것인가, 믿지 않게 될 것인가? 여기에서 예수와 예수의 사도들 사이에 벌어지는 드라마가 펼쳐지지만, 그것은 잠시 후에 다시 살펴보기로 하자.

한편 12사도들에 대한 원대한 계획 외에도, 우리가 예수에게서 또 하나 주목해야 할 사실은 예수가 여성의 권리를 회복시켰으며 해방시켰다는 사실이다. 자세한 언급은 피하거니와, 예수 시대나 그 이전 이후와는 달리 예수 주변에는 그를 찬양하는 여성 신도들이 끊이지 않았다. 또한 예수가 힘든 몸을 쉬거나 새로운 정신의 시련을 경청하기 위해 자주 몸을 의탁한 것은, 베타니 논가에 사는 마리아 마르토와 마그들렌 사이에서였다. 그는 거기에서 가장 부드러운 위안을 얻었고 아직 제자들에게 말해 주지 않은 신성의 신비에 대해서도 이야기를 나누었다. 이따금 황금빛 저녁 노을이 올리브 가지 사이로 흘러들어 그 섬세한 나뭇잎을 물들이기 시작할 때 예수는 홀로 깊은 생각에 잠기기도 했다. 그럴 때면 그의 빛나는 얼굴 위로 마치 베일이 드리워진 듯했다. 그는 자신의 과업의 어려움에 대해 생각했고, 사도들의 위태로운 믿음

「마르타와 마리아의 집을 방문한 그리스도」, 루벤스와 브뢰겔, 1628.

과 이 세상 적들이 지닌 힘에 대해서 생각했다. 교회와 예루살렘과 인류가 범죄와 배은망덕 속에서 마치 하나의 살아 있는 산처럼 그의 뒤에서 굴러가고 있었다.

두 팔을 하늘을 향해 높이 치켜든 그가 그 모든 것을 먼지화시킬 수 있을 만큼 강하게 될 것인가, 혹은 그 거대한 산덩어리에 짓눌려 버릴 것인가? 그때 그는 모호하게 자신을 기다리고 있는 무서운 시련과, 가까이 다가온 그의 종말에 대해 이야기했다. 그의 장중한 목소리에 여인들은 감히 질문을 던질 엄두도 내지 못했다. 예수는 변함 없는 고요함을 간직하고 있었지만, 그녀들은 그의 영혼이 아직 그를 이 지상의 기쁨과 가르고 있는 이루 말할 수 없는 슬픔의 장막에 싸여 있음을 알 수 있었다. 그녀들은 예언가의 운명을 예감했고 그의 확고부동한 결심을 느낄 수 있었다. 예루살렘 쪽에서 피어오르는 저 검은 구름은 무엇일까? 왜 그녀들의 가슴 속으로 이 열기와 죽음으로 불타는 바람이 지나가는 것일까? 어느날 저녁… 신비스러운 별이, 눈물 한 방울이 예수의 눈 속에서 반짝였다. 두 여인은 몸을 떨었고 그들의 소리없는 눈물이 베타니의 평화 속에서 흘러내렸다. 그녀들은 그를 위해 울었고, 예수는 인류를 위해 울었다.

5. 바리새인들과의 싸움
현성용

갈릴리의 봄, 그리스도의 말씀 아래 천사의 반짝이는 백합꽃이 향기로운 대기 속에서 개화하고 하늘 왕국의 새 새벽빛이 기다림에 들뜬 백성들 앞에 곧 열릴 듯이 보이던 그런 화창한 나날들이 2년간 계속되었다. 하지만 하늘이 곧 어두워지더니, 재앙이 덮칠 것을 예고하듯 불길한 번개가 내리치기 시작했다. 제자들은 그 번개에 아연실색했지만 예수는 조금도 놀라지 않았다. 그는 그것을 예상하고 있었던 것이다. 그의 포교 활동과 그의 높아가는 인기가 유태의 종교 지도자들을 동요시키지 않는다는 것은 불가능한 일이었다. 또한 그들과 예수 사이에 근본적인 싸움이 벌어지지 않기를 기대한다는 것도 불가능한 일이었다. 더욱이 더 밝은 빛은 그 충격으로부터만이 솟아나올 수 있었다.

바리새 교파들은 예수 시대에 6,000명의 단결된 단원들을 가지고 있었다. 바리새파의 어원인 '페리신'은 '별개의 사람들' '뛰어난 사람들'이라는 뜻을 가지고 있었다. 높고 영웅적인 애국심, 하지만 그만큼 편협하면서 오만한 애국심으로 무장한 그들은 국가의 재건이라는 거창한 명분을 대표하는 집단이었다. 그들은 글로 쓰여진 전통 외에도 구전口傳 전통을 인정하고 있었다. 따라서 그들은 천사와 내세와 부활에 대한 믿음을 간직하고 있었다. 하지만 페르시아로부터 그들에게 전해진 이 신비주의 전통에 대해서 그들은 너무 물질적이고 거친 해석을 가함으로써 그 전통을 왜곡시켰다. 종교를 신과 인간의 사랑의 품 안에 두는 예언가들의 정신과는 정면으로 대치되는 그들의 교리는 율법의 엄격한 준수만을 강요했고, 형식적 제의, 단식과 고행 속에 신앙심이 들어 있다고 주장했다. 한낮에도 그들이 깜부기병에라도 걸린 듯한 시꺼먼 얼굴을 한 채 큰소리로 기도를 외우고 과시하듯 보시를 하며 거리를 다니는 모습을 볼 수 있었다. 게다가 그들은 실제로는 호사스러운 생활을 했으며 술책을 써서라도 권력을 손아귀에 넣으려고 안달이었다. 그리고 소위 민주당이라고 하는 정치 집단의 우두머리가 민중들을 장악하고 있었다.

반면에 사두가이 교파는 귀족적인 성직자들의 집단이었다. 그들은 다윗 왕 시절부터 대대로 성직 계급에 속한다고 자처하는 무리들로 이루어져 있었다. 극도로 보수적인 그들은 구전 전통을 무시하고 문자로 된 율법만 존중했으며 영혼과 내세를 부정했다. 그들은 또한 바리새인들의 고행 및 그들의 신앙에 대한 과시적인 행동을 비웃었다. 그들에게 종교란 오로지 성직자들의 의식儀式 속에서만 존재했다. 그들은 마카베 시절에 바리새파들에 의해 주교의 자리에서 쫓겨난 적이 있었다. 하지만 헤롯 왕과 로마 치하에서 그들은 잃어버렸던 지위를 되찾았다. 그들은 자신들이 우월한 존재라는 것, 전통적으로, 세습적으로 누려온 자신들의 지위를 지켜야 한다는 것에만 집착하는 완고한 무리들이었다. 사회 질서에서 신의 질서를 보았으며, 그리하여 정의가 삶을 지배하고, 학문과 이치가 정의를 지배하며 사랑과 자비가 그 모든 것을 지배하기를 바랐던 예수, 선지자이며 예언가들의 후예이고 엔가디의 견자였던 예수가 그들의 그러한 종교에서 발견한 것은 무엇이었을까? 지고의 가치와 통과 제의가 있어야 할 곳에 교회당만 세워져 있는 모습, 종교를 권력의 도구로 사용하면서 물질주의적 혹은 불가지론적으로 왜곡하는 모습, 한마디로 말한다면 성직자들의 사기詐欺, 바로 그것이었다. 학교에서건 교회당에서건 가슴으로 다가오는 생명의 양식이나 천상의 이슬 방울 대신에 순전히 형식적인 예배, 다시 말해 위선만이 뒤덮고 있었다.

그런데 예수는 모든 위대한 개혁가들이 다 그러했듯이 사람들을 공격한 것이 아니라―그 중에는 예외적으로 훌륭한 사람도 있을 수 있는 법이다―교리와 제도에 대해서 공격을 가했다. 이제 과감한 도전이 필요해졌고, 당대의 지배적 권력과의 공개적인 전쟁을 피할 수 없었다.

하지만 그 싸움에 있어서도 그의 전 생애를 통해 늘 그러했듯이, 예수는 신중함과 대담함, 명상적인 조심성과 격렬한 활동을 균형 있게 뒤섞을 줄 알았다. 그는 먼저 상대방들에 대하여 공격적인 태도를 취하지 않고 그들의 공격을 기다려 그에 반응했다. 그들의 공격은 얼마 기다리지 않아 곧 있게 되었다. 우리의 예언가가 활동을 시작할 때부터 바리새파들은 그가 보여주는 기적 같은 치료술과 그가 얻고 있는 대중적 인기에 대해 큰 질투를 느끼고 있었기 때문이었다. 그들은 금방 예수가 그들의 가장 위험한 적이 될 것이라고 의심했다. 그들은 위선자적인 행동 속에 그들의 간사한 꾀를 감추고서 점잖게 예수에게 접근했다.

그들은 예수에게, 그렇게 점잖은 신분에―그들은 물론 예수를 자신들과 마찬가지로 중요하고 권위 있는 사람으로 대접했다. 그것이 그들의 능란한 위장 사교술이었다―왜 세리稅吏나 형편없는 사람들과 터놓고 지내는지 그 이유를 물었다. 왜, 당신의 제자들은 감히 안식일에도 이삭을 줍는가? 교회의 가르침에 대한 중대한 위반이 아닌가? 예수는 부드럽고 폭넓게, 관용의 말을 구사하여 그들에게 대답했다. 그는 그들에게 사랑의 말씀을 시험했다. 그는 그들에게 올바른 자보다는 죄를 뉘우치는 자를 보고 더 기뻐하는 하느님의 사랑에 대해 말해 주었다.

그는 그들에게 잃어버린 양의 우화와 돌아온 탕아의 우화를 이야기해 주었다. 당당했던 그들은 할 말을 잃고 입을 다물었다.

하지만 다시 모여 협의한 끝에 그들은 예수를 다시 찾아가 안식일에 환자들을 치료한 사실에 대해 비난을 가했다.

"이 위선자들!"

예수는 눈에 분노의 빛을 띠면서 호통을 쳤다.

"그래 그대들은 안식일이면 그대들의 소들이 물을 먹으러 갈 수 있도록 목에 묶은 끈을 풀어주지 않는단 말인가? 아브라함의 딸이 사탄의 사슬에서 풀려난 그날은 안식일이 아니었던가?"

할말이 없어져 궁지에 몰리자 바리새인들은 예수가 벨제불갈릴리 마을에서 숭배하던 퇴비의 신. 유태의 전통에서는 악마의 왕으로 간주되었다의 이름으로, 그 더러운 악마의 이름으로 악마를 쫓고 있는 셈이라고 비난했다. 예수는 대답했다. "참으로 집요하도다. 악마는 스스로를 몰아내지 못하는구나!" 그리고 이렇게 덧붙였다. "인간의 아들에 대해 행한 죄는 용서받을 수 있으나 성령에 대해 지은 죄는 용서받을 수 없다!"

바리새인들이 그 깊은 뜻을 이해하지 못한 채 받아들인 그 말은 그들에게는 일종의 선전 포고였다. 자신들이 악마가 된 것이었다. 그가 말하고자 한 바는 자기 자신에 가해진 모욕은 전혀 대수롭지 않으나, 선과 참을 확인하고도 그것을 부정하는 것은 더할 수 없는 악덕이며 치유할 수 없는 죄라는 것이었다. 그들이 예수에게 외쳤다.

"신성 모독자!"

예수가 받아쳤다.

"위선자들!"

"벨제불의 앞잡이!"

"살모사 같은 무리들!"

그 순간부터 논쟁은 더욱 격화되었으며 험악해졌다. 그 싸움에서 예수는 아주 가혹하고 날카로운 변증법을 사용했다. 그의 말은 채찍처럼 상대방을 향해 날아갔으며 독침처럼 꽂혔다. 전술을 바꾼 것이다. 방어를 하는 대신에 비난에 대해서는 가차없이 더 혹독한 비난으로 응수하며 맞섰다.

"너희들은 왜 너희들의 전통을 이유로 신의 법을 위반하려 하느냐! 신은 명하셨다. 너의 아버지와 너의 어머니를 명예롭게 하라고. 너희들의 교회에 황금이 넘쳐흐를 때 너희들은 그 명을 거역한 것이다. 너희들은 이사야의 말을 입으로만 나불거린다. 너희들은 가슴이 없는 맹신자일 뿐이다."

예수는 자신을 억제할 수 있을 때까지 계속 공격을 멈추지 않았다. 하지만 그는 이 논쟁을 통해 스스로 고양되었으며 스스로 커졌다. 그들이 자신을 공격함에 따라 그는 점점 더 자신이 메시아임을 강하게 확신할 수 있었다. 그 이후 그는 교회를 위협하기 시작했고, 이스라엘이 불행에 빠지리라고 예언했으며 주님이 주님의 포도밭에 다른 일꾼들을 보낼 것이라고 말했다. 그의 입을 도저히 막을 수도, 그를 물러서게 할 수도 없음을 본 바리새인들 역시 전략을 바꿨다. 예수를 함정에 빠뜨리기로 작정한 것이다. 바리새인들은 그를 집요하게 공격하고 위협하기 시작했다.

이어 많은 백성들이 예수가 그들이 꿈꾸는 이스라엘 왕국을 재건할 수 없다는 것을 알고는 그로부터 등을 돌리고 있었다. 예수는 아주 작은 촌락에서도 고약하고 의심스러운 눈초리들과 마주쳤으며 그를 감시하는 밀정들을 만날 수 있었다. 때로는 "이곳에서 사라지시오. 헤롯 안티파스이 당신을 죽일 것이오"라고 와서 말하는 자도 있었다. 그는 그럴 때면 단호하게 대답했다.

"그 여우에게 말하라. 예언가가 예루살렘 밖에서 죽는 일은 결코 일어날 수 없다."

하지만 그는 여러 번에 걸쳐 함정을 피해 티베리아드 강을 건너 서쪽 강가에 은신해야만 했다. 그 어느곳도 그에게 안전한 곳은 없었다. 그가 그런 상황에 처해 있을 때 세례 요한이 헤롯의 손에 의해 죽임을 당했다. 그는 그의 선구자적 죽음을 통해 자기 자신의 죽음을 확인하게 되었다. 그리고 그 운명은 엔가디에서의 명상 속에서 그가 직접 보았던 것이었다. 그리고 그가 자신의 과업을 시작한 것은 그러한 자신의 운명을 미리 받아들이면서였다. 그럼에도 불구하고 그의 제자가 전해 온 그 사망 소식은 예수에게 하나의 불길한 경고인 양 충격을 주었다. 그는 소리높이 외쳤다.

"그들은 그를 인정하지 않고, 자신들의 뜻대로 해버렸도다. 아, 사람의 아들도 그렇게 그들에 의해 고통을 받게 되리라!"

열두 명의 사도들은 불안해했다. 예수 자신도 갈 길을 망설였다. 그는 그들에게 잡히길 원치 않았다. 그가 원한 것은 자신의 과업이 끝나는 날, 자신이 택한 시각에 기꺼이 그들에게 자신을 내맡겨 예언가로서 끝을 맞이하는 것이었다. 예수는 다시 한번 제자들과 함께 도피의 길로 나서기로 결심했다. 열두 명의 제자와 함께 어느 산에 오른 예수는 고개를 돌려 마지막으로 그가 좋아했던 호수, 하느님의 왕국을 세우고자 했던 땅을 바라보았다. 그리고 예언가적인 시선으로 저 장엄한 도시가 이스마엘의 복수의 손에 의해 사막으로 변하리라는 것을 보았다. 그리고 분노가 아니라 쓰디쓴과 우수에 젖은 말이 그의 입으로부터 새어나왔다. 너, 카파르나움에 화 있으라! 너, 코라진에 화 있으라! 너 베트사이다에 화 있으라모두 갈릴리의 마을 이름임.

그런 후 이교도들의 세상과 등을 돌린 뒤 그는 열두 사제들과 함께 요르단 계곡 쪽으로 걷기 시작했다.

강렬하게 내리쬐는 시리아의 태양 아래 북요르단의 늪지대와 갈대밭을 지나는 도피의 길은 그 얼마나 슬프고도 기나긴 길이었던가. 밤이면 물소떼를 모는 목자들의 천막에서 혹은 그 황량한 곳의 작은 마을에 있는 에세네 교파의 집에서 묵었다. 제자들은 가슴이 미어지는 듯 고개를 떨구었고 슬픔에 잠긴 스승은 말없이 명상에 빠져들었다. 그는 포교 활동만으로는 백성들의 마음에 자신의 교리를 심을 수 없다는 사실과, 적대자들의 그 끊이지 않는 집요한 음모 등에 대해 깊이 생각했다. 최후의 싸움이 이제 코앞에 다가왔다. 그는 이제 막다른 길목에 봉착했다. 어떻게 거기서 빠져나올 수 있을 것인가? 한편으로 그는 여기저기 흩어져 있는 그의 정신적 가족들, 특히 그를 따르기 위해 가족도, 직업도, 재산도 버렸으며, 그럼에도 불구하고 가슴 쓰린 고통을 맛보고 있는 그의 열두 사도들, 승리의 메시아에 대한 희망이 꺾인 채 풀이 죽어 있는 열두 사도들에 대해 생각했다. 그들을 포기할 수 있을 것인가? 진리는 진정으로 그들 가슴에 스며들었는가? 그들은 그 모든 시련에도 불구하고 여전히 자신과 자신의 교리를 믿고 있는가? 그들은 그가 누구인지를 알고 있는가? 이러저러한 생각에 그는 어느날 제자들에게 물었다.

"나, 사람의 아들인 나에 대해 사람들은 무어라 말하는가?"

제자들이 대답했다.

"어떤 이들은 세례 요한이라고 말합니다. 다른 이들은 예레미야라고도, 예언가들 중의 하나라고도 말합니다."

"그렇다면 너희들, 바로 너희들은 내가 누구라고 말하겠느냐?"

그러자 시몬 베드로가 앞서서 말을 했다.

"당신은 그리스도요, 살아 있는 하느님의 아들이십니다." (마태복

음 16장 13~18절)

베드로의 입을 통해 나온 이 말, 예수의 생각 속에 있던 이 말은, 후에 교회에서 해석했던 것과는 전혀 다른 뜻을 의미하고 있다. 교회에서는 그 말을 이렇게 해석하고 가르쳤다. '당신은 절대적이고 전능하신 하느님의 유일한 화신이다. 당신은 성부·성자·성령의 두 번째 존재인 성자이다. 그대는 예언가들이 이미 예고한 이스라엘의 부름을 받은 사람이다'라고. 하지만 인도와 이집트와 그리스의 통과 제의에서 '신의 아들'이란 말은 '신성의 진리와 하나가 된 의식, 신의 진리를 발현할 수 있는 의지'를 말한다. 신이 보낸 아들이 아니라 그 자체 신의 원리, 우주의 원리와 하나가 된 정신을 말하는 것이다. 예언가들에 의하면 메시아란 신의 의지를 가장 강력하고 위대하게 발현하는 사람을 말한다. 거기서 사람의 아들은 신의 아들과 다른 존재가 되는 것이 아니라 하나로 결합된다. 신의 아들은 사람의 아들, 달리 말해 이스라엘이 아니라 이 지상의 인류 전체의 부름을 받은 존재이며 저 천상의 인류 전체가 보낸 존재가 된다.

사도들의 대변자격인 베드로를 통해 그러한 신앙을 확인한 예수는 무한한 기쁨을 맛보았다. 그렇다면 그의 제자들은 자신을 이해하고 있는 것이다! 그들 내부에서 울리고 있는 하늘과 땅을 맺는 끈은 이어질 것이다. 예수는 베드로에게 말했다.

"요나의 아들인 베드로야, 너는 복되도다. 네게 그것을 알려준 것은 너의 살과 피가 아니라 저 하늘에 계신 나의 아버지이므로 너는 복되도다."

이 대답을 통해 예수는, 베드로를 자신과 마찬가지로 선지자로 간주한다는 것을 그에게 보여준 것이다.

예수가 베드로에게 그러한 믿음과 신뢰를 준 것은 그가 그렇게 드높은 정신의 경지를 보여주었을 때뿐이었다. 곧이어 다시 자연인이 된 베드로가 두려움과 한계를 드러내자 예수는 그를 전혀 다르게 대한다. 예수가 제자들에게 자신이 곧 예루살렘에서 죽게 될 것이라고 예고하자 베드로가 항의하기 시작한다.

"주여, 하느님께서도 기꺼워하지 않으실 것인즉, 그런 일은 결코 일어나지 않을 것입니다."

예수는 베드로의 그러한 연민 속에서 살肉의 유혹을 감지하고는 사도를 향해 사납게 몸을 돌린 후 말한다.

"물렀거라, 사탄아. 너는 나에게 장애물이다. 너는 하느님의 일을 생각하지 않고 사람의 일만을 생각하는구나."

그리고 단호한 몸짓으로 '저 사막을 가로질러 나가자'라는 뜻을 전한다. 스승의 위엄이 서린 목소리에 제자들은 말없이 머리를 조아리며 돌투성이의 골란 고원을 오르기 시작한다. 예수가 제자들을 이스라엘 밖으로 데리고 간 이 도피는, 그가 그 마지막 말을 찾고 있는 메시아의 운명, 그 운명의 수수께끼를 향해 나아감과도 같은 것이었다.

그의 앞으로는 아직 자신을 이해하지 못하는, 그의 말이 아무런 권능도 발휘하지 못하는 이교도의 세상이 있었으며, 그의 등 뒤로는 예언가들에게 돌을 던지는, 메시아의 말씀을 듣지 않으려고 귀를 틀어막는 유태인의 세계가 있었다. 그리고 바리새인들과 사두가이파들이 먹이를 노리듯 그들을 노리고 있었다. 이 모든 장벽을 깨고, 이교도의 우상 숭배와 유태인의 완고함을 넘어, 그가 진정으로 사랑하는 고통받는 인류의 가슴까지 들어가 부활의 말씀을 들려주기 위해서는 그 어떤 초인적인 용기, 그 어떤 놀라운 행동이 필요할 것인가? 그의 생각은, 과거와 미래로, 저 고통받는 지상과 천국으로 이어졌다. 그러자 그때 다시 그는 보았다. 사해 바다 위로 십자가에 못박혀 괴로워하는 그 환영을! 위대한 '희생'을 위한 순간이 온 것인가?

모든 인간들과 마찬가지로 예수 안에는 두 가지 의식이 있었다. 그중의 하나인 지상의 의식이 그를 환영으로 감싸면서 말했다. 누가 알겠는가? 그 운명을 피할 수도 있을 거야. 다른 의식, 신성한 의식이 단호하게 말했다. 승리의 길은 번뇌의 문을 통하게 되어 있는 법. 예수가 그의 생애에 있어서 위대한 순간이 닥칠 때마다 산으로 들어가 기도했음을 우리는 알고 있다. 베다의 어느 현자도 "기도는 하늘과 땅을 지탱하고 신들을 지배한다"고 말하지 않았던가? 예수는 이 힘들 중의 힘, 기氣들 중의 기를 알고 있었다. 그러한 기도에 임할 때 그는 아무도 동반하지 않은 채 홀로 산에 올라, 그의 의식 속에 비밀을 간직한 채 내려오곤 했다. 하지만 이번에는 베드로와 요한과 야곱을 대동하고 하룻밤을 지내기 위해 산에 올랐다. 전설에 의하면 그 산은 타보르 산이었다고 한다. 복음서에서 현성용顯聖容:신의 얼굴이 나타남. 예수의 얼굴이 신의 얼굴로 바뀌었다는, 혹은 제자들이 예수의 얼굴에서 신의 얼굴을 보았다는 뜻이라는 지칭 하에 전하고 있는 신비스러운 광경이 예수와 가장 깨달음이 높은 그의 세 제자들 사이에서 벌어진 것은 바로 그곳에서이다. 베드로에 의하면 사도들은 한밤의 어두운 그늘 속에서 스승의 신과 같이 빛나는 모습이 나타났으며, 그의 얼굴이 태양처럼 빛났고 옷이 광채를 발했다는 것이다. 이어서 예수의 옆에 두 형상이 나타났는데 마태는 그들이 모세와 엘리야라고 했다. 그들이 떨면서 땅에 엎드려 잠보다도 훨씬 깊은 도취에, 그러나 그보다는, 어떤 의미에서 명중하게 깨어 있는 것과도 같은 상태에 빠져 있다가 다시 고개를 들었을 때, 마치 그들의 잠을 깨우기라도 하려는 듯 스승이 그들 곁에 있었다. 그 꿈 속에서 그들이 마주한, 변모한 그리스도의 모습은 그 이후 그들의 기억 속에서 결코 지워지지 않았다.

그런데 예수 자신은 그날 밤, 그의 예언가로서의 행적에서 결정적인 행동을 하기 전인 그날 밤, 무엇을 보고 무엇을 느꼈으며 겪었던 것일까? 그것은 기도의 불을 통해 '지상의 것'을, 그의 의식 속의 '지상'을 차츰차츰 지워버린 것이었다. 그리고 무아지경의 날개를 달고 천체에서 천체로 비상했던 것이다. 그리하여 그는 차츰차츰 오로지 영적이며 신성스러운 자신의 앞서 있던 존재 속으로, 그 깊은 의식에 의해 되돌아갔던 것이다. 그곳에는 오로지 영광스런 빛만이 존재했다. 그 빛 속에는 천상의 존재 군단들이 창공 자체를 이루고 있었으며 그로부터 번쩍이는 번개가 쏟아지고 있었다.

그때 그 빛의 무리 중에서 성직자 복장을 한 여섯 명이 함께 빛나는 성배를 떠받치고 나타났다. 그들은 지상에서 이미 사라진 여섯 명의 메시아였다. 일곱 번째가 바로 그였으며 그 성배는 그가 완수해야 할 '희생'을 의미했다. 먹구름 아래서 천둥이 우르릉거렸다. 검은 심연이 열렸다. 생식의 순환 고리였으며 삶과 죽음의 아가리였고, 지옥이었다. 신의 아들들은 애원하는 몸짓으로 성배를 들었다. 하늘은 꼼짝 않고 기다렸다. 예수는 동의한다는 표시로 마치 세상을 껴안으려는 듯 십자가 모양으로 두 팔을 벌렸다. 그러자 여섯 명의 신의 아들들이 엎드려 저 땅 쪽을 향해 머리를 조아렸다. 긴 날개를 한 일군의 천사들이 성배를 빛의 궁륭을 향해 가져갔고 환희의 노래, 호산나가 울려퍼졌다… 하지만 예수는 그 소리도 듣지 못한 채… 다시 심연 속으로 잠겼다.

이것이 본질의 세계에서, 하느님 아버지의 품에서, 영원한 사랑의 신비가 찬양받는 그 품에서 일어난 일이다. 그것이 바로 그가 완수하리라 서약한 바로 그 일이다. 그가 태어난 것은 바로 그 사랑의, 신의 성배를 받아 이 땅에 주기 위해서이다.

아아, 그 얼마나 엄청난 서약이며 무서운 성배인가! 그것을 마셔야만 했다. 무아지경의 도취 후에 그는 심연 한가운데서 깨어났다. 더이상의 의혹은 없었다. 하늘은 말했다. 저 땅은 구원을 부르며 울부짖고 있다고.

그러자 천천히 온 길을 되짚어 예수는 요르단 계곡을 내려가, 예루살렘으로 향했다.

6. 예루살렘으로의 마지막 여행
약속-최후의 만찬, 기소, 죽음과 부활

"다윗 왕의 자손에게 호산나영광과 환희의 노래를!"

예수가 예루살렘의 동쪽 문을 향하여 들어서자 그가 지나가는 곳마다 함성이 울려퍼졌다. 갈릴리의 예언가를 신봉하면서 도시 외곽과 안쪽에 살며 느낀 환영의 순간을 기다리던 사람들의 외침이었다. 그들은 이스라엘의 해방자이며 곧 왕위에 오르게 될 인물에 대하여 환호했다. 예수를 수행하고 있던 열두 사도들도 예수의 엄중한 예고가 있었음에도 불구하고 그들의 그러한 집요한 찬양에 어느덧 동참하고 있었다. 오로지 그 갈채를 받고 있는 메시아만이 자신이 처형장으로 향하고 있다는 것, 자신을 따르는 자들이 자신의 죽음 이후에나 성전에 비로소 들어갈 수 있게 되리라는 것을 알고 있었다. 그는 뚜렷한 의식을 갖고 의지에 충만해서 자기 자신을 넘겨준 것이다. 민중들의 환호에 비해 그가 숙연하고 평온했던 것은 그 때문이었다.

그 장엄한 입성을 통해 예수는 예루살렘의 종교적 권위자들에게 그가 메시아의 역할을 맡았음을 공공연히 선포한 셈이 되었다. 다음날 그는 교회에 나타나 그곳 이방인의 뜰에서 짐승들을 사고 파는 상인들과 고리대금업자들에게 다가가 이렇게 이사야의 말을 전했다.

"나의 집은 기도의 집이 될 것이다. 그런데 너희들은 그것을 도둑의 소굴로 만드는구나."

상인들은 예수를 둘러싼 채 뒤따르고 있는 사람들의 위세에 놀라,

아니 그보다는 예수의 불타오르는 눈빛과 장엄한 몸짓에 놀라 돈주머니를 챙겨 도망가버렸다. 그곳에 있던 사제들은 그 대담함에 놀란 채, 예수의 위세에 질려 있었다. 유태교 법원의 대표자가 그에게 이렇게 물었다.

"당신은 무슨 권리로 그런 일을 하는 거요?"

교묘한 꾀가 숨어 있는 그 질문에 대해 예수는 늘 그러하듯이 또 다른 질문을 상대방에게 던져 그를 더 당황하게 만들었다.

"세례 요한은 어디에서 왔는가? 하늘로부터 왔는가, 인간들로부터 왔는가?"

만일 바리새인들이 "그는 하늘에서 왔다"라고 대답한다면 예수는 "그렇다면 왜 그를 믿지 않는가?"라고 되물었을 것이다. 그들이 만일 "그는 인간들로부터 왔다"라고 대답한다면 그들은 세례 요한을 예언자로 간주하는 백성들의 분노를 사게 될 것이었다. 그래서 그들은 "우리는 그에 대해 아무것도 모른다"라고 대답했다. 그러자 예수가 그들에게 말했다.

"그렇다면 무슨 권위, 무슨 권리로 내가 이 일을 했는지도 너희들에게 말하지 않겠다."

그리고 미리 준비가 되어 있었다는 듯 공격적인 어조로 덧붙였다.

"내 그대들에게 진실로 이르노니, 하찮은 사내들이나 여인들이 그대들보다 먼저 천국에 들어가리라."

그런 후 그는 우화를 예로 들어, 포도밭을 상속받으려고 주인의 아들을 살해한 포도 재배인을 그들과 비교하며, 자신이 '그들을 멸할 하나의 주춧돌'이 되리라고 선언했다.

그의 이런 행동, 그의 이런 말로 보아 그가 이스라엘의 수도로 마지막 여행을 하면서 이제 예수는 은거 생활과는 완전히 단절하리라고 결심했었음을 알 수 있다. 바리새인들은 그를 목매달 두 가지 구실이 그의 입을 통해 직접 나오기를 기다리고 있었다. 하나는 그가 교회에 대해 위협을 하고 있다는 것이며 다른 하나는 그가 스스로 메시아임을 자처한다는 것이다. 이렇듯 교회 당국에 의해 확고해진 그 결정에 따라 그의 죽음은 이제 시간 문제였다.

그가 예루살렘에 입성하자마자 예수라는 공동의 적을 둔 바리새인들과 사두가이인들은 '민중의 선동자'를 없애기로 합의를 보았다. 단지 그를 공공연히 체포하기를 망설인 것은 민중의 봉기가 두려웠기 때문이었다. 벌써 여러 번에 걸쳐 그를 체포하러 갔던 병사들이 그의 말씀에 감화되어, 혹은 모인 사람들이 겁이 나서 그냥 돌아오곤 했었다.

예수와 사제들 간의 싸움은 그렇게 매일매일 계속되었다. 그것은 지배 권력에 대한 예수의 마지막 공격이었다. 그는 대단한 힘과 용맹성을 그 싸움에서 발휘했는데 그 힘은 그의 영혼의 '영원한 여성성'이라 부를 수 있는 그의 숭고한 부드러움을 감싸고 있는 갑옷 같은 것이었다. 그 싸움은 종교를 훼손하고 악용하는 자들에 대한 무서운 예언으로 결국 끝이 난다.

"그대, 율법자들과 바리새인들에게 화 있을진저, 그대들은 천국에 들어가길 바라는 자들에게 문을 닫고 있도다. 십일조를 바치고, 정의와 긍휼과 성실함을 무시하는 자여 무모하고 어리석도다! 그대들은 겉보기엔 아름다우나 그 속은 죽은 자들의 해골과 온갖 종류의 부패로 가득찬 창백한 송장과 다름없도다."

이렇게 수세기에 걸친 종교적 위선과 그릇된 성직자의 권위에 낙인을 찍음으로써 예수는 자신의 싸움이 끝났다고 간주했다. 그는 제자들과 함께 예루살렘을 나와 올리비에 산으로 올라갔다. 산으로 오르자 한껏 그 위용을 뽐내고 있는 헤롯 왕의 사원이 보였다. 절망에 빠진 제자들은 재난이 닥쳐오리라는 것을 예감하고는, 스승이 언제나 스스로 떠나곤 했던 저 찬란한 건물을 스승에게 보라고 했다. 그들의 목소리에는 우수와 회한이 깃들어 있었다. 그들은 마지막 순간까지, 왕이 되어 그 왕좌에 앉은 메시아 주변에서 이스라엘의 판관이 되리라는 꿈을 간직하고 있었던 것이다. 예수는 몸을 돌려 사원을 눈으로 가늠해 보고는 말했다.

"저 모든 것이 보이느냐? 그 돌들 중 어느 하나도 남아 있지 않으리라."

죽음이 가까워옴에 따라, 예수는 더욱 밝아진 선지자의 시선으로 유태교의 오만함, 그 정치, 역사 전체에 운명적으로 재앙이 닥쳐올 것임을 예견했다. 따라서 승리는 화려한 것의 쟁취에 있지 않았다. 그것은 선지자들의 생각 속에, 우주적인 종교 속에, 그 보이지 않는 사원 속에 있었으며, 그때 예수만이 그것을 또렷이 의식하고 있었다. 오래된 시온의 성채와 그 돌로 된 사원에도, 이미 파괴의 천사가 한 손에 횃불을 든 채 그 문 앞에 서 있는 모습을 그는 볼 수 있었다.

예수는 그의 시간이 임박했음을 알고 있었다. 하지만 유태교 법원에 의해 체포당하기를 원치 않았기에 베타니로 되돌아갔다. 그는 올리비에 산을 특히 좋아했기에 거의 매일 거기에 올라 제자들과 대화를 나누곤 했다. 예수가 제자들에게 그가 세우려 했던 종교의 미래에 대해, 인류의 미래 운명에 대해 마지막 가르침을 베푼 곳도 바로 그곳이었다. 그리고 그것이 마지막인만큼 그의 말씀은 예언가들의 초월성에 입각한 보다 상징적이고 우의적인 것이었다. 성경의 네 복음서 중에 스승의 신비주의적 가르침을 우리에게 가장 잘 전하고 있는 요한복음에서 요한은 예수의 말씀이 지니고 있는 뛰어난 상징성과 우의성을 스승의 입을 빌려 이렇게 드러내고 있다.

"내게는 아직 너희들에게 전해 줄 말이 몇 남아 있다. 하지만 그 말은 너희들의 능력 밖의 말이다. 그래서 나는 비유를 통해 그것을 너희들에게 말했다. 하지만 내가 너희들에게 비유를 통해 말하지 않고, 내가 숨김없이 하느님 아버지에 대해 말해 줄 날이 오리라."

예수가 제자들에게 한 장엄한 약속은 네 개의 대상을 겨냥하고 있으니, 별들과 우주의 삶, 개인의 정신적 삶, 이스라엘 국가의 삶, 전 인류의 진화가 그것이다. 예수가 순교하기 전에 그의 생각 속에서 빛나고 있던 '약속의 그 네 대상'을 하나하나 간략히 살펴보기로 하자.

1. '첫번째 심판'이 의미하는 것 ; 죽음 이후의 영혼의 운명, 그것은 영혼의 고유한 성질과 그것이 살아 있는 동안 행한 행동에 의해 결정된다. 올리비에 산에서 예수는 이 주제에 대해 제자들에게 이렇게 말했다. "흥청대며 먹고 마시는 일과 쓸데없는 세상 걱정에 마음을 빼앗기지 않도록 조심하여라. 그날이 갑자기 닥쳐오리라." (누가복음 21장 34절) "사람의 아들은 너희가 생각지도 않을 때에 올 것이다. 그러니 너희는 늘 준비하고 있어라." (마태복음 24장 44절)

2. 사원의 파괴와 이스라엘의 종말 ; "한 나라가 일어나 딴 나라를 칠 것이다… 그대들은 통치자들에게 넘겨져 고통을 받게 될 것이다. 내 그대들에게 진실로 이르노니 이 세대가 지나가기 전에 이 모든 일들이 반드시 일어나고야 말 것이다." (마태복음 24장 4~34절)

3. 인류의 이 지상에서의 목표 ; 어떤 특정한 시대에 국한된 것이 아니라, 일련의 단계적 수행을 통해 도달해야 할 인류의 정신적인 진보. 그리스도가 한 사회에 나타난 것, 신성한 인간이 지상에 출현한 것은 그 목표를 이루기 위해서이다. 그것은 인류 사회에서 진리와 정의와 사랑을 구체적으로 조직해 실현하는 일을 말한다. 그리하여 백성

을 평화롭게 하는 것. 이사야의 예언은 그 시대의 도래를 이렇게 말하고 있다. "나는 모든 국가들과 모든 언어들을 한데 모으려고 왔다. 그것들이 한데 모여 내 영광을 보리니 내 그것들 위에 나의 표시를 하리라." (이사야 24장 18~33절) 예수는 제자들에게 그 표시가 무엇이 될 것인가를 설명했다. 그것은 신비의 완전한 드러남이니 성령의 도래를 뜻한다. "그것은 진리의 성령으로 너희들을 진리로 인도할 것이다" "내가 아버지께 구하면 다른 협조자를 보내 너희와 영원히 함께 계시도록 하실 것이다. 그는 곧 진리의 성령이시다. 세상은 그를 보지도 못하고 알지도 못하기 때문에 그를 받아들일 수 없지만 너희는 그를 알고 있다. 그는 너희와 함께 살며 너희들 안에 있기 때문이다." (요한복음 14장 16~18절) 사도들은 그 계시를 먼저 보고 인류는 나중에 보게 될 것이지만, 그 계시가 한 개인의 의식, 혹은 인간 집단에게 드러날 때마다, 그것은 다른 모든 존재를 밝게 비추인다.

4. 최후의 심판 ; 인류의 우주적 진화의 최후 상태. 인류가 결정적인 영적 상태에 도달하는 것. 페르시아의 신비주의가 아리만악신에 대한 오르무즈드선신의 승리라 일컬은 것. 인도의 신비주의에서는 물질이 정신에 의해 완전히 흡수되는 때를 브라마의 최후로 보고 있다. "그러면 하늘에는 사람의 아들의 표시가 나타날 것이다. 사람의 아들은 구름을 타고 올 것이다. 그는 울려퍼지는 나팔 소리와 함께 천사를 보내어 사방에서 불어오는 바람에 '선택받은 자'들을 불러모을 것이다." 물질이 정신화한 그 세상에서 모든 것은 물질의 인력에 끌리지 않고 가벼운 유체가 되어 움직인다. '신택받은 자들'을 불러 모으는 천사들은 인류 자신으로부터 나온 영광을 입은 정신들이다. 울리는 트럼펫 소리는 성령의 정신들이다. 그 소리는 성령의 살아 있는 말씀을 상징하며 그 소리에 의해 영혼의 본래 보습이 드러나고 물질의 온갖 거짓된 외

양이 파괴된다.

예수는 죽음이 임박했음을 느끼고는 놀란 사제들 앞에서 오래 전
고대부터 신비주의의 교리가 되었던 높은 전망을 열어주었다. 그는 그
이상이 당장에 실현될 수 없다는 것을 알고 있었다. 단지 그는 그 불의
글씨를 제자들의 순수한 영혼 속에 새겨, 그 말씀에 실린 힘이 후대에
도 전달될 수 있도록 한 것이다. 예수는, 그와 함께, 그보다 먼저 이 땅
에 존재했던 모든 예언자들과 하나가 되었고 영원한 삶과 진리의 대변
자가 되었다. 부동의 진리와 하나가 되었다는 연대감 속에서 그는 제
자들에게 이렇게 자랑스럽게 말할 수 있었다.

"하늘과 땅은 변하고 흐르리라. 하지만 나의 말은 변함없이 존재하
리라."

그렇게 몇날 아침, 몇날 밤이 지나갔다. 어느날 예수는 그의 본성이
라고 할 만한 연민과 공감의 마음을 지닌 채 그 숭고한 높이에서, 그가
자기 자신의 고통처럼 생각하고 있는 인간들의 고통을 다시 생각하며,
장차 무서운 불행에 빠질 예루살렘과 그 백성들에 대해 눈물을 흘렸
다. 이제 그의 운명도 성큼성큼 그에게 다가오고 있었다. 이미 유태교
최고 법원은 그의 처형을 결정해 놓았다. 이미 유다는 자신의 스승을
넘겨주기로 약속을 해놓았다. 유다가 배반을 할 수 있게 된 것은 더러
운 탐욕 때문이 아니었다. 그것은 그의 야망과 상처받은 자존심 때문
이었다. 그는 언제나, 스승의 즉각적인 이 지상에서의 승리와 그로 인
해 얻게 될 영광을 생각해 왔다. 그는 스승의 다음과 같은 뜻깊은 말을
이해할 수가 없었다.

"제 생명을 구하고자 하는 자는 그것을 잃을 것이요, 제 생명을 잃기
를 원하는 자는 그것을 얻을 것이다."

그의 세속적인 성격을 잘 알고 있던 예수는 그의 성격을 고쳐보리라는 희망에서 한없이 자비로운 마음으로 그를 제자로 받아들였다. 사태가 악화되어 예수가 패배하리라는 것을, 그리고 그 제자들이 연루되리라는 것을 알게 된 유다는 모든 희망이 꺾이고 실망은 분노로 변했다. 그 불행한 자는 자신이 보기에 거짓 메시아로 여겨지는 스승을, 자신도 그에 속아 넘어갔다고 생각하는 스승을 고발하기에 이르렀다. 예수는 특유의 혜안으로 그 불충실한 제자의 마음 속에서 일어나고 있는 일을 다 꿰뚫어볼 수 있었다. 그는 시시각각 자신을 옥죄어오는 이 운명을 피하지 않으리라 결심했다. 그는 제자들에게 마을의 한 친구 집에 만찬을 준비하라고 명했다. 그는 그것이 마지막 만찬이 되리라는 것을 예감하고는 예외적인 지시를 한다.

이제 우리는 메시아로서의 예수가 등장하는 드라마의 마지막 장에 이른 셈이다. 그리고 그 드라마는 무엇보다 예수의 내면을 주축으로 펼쳐지고 있으며, 그의 생애 마지막 장은 그 내면의 드라마의 결과이다. 우리는 이 시점에서 다시 한번 그 의미를 깊이 있게 밝히기 위하여, 그의 예언가로서의 삶을 마감할 때 있었던 세 가지 기본적인 요소들, 즉 최후의 만찬과 메시아에 대한 기소起訴와 부활에 대해, 신비주의적 전통의 빛을 쐬임으로써 나의 이 힘들었던 작업을 마무리할 작정이다. 그 셋이 신비주의의 빛에 의해 그 비의를 드러낼 때에 과거의 예수와 예수 사후의 기독교 역사가 새로운 빛을 발하며 의미 있게 살아날 수 있을 것이다.

예수와 열두 명의 제자를 포함한 열세 명은 예루살렘의 어느 귀족 집 방에 모여 있었다. 이름이 알려지지 않은, 예수의 친구인 그 집 주인은 방을 훌륭한 양탄자로 미리 장식해 놓았다. 중앙의 커다란 테이블을 사이에 두고 트리클리니움누워서 식사하는 3인용 식탁 형태의 긴 의자네 개가 놓여 있었고 각 의자 위에 제자들이 셋씩 누워 있었다. 요한과 베드로 사이에 자리잡은 예수가 말했다.

"나는 너희와 이 유월절모세의 출애굽을 기념하는 날 음식을 함께 나누려고 얼마나 별러왔는지 모른다. 내 너희들에게 이르노니 이 유월절 음식의 본 뜻이 신의 나라에서 성취되기까지는 이 유월절 음식을 절대 먹지 않을 것이니라." (누가복음 22장 15절)

예수가 그 말을 마치자 제자들의 얼굴이 침울해졌고 분위기가 무거워졌다. 유월절 식사 때의 유태교의 관습에 따라 그들은 말 없이 쓴 풀을 먹었다. 그러자 예수는 빵을 손으로 잡더니 감사를 드린 후에 그것을 잘라 그들에게 주면서 말했다.

"이것은 너희들을 위하여 주어지는 나의 몸이니, 나를 기념하여 이 의식을 행하여라." 또한 식사 후에 잔을 건네면서 그들에게 말했다. "이것은 내 피로 맺는 새로운 계약의 잔이니 너희를 위하여 내 피를 흘리는 것이다." (누가복음 22장 19~20절)

이상이 아주 간단하게 간추린 최후의 만찬 내용이다. 하지만 그 단순한 간추림 속에는 예수의 전 가르침이 압축되어 있을 뿐 아니라, 오래된 통과 제의 의식의 면모를 일신하고 있기도 하다.

이집트와 칼데아의 선지자들이나 에세네의 예언가들에게 있어 형제들끼리의 회식은 통과 제의의 제1단계를 의미한다. 빵의 형태로 성체 배령을 하는 것은 '지상의 삶에 대한 인식'을 의미할 뿐만 아니라 지상이 베푸는 선에 참여하는 것이기도 하며 더 나아가 그 참여를 통해 '회원 형제들'의 완벽한 결합을 의미한다. 그보다 높은 단계에서 태양빛이 스며든 포도의 피인 포도주로 성체 배령을 하는 것은 정신의 신비와 신성의 이치에 참여하는 것을 의미한다. 예수는 이 상징을 제자들에게 물려줌으로써 그 제의 자체를 확산시켰다. 이전에는 몇몇 사람들에게 국한되었던 그 제의가 그 제자들을 통해 인류 전체로 확산될 수 있는 계기가 되었던 것이다. 한편 예수는 거기에 가장 드높은 신비, 가장 위대한 힘을 덧붙였으니, 바로 자기 희생의 신비와 힘이 그것이다. 그 희생을 통해 그는 그와 제자들 사이의 사랑을 눈에 보이지는 않으나 결코 깨뜨릴 수 없는 것으로 만들었다. 그 희생을 통해 그의 영광에 휩싸인 영혼은 제자들의 가슴 속에 그리고 모든 사람들의 마음 속에 신성한 힘으로 작용할 수 있게 된 것이다. 아주 오래된 고대로부터 전해 온 진리의 잔, 그를 예언가라 부르며 에세네인들이 그에게 건네주었던 황금의 성배, 그가 최고의 무아지경에 빠졌을 때 신의 아들들이 그에게 전해 준 천상의 사랑의 잔을 이제 자신의 피로 채워 그의 사랑하는 제자들에게 숭고한 이별의 징표로 건네준 것이다.

그들, 사도들은 스승이 건네주는 그 잔에서, 이 세상을 모두 감싸안는 그 대속代贖의 뜻을 모두 보고 헤아릴 수 있었을까? 아니다. 그들은 아직도 이해하지 못하고 있었다. 그들은 단지 무슨 악몽이라도 꾸고 있는 듯 고통스런 숨소리를 내고 있었을 뿐이다. 붉은 빛의 무거운, 일종의 안개 같은 것이 공기 속을 떠돌고 있었으며 제자들은 그리스도 머리 위의 이상한 광채가 어디서 오는 것인지 알지 못했다. 이윽고 예수가 올리비에 산에서 밤새 기도를 해야겠다며 "가자"라고 그들에게 말했을 때, 그들은 앞으로 닥쳐올 일에 대해 아무것도 알지 못했다.

예수는 겟세마네에서 번민의 하룻밤을 보내고 있었다. 점점 더 사슬이 옥죄어오고 있는 것을 그는 또렷이 알고 있었다. 이윽고 와자지껄 떠드는 소리, 병장기 부딪치는 소리와 함께 유태교 최고 법원의 병사들이 들이닥쳤다. 그들을 끌고 온 유다는 병사들이 알아볼 수 있도록 스승을 붙잡았다. 예수는 그에게 더없이 연민에 찬 입맞춤을 해주며 말했다. "내 친구야, 너는 무엇하려고 지금 여기에 있느냐?" 더없이 비열한 그의 배반 행위에 대한 응답으로 예수가 보여준 그 온화함, 그 친밀한 입맞춤은, 그토록 좁은 영혼을 가진 유다가 가책과 공포에 사로잡혀 스스로 목숨을 끊게 할 만큼 위력적인 것이었다.

병사들은 그 거친 손으로 갈릴리의 랍비를 붙잡았다. 제자들은 잠깐 저항을 한 후에 마치 바람에 흩어지는 한줌의 갈대잎처럼 뿔뿔이 도망쳤다. 다만 요한과 베드로만이 그의 곁을 떠나지 않고 법정에까지 동행했을 뿐이었다. 하지만 예수는 저으기 평온했다. 그 순간 이후로, 그 어떤 항의나 분노의 표시도, 불평도 그의 입으로부터 나오지 않았다.

산헤르딘유태교 최고 법정이 급히 소집되었다. 그들은 한밤중에 예수를 끌고 왔다. 그 위험한 예언가의 일을 재빨리 처리해 버리고 싶었기 때문이었다. 제사장들이 반원형으로 앉아 있었고 그 중앙에는 대주교가 위엄 있게 앉아 있었다. 예수는 흰 에세네 복을 입은 그와 마주 섰다. 법원 관리들이 가죽띠와 포승줄을 들고 그를 에워싸고 있었다. 법정에는 기소인측 증인만 있을 뿐 변호인은 없었다. 재판관인 대주교가 바로 그 재판의 기소인이기도 했다.

재판관이며 대주교인 카이프가 일어나 예수에게 백성을 유혹하는 자라면서 기소문을 읽었고, 여기저기서 아무렇게나 뽑은 증인들이 예수가 "나는 사흘 내에 사원을 부수고 다시 사흘 내에 세울 수 있다"고 했다는 등 갖가지 증언을 했다. 하지만 그러한 증언들만 가지고는 그를 최고형에 처할 수 없었다. 무엇보다 피고의 자백이 필요했다. 예수를 함정으로 몰아넣기 위해 교활한 사두가이인인 주교 카이프는 그에게 그의 사명이, 임무가 무엇이냐고 명예를 앞세우며 직접 질문을 했다. 사태의 핵심을 직접 건드리는 것이 때로는 보다 효과 있는 방법이 될 수 있음을 그는 알고 있었던 것이다. 그는 주교의 권위에 기대어 이렇게 말했다.

"내 살아 있는 신의 이름으로 그대가 진정 메시아인지 신의 아들인지를 우리에게 말하도록 청하노라."

예수는 망설이지 않고 조용히 말했다.

"그것은 너의 말이다. 이제 내 말하건대, 너희는 이제부터 사람의 아들이 전능하신 분의 오른편에 앉아 있는 것과 또 하늘의 구름을 타고 오는 것을 볼 것이다." (마태복음 26장 64절)

다니엘의 예언을 빌려 이렇게 표현함으로써 예수는 카이프와는 직접 대화를 나누지 않았다. 그는 불가지론자인 사두가이인이 그 말을 이해할 수 없음을 알고 있었다. 그는 미래의 모든 사제와 주교들, 이 지상의 모든 성직자들에게 '죽음에 의해 내 사명이 봉인된 이후, 근거 없는 종교적 왕의 지배는 원칙적으로, 그리고 사실상 끝이 났다. 신비가 밝혀질 것이며 인간은 인간을 통해 신을 보게 될 것이다. 서로 서로를 밝히고 생명을 나누지 않는 종교와 신앙은 권위를 잃게 될 것이다'라는 전언을 남긴 것이다. 그것이 바로 하느님 아버지 곁에 앉은 아들의 진정한 의미이다. 예수의 대답은, 예루살렘의 대사제를 향한 대답이 아니라 이 지상의 온갖 종교적 권위에 대한 그리스도의 유언과도 같은 것이었다.

어쨌든 목표했던 대답을 얻은 카이프는 이제 더이상 그의 말을 들을 필요가 없었다. 그는 그의 옷을 찢으며 소리쳤다.

"신성 모독이로다! 우리에게 더이상 무슨 증거가 필요한가? 그가 신성을 모독하는 소리를 우리 모두 들었도다!" 그러자 모든 사제들이 음울하게 입을 모아 말했다. "그를 사형에 처해야 한다." 그리고 이어서 형편없는 증인들의 욕설과 비난이 그 사형 선고에 화답하듯 쏟아졌다.

하지만 그것으로 모든 것이 끝난 것은 아니었다. 산헤드린은 사형 선고를 언도할 수 있다. 그러나 사형을 집행하기 위해서는 로마 당국의 도움과 동의가 필요했다. 요한복음서에 상세히 전해지고 있는 예수와 빌라도 사이에서 오고 가는 대화도 카이프와 예수 사이의 대화만큼 주목할 만하다.

그리스도와 로마 총독 사이에 오고 간 흥미로운 대화는 위대한 진리를 설득력 있게 보여준다. 그 대화는 인간들의 영혼을 적나라하게 드러내주었고, 활동중인 세 힘, 즉 로마의 케세르주의와 편협한 유태교와 그리스도로 대표되는 성령에 의한 보편적 종교의 충돌을 보여주고 있는 것이다.

종교 사이의 갈등에는 아무 관심도 없었지만 예수의 죽음이 혹시 민중의 봉기라도 불러올지 몰랐기에 이 사건을 아주 귀찮게 여기고 있던 빌라도는 예수에게 도망갈 구멍을 마련해 주겠다는 생각에서 아주 조심스럽게, 배려가 들어 있는 질문을 했다. 그 대화를 옮겨보자.

"그대는 유태의 왕인가?"

"나는 이 세상을 지배하지 않는다."

"그렇다면 어쨌든 그대는 왕이란 말인가?"

"그렇다, 나는 그렇게 되려고 태어났다. 그리고 나는 진리를 증거하기 위해 이 세상에 왔다."

카이프가 예수의 종교적 유언을 이해할 수 없었던 것과 마찬가지로 빌라도 또한 예수의 이 정신의 왕국에 대한 확신에 찬 발언을 조금도 알아들을 수 없었다. 그는 어깨를 으쓱하며 물었다.

"진리란 게 도대체 무엇인가?"

로마의 기사에 의해 제기된 그 질문은 사실상 그 당시의 이교도 사회의 영혼 상태를 대변해 주고 있는 것이었다. 하지만 피고가 그저 결백한 몽상가에 불과하다고 판단한 빌라도는 이렇게 덧붙였다.

"도대체 이 친구가 무슨 범죄를 저질렀는지 나는 찾을 수 없다."

그리고 그는 유태교 사제들에게 그를 풀어주라고 제안했다. 그러나 사제들의 선동을 받은 하층민들이 울부짖으며 소리쳤다.

"우리도 석방해 주라."

그러자 유태인을 혐오하고 있던 빌라도는 자칭 그들의 왕이라는 자에게 채찍질을 가하게 함으로써 묘한 쾌감을 느꼈다. 저 광신도들을 가라앉히는 데는 그것으로 충분하리라고 그는 생각했다. 하지만 군중들은 점점 사나와지더니 분노에 차서 소리쳤다.

"그를 십자가에 매달아라!"

군중들이 그렇게 미친듯이 날뛰었지만 빌라도는 여전히 망설였다. 그는 잔인한 짓을 하는 데도 진력이 나 있었다. 자기의 생애를 통해 그는 수없이 흐르는 피를 보았고, 수많은 신음 소리를 들었으며 저주를 받았다! 하지만 저 갈릴리 예언자의 말없이 고통을 받아들이는 태도, 가시 면류관을 쓴 저 태도에는 무언가 자신을 전율케 하는 부분이 있었다. 이상한 환영에 사로잡혀 자신도 모르게 나약해진 빌라도는 자신이 무슨 말을 하는지도 모르는 채 "여기에 진정한 인간이 있구나!"라는 말을 내뱉었다. 그 완강한 로마인은 거의 감동을 받았다. 그는 석방을 명하려 했다.

산헤드린의 사제들은 그를 날카롭게 주시하고 있다가 그의 그런 마음의 움직임을 간파해 내고는 두려워졌다. 먹이가 눈앞에서 빠져나갈 듯이 여겨졌던 것이다. 그들은 교활하게 그들끼리 협의를 했다. 그리고는 오른손을 내밀고 마치 공포에 질린 듯 고개를 뒤로 돌리며 한 목소리로 외쳤다.

"그는 스스로 신의 아들이라고 한다!"

요한복음이 전하는 바에 의하면 빌라도는 이 소리를 듣고 더 두려워했다고 한다. 무엇을? 유태인과 그들의 종교를 마음 속 깊이 경멸하고 있으며 로마와 케사르를 향한 정치적 종교 외에는 믿고 있지 않던 이 로마인에게 그 말이 무슨 두려움을 줄 수 있었던 것일까?

거기에는 꽤 깊은 이유가 있다. 사람들이 그 어떤 식으로 다양한 의미를 부여했건간에, '신의 아들'이라는 이름은 고대 신비주의 속에 널리 유포되어 있었으며, 제 아무리 무신론자라고 하더라도 빌라도의 마음 한구석에는 미신이 존재하고 있었다. 로마의 기사들이 겪는 미트라스의 작은 통과 제의에서 그는 신의 아들은 신성성에 대한 해석자의 하나라고 들었었다. 그가 나타나는 어떤 국가에서건 어떤 종교에서건 신의 아들의 목숨에 위해를 가하는 것은 커다란 범죄라는 것이었다. 빌라도는 페르시아에서 유래한 그 꿈같은 헛소리를 믿지는 않았지만 잠재 의식 속에서 그 단어를 두려워하고 있었던 것이다. 그의 주저하는 모습을 본 유태 사제들은 총독에게 최후의 화살을 날렸다.

"총독이 그 사내를 놓아준다면 당신은 케사르의 친구가 아니오⋯ 스스로 왕이 된 자는 케사르에 대항한다는 것을 선언하는 셈이라오⋯ 케사르만이 우리의 왕이오."

도저히 피할 구석이 없는 논리였다. 그들은 교활하게 예수를 이스라엘 백성의 지도자로, 왕으로 만들어 그것으로 빌라도에게 올가미를 씌웠다. 그들의 마지막 말에서 빌라도는 헤어날 수 없었다. 신을 부정하는 것은 별것이 아니다. 살인은 아무것도 아니다. 하지만 케사르에 대항해 음모를 꾸미는 것은 범죄 중의 범죄이다. 빌라도는 결국 사형을 명할 수밖에 없었다.

이렇게 예수는 그의 생애의 끝에 이르러, 그의 전 생애에 있어 숨은 상대방이었던 이 세상의 지배자와 간접적으로 싸움을 벌인 셈이다. 케사르의 그림자가 그를 십자가에 못박았다. 사울의 심오한 이치가 바로 거기에 있었다. 유태인들이 그를 넘겨주었고 로마의 유령이 손을 뻗쳐 그를 죽였다. 로마의 유령은 그의 육신을 죽였다. 하지만 그로 인해 영광을 얻은 그리스도는, 신의 지위를 이 땅에서 누린 케사르가 '신성 모독적인 절대 권력자'로서 지옥에서 헤매는 모습을 영원히 우리에게 남겨주었다. 과연 진정한 승리자, 진정한 왕은 누구인가?

이제 우리는 예루살렘을 굽어보는 골고다 언덕, 사람들의 뼈가 흩어져 있는 그 헐벗은 언덕으로 옮아가 보기로 하자.

그곳은 오래 전부터 처형장으로 사용된 곳으로서 교수대가 솟아 있는 것 외에는 풀 한 포기 자라지 않았다. 그 언덕 꼭대기에 일단의 병사들이 원을 이루고 도열해 있었다. 그들은 창끝으로, 죄수를 뒤따르는 마지막까지 남은 신자들을 갈라놓고 있었다. 그 신자들은 바로 갈릴리의 여인들이었다. 말없이 절망에 빠진 그녀들은 땅에 머리를 짊으며 울부짖었다. 예수에게는 지고至高의 시간이 되었다. 가난한 자들, 약한 자들, 압제받는 자들의 수호신이 순교를 통해 자신의 과업을 마쳐야 한다. 에세네에 의해 축성을 받은 예언가가 십자가 위에 못박혀야 한다. 신의 아들이 '현성용'의 순간에 보았던 성배를 마셔야만 한다. 저 지옥의 바닥까지, 지상의 공포까지 내려가야만 한다.

예수는 예루살렘의 신앙심 깊은 여인들이 사형수에게 건네주는 전통적인 음료를 사양했다. 그것은 의식을 마비시켜 죽음의 고통을 완화시키는 음료였다. 그는 또렷한 의식 속에서 죽음의 고통을 겪어야 했다.

그가 사형대에 묶이는 동안, 건장한 병사들이 그의 사지에 망치로 못을 박는 동안, 불행한 자들이 입맞추었던 그 발과 축복만을 내릴 줄 알았던 그 손에 못을 박는 동안, 찢어지는 고통의 검은 구름이 그의 눈을 가렸고 그의 목을 조였다. 하지만 그 어둠 속에서도 여전히 살아 있는 메시아의 의식은 사형 집행자에게 이런 말을 건넬 뿐이었다.

"하느님 아버지시여, 저들을 용서하소서. 그들은 그들이 무엇을 하는지를 모르고 있나이다."

하지만 고통과 고난의 절정이 왔다. 단말마의 시간, 정오부터 해가 질 때까지의 시간, 정신적 고통이 육체적 고통에 더해지고 그것을 넘어서는 순간, 선지자는 자신의 권능을 포기했다. 신의 아들의 모습은 슬그머니 사라지고 고통받는 인간만이 남았다. 몇 시간 동안 그는 그의 하늘을 잃고 고통받는 인간의 심연만을 헤아렸다. 십자가가 그 희생자와 함께 "유태의 왕이라네!"라는 야유의 함성을 뒤로 하고 서서히 들어올려졌다. 십자가에 못박힌 예수의 눈길은 불길하게 떠 있는 구름 속에서 그가 영광을 주려 했던 도시가 떠도는 것을 보고 있었다. 제자들은 어디에? 그들은 사라졌다. 그에게는 산헤드린 사제들의 욕설, 예언가를 이제 겁낼 필요가 없다고 판단한 그들의 욕설밖에는 들리지 않았다.

"남들을 구한다더니, 자신도 구하지 못하는 꼴을 보라!" 라고 그들은 소리질렀다.

그들의 그 집요함, 그들의 신성 모독을 통해 예수는 부당한 전제 군주들이, 광신적인 사제들이 자신의 이름을 빌려 행할 미래의 범죄를 보았다. 남을 저주하기 위해 자신을 이용하리라! 자신의 십자가로 남들을 못박으리라! 그는 자신에게 베일을 내리고 있는 하늘의 침묵에 대해서가 아니라, 인류가 잃어버린 빛, 잃어버릴 빛의 모습을 보고 이렇게 절망의 소리를 내었다.

"아버지시여 왜 나를 버리시나이까?"

그러자 메시아의 의식이, 그의 전 생애의 의지가 마지막 섬광이 되어 솟아올랐고 그의 영혼이 "모든 것이 완수되었다"는 외침과 함께 빠져나왔다.

오, 숭고한 나자렛인이여, 신성한 인간의 아들이여, 그대는 이미 여기에 있지 않구나. 단 한 번의 날개짓으로 그대의 영혼은 그대의 엔가디의 하늘을, 타보르 산의 하늘을 되찾았구나. 그대의 영혼은 그대의 말씀이 몇 세기 동안 승리하여 떠도는 것을 보겠구나. 그대가 치료해 주고 위안을 준 자들이 그대를 향해 쳐든 손, 쳐든 눈길 그것만을 바라보고 있구나.

그런데 그의 마지막 외침에 로마 병사들에게는 알지 못할 전율이 흘렀다. 병사들은 고개를 돌려, 그의 정신에서 발하는 빛에 아직 휩싸여 있는 예수의 시신을 바라보았고, 사형 집행자들은 서로 얼굴을 바라보며 이렇게 자문했다.

"그는 신이었던가?"

드라마는 이것으로 완성이 된 것일까? 신성한 사랑과 죽음의 신 사이의 조용한 가운데 엄청났던 싸움은 그것으로 끝이 난 것일까? 승리자는 어디에 있는가? 골고다 언덕에서 내려오며, 예수가 숨을 거둔 것을 확인하고 만족감에 젖어 있는 사제들인가? 벌써 창백하게 변해 버린, 십자가에 못박힌 예수인가? 예루살렘의 왕좌에 앉아야 할 메시아는 십자가에 못박혀 비참하게 숨을 거두었다. 스승은 사라졌다. 그리고 그와 함께 희망도 복음도 천국도 사라졌다. 침울한 침묵이, 깊은 절망이 제자들을 내리눌렀다. 베드로와 요한조차도 괴로움에 빠져 있었다. 그들의 주위는 온통 칠흑이었다. 그 어떤 빛도 그들의 영혼에 비추이지 않았다. 하지만, 헤르메스의 통과 제의에서 깊은 어둠 후에는 곧이어 새로운 빛이 돌출해 나오듯이, 마찬가지로 이 깊은 절망에 이어 돌연 장엄한 빛이 뒤따른다. 그 빛은 동틀 무렵의 햇살처럼 폭발했고 기쁨에 들뜬 떨리는 함성이 유태 전역에 퍼진다.

"그가 부활했다."

극도의 고통에 빠져 무덤 주변을 배회하던 막달라 마리아가 제일 먼저 스승을 보았다. 그녀는 예수의 모습을 보았고 "마리아"라고 부르는 목소리에 그를 알아보았다. 그녀는 이어 자신을 바라보는 그의 모습을, 접촉하지 말라고 손짓하는 그의 모습을 똑똑히 볼 수 있었다. 이어서 예수를 본 것은 성녀들이었으며 예수는 그녀들에게 이렇게 말했다.

"내 형제들에게 가서 전하라. 갈릴리로 오면 나를 보게 되리라."

같은 날 저녁 열한 명의 제자들이 문을 닫고 함께 모여 있을 때, 그들은 예수가 들어오는 것을 볼 수 있었다. 그는 그들 사이에 자리잡더니 조용히 그들의 불신을 꾸짖은 후 말했다.

"너희는 온세상을 두루 다니며 모든 사람에게 이 복음을 전하라. 믿고 세례를 받는 사람은 구원을 받겠지만 믿지 않는 자는 단죄를 받을 것이다." (마가복음 14장 15절)

이상한 것이 그의 말씀을 듣는 동안 그들 모두는 꿈 속에 있는 듯한 기분이었고 예수가 죽었다는 사실을 완전히 잊어버렸다. 그가 살아 있다고 믿었으며 그가 자신들 곁을 결코 떠난 적이 없다고 확신했다. 하지만 그들이 스승에게 말을 건네려는 순간 그들은 예수가 마치 빛이 사그라들 듯이 사라지는 것을 보았다. 그들의 귀에는 여전히 스승의 목소리가 메아리치듯 울리고 있었다. 사도들은 비어 있는 스승의 의자를 바라보았다. 희미한 빛이 거기에 떠돌고 있더니 곧 사라졌다.

마태와 마가에 의하면 예수는 곧이어 사도들이 소집한 500여 명의 형제들 앞에 나타난다. 그리고 열한 명의 사도가 모여 있는 곳에 다시 한 번 나타난다. 그후 그 출현은 그친다. 하지만 새로운 믿음이 창조되고 기독교는 살아난다. 성화에 의해 채워진 사도들은 환자들을 치료하며 스승의 복음을 전파한다.

「그리스도의 부활」, 파올로 베로네세, 1572~1576.

3년 후의 일이다. 이 새로운 종교 운동을 극도로 증오하는 사울이라는 이름의 바리새인이 있었다. 그는 젊은이다운 혈기로 기독교도들을 박해했다. 그가 어느날 몇몇 동료들과 다마스로 가는 길이었다. 길을 가는 도중에 그는 홀연 눈부신 빛에 휩싸여 그만 넘어지고 말았다. 떨면서 그는 소리쳤다. "당신은 누구요?"

그때 그의 귀에 목소리가 들려왔다.

"나는 네가 박해하는 예수이다. 하지만 시계 바늘을 거꾸로 돌리지는 못하리."

그의 동료들도 역시 사울만큼 놀라 그의 몸을 일으켰다. 그들 역시 모습은 보지 못한 채 목소리를 들었다. 그 섬광에 휩싸였던 젊은 청년 사울은 사흘 동안 시력을 회복하지 못했다.

그는 그리스도의 종교로 개종하여, 이교도 사도인 성 바오로가 되었다. 모든 사람들은 바오로의 이러한 개종이 없었다면 유태인 속에 갇혀 있던 기독교가 서양을 전부 정복하지는 못했으리라는 데 합의를 한다.

이상이 신약에 의해 우리에게 전해지고 있는 사실들이다. 그 사실들을 제 아무리 축소하려 애를 쓰거나 단순히 종교적·철학적 관념의 모습으로 폄하하려 하더라도, 그것을 순전히 전설로만 간주하기란 불가능하다. 예수의 부활에 대해 수많은 의혹이 제기되었으나 그 부활을 사실로 여길 만한 증거는 수없이 많으며—나는 그 예를 일일이 드는 수고를 피하겠다. 예수의 부활은 자명한 사실이므로!—사도 바오로의 증언은 자신이 본 영상을 확신하고 있으며 다른 이들의 증언을 확고하게 해주고 있기도 하다. 만일 우리가 그러한 생생한 증언을 믿지 않는다면 역사에 대한 온갖 증언들도 모두 거부해야 하며 역사에 대한 기술 자체를 포기해야만 할 것이다.

그런데, 여기서 우리가 또 한 가지 간과해서는 안 될 사실은, 예수의 부활에 대한 믿음이 기독교 자체의 초석이 되었다는 사실이다. 예수의 교리에 대한, 이러한 빛나는 사실에 의한 확인이 없었다면 기독교는 시작될 수조차 없었을 것이다.

예수의 부활은 사도들의 영혼에 완전한 혁신을 불러일으켰다. 그들이 유태교도들이었다면 예수의 부활을 통해 그들은 기독교도들로 진정으로 새로이 태어났다. 그들에게 영광스런 그리스도는 여전히 살아 있었다. 그가 그들에게 말을 걸었다. 하늘이 열렸고 저세상이 이승으로 들어왔다. 불멸의 빛이 그들의 이마를 건드렸고 그들의 영혼에 꺼지지 않을 불을 지폈다. 이제 무너져가는 지상의 이스라엘 왕국 너머로 그들은 찬란하게 빛나는 천국의 빛을 보았다. 그로부터 그들은 싸울 때 힘을 얻을 수 있었고 기쁜 마음으로 순교할 수 있었다. 기독교의 성장을 위해서는, 두 가지가 필요했던 것이니 그것은 예수의 자발적인 죽음과 부활의 힘이었던 것이다.

우리는 이 부활의 의미를 올바로 이해하기 위해 다시 한번 그것의 신비주의적 전통 내에서의 의미에 대해 물어보아야 한다.

이집트인에게서, 또한 페르시아의 조로아스터교 전통에서와 마찬가지로 예수 이전 혹은 이후의 이스라엘이나 초기 기독교에서 부활은 두 가지 방식으로 이해되었다. 그 중 하나는 일반 대중들이 갖고 있던 생각으로서 그노시스파(성서에 대한 신비주의적 해석)에 대한 대대적 탄압이 있은 후에 기독교 교회에 의해 정통으로 채택된 것이며 다른 하나는 선지자들의 깊은 생각이다. 첫번째 경우에 의하면 부활은 죽었던 육신 속으로 생명이 다시 들어오는 것을 뜻한다. 달리 표현하면 해체되어 흩어졌던 육신이 다시 재구성되는 현상이다. 그러한 개념이 그얼마나 이 세상을 물질적 현상에만 초점을 맞추는 관념에 물들어 있는

가를 지적하는 것은 따분한 일이 되리라.

선지자들에게 부활은 전혀 다른 의미를 지니고 있었다. 그들에게 있어서의 부활이란 개념은 인간이 영혼·정신·육체의 세 부분으로 되어 있다는 원리의 자연스런 결과이다. 그들에게 부활은 영혼의 조직 체인 동시에 정신을 담는 그릇이기도 한 유체적 몸(그것은 영혼을 담는 물질적 몸이 아니라 정신을 담는 영혼이라는 몸이다)의 정화이며 재생이다. 영혼의 정화의 결과 부활이 있고, 영혼의 정화가 부활 자체인 것이다. 영혼의 정화는 이 땅에 실존하고 있는 동안에도 진행된다. 그러나 대부분의 사람들에게 있어 영혼의 정화란 죽음 이후에나 완성된다. 그리고 어떤 식으로건 정의와 진실을 열망해 온 인간에게나 가능하다. 저세상에서는 위선이라는 것이 불가능하다. 그곳에서 영혼은 있는 그대로의 모습대로 나타난다. 필연적으로 본질적인 모습이 그대로 형태와 색이 되어 나타난다. 나쁜 영혼은 음산하고 추한 형태와 색으로, 좋은 영혼은 아름답게 빛나는 모습으로 나타날 수밖에 없는 것이다. 고린도 전서에 나타난 바오로의 원리는 바로 그에 부합된다. 그는 이렇게 명료하게 말했다.

동물적인 육체가 있으며 정신적인 육체가 있다. (고린도 전서 15장 45절)

그런데 하나의 영혼이 정신화될수록 이 지상의 대기와는 더 멀어지며, 그를 친화력으로 이끄는 우주 공간이 멀면 멀수록 인간에게 현현하기는 더 힘들어진다. 드높은 정신의 현현은 그래서 드물고 어려운 일이며, 이 지상에 미련을 둔, 지상에서 멀리 떠나지 못한 영혼, 추한 영혼은 자주 나타난다.

따라서 드높은 영혼은 인간의 의식이 깨어 있을 때가 아니라 깊은 잠에 빠져 있을 때 혹은 무아지경에 있을 때 현현한다. 그때 육신의 눈은 닫히고 육신으로부터 반쯤 떠난 영혼이 다른 영혼들을 볼 수 있게 된다(우리가 앞서 예언과 점에 대해 이야기한 것을 상기할 것). 하지만 아주 위대한 예언가, 진정한 신의 아들은 이따금 가까운 자들에게 그들이 깨어 있을 때도 나타난다. 그들의 감각과 상상력을 자극하여 보다 설득력을 발휘하기 위해서이다. 그러한 경우 육신으로부터 떠난 영혼은 순간적으로 가시적인 형태로, 심지어는 만질 수도 있을 형태로 현현한다.

이상이 신비주의 원리에 입각한 부활의 모습이며 그것은 예수에게도 그대로 적용된다. 신약에 나타나는 예수의 현현 모습은 영적인 현현과 감각적인 출현의 모습으로 번갈아 등장한다. 그 모습이 예수의 사도들에게 환상이 아니라 가장 드높은 현시로 여겨졌으리라는 것은 자명한 일이다. 그들은 부활한 예수와의 생생한 성체 배령을 부인하느니 차라리 저 하늘과 땅의 존재를 부인하는 것이 낫다고 생각했을 것이다. 주님이 부활하신 그 감동적인 모습은 그들의 생애에 있어서 가장 빛나는 경험이었을 것이며 그들의 의식에 있어서 가장 깊은 부분을 일깨웠을 것이다. 그것은 초자연적인 현상이 아니라, 이 자연 속에서 알려지지 않은 현상, 숨어 있는 신비 그 자체였다.

신비주의적 입장에서 살펴본 예수의 부활은 따라서 예수의 생애의 필연적인 귀결인 동시에 기독교의 역사적 전개에 있어서의 서곡인 셈이다. 그것이 필연적인 귀결인 것은 예수 자신 그것을 제자들에게 수차례에 걸쳐 예고했다는 것을 보아도 알 수 있다. 예수가 죽은 후에도 찬란한 빛과 함께 제자들에게 나타날 수 있었던 것은 그의 영혼의 고유한 순결성과 힘 때문이며, 그 영혼이 그 숭고한 임무를 행하려는 그의 노력에 의해 수백 배 더 순결해졌고 강력해졌기 때문이다.

바깥에서 볼 때, 또한 지상의 관점에서 볼 때 메시아의 드라마는 십자가에 못박힘으로서 끝이 났다. 그 자체는 숭고하지만 거기에는 '약속의 이행'이라는 과업이 빠져 있다. 안쪽 예수의 의식의 입장에서, 또한 천상의 관점에서 볼 때, 그 드라마는 '유혹'과 '현성용'과 '부활'이라는 정점이 되는 세 개의 장으로 구성되어 있다. 그 세 단계는 다른 용어로 '예수의 통과 제의' '완전한 계시' '과업의 완성'을 나타낸다. 그것은 예수의 사도들과 초기 기독교 선지자들이 성자·성부·성령의 신비라고 이름붙인 것과 일치한다.

아시아의 옛 선지자들이 이미 초월적 진리들을 깨우치고 있었다. 브라만교도들은 전생과 후생의 열쇠까지 발견했으며 윤회의 법칙을 만들어내기도 했다. 하지만 그들은 저세상에 너무 깊이 빠져 영원한 존재를 응시하고 명상하다가 그것의 지상에서의 실현인 개인적·사회적 삶을 등한시하였다.

그리스인들은 비록 출발은 같은 진리였지만, 그들 고유의 재능에 의해 자연적인 삶, 지상의 삶의 그 아름다움에 너무 매달렸다. 그리하여 저세상 천국의 개념이 협소해졌으며 점차 사라져갔다. 예수는 삶의 그 두 부분을 함께 껴안았다. 그의 가르침을 요약하고 있는 주일 예배에서 우리는 "그의 지배가 하늘에서와 같이 땅에서도 이루어지기를"이라고 기도한다. 신성의 지배가 이 땅에서도 이루어진다는 것은 이 사회가 그 풍요로움을 간직한 채 절대진실과 절대미와 절대선이 실현되는 것을 의미한다. 그리스도는 지상의 무게에 짓눌려 신음하는 모든 영혼에게 말한다.

"일어나라. 너의 조국은 저 하늘이니. 하지만 천국을 믿고 그에 이르기 위해서는 너의 일과 너의 사랑을 통해 그것을 증거하라!"

p.43 – 18세기, 로뷔-오티에 소장품, 제네바

p.79 – 11세기, 인도

p.80 – 1790년경, 펀자브 주 박물관, 심라

p.132 – 제19왕조, 파라오 세티 1세의 신전, 아비도스

p.142 – 기원전 1163년경, 람세스 3세 석관

p.150 – 이집트 석비(石碑) 제 21-22왕조, 루브르 박물관, 파리

p.156 – 『사자의 서』, 람세스 6세의 묘석

p.192 – 「이드로의 딸들을 옹호하는 모세」, 카를로 사라체니, 1609-1610, 영국 국립미술관, 런던

p.207 – 「불붙은 떨기나무」, 마테오 로셀리, 1623년 이전, 피사 대성당

p.219 – 「바위에서 물이 나오는 기적 이후의 모세와 이스라엘인」, 루카스 반 레이덴, 1527, 보스턴 미술관

p.225 – 「모세의 죽음」, 루카 시뇨렐리, 1482, 시스티나 예배당, 바티칸 시국

p.237 – 로마의 모자이크화, 팔레르모 근방의 솔룬토

p.254 – 「디오니소스」, 카라바조, 1596-1597, 우피치 미술관, 피렌체

p.259 – 「오르페우스」, 얀 브뢰겔 화파, 1690-1700, 갈레리아 보르게세, 로마

p.276 – 「디오니소스 추종자들에게 살해되는 오르페우스」, 그레고리오 라차리, 1698년경, 카레초니코, 베네치아

p.352 – 「아테네 학당」, 라파엘로 산치오, 1510-1511, 바티칸 궁 스탄차 델라 세냐투라